"研究生学术论文写作"丛书

中国近现代史研究论文写作

案例与方法

◎ 主 编 廖大伟 王 健

Paper Writing

上海大学出版社

图书在版编目(CIP)数据

中国近现代史研究论文写作：案例与方法 / 廖大伟，王健主编. --上海：上海大学出版社，2025.4.
(研究生学术论文写作). -- ISBN 978-7-5671-5154-3
Ⅰ. K250.7
中国国家版本馆 CIP 数据核字第 2025L0R469 号

责任编辑　陈　强
封面设计　缪炎栩
技术编辑　金　鑫　钱宇坤

"研究生学术论文写作"丛书
中国近现代史研究论文写作：案例与方法
主　编　廖大伟　王　健
上海大学出版社出版发行
(上海市上大路99号　邮政编码 200444)
(https://www.shupress.cn　发行热线 021-66135112)
出版人　余　洋

*

南京展望文化发展有限公司排版
上海普顺印刷包装有限公司印刷　各地新华书店经销
开本 710mm×1000mm　1/16　印张 21.5　字数 362千
2025年4月第1版　2025年4月第1次印刷
ISBN 978-7-5671-5154-3 /K・302　定价 68.00元

版权所有　侵权必究
如发现本书有印装质量问题请与印刷厂质量科联系
联系电话：021-36522998

"研究生学术论文写作"丛书
编委会

主　任　张建华

副主任　张勇安　李常品　曾桂娥　余　洋
　　　　　戴骏豪　姚　蓉

委　员　（按姓氏笔画为序）
　　　　　丁治民　丁敬达　于瀛洁　王　勇
　　　　　王廷云　王远弟　毛建华　方　勇
　　　　　卢志国　叶海涛　田立君　宁镇疆
　　　　　刘文光　闫坤如　严三九　李凤章
　　　　　李桂琴　李颖洁　吴　浩　沈　荟
　　　　　张恒龙　张新鹏　陆丹丹　陈　静
　　　　　陈　瑜　尚　新　姚　萱　聂永有
　　　　　唐青叶　黄晓春　梁　奇　曾　军
　　　　　廖大伟　阚怀未　戴世强

总 序

教育部办公厅《关于进一步规范和加强研究生培养管理的通知》明确指出，研究生培养单位要加强学术规范和学术道德教育，把论文写作指导课程作为必修课纳入研究生培养环节。上海大学积极响应，安排各个学院组织开设相关课程并纳入研究生培养环节，取得良好效果。

为了进一步提升研究生培养质量，上海大学研究生院和上海大学出版社联合策划了"研究生学术论文写作"丛书，作为研究生学习学术写作的指导用书。本丛书内容涵盖文科、理科、工科、医学、经济、管理等多个学科，邀请各学科教授及学术骨干领衔担任主编，并根据学科特点，采用以下两种编纂模式：一是对已发表的高水平论文进行综合分析，归纳出写作要点；二是在已发表的论文案例基础上，论文原作者解析撰文过程和注意事项。这种"案例+方法"的编纂模式，通过论文作者现身说法的方式，从问题意识、论证方法、创新之处等方面揭示论文的成文之道，为研究生提供可参考、可借鉴的学术写作范例。

上海大学老校长钱伟长生前指出，研究生培养分为两个阶段，一个是课程学习阶段，另一个是论文写作阶段。钱校长非常重视研究生学术论文写作能力的培养，他曾经在研究生开学典礼的讲话中指出："论文很重要。写论文以前，你首先要到第一线找到人家的'肩膀'在哪儿。"本丛书的编纂，践行钱伟长教育思想，探索案例和方法相结合的教学途径，为研究生提供学术研究的"肩膀"，为各学科研究生提供学术论文写作的方法指导，也可为青年教师撰写学术论文提供思路启发。

我们真诚地希望使用本丛书的教师、学生以及广大读者对其中存在的问题提出修改意见或建议，交流互鉴，共彰学术。

"研究生学术论文写作"丛书编委会
2021年9月

目 录

前言 ··· 1

第一章 风谲云诡的政治外交

晚清国家基督教治理中的官教关系 ············· 陶飞亚 李 强 1
    复盘与导读 ·· 25
一·二八事变后日本对在沪"第三国侨民"的赔偿
    ··· 忻 平 张智慧 吕佳航 31
    复盘与导读 ·· 55
多边关系框架下国民政府外交重心的转移(1937—1940)
    ··· 肖自力 蔡 梓 58
    复盘与导读 ·· 82
抗战时期日本在中国沦陷区内的卫生工作
    ——以同仁会为对象的考察 ····················· 王 萌 86
    复盘与导读 ·· 110

第二章 走向金融货币的历史

中国近代的白银核心型货币体系(1890—1935) ········ 戴建兵 113
    复盘与导读 ·· 130
晚清保疆的军费运筹 ····································· 刘增合 133

复盘与导读 157
抗战时期天津租界中国存银问题
　　——以中英交涉为中心 吴景平 159
　　复盘与导读 180

第三章　思想文化与社会争鸣

五四时期中日知识界的往还 孙 江 182
　　复盘与导读 202
五四前后时人对军阀现象之认识 翁有为 204
　　复盘与导读 232

第四章　从人物看中国与世界

论郭嵩焘 熊月之 235
　　复盘与导读 248
亲历、见证与记忆：庚子事变中的几个"小人物" 戴海斌 249
　　复盘与导读 274
何天炯与同盟会东京本部 李长莉 277
　　复盘与导读 302
一九二四年孙中山北上的"本事"与"叙述"
　　——以主流报纸舆论为中心 杨 瑞 305
　　复盘与导读 327

后记 330

前言

  研究生培养教育早已成为我国社会发展的重要一环,伴随中国社会经济的日新月异,研究生规模也在顺应时代需求而不断扩大。同时,初次踏入各专业领域的研究生们,面对崭新的学术氛围与科研环境,其具体业务能力也表现出参差不齐的一面。为此,教育部办公厅曾发文《关于进一步规范和加强研究生培养管理的通知》(以下简称《通知》),旨在健全完善研究生培养体系、提高研究生培养质量,进一步为社会输送符合时代需求的科研人才。《通知》着重强调应将论文写作指导课程作为必修课纳入研究生培养环节,加强学术规范与学术道德教育,其中"论文写作"是每一位研究生必须掌握的基本科研能力之一,也是研究生水平在其科研领域的直观表现之一,因此重视论文写作教育刻不容缓。在此背景下,上海大学研究生院与上海大学出版社联合组织策划"研究生学术论文写作"丛书项目,以出版各领域研究生专业论文写作教材作为教育广大学子精进论文的方式之一,在上海大学各院系推广实施。编者作为上海大学文学院的一员,在各位领导及历史学科领域同人的鼓励下,参与了中国近现代史专业方向研究生学术论文写作教材的编纂,实属荣幸。

  历史学科作为文科方向的研究生教育尤其重视学术论文写作,这不仅体现在最终的学位论文的呈现上,也体现在日常学术论文的撰写中,可以说学术论文写作是历史学研究生的家常便饭。如何将"家常便饭"做好做香,对于一个"料理新手"来说,去亲身品尝一道"名菜",再细细观摩"名厨"的烹饪过程,是入行的一条捷径,做菜如此,学术论文写作亦是如此。中国近现代史是历史学领域下的一道独特"菜系",更符合中国人的"味蕾",本次教材编纂即邀请十多位该领域的"名厨",亲自展现一道道"名菜",再传授他们的"烹饪"秘籍,旨在帮助研究生们直观感受优秀学术论文的写作过程,从而开始个人的学术写作之路。单就历史学科领域来说,学术论文的写作是一个持续积累的"烹饪"过程,不仅要学会收集珍稀"食材",更需要我们用独到的"手法",去创造中国人的"味道"。在此过程中,中国近现代史方向的学生,需要发掘珍贵的档案史料,并产生独特的问题意识,再切实落到笔头,如此获得一个相对完整的研究闭环,那么每一步都将难能可贵。

正是每一步、每一环节的重要性和关联性,所以论文写作的过程必定不会轻松,而经验丰富的学者们对此已有不少心得。本次教材的编排采用"案例+方法"的形式展开,首先收录权威期刊如《中国社会科学》《历史研究》《近代史研究》上部分中国近现代史领域相关论文,再一一请每篇论文的作者就自己的论文展开针对性的导读,以作者在论文写作中的经历、见解、方法等作为主要分享内容,将优秀学术论文的写作过程再次剖析、拆解而呈现给读者。每一位专家学者在对个人论文进行导读时,对自己的文章有着高度的把控力,同时已经积累了足够的学术论文写作经验,能够一语中地将学术写作讲清楚、讲明白。因而,领悟到他们的写作思路,将能更好地激发学生们头脑中的思维火花,为广大中国近现代史领域的研究生们提供切实可行的范例指导。此外,本次教材选用的文章涉及政治、经济、文化、人物等各方面的案例,较好地覆盖了中国近现代史领域的几大方面,能够为不同研究方向的研究生提供针对性指导,也能够为不同类型的任课教师提供更多的讲解方向,使得此类"案例+方法"的形式在论文写作课的指导实践过程中发挥最大效益。

俗话说,"师傅领进门,修行在个人"。如上文所述,学术论文写作是一个长期积累的过程,研究生只有经历过不断地写与改,再到反复地感悟,方能习得论文写作的真本领,而这条道路注定不会一路坦途。如今学术造假、论文抄袭等恶劣现象的存在,正是练就学术基本功路上的绊脚石,只有真正的勤学苦练,学术造诣才能稳步提升。这本教材的诞生,不仅为我们提供了专家学者们的思想结晶,也为我们提供了学术论文写作的业内范本,通过学习他们的文章,能够很好地矫正我们在学术论文写作中的陋习。在未来,随着越来越多的学术论文面世以及学术交流范围的扩大,许多"走捷径"从而取得学术成果的行为会诱惑着广大学生,但我们应当坚决地向学术不端行为说不,从学生时代就开始养成良好的学术习惯,这才是属于我们自己的真才实学。

最后,因时间匆忙及篇幅有限,许多优秀论文及精彩导读尚未能收录进教材,在此向供稿作者们一并表示感谢与歉意。因编者能力有限,本书在编写体例及内容上仍有缺陷,以上不足之处全由编者承担,还望参阅本书的读者们多多批评指正!

编 者

2024 年 5 月

第一章 风谲云诡的政治外交

晚清国家基督教治理中的官教关系[*]

陶飞亚 李 强[**]

摘要： 第一次鸦片战争后，不平等条约使在华西教成为有相对独立地位的民间团体，迫使官方对教会从查禁变为保护和治理。因长期禁教及缺乏对西教的清晰认知，清廷仍从异端角度笼统地处理基督教问题。道咸两朝官教渐有接触，双方关系因当时战局时松时紧。第二次鸦片战争后，清廷被迫全面开放传教，民教冲突频发，多数官员同情反教、治理消极。天津教案后，教会迎合中国发展需要，改善自身形象，部分官员渐以务实态度处理民教事务。长江教案后，朝廷肯定教会"善举"，双方沟通加强，官方政策随内外形势的震荡，从过分向教会倾斜突变为激烈排教。庚子反教双方创巨痛深，促使官教双方合作治理寻求共识，建立起区分矛盾、各负其责的制度安排，尽管无法摆脱条约束缚，但从国家治理角度初步纾解基督教问题的困局。

关键词： 国家治理；基督教；官教关系；民教冲突；教务章程

1844年12月清政府宣布对天主教弛禁，被迫承认天主教及后来耶稣教的合法存在，从此晚清官方就面临着对这些西洋宗教从一禁了之变成如何治理的公共问题。长期以来，学术界已经从民教冲突、官方政策及条约背景等不同侧面涉及了这一问题[①]，但迄今学界还没有从国家治理的视角研究清政府究竟是如

---

[*] 原载《中国社会科学》2016年第3期。本书收录时略有修改。本文系"第八届历史学前沿论坛"会议论文，对匿名评审专家的宝贵建议谨致感谢。

[**] 陶飞亚，上海大学历史系教授；李强，上海大学历史系博士生。

[①] 前期研究成果主要有：李时岳：《反洋教运动》，北京：生活·读书·新知三联书店1962年版；吕实强：《中国官绅反教的原因1860—1874》，"中央研究院"近代史研究所，1973年；陈银崑：《清季民教冲突的量化分析(1860—1899)》，台北：台湾商务印书馆1991年版；杨大春：《晚清政府基督教政（转下页）

何治理教会问题的,治理的成效如何及影响成效的关键在哪里等问题。

众所周知,国家治理古已有之。有学者将治理界定为"政府制定和实施规则以及提供服务的能力,而不论这个政府民主与否"①。事实上,清政府从清初就面临着治理天主教的问题。按现代政治学与行政学的国家治理理论,国家治理分为"单一主体"治理与"多元主体"参与治理两种类型②。鸦片战争前,清政府是国家治理的"单一主体",它对天主教是绝对权力意义上的"单一主体"管理,所以就有了清前中期对天主教宽容与严禁的多次反复。鸦片战争后,清政府国家治理的单一主体地位受到半殖民地格局的削弱。在不平等条约支持下的西方在华教会,相对于清政府是具有某种独立性的社会主体。基督教既是被治理对象,一定程度上也是治理的参与者。当然,这种参与在晚清都是通过列强驻华使领公开或幕后支持实现的。在这一逻辑中,如果晚清国家治理基督教的目标已经不可能是清前中期那样以禁绝为目标,而是通过管控冲突以维持自身统治,那么决定其目标能否实现就取决于主导治理的官方与被治理的教会是如何互动的。

因此,考察晚清政府的基督教治理,官教关系是无法回避的问题。这涉及官方究竟怎样认识教会对清朝统治的影响,是危害性的,还是有益并可利用的?官方的认识是因何变化的?另一个考察的重点是教会方面如何看待自己与清朝统治的关系?它通过什么方式让官方认识自己的真实情况,并最终影响到官方治理政策变化的?最后必须强调,晚清治理基督教是在不平等条约束缚下遭遇的新问题,这一问题把侵略与反侵略、文化与利益的冲突、保护正常信仰与规范民教关系等矛盾纠结和叠加起来了,加剧了治理的复杂性。在这个视角下考察官教关系,希望能带来一些新的认识。

一、路径依赖下的官教重逢

弛禁之初,官方对天主教的看法很难摆脱"路径依赖"的惯性。清廷自雍正

(接上页)策初探》,北京:金城出版社 2004 年版;乔飞:《从清代教案看中西法律文化冲突》,北京:中国政法大学出版社 2012 年版;李传斌:《基督教与近代中国的不平等条约》,长沙:湖南人民出版社 2011 年版;赵树好:《晚清教案交涉研究》,北京:人民出版社 2014 年版。

① 弗朗西斯·福山:《什么是治理》,刘燕、闫健译,《中国治理评论》2013 年第 2 期,第 5 页。
② 参见《俞可平阐述国家统治和国家治理的区别》,《党建文汇》2014 年 7 月(下),第 5 页。

朝以来的禁教政策,形成了从意识形态、法律条文到司法判例一整套的查禁体系。这个体系重在防范天主教"左道惑众"危及清朝统治①。因此弛禁上谕虽然承认天主教旨在劝人为善,同时也强调"其有藉教为恶及招集远乡之人勾结煽惑,或别教匪徒假托天主教之名,藉端滋事,一切作奸犯科,应得罪名,俱照定例办理"②。显然,这个声明的重点似乎更在意警告和防范天主教"作奸犯科"的影响。道光皇帝对战争失败记忆犹新,1846年1月清廷寄给闽浙总督的上谕中,要求他对天主教"不动声色,持以镇静,内查民情,外弭夷衅"③,不要因天主教惹出衅端。

但清廷的指示过于笼统,地方治理更取决于封疆大吏对问题的理解。耆英在广东任上对天主教有所了解,希望息事宁人,这也体现在下属知县的施政上。1847年美国浸礼会牧师罗孝全(Issachar J. Roberts)欲在广东番禺设堂传教,番禺县令对教会活动采取事先安民的做法④。但也有官员在处理天主教问题时表现得比较严厉。1847年9月耶稣会传教士郎怀仁(Adrien Languillat)在山东平度州传教时被地方官抓住审讯,并被押送上海⑤。类似的事情也发生在直隶、湖北、西藏等地。

这时刚刚走出被禁困境的天主教开始活跃起来。如教会史家赖德烈(K. S. Latourette)指出的,传教士们很明白"敕令和条约的履行大都依赖于地方官和士绅的好心好意,况且这些条约和敕令都是来自战败后的惩罚,中国人对它们的遵守大多是半心半意的";一些传教士希望像康熙年间的先辈一样,通过科学和教育的服务重获官方信任⑥。在上海的耶稣会士梅德尔(Mathurin Lemaitre)1846年8月向地方官"详细地介绍了在这批行将拨给的土地上准备建立的那些科学、慈善和宗教事业的机构"⑦,期望后者理解和支持他们的活动。

---

① 《仁宗睿皇帝实录》卷290,嘉庆十九年五月上,《清实录》第31册,北京:中华书局1986年版,第966页。
② 文庆等纂,齐思和等整理:《筹办夷务始末(道光朝)》卷75,道光二十六年正月二十五日"廷寄",北京:中华书局1964年版,第2964页。
③ 参见中国第一历史档案馆编:《清中前期西洋天主教在华活动档案史料》第3册,北京:中华书局2003年版,第1303页。
④ "中央研究院"近代史研究所编:《中美关系史料嘉庆·道光·咸丰朝》,台北:"中央研究院"近代史研究所,1968年,第85页。
⑤ 史式徽:《江南传教史》第1卷,天主教上海教区史料译写组译,上海:上海译文出版社1983年版,第156—159页。
⑥ 赖德烈:《基督教在华传教史》,雷立柏等译,香港:道风书社2009年版,第197、201页。
⑦ 史式徽:《江南传教史》第1卷,第87页。

耶稣教医学传教士在弛禁之前就和官方有过接触。伯驾(Peter Parker)1835年就在广州建立医院。"这种慈善式的努力,对移除人们思想中的偏见有很大的助益。……总督和广东省的其他高级官员也都是病人中的一部分。"①伯驾和林则徐有过"间接的接触";"耆英和潘仕成的父母都曾是伯驾的病人,潘仕成和黄恩彤是伯驾的好友"②。鸦片战争之后,1844年春厦门美部会传教士雅裨理(David Abeel)与时任福建布政使徐继畲见面。雅先是给徐带去一本《世界》地图集,"把他最感兴趣的那些地方的位置和范围指给他看",后来还"给他寄去有《新约圣经》和其他一些书的一个包裹"。在接下来的几天中,雅裨理还拜访知县、水师军官等。雅拜访厦门同知时,"和他充分和毫无拘束地讨论了自然的和启示宗教的重要真理"③。1847年12月10日,厦门的道台、水师提督、海关委员、同知拜访波罗满牧师(William J. Pohlman)和罗啻牧师(Elihu Doty),他们"还想看看有关电的实验"④。传教士们通过各种方式尽力培养上层社会对教会的善意。

总的来说,道光末年除了个别突发事件外,官教之间关系不甚紧张。但咸丰皇帝登基之初对外政策趋向强硬⑤。缺乏对外部世界真正了解的清廷对天主教可能带来负面影响,有一种混杂夸张而缺少实际根据的紧张,采取一系列措施抵制天主教:一是以黜贬降级来惩罚许多被认为对洋人太过容忍退让、有伤国体的官员⑥。福建巡抚徐继畲等高官被申斥问责;阻止洋人传教的浙江巡抚常大淳及两江总督陆建瀛却受到表彰⑦。二是从思想上防范天主教。1851年8月咸丰接受陆建瀛建议,下令将道光钦定的《圣谕广训》颁行天

---

① Rev. H. Blodget, D. D., "The Church's Duty in Relation to Medical Missions, and the Principal up on Which Such Missions Should Be Conducted," *The China Medical Missionary Journal*, vol. 5, no. 3, 1891, p. 145.
② 转引自吉利克:《伯驾与中国的开放》,董少新译,桂林:广西师范大学出版社2008年版,第108页注21。
③ "Journal of the Rev. D. Abeel at Amoy," *The Chinese Repository*, vol. 13, no. 5(May 1844), pp. 236—237.
④ 杰拉德·F. 德庸:《美国归正教在厦门》,杨丽、叶克豪译,台北:龙图腾文化有限公司2013年版,第45页。
⑤ 史式徽:《江南传教史》第1卷,第237—238页。
⑥ 转引自史式徽:《江南传教史》第1卷,第192页注4。
⑦ 《著将前任福建闽县知县来锡蕃即行革职事上谕》,咸丰元年三月初七日;《浙江巡抚常大淳奏报法人在宁波设堂传教已设法防止片》,咸丰元年五月十二日;《两江总督陆建瀛等奏法领事违约索取天主堂旧址以兵船要挟折》,咸丰元年七月十二日;《著内阁命武英殿将宣宗钦定〈圣谕广训〉拓印颁行天下事上谕》,咸丰元年七月二十二日;《两江总督陆建瀛等奏筹酌拟内地民人习教章程恭呈御览片》,咸丰元年闰八月初一日,《清末教案》第1册,第123、125、128、131、133—134页。

下,抵制"邪说"①。1851年9月,清廷下令将两江总督陆建瀛拟定的限制内地民人习教的章程咨行内地各省实行②。打着基督教旗号的太平军兴起后,曾国藩的《讨粤匪檄》猛烈抨击太平军"窃外夷之绪,崇天主之教",官教关系更加恶化。边远地方官员处理涉教事务时走得更远。1856年2月广西西林知县张鸣凤无视朝廷明文规定,自作主张处死教士③。此事最后成了法国挑起第二次鸦片战争的借口。

在清廷面临统治危机希望借师助剿时,官方主动接触教会,也展现了很实际的一面。太平军进逼上海之际,上海官员与耶稣会士梅德尔联系,要求他在英法外交官及联军军官前斡旋调节,至少使上海地区免遭战祸。这一时期官教联系明显增多。中国官员请梅德尔向法国公使要求把"日达尔"号上的华工遣送回家;梅办成此事,使传教事业得到官方的关照④。在京师方面,1859年10月清朝官方曾有请传教士把合作镇压太平天国的想法带给英法官方。差不多在同时,法国传教士已经"谒见恭邸",对朝廷发还天主堂向恭亲王表示感谢⑤。

这一时期来华耶稣教传教士人数仍然很少,但他们有时越出五口与其他地区的官员们交往。英国传教士杨格非(Griffith John)与艾约瑟(Joseph Edkins)曾到过苏常杭等地,各地官员对传教士的态度因人因时而异。杨说:"在去年(1859年)4月我带着6 000本《新约全书》和其他的宗教书籍来到杭州,并把它们全部发放出去。那个时候有一位美国传教士和他的家人也住在那里,他们与当地官员的关系都非常好。当时一些当地官员和传教士还常常互相拜访及交换礼物。……直到国外传出英法联军在中国北方战败的消息。这个消息刚刚传到杭州,整个情形就发生了变化。"⑥

个别传教士的经历比较特殊,如丁韪良参加第二次鸦片战争的中外谈判,在担任翻译期间认识了总督(谭廷襄)及其同僚崇纶。他回忆这对自己"以后在北

---

①② 《著将前任福建闽县知县来锡蕃即行革职事上谕》,咸丰元年三月初七日;《浙江巡抚常大淳奏报法人在宁波设堂传教已设法防止片》,咸丰元年五月十二日;《两江总督陆建瀛等奏报领事违约索取天主堂旧址并以兵船要挟折》,咸丰元年七月十二日;《著内阁命武英殿将宣宗钦定〈圣谕广训〉拓印颁行天下事上谕》,咸丰元年七月二十二日;《两江总督陆建瀛等奏报酌拟内地民人习教章程恭呈御览片》,咸丰元年闰八月初一日,《清末教案》第1册,第123、125、128、131、133—134页。
③ 赖德烈:《基督教在华传教史》,第235—236页。
④ 转引自史徽:《江南传教史》第2卷,第12页注4,第13页注2。
⑤ 丁运枢、陈世勋编:《张公(锦文)襄理军务纪略》,台北:文海出版社1983年版,第418—419页。
⑥ 汤普森:《杨格非:晚清五十年》,赵欣、刘斌斌译,天津:天津人民出版社2012年版,第76—77页。

京的活动非常有利。他们后来都进入总理衙门任职"。他还利用在官场服务的机会,向文祥、崇厚及李鸿章等赠送他自己撰写的《天道溯原》①。与丁韪良的自述一致的是,这个因参与外交活动结识清廷高官的传教士,后来一直受朝廷欢迎并委以重任。

总之,道咸两朝的官教关系因朝代更迭,政策多变而不太稳定。同时,天主教刚告别查禁也比较谨慎,耶稣教人数更少,两教都被限制在五口及附近地区,民与教、官与教的接触比较有限,清政府基督教治理的难题还没有充分显现出来。

二、羁縻防范与教会的开拓

《北京条约》为西教在华传播打开大门,但城下之盟带给中国官方的屈辱只能使官教关系进一步恶化。这一时期天主教在两方面加剧清廷对天主教的反感:第一是普遍的索还教产;第二是一些教士和教徒的行为冒犯了官场礼仪。1860—1870年间,据《教务教案档》统计,上报到总理衙门的天主教索还教产案共有33起,传教士擅用官场仪制6起,传教士、教民违约传教、干预地产公事等7起,命案20起②。其中暴力打教通常有官方背景③。清廷虽然被迫对如田兴恕等高官追责,但总体政策上对西教牵扯到的中外关系、价值观及具体利益等多重矛盾的笼统定性没有变化。奕䜣等人提出的治理之策重在防范,要抓住"有隙可乘之机,自必悉心筹办,以期维持一分,即少一分流毒"④。这种不分主次的既羁縻又防范的做法是一种高难度的治理要求,使清廷上下,尤其是地方官员们在实际操作层面往往陷入困境。

只有极个别高官看到了要区分教会引起的不同矛盾。1862年8月湖南湘潭等地发生焚烧教堂事件,巡抚毛鸿宾在告示中追溯天主教在"康熙年间,建堂

---

① 丁韪良:《花甲忆记》,沈弘等译,桂林:广西师范大学出版社2004年版,第98—99、103页;王文兵:《丁韪良与中国》,北京:外语教学与研究出版社2008年版,第49页。
② 据张贵永主编:《教务教案档》第1辑,台北:"中央研究院"近代史研究所,1974年;张贵永主编:《教务教案档》第2辑,台北:"中央研究院"近代史研究所,1975年。按:"命案"据《教务教案档》第1辑、第2辑"大事年表"统计。
③ 参见吕实强:《中国官绅反教的原因1860—1874》,台北:"中央研究院"近代史研究所,1985年,第210—211页。
④ 《恭亲王奕䜣等奏为遵议丁日昌曾国藩所奏教务隐忧等情折》,同治九年九月二十四日,《清末教案》第1册,第943页。

设教",由来已久,认为"彼教与中国民人各无侵犯,亦无强人从教之条,其堂宇基地,亦皆鬻之平民,不准强占,原可相安无事",而且"惩奸罚罪,国有常刑",如果该教士确有毒害民众的事实,应该告官办理,不应该"动辄鸣锣聚众,挟制官长,是即犯上作乱之渐,此风尤不可长"。这位巡抚把条约时代的天主教完全等同于佛教失之偏颇,但他将笼统的问题进行了区别,看到了政府官员默许或者借用民力冲击教会是不知教会源流、不负责任的做法,最终只会伤及政府本身的统治。但总理衙门的回应强调天主教弛禁"系不得已之举",湖南百姓反教"犹知扶持名教。然以现在官面文章而论,其势不能不出示惩治,以作羁縻之计"①。显然,清廷此刻还远未认识到毛巡抚提出认识"教会源流"的重要性,而在国家治理的大局中耍起纵民于前、惩民于后的"自作聪明"。

天主教方面看到了官方限教有缺乏了解宗教的一面,为使官绅阶层了解天主教的基本情况,北京主教孟振生(Joseph M. Mouly)写了《天主教论疏》一文送给总署,"请检寄各省官绅共相传诵",以便避免误解,使"不奉教者与奉教者,皆可永远相安";此外,已经有传教士看到缓和官教关系,最为重要的是不干预地方行政。1860年12月孟振生就宝坻县有教民参与抗粮泄愤诬告县主一事,答复总署称二人"一为乡里刁恶,一为教中丑类,求饬知宝坻县按律惩治,以后凡天主教人有不遵法律者,本鉴牧查知必为首告,以伸国法";孟振生支持地方政府施政得到总署肯定。前面提到的郎怀仁也受到官方褒奖。总署给法国公使哥士耆信中称赞郎能"守康熙间西士风范","并望各处传教士皆能守康熙年间西士风范,则地方官民必照彼时西儒相待,彼此均有裨益"。清廷和地方官教之间互动日渐增多。如1865年4月奕訢派人出席天主教北堂的奠基礼②。1867年8月孟振生看到朝廷"多设育婴堂"的谕旨后,向总署介绍天主教办理慈善事业的经验③。1868年12月上海道台派代表和文武官员出席钱家天主堂开堂与祝圣礼仪式④。这反映了在遵守中国"政主教辅"传统下官教关系有可能改善的一面,但这种教会尊重官方、官方顾及彼此利益的正常

---

① 《总署收湖南巡抚毛鸿宾函》,同治元年七月十五日;《总署致湖南巡抚毛鸿宾函》,同治元年七月十八日,《教务教案档》第1辑,第2册,第1066—1069、1070—1071页。
② 《总署收哥士耆函》,同治元年八月二十五日;《总署收教主孟振生呈》,咸丰十年十一月二十日;《总署给哥士耆函》,同治二年三月十日;《总署收北京主教孟振生呈》,同治四年四月一日,《教务教案档》第1辑,第1册,第31—32、238、257、170页。
③ 《总署收孟振生函》,同治六年七月九日,《教务教案档》第2辑,第1册,第76页。
④ 史式徽:《江南传教史》第2卷,第171页。

互动还只是开端。

耶稣教此时的信徒很少,但传教士已经开展了较多现代色彩的公益慈善活动①,改善教会在百姓和官员心中的形象。如原伦敦会传教士德贞(John Dudgeon)在北京行医,"将西方医学推荐进政府圈子"。德贞的解剖学著作《全体通考》出版时为其作序的有荣禄、吏部尚书兼总理衙门大臣广寿与毛昶熙、总理衙门大臣陈兰彬、刑部尚书兼总理衙门大臣谭廷襄侄子谭宝琦、总理衙门大臣崇厚等7人②。直接在清政府服务的传教士也有助于改善官对教的认识。例如,军机大臣文祥听人说传教士经常辱骂孔子十分愤慨,在京师同文馆教书的丁韪良给文祥解释说:"传教士通常对圣人都十分尊敬。孔子要感谢传教士把他的作品译成欧洲语言,还有比这更好的证据吗?"③这种官教直接沟通显然有助于减少官方对教会的误解。

尽管传教士在遭遇暴力反教、求助官方无效时,最终会寻求自己国家驻华代表的保护。但他们意识到最有效的保护来自中国政府,特别是现场的地方官。因此,1868年耶稣教中文刊物《教会新报》出版后,林乐知(Young J. Allen)注重报道官方保护教会的新闻④。一方面起到了劝谕民众的作用,另一方面也表达了教会对于官方治理的认可。传教士们这么做并非完全是做给官方看的,教会依附政府是基督教主流传统。1867年8月面向传教士读者的英文《教务杂志》刊载了一位作者的批评来信,"在迄今为止的外国人中的英语礼拜中,几乎没有听到为中国皇帝和那些省级高官的祈祷",他提出每一位《教务杂志》的读者都理所当然地经常地为这个国家的皇上和大臣们祈祷⑤。

耶稣教也注重对社会各界尤其是知识界解释基督教。《教会新报》不时提出讨论耶稣教与儒学关系的题目,结果各地读书人多有参与。有读者要求解释揭帖上流传的"天主、耶稣教许多弊端,有童女终寡,侍奉神父,服毒入迷,挖眼带脑抽筋,累及父母妻女,自身难顾等语"。林乐知说:"究竟教会内情,中国人终不深

---

① "Statistics of Protestant Missions in China," *Chinese Recorder and Missionary Journal*, vol. 2, no. 3(August, 1869), p. 63.
② 高晞:《德贞传:一个英国传教士与晚清医学近代化》,上海:复旦大学出版社2009年版,第153、163、197页。
③ 丁韪良:《花甲忆记》,第162、244页。
④ 林乐知:《本书院主人启》,《中国教会新报》1868年第5期,第5页;《安庐道接见外国领事教士照会》,《中国教会新报》1869年第69期,第11页。
⑤ "Prays For the Rulers of China," *Chinese Recorder and Missionary Journal*, vol. 1, no. 10 (Oct. 1867), p. 108.

悉。既经此问，故刊列报中，请吾等教友明晰之，一可免其所疑，二可使中国人知教会无此诸病。"①希望通过这样的讨论能厘清官绅士民对教会的认识。

不过，官方对教会的看法虽有变化但仍笼统与肤浅。1867年10月清廷要应付即将到来的修约谈判，总理衙门要求沿江沿海17名督抚就"开拓传教"提出自己的看法。在回奏中，这些大臣对天主教、耶稣教的了解参差。曾国藩、李瀚章称其为"异端"②。李鸿章、官文认为是"邪教"③。沈葆桢认为天主教是"邪说"，而耶稣教"清净为宗"；只有吴棠、李福泰提到这些洋教"讲书劝善"、"劝人为善"，但认为"惟穷苦愚民，听其讲说，稍有知识之人，鲜有受其愚弄者"；只有署江苏巡抚、湖北巡抚郭柏荫认为天主教在中国流传很久了，不过"九流之一家"，因为教义"较佛为尤诞"，"似不致为风俗人心之大害。虽其为讲正学，卫圣道者所必争。臣愚窃以为非救时之切务也"，降低了应对传教在国家政务中的重要性。总起来说，尽管这些大员们的态度已经有了激烈和温和之分，但还是不能认知缠绕教会各种问题的不同性质需要区别对待，除了"阳为抚循，阴为化导，或启其悟，或破其奸，不禁之禁，斯为正办"的老套外④，也没有提出新的治理办法。

在朝廷和地方大员的模糊认识下，对反教的同情和消极防范还是相当普遍。1868年因谣传天主教育婴堂食小儿肉，殃及内地会教堂被砸，引发"扬州教案"。英国政府虽对传教惹出麻烦不满，但为维护条约权利立即派军舰到南京施压。其后1870年6月21日"天津教案"爆发，在一定程度上无疑有地方官坐观教会难堪的心态和消极作为的因素在内，结果20余西人在突发事件中毙命。列强要求清廷严惩肇事人犯，以开战为挟，严重危及清廷统治。清廷急令曾国藩赴津查办，最终以处死中国民人20人、军徒25人，并将天津知府张光藻、天津知县刘杰革职并从重发往黑龙江军台效力⑤，派崇厚去法国道歉结案。这些教案，尤其是震惊中外的津案把国家拖进原可避免的危机，使无辜百姓死于非命。清政府对基督教治理的失效显而易见；对教会来说，数十个生命和巨大财产顷刻化为

---

① 《决疑子问》，《中国教会新报》1868年第16期，第6页。
② 《曾国藩奏》，同治六年十一月壬申；《李瀚章条说》，同治六年十一月庚午，宝鋆编：《筹办夷务始末（同治朝）》卷54，台北：文海出版社1966年版，第5070、4981页。
③ 《筹议修约事宜折》，同治六年十二月初四日，《李鸿章全集》（奏议三），合肥：安徽教育出版社2008年版，第3册，第169页；《官文条议》，同治六年十二月辛丑，《筹办夷务始末（同治朝）》卷56，第5244—5247页。
④ 《总理衙门条说》，同治六年九月乙丑，《筹办夷务始末（同治朝）》卷50，第4827页。
⑤ 《著将津案已革府县从重改发黑龙江并将冯瘸子等十五人斩决事上谕》，同治九年九月十一日，《清末教案》第1册，第932—933页。

乌有,也是触目惊心的沉重教训。因此,津案成了官教关系发展的转折点。

三、务实与合作的开端

但转折姗姗来迟。因为在"天津教案"危机中,清廷仍然笼统与绝对地将教会看成"仇敌",将打教者看成是"义民",认为"民心失则天下解体"①。曾国藩处理津案后赴江南任前,慈禧太后问他为什么"教堂就常常多事"。曾答道:"教堂近年到处滋事,教民好欺不吃教的百姓,教士好庇护教民,领事官好庇护教士。明年法国换约,须将传教一节加意整顿。"②显然曾国藩因津案被朝野痛诋而反映情况有所保留,没能指出官方在教会治理方面存在的问题。1871年1月奕䜣、文祥等向各国驻京公使递交照会,阐述了清廷管理传教八条章程。除了曾提出的由官方管辖育婴堂与传教士不得干预司法外,还增加对传教士的管理,提出对教产、教徒实行登记,并要求传教士服从中国法律风俗、不准妇女进入教堂,外国女修士不准在中国传教等③。显然,清廷着眼于建立治理基督教的制度是必要的,但该章程只从"官"单方面要求出发,全面强化对"教"的管控,而不考虑教会的利益及官方在教会治理及司法公平中承担的义务。因此被郭嵩焘批评为"是非互淆,轻重倒置"④。欧洲各国政府认为章程指责传教士劣迹并无证据,总理衙门立论偏颇⑤。章程最后被拒。显然,在教会及其背后驻京公使都有发言权的半殖民地"多元主体"格局下,清廷仍以前朝惯例行事是难以实现其治理教会的目标。

但中国民众反洋教怒火瞬间爆发的巨大力量使得传教士们心有余悸,他们试图寻求缓和冲突的办法。湛约翰(John Chalmers)在《教务杂志》上说,"渴望纯粹政治层面的'强有力的干涉'是徒劳的"⑥。摩怜(Caleb C. Baldwin)认为对于民教冲突"应该尽一切可能采取一种友好的方式来进行协商和仲裁,或者直接、间接地通过中间人来解决矛盾"⑦。但是,教会如何在中国来获得"协商与仲

---

① 翁万戈编、翁以钧校订:《翁同龢日记》第2卷,上海:中西书局2012年版,第815页。
② 《曾国藩全集·日记》,长沙:岳麓书社1995年版,第1787页。
③ 《总理衙门各国大臣商办传教条款》,李刚己辑录:《教务纪略》,上海:上海书店1986年影印本,第4—11页。
④ 梁小进主编:《郭嵩焘全集》(日记三),长沙:岳麓书社2012年版,第10册,第72页。
⑤ 李刚己辑录:《教务纪略》,第13页。
⑥ John Chalmers, "The Missionary Question," *Chinese Recorder and Missionary Journal*, vol. 4, no. 6(Nov. 1871), pp. 155—156.
⑦ C. C. Baldwin and D. D., "To What Extent Ought We as Missionaries to Appeal to the Secular Arm in Behalf of Chinese Christians," *Chinese Recorder and Missionary Journal*, vol. 22, no. 3(Mar. 1891), p. 101.

裁"的资格呢？李提摩太(Timothy Richard)的结论是："首先应继续我们现在所做的所有善事，使中国人了解基督教；通过个人与那些受过高等教育的、处于政府和宗教领袖地位的官员交往沟通；另外一个重要的补救措施是：为了完成我们的任务，我们需要很好地做好自身准备。通过对中国古代和现代的历史、哲学、科学以及宗教的仔细学习，对我们认清当前的真实形势是必要的，以便能够更好地帮助中国人解决政治的、社会的、道德的以及宗教的等等各种困难。"①实际上，李所讲的"善事"指的是那些适应当时社会需要的慈善教育医疗等事业。他强调学习中国文化，是试图调适基督教与中国文化之间的张力。

众所周知，宗教对于社会是有正功能的，这一时期传教士确实做了一些"善事"。在1871年直隶水灾②、1877年山东大旱、1878年山西大旱时天主教与耶稣教都参加救灾活动③。传教士魏丁(Albert Whiting)在救灾中染病身亡葬在山西，临汾县令蒋濂撰"平阳记灾碑文"对魏等传教士表示感谢④。中国驻英公使郭嵩焘在奉命向英国政府致谢词中也提到了"在天下之教士"⑤。传教士参加1879年河南救灾后，"该境民人之待西人较前大不相同"⑥。1889年在苏皖灾荒后，两江总督曾国荃赠送伦敦会牧师慕维廉(William Muirhead)"行善有术"的匾额⑦。

耶稣教医疗教育事业这一时期有较大的发展，1889年时全国有61个医院，44个诊所，接诊348 439名病人⑧。就诊者中不乏官员及眷属，如李鸿章妻子患病，得到传教士医生治理而痊愈的事情，在社会上流传很广⑨。教会办的各类学校也有大幅增加⑩。传教士还通过兴办新式教育与官方建立合作。总署请丁韪良赴欧美日六国了解各国教育制度，回来写成《西学考略》刊行给

---

① T. Richard, "Christian Persecutions in China-their Nature, Causes, Remedies," *Chinese Recorder and Missionary Journal*, vol. 15, no. 4(Jul.- Aug., 1884), pp. 240, 244.
② 《西人赈灾民》，《中国教会新报》1871年第153期，第6—7页。
③ 《西教士劝捐书并山左灾民情形》，《万国公报》1877年周刊第434卷，上海：上海书店出版社2014年版，第8册，第455—456页。
④ 《平阳记灾碑文》，《万国公报》1880年周刊第593卷，第16册，第444—448页。
⑤ 《驻英郭星使致谢英国助赈局启》，《万国公报》1879年周刊第522卷，第14册，第45—46页。
⑥ 《畛域渐融》，《万国公报》1880年周刊第579卷，第16册，第173页。
⑦ 曾国荃：《南洋通商大臣两江总督部堂曾致祖文律师函并额》，《万国公报》1889年月刊第8卷，第24册，第172—173页。
⑧ 赖德烈：《基督教在华传教史》，第385页。
⑨ 《李爵相建立医院》，《万国公报》1879年周刊第555卷，第15册，第229—232页。
⑩ 参见杰西·格·卢茨：《中国教会大学史(1850—1950)》，曾钜生译，杭州：浙江教育出版社1987年版，第52页。

官员阅读①。1875年林乐知报道格致书院成立消息时称,此举一开始就得到李鸿章、李宗羲等官绅的大力支持;有意思的是就像丁韪良被禁止在同文馆传教一样,书院章程写明"凡各种传教之书,断不可入馆"②。尽管官方坚持把宗教拒之学校门外,但传教士看出要在中国兴办教育"必得中国各官皆实力襄助"③,因此他们在传教问题上做出实用主义的让步。

除了现代性事业外,这一时期教会继续通过大众媒体对民众解释基督教,批驳鼓动反教的《辟邪实录》④。不仅如此,1877年耶稣教在上海召开全国大会推荐英国传教士韦廉臣(A. Williamson)、杨格非、美国教士晏玛太(Matthew T. Yates)、林乐知等联合撰写《耶稣圣教析义》,希望"官绅士庶与教外诸君留心细阅,或可免从前之固执,即可释今日之猜嫌,此固教会中之幸,亦中国君臣之幸也"⑤。中国信徒则尝试在耶稣教和儒学之间折衷平衡。1880年10月《万国公报》连载山东信徒刘世镜的《行道要则》,文中直接提出"孔子教与耶稣教互补"之说⑥。尽管不是所有传教士们同意耶儒互补之说⑦,但他们已经觉察到"调和耶儒"是在价值观层面与中国官员对话的必要前提。

天主教则致力于强调自身的合法性。1877年上海天主教中国籍神父黄伯禄编辑出版了以官方文献为主要内容的《正教奉传》,说明天主教在中国流传已久⑧。1883年黄伯禄又将道光六年(1826)以前的历代天主教会获得中国官方表扬的文字汇为一编。这些立足于官方文献的护教著作对还原天主教的历史形象有一定的影响。

教会方面也比较重视直接向官方表达善意。1872年同治皇帝大婚时上海耶稣教各教会集合祈祷"恭祝圣上大婚";同年,丁宝桢从山东巡抚升任两江总督;1880年刘坤一从两广总督调任两江总督,新教报刊都表示了祝贺。天主教报刊也是如此。《益闻录》1883年以"丞相爱民"为题,称赞李鸿章在直隶总督任

---

① 参见王立新:《美国传教士与晚清中国现代化——近代基督教耶稣教教士在华社会文化和教育活动研究》,天津:天津人民出版社1997年版,第167页。
② 《格致书院第一次记录》,《万国公报》1875年周刊第357卷,第4册,第200—206页;第358卷,第4册,第240—248页。
③ 《议开学堂》,《万国公报》1883年周刊第735卷,第22册,第299页。
④ 《〈辟邪实录〉辨》,《中国教会新报》1870年第108期,第7页。
⑤ 林乐知等:《耶稣圣教析义序》,《万国公报》1879年周刊第544卷,第14册,第655—668页。
⑥ 刘世镜:《行道要则》,《万国公报》1880年周刊第611卷,第17册,第311—313页。
⑦ 福音堂圣塾:《耶稣教与诸教异同论》,《万国公报》1882年周刊第695卷,第20册,第521页。
⑧ 黄伯禄:《正教奉传》,光绪十六年庚寅(1890)续增,上海慈母堂藏板,第5页。

上的政绩;1884年中法战争之际报道两广总督张之洞出示告诫百姓"临阵杀法兵者则为勇士,无故扰害外国人者则为乱民。勇士有赏,乱民有罚"。

另外,天主教在买地建堂方面,对官方的要求也表现出某种灵活性。1880年北京天主教堂在琉璃厂买得书铺门面房三间,原计划在琉璃厂建堂,但"厂中各书坊不允,联名呈禀北城都察院",后来有御史出面交涉,教会最后让步。在清廷修理南海要求迁走邻近宫闱的天主教蚕池口教堂时,由李鸿章与教会交涉,教会方面表现了慎重和配合。

更为重要的是,两教这一时期开始制订一些约束教徒及传教士的具体规则,客观上有助于清廷治理教会。如1871年福州美以美会教士译有例文一本,要求入教者了解教徒应遵守的规矩。书中强调教徒"理宜服国家官长,教士传道者尤宜如是,自己和平端正,教人尊敬官长,顺守国法"①。值得注意的是一些基层官员取得教会方面支持发布了治理教会的告示。1874年登莱青兵备道龚易图与美国烟台领事施博(Eli T. Sheppard)议定条规对中国官方最痛恨的传教士干预司法一事,申明"如外国传教士出头护庇,亦准该民人来烟赴本监督衙门及领事官衙门指名控告,必为秉公审理"②。天主教方面还有官教合作发布的告示。1876年巴东县令与湖北天主教传教罗司铎联合告示中强调"所有设堂传教以及设立义学、医馆,皆系心存济世以善及人,且系条约所准,并无违法害人之事",造谣生事要受官府严惩。同时,该告示特别把守法列为"奉教之人"的入教条件,强调教会司铎"专理教内灵魂事务",不得干预司法③。这些规则预示官教之间在协调各自基本利益前提下存在彼此合作的可能性。到19世纪90年代,新生代传教士明确提出了要重视官教的直接沟通。传教士租地建堂常常容易引起纠纷。1890年李佳白(Gilbert Reid)专门撰"教堂租置房地条例"讨论这一问题,一方面认为在这一问题上"中朝待教甚厚,而各教报效亦须孚之以信,结之以义也",主张有问题应在地方政府层面解决,不要专靠外国使领施压;但另一方面如果传教士"未能妥办",还是要"呈禀本国大臣等官保护,以求持平之意也"④。

---

① 《福州教会规条》,《中国教会新报》1871年第119期,第8页。
② 《烟台告示》,《教会新报》1874年第296期,第12—14页。
③ 《湖北咸丰县友人寄来襄阳巴东两县安教告示件》,《万国公报》1876年周刊第389卷,第6册,第127—129页。
④ 李佳白:《教堂租置房地条例》,《万国公报》1890年月刊第15卷,第25册,第277—283页。

一般来说,"天津教案"以后,基督教会在各种场合不断发声为自己辩护①。个别参与世俗活动较多的传教士已经在高层赢得影响。1887年李提摩太在北京期间,写了一本题为《现代教育》的小册子送给包括李鸿章在内的清廷高官。他借此极力向李鸿章介绍基督教能够给国家带来的好处,这也是促成他之后写《救世教益》一书的"决定性原因";此外,1888年曾纪泽因倡议在天津和北京之间修建一条铁路,为了准备回应醇亲王咨询的材料,求助李提摩太解决了这个难题②。1890年5月23日总署设宴欢送丁韪良回美国。这些官员认为丁"较之从前利玛窦、南怀仁、汤若望诸公,倍有光采,获益无涯"③。这都说明官方对教会的态度在发生变化。弛禁之初官方一致认为西教像传统的"邪教"一样危险,经过几十年的接触,这种猜疑正在淡去。1891年5月长江沿岸安徽芜湖、江苏镇江各属连续发生会党发动的教案,案情震动朝廷,但此次清政府态度发生了重要变化。

四、教会影响朝廷与官方政策的倾斜和剧变

当时主持总理衙门的奕劻1891年6月的奏折反映了高层的态度。第一,在奏折中首次公开为教会辩解,肯定了"泰西之教,本是劝人为善",并称赞"其教中施医育婴,皆属善举。近年各省被灾地方教士等捐资助赈者,颇不乏人,其乐善好施,亦属可嘉"。第二,奏折提到了反教群体中有乘乱打劫的"不逞之徒"及其反教给政府造成的威胁。第三,采取措施查禁鼓动反教者。奕劻要求对造谣惑众者"严密查拿,从重治罪"④。1891年9月,驻外公使薛福成的奏折中也认为天主教、耶稣教本质上是劝人为善者,断无杀人入药之事⑤。对于清政府教案治理方针的上谕,传教士评价是:"这道圣旨要比政府以前所颁发的任何内容都开放友好。圣旨痛斥所有煽动暴乱的邪恶分子。声明并重申传教士在华居住和从事

---

① 一知山人:《保护耶稣教事书》,《万国公报》1878年周刊第492卷,第12册,第171—172页。
② 李提摩太:《亲历晚清四十五年:李提摩太在华回忆录》,李宪堂、侯林莉译,天津:天津人民出版社2006年版,第187—189页。
③ 《北京同文馆总教习丁韪良先生纪略》,《万国公报》1890年月刊第18卷,第26册,第25页。
④ 《庆郡王奕劻等奏陈各省教案叠出请旨饬各督抚迅筹办法折》,光绪十七年五月初七日,《清末教案》第2册,北京:中华书局1998年版,第478—479页。
⑤ 《光禄寺卿薛福成奏陈处理教案治本治标之计折》,光绪十七年八月初六日,《清末教案》第2册,第490—493页。

传教的权利,以及基督教皈依者自由信教和享有政府保护的权利。"①

但官方长期以来的仇教意识,仅靠一道圣旨难以消除。在一些地方,就如丁韪良所说:"官员们把它扔到了一边,根本不以为然。"②因此,在清政府强调保护教会之际,教会也有新的行动。第一,游说高级官吏。1891年《万国公报》中林乐知说李鸿章曾问李提摩太基督教会如何有益于中国社会。李氏专门写了《救世教益》解释了耶稣教的内容,也强调耶稣教在当时中国的现代化进程中的建树③。第二,继续表示教会是服从国家管理和忠于朝廷的。例如,1894年5月德国传教士在"两粤传教章程"中说:"教士时常开导教民,尔等入教仍系中国子民,当存尊君亲上之心,归地方官管理,与平民一律尊敬绅士。"在教会礼拜时"亦应代中国皇帝祈祷,《圣书》内载明:居位者,乃上帝所立。教内之人自应深加敬服"④。第三,耶稣教教会还抓住机会向慈禧太后表达敬意。1894年适逢慈禧六十大寿,宁波的耶稣教女传教士发起向慈禧"献经祝嘏"的活动,把特制的《新约全书》献给慈禧⑤。至少在表面上,传教士与清廷的关系进入比较密切的阶段。

甲午战败后,中外关系的新格局使得官教关系的天平向教会一方倾斜。清政府新败之后深恐引起中外冲突,在教会问题上对地方官采取高压措施。1895年5月成都教案后,总督刘秉璋着即革职永不叙用;除行政处分外,清廷还制定了经济处罚的措施,得到皇帝批准实施⑥。尽管如此,连连发生的教案还是使得传教士们非常惊恐。1895年耶稣教会采取集体行动,推举李提摩太和美国传教士惠志道(John Wherry)进京上书,并于1895年10月31日受到恭亲王奕䜣的接见⑦。11月14日美国驻华公使田贝亲自陪同两位传教士正式到总理衙门上书。总理衙门收下了传教士的两份文件,允诺上奏光绪皇帝。传教士们终于使清廷高层直接听到自己为基督教,特别是为历来被官府鄙视的中国基督徒的辩护⑧。值

---

① 汤普森:《杨格非:晚清五十年》,第327页。
② 丁韪良:《花甲忆记》,第305页。
③ 李提摩太:《救世教益》,《万国公报》1892年月刊第37卷,第29册,第99—107页。
④ 德国教士:《两粤传教章程》,《万国公报》1894年月刊第64卷,第33册,第324—326页。
⑤ 李提摩太作、蔡尔康述:《诸女士献经祝嘏记》,《万国公报》1895年月刊第76卷,第35册,第253—256页。
⑥ 《著将刘秉璋革职永不叙用事上谕》,光绪二十一年八月十一日;《恭亲王奕䜣等奏请嗣后遇教案赔款应由督抚等分年偿还片》,光绪二十二年四月十二日,《清末教案》第2册,第604—605、645页。
⑦ 翁万戈编、翁以钧校订:《翁同龢日记》第6卷,第2890页。
⑧ "A Statement of the Nature, Work and Aims of Protestant Missions in China, Laid before the Tsung-li Ya-men, Nov. 14, 1895, to Be Presented to the Emperor," *Chinese Recorder and Missionary Journal*, vol. 27, no. 2(Feb. 1896), p. 62.

得一提的是上书采用了奏疏的形式,陈述教会的两个要求:第一是将《海国图志》及《经世文续编》中"谤教之文"及各种"诬蔑教会之书","划除禁止";第二是"无论官民,如愿入教,悉听其便,万不可迫之使背教规。皆当实准奉教,无容歧视也"①。1896年1月继传教士上书之后,耶稣教又委派人员著成《圣教入华说》,"拟呈中国政府,恳托进呈御览","请旨谕令各省督抚,转饬司道,分行各府州县,据情出示,使中华读书知理之士,以及凡能识字之人,洞悉圣教之道,皆正大光明,朴实说理,足能赐福于天下人民";在李提摩太等上书之后,1896年8月李佳白也写了《民教相安议》,从妥协折衷的立场,写了民、教、官在相互关系中都有"当尽之本分"②。李佳白这种认为传教士、教徒、平民及官员在处理民教关系中都有各自义务的说法,相比过去彼此指责而言,指出了一条合作治理教会问题的路径,这使得李在清廷赢得不少听众。

天主教方面并没有像耶稣教传教士一样在清廷改革活动中那样活跃。但在"长江教案"后,为了破除天主教堂的神秘感,各地教会邀请官员参观天主教堂的行为逐渐多了起来③。同时他们也像耶稣教一样,一再向朝廷表达忠诚。在慈禧六十大寿时,江南主教倪怀纶发出"主教谕单"宣称,为庆祝"皇太后六旬万寿",要求苏皖两省信徒在慈禧生日那天都要到教堂去"虔祈上主佑我皇太后徽祚绵长"④。同样,天主教也请法国公使施阿兰给总理衙门照会,要求删去"禁教明文","禁绝谤书"⑤。

实际上这一时期耶稣教与官方互动日益增多。翁同龢1895年2月10日的日记中说:"英教士李提摩太有妙法,救目前亦救将来,请酬银百万,不成不取。"⑥1896年8月总理衙门总办章京答谢李佳白向朝廷高官赠送《中东战纪本末》一书,透露"王爷各位堂宪阅讫",评价"此书著述渊博,实事求是……要终总不外发人深省之意"⑦。在山东登州以办文会馆著称的狄考文和另外一批传教

---

① 惠志道、李提摩太等:《陈管见以息教案疏》,《万国公报》1896年月刊第90卷,第38册,第12—18页。
② 林乐知、李提摩太等:《圣教入华说序》,《万国公报》1896年月刊第84卷,第37册,第25—27页;李佳白:《民教相安议》,《万国公报》1896年月刊第91卷,第38册,第85—88页。
③ 《主宾欺洽》,《益闻录》1895年第1508期,第441页;《宪驾遥临》,《益闻录》1896年第1576期,第243页。
④ 倪怀纶:《主教谕单》,《益闻录》1894年第1414期,第483页。
⑤ 《论施大臣请删禁教明文》,《益闻录》1895年第1516期,第487—488页。
⑥ 翁万戈编、翁以钧校订:《翁同龢日记》第8卷,第3806页。
⑦ 吴景祺、童德璋:《总理衙门总办章京答谢李君佳白送〈中东战纪本末〉书》,《万国公报》1896年月刊第91卷,第38册,第137—138页。

士在1897年给总理衙门上书建议在京师"创设总学堂"①。

维新运动前后也许可以看成官教关系短暂的蜜月时期。两教多年的言说和行动已经影响清廷对教会的看法及治理教会的政策。与教会打了几十年交道的张之洞在《劝学篇》中,从对国家治理的利弊出发,明确提出了"非攻教"看法②。即便是"戊戌维新"之后,官教的权力关系还在向教会方面倾斜。为减少教案对清廷中枢的压力,1899年3月清政府颁布"地方官接待主教教士事宜五条",规定传教士可按各自教阶见相应级别的政府官员③。这个章程多少出于总理衙门的主动,其目的不在于给传教士虚衔,而是要促使地方官必须按一定级别接待传教士,以直接在地方上了结教案,避免动辄上升到国家层面。尽管章程规定了"如民教涉讼,地方官务须持平审办,教士亦不干预袒护,以期民教相安"④,它还是无法防范教会方面可能滥用权力。这一条款遭到耶稣教传教士的猛烈抨击。林乐知和蔡尔康以"铸错危言"为题大声疾呼"既行此例,大错至危"⑤。

这一时期官方给予传教士的待遇到了史无前例的程度。杨格非1899年春造访湖南。他写道:"这是我第四次来到湖南,却是我第一次感到生命没有危险。这一切都归功于当地官员对我们以礼相待,关照有加。百姓的眼睛都在盯着那些官员,对我们的态度,也完全在于他们看待当地官员与我们交往的想法和政策。这次,他们读懂了官员的想法,所以百姓对我们非常友善。"1899年10月,杨格非与伦敦会湖南分会的一位传教士再次造访湖南。他们坐总督的"文星号"到岳州,"晚上,所有的官员都送来拜帖,向我们嘘寒问暖。所来之人,皆是毕恭毕敬。……这就是我们与官员的交往,我们对此非常满意"⑥。这种官教关系中已经孕育"物极必反"的危机。

在官方内部对教会不满或仇视者仍是大有人在。如在甲午前后先后担任山东巡抚的李秉衡、毓贤等地方大员以及在朝廷的刚毅、赵舒翘等。林乐知警告

---

① 狄考文等:《拟请京师创设总学堂议》,《万国公报》1897年月刊第101卷,第39册,第398—402页。
② 张之洞:《劝学篇》,上海:上海书店出版社2002年版,第74—75页。
③ 《地方官接待教士事宜条款》,光绪二十五年二月初四,王铁崖编:《中外旧约章汇编》第1册,北京:生活·读书·新知三联书店1982年版,第862—863页。
④ 《庆亲王奕劻等奏陈议定地方与教中往来事宜并缮清单呈览折》,光绪二十五年二月初四日,《清末教案》第2册,第832页。
⑤ 林乐知、蔡尔康:《铸错危言》,《万国公报》1899年月刊第126卷,第44册,第22—31页。
⑥ 汤普森:《杨格非:晚清五十年》,第341—342、344页。

说:"假使有十八李(秉衡)者起,盘踞于十八省,六赵(舒翘)者起,蔓延于六部,必有四国者起(指列强效法德国瓜分中国),瓜分于四方,悬想及此,不觉心战手颤,不敢书,并不忍书矣。"①但维新运动失败后恰恰是保守派官员逐步控制清廷中枢权力,官教关系进入多变和混乱时期。慈禧一方面延续此前对基督教的政策,重申传教载在条约,官员不能歧视教民、教民要尊敬官长和睦乡邻,督抚要广行晓谕绅民使民教相安;另一方面,因其废立计划未得到列强支持,对外态度趋于强硬,连带影响到对西教的态度。1900年6月16日八国联军进犯大沽炮台。6月21日清廷颁布宣战上谕,痛斥西方传教"小则欺压平民,大则侮慢神圣",肯定"义勇焚教堂屠杀教民"事出有因②。7月1日清廷下令教民能悔悟者,准予自新既往不咎。各国教士一律驱逐回国③。但到7月17日清廷转变政策反过来下令剿办土匪乱民,保护教士教民④。8月2日下令文武官员不得杀戮感悔投诚之教民⑤。

不过,此次清廷政策骤然反复,对地方官教关系的影响因地因人而异。传教士认为义和团运动的发生也有着中西文化冲突的因素,是"两种世界观之间的冲突"⑥。整体而言,其中京津和华北、东北、蒙古等地官员普遍镇压教会,陕西、甘肃基本持保护教会态度,另外则有南方的"东南互保"⑦。清廷政策反复,庚子一役教民死者约3万人⑧,教士100余人,拳民平民无法统计。林乐知的一些预言不幸成为现实。

五、妥协与合作的治理

庚子事件对官教双方创巨痛深,事后清廷和教会都想寻找长治久安的办

---

① 林乐知:《书南闻鉴临赵侍郎告示后》,《万国公报》1898年月刊第108卷,第41册,第17—25页。
② 故宫博物院明清档案部编:《义和团档案史料》(上),北京:中华书局1959年版,第162—163页。
③ 《著各直省督抚晓谕教民自首并驱逐教士事上谕》,光绪二十六年六月初五日;《著谕令各处地方文武官不得杀戮感悔投诚之教民上谕》,光绪二十六年七月初八日,《清末教案》第2册,第907、913页。
④ 李刚己辑录:《教务纪略》卷首,光绪二十六年六月二十一日奉谕旨,第13页。
⑤ 《著各直省督抚晓谕教民自首并驱逐教士事上谕》,光绪二十六年六月初五日;《著谕令各处地方文武官不得杀戮感悔投诚之教民上谕》,光绪二十六年七月初八日,《清末教案》第2册,第907、913页。
⑥ 赫尔曼·费尔希:《传教士韩宁镐与近代中国》,雷立柏译,北京:新星出版社2015年版,第146—147页。
⑦ 李杕:《拳祸记》(上编),上海:土山湾印书馆1923年版,第135页。
⑧ 樊国梁:《燕京开教略》,陈方中主编:《中国天主教史籍汇编》,台北:辅仁大学出版社2003年版,第443页。

法。1901年的《辛丑条约》没有直接提到基督教问题,但议约之际,清廷要求谈判代表奕劻、李鸿章"亟宜将传教妥定章程,以防后患"①。湖广总督张之洞进而提出希望订入专条的内容,如对教士教堂有所限制、传教士不能干预中国司法行政、教民要受地方官管束、恪守子民之分等②。但在清廷权威受到重挫之际,只有官方的声音是不现实的。实际负责谈判的官员以和解的姿态寻求教会的合作,这也符合了教会方面一直希望能在官方治理中维护自己利益的愿望。

1901年9月直隶布政使周馥发出"分请耶稣天主教各牧师约束教民公函",称"平民教民正当永除嫌隙","官长虽有治理之权,仍望教士剀切开导。但得各教堂教会首士与仆等同心商办,必能安保无事";这位地方官承认了对基督教的治理需要得到教会的合作。受到义和团运动教训的教会方面迅速做出积极反应。直隶耶稣教众牧师复函表示支持周馥;天主教方面樊国梁告诫北京等处天主教徒:"弗论教民、平民同是一民,均是国家赤子,均当诚心遵听上命,辑睦乡堂,俨若一家。"③法国历史学家巴斯蒂(Marianne Bastid-Bruguière)运用遣使会档案证明了在直隶正定府的包儒略主教(Jules Bruguière)是如何避免公使团介入而直接与地方官交涉赔偿问题。而地方当局感谢代牧区主教能使占领军规规矩矩,因而对此满口答应④。《万国公报》刊出的"直隶正定府包主教复周馥函"也表明了包对地方官的坚决支持,警告教民不得犯有讹诈、抗粮、讼棍、挟制官长等罪,"本主教已速恳地方官认真照办,尔等切莫以身试法"⑤。湖南、湖北的英国伦敦会及山东青州的英国浸礼会都订出类似章程,希望当局"可知劝华人入教并非外其心也"⑥。

各地也纷纷出台类似章程。1902年的山西教案善后章程更列出地方官应尽之责、教士应尽之责及教外人与教内人应尽之公共职分⑦。其中如习教生员应该参加助祭文庙,体现了明显的妥协色彩,因其明确了地方官、传教士、教民及

---

① 《著庆亲王奕劻等核办传教章程事上谕》,光绪二十七年三月二十一日,《清末教案》第3册,北京:中华书局1998年版,第59页。
② 故宫博物院明清档案部编:《义和团档案史料》(下),第855页。
③ 周馥等:《分请耶稣天主教各牧师约束教民公函》,《万国公报》1901年月刊第152卷,第48册,第194—197页。
④ 参见巴斯蒂:《义和团运动期间直隶省的天主教教民》,《历史研究》2001年第1期。
⑤ 包儒略:《直隶正定府包主教复周玉山方伯函》,《万国公报》1901年月刊第152卷,第48册,第197—199页。
⑥ 《英国教士在青齐传道章程》,《万国公报》1903年月刊第170卷,第51册,第171—174页。
⑦ 《山西巡抚岑春煊为请将教案善后章程十一条内容照知各使事咨外务部文》,光绪二十八年二月十九日,《清末教案》第3册,第230—236页。

平民各自的权利和义务,得到了官教双方的认同。1902年两广总督陶模签订了一个中美法《广东教务章程》,其核心内容也涉及传教士与民教诉讼方面。该章程强调了"凡非教案,教士等一概不得藉词干预"外,也承认教士对"案关真正教务,须查明的确证据,先由教士报知县官及地方各官,并须将案情按照应行款式,明白书写,使华官易于明晓。如县官判断不公,或不按办,可将该案控于领事官,惟须将全案原委报明"①。《广东教务章程》规定了与教务无关,教士不得干预词讼及强调了对教士、教民的管束。由于其最为翔实和具可操作性,这一章程后来转发全国,被"一体奉行"②。类似的教案善后章程还有很多,如《奉省天主教议结合同》《美以美会耶稣教案议结条约》等③。

地方上一定程度的合作为清廷与相关国家协商教会问题提供了基础。1903年签订的《中美通商行船条约》中的"传教条款"表明国家保障传教和信教自由,以承认"耶稣、天主两等基督教原为劝人行善"为前提,并保障"华民自愿奉基督教,毫无限止";此外,新增的许多内容体现了"衡平"的原则,第一次把对教徒教士的限制写得清清楚楚:一是作为中国人应"一体遵守中国律例,敬重官长,和衷相处";二是"于未入教以前或入教后,如有犯法,不得因身已入教,遂免追究";三是"凡华民应纳各项例定捐税,入教者亦不得免纳",但在此问题上明确"与基督教相违背者,不得向入教之民抽取"。另明确规定"教士应不得干预中国官员治理华民之权"。此外,规定中国官员应一视同仁,"须照律秉公办理,使两等人民相安度日"。最后,保留教会的置产权,但同时也确保官方的监察权④。这一"传教条款"成为随后与葡、德、意等国谈判时的模板,尤其1908年7月与瑞典签订《通商条约》,其第十二款与此款语句基本相同⑤。而这些条款与《广东教务章程》一脉相承。这些改动自然还是在条约体系之内的修补,但就国家治理而言,正如时人评论所言"实欲教民、教士此后与华官不致龃龉。各教士果皆能照章办

---

① 《广东教务章程》,王铁崖编:《中外旧约章汇编》第2册,北京:生活·读书·新知三联书店1982年版,第147页。
② 颜世清等编:《光绪乙巳(三十一)年交涉要览》(上),台北:文海出版社1966年影印本,第207页。
③ 《奉省天主教约章》,光绪二十八年十一月三十日;《议结美以美会耶稣教案条约》,光绪二十八年十二月二十六日;《清末教案》第3册,第561、625页。
④ 中美《通商行船续订条约》,光绪二十九年八月十八日,王铁崖编:《中外旧约章汇编》第2册,第187—188页。
⑤ 中瑞《通商条约》,光绪三十四年六月初四日,王铁崖编:《中外旧约章汇编》第2册,第518—519页。

理,则将来受益自是无穷"①。1904年担任直隶总督的袁世凯根据清廷与各国签订的各条约总结出处理天主教教案简明要览九条颁发给各州县②。这一要览从教士、教民、地方官三方面阐述教案的处理,同以往的一些教案处理办法相比详细而更全面。

在谈判赔款数额及用途等问题上,官方也寻求教会合作。耶稣教传教士多认为传教士的生命是无法用金钱来赔偿的。他们不愿意造成传教士生命值多少钱的印象。至于信徒的财产损失,他们要求"任何基督徒都不能抱着恶意或者复仇的心理;基督徒提出的不应该是太苛刻的或者超常的要求"。至于具体办法,他们认为"如果能通过地方官绅的友好安排而协调最好不过了,这样做既可以得到满意的解决也可以建立新的友谊;事实上,地方官员经常愿意直接跟传教士来协商解决"。传教士认为求助外交官是最后不得已的办法③。至于赔款的用途,有些传教士主张用在发展教育上。李提摩太被山西巡抚岑春煊邀请赴晋谈判赔偿时,主张山西五十万两罚款"不归西人,亦不归教民,专为开通晋省人知识,设立学堂教道有用之学,使官绅士庶子弟,学习不再受迷惑"④。李提摩太用赔款办学的举动使得山西官绅很受感动。

庚子之后,在清末新政的背景下,官教互动成为常态。1907年端方任两江总督时,曾发文敕令下属官员"平时与教士联络,期无隔阂,并推诚相与,实力照章保护,尤为调和民教一要义。此全在地方官参酌机宜,消融意见,不卑不亢,无诈无虞,自可共保治安,永弭嫌隙"⑤。值得一提的是官教双方还在有的场合公开讨论如何治理教会的问题。1907年李佳白的尚贤堂开会欢迎来上海参加耶稣教入华百年大会的各地传教士,南北洋大臣、粤苏浙三省督抚都认为以此举足以联络睦谊消弭扞格,写信表示祝贺。会上官方代表表示了对于教会方面配合治理基督教的肯定。浙江巡抚张曾敭的代表在致辞中说,李佳白的《民教相安议》对教士教民的行为和义务说得很清楚,表明教士一方的"律己之严","于平民则毫无畛域之分,于官长则自尽交际之道,此待人之恕也"。这样做就能使得民

---

① 《美领事新定传教善后章程》,《北京新闻汇报》光绪辛丑(1901)十月初十日。
② 《直隶总督袁颁发各州县教案简明要览》,《东方杂志》1904年第7期,第28—36页。
③ P. D., "Remarks on the Subject of Securing Indemnity For Losses in Connection with Mission Work," *Chinese Recorder and Missionary Journal*, vol. 31, no. 11(Nov. 1900), pp. 548—550.
④ 李提摩太拟、林朝折达旨:《办理山西耶稣教案章程》,《万国公报》1901年月刊第149卷,第47册,第452—455页。
⑤ 《江督通饬各属司道关局文》,《申报》1907年11月26日,转引自张海林:《端方与清末新政》,南京:南京大学出版社2007年版,第465—466页。

教"情好永敦,猜嫌悉化,尚何有因教滋事之案"①。上海道台瑞澂在颂词中说"民教积不相能"有两个原因,"即法律政治上之服从与否及干涉与否"。他也认为李佳白的书和教士联会的《防讼释疑说略》,有助于"中国得与美国特定传教之约,使凡服从基督教之民人,咸知遵守法律,尊敬官长,不致藉入教以为非,又使吾民知教士宅心公正,不干预中国官员治理华民之权,而中国官员亦必行其秉公办理之实",对调和民教"收辑睦邦交之效果,功莫大焉"。这位道台还从自己治理教会的经验出发,认为一年以来"默察各属奉教之民,悉能安分守法,彼此相安沪上,耶稣暨天主各教士又皆率身诚笃,持论公平,足辅鄙人所不及,此尤为鄙人所欣慰而不禁为他省人民祷祝以求者也",对官教合作表示了满意。耶稣教士百年会会长英国教士纪伯生(John C. Gibson)答词表示"敝教会当尽其力于各种教育事业,以助中国达其目的,初无别树一帜,以相倾轧之意也",同时一再表示"敝教士等与习教之华人常祷祝中国君民,邀天之佑,太平安乐,日见兴盛也"②,再一次向官方解释了教会的动机及对中国社会进步的希望。

清廷方面也总结处理民教关系的历史经验教训。1906年3月御史杜彤上奏,认为教案频发由于民智未开,无识之辈,一唱百和,欠缺思考,奏请将历次教案汇辑成书,刊行各省,遍颁各州,并仿照讲报所、说书处办法,广为宣讲③。当时未见清廷对此奏的批示,但1907年10月,清廷下令各省督抚迅将中国与各国所定约章内传教各条摘要辑刊成册,分发所属各官认真讲习,遇有外国教士交接事件,遵照约章切实办理④。除中央外,地方官员也有类似的举措。周馥因感到历次教案创巨痛深,遂委任进士李刚己编成《教务纪略》一书,希望有助于改变当时一些官员不通外情,不达教旨,以致引起中外争端的状况。

另外,清廷一向认为法国保教权使得官方与教会直接交涉增加了困难。早在1886年就试图联络罗马教廷废除法国保教权的计划。在庚子之后,不断有官员提出直接联络教廷废除法国保教权的问题⑤。1904年7月法国政府和罗马教廷断绝外交关系。1905年法国正式宣布政教分离。1906年1月法国驻华公使通知清廷放弃对他国的保教权,此后只保护本国教徒、教士。这也使得官教关系

---

① 《尚贤堂欢迎耶稣教士会纪事》,《万国公报》1907年月刊第223卷,第60册,第207—214页。
② 《尚贤堂欢迎耶稣教士纪事(续)》,《万国公报》1907年月刊第224卷,第60册,第325—329页。
③ 《御史杜彤奏陈宜将历次教案汇辑成书折》,光绪三十二年二月十六日,《清末教案》第3册,第822页。
④ 戴逸、李文海主编:《清通鉴》卷264,太原:山西人民出版社2000年版,第8932页。
⑤ 故宫博物院明清档案部编:《义和团档案史料》(下),第1275页。

减少了非宗教因素的影响。随着官教关系的缓和,1908年3月清廷批准了奕劻取消地方官接待教士章程的奏折①,同时外务部宣布地方官接待主教教士各事宜一体撤销。《字林西报》曾发表专门的评论文章,称此举"实能免除民教失和之惟一大原因"②。

不过,官教之间意见不可能完全一致。教会方面除了仍在各个层面为宗教辩护外,还继续以集体名义向朝廷最高层喊话。1907年基督教入华百年大会委托英德美三国公使向中国政府提交两件禀文。第一件重点是"辨明传道有益国家人民各缘",向官方解释基督教到底对中国政府及社会有什么好处。禀文说"教会与政党迥殊",无论在"君权无限""君权有限"还是"直行民政"等不同政治体制的国家都有传播,但都是顺服政权的,因为"《圣经》曰:掌权者,由上帝而设,又命我等为国君执政者,恒为祈祷。……吾等亦恒劝教友谨为顺民,敬重长上,爱惜本国,按期完课等事。倘若干预私会政党,实为教规所厉禁也"。禀文还说"中国兴盛,将来能至诸国首领,是我侪所甚愿也"。同时,传教士们强调道德对国家治理的重要性,劝告清廷"以仁义道德治民,则政治完备,止于至善矣"。第二件重点要求公平对待中国信徒。禀文追溯了西方也是从"逼其子民遵从国君之教者",然后发展到"厥后有改易以宽明处民者",这"不惟使民能辩,邪正愈明,复使执政者,尤能辨人心之虚实也"。所以,"中国若宽以待民,不复有民教之区别,将来获福无穷"。禀文还要求在各种机会方面对教徒一视同仁,"至授官职、选教习、派学生等事,亦请如是秉公办理。盖教民不被官势欺压,必至深感恩庇,倍示忠诚。是则民之奉教,不但于政务无损,亦于国之兴盛不无小补"③。

如果说禀文有点老调重弹且把责任都推给清政府的话,中国官方的回应则是迥异从前。某巡抚在回答李提摩太的公开信中,一方面赞扬传教士们"艰苦耐劳,热诚教务",同时也申明中国自古以来宗教宽容的传统,如果民教有冲突,"教民、非教民,当两任其咎者也"。他举出公私学堂"多有延各国教士、或本国教友,为西文科学之教员者","谢洪赉卒业于东吴学堂,授以进士;马良本神甫,而许为道员"的例子,说明政府"无疑忌基督教徒之心"。同时,基督徒读书人不拜孔子,而教会学校强迫礼拜都是引起"不便"的原因。不过这位官员认为:"此等仪文,

---

① 《庆亲王奕劻等奏为改正地方官接待教士章程等情片》,光绪三十四年二月初十日,《清末教案》第3册,第991页。
② 参见《教务篇》,《东方杂志》1908年第7期,第32页。
③ 《基督教百年大会公拟禀陈中国政府禀稿》,《大同报》1908年第9卷第11期,第12—14页。

均系外貌上之障碍,无关心理,本部院深望政教大同,彼此终有融合之一日也。"值得一提的是这位官员还提到"信教自由,已成世界公理"①。官方的这种认识对于治理宗教无疑是非常重要的。

因此,尽管晚清最后十年教案还时有发生,甚至有"南昌教案"这样的命案,但官教关系缓和以及清廷对基督教治理的成效,都远非弛禁初年乃至1900年之前可比。1910年新教世界传教士大会在英国爱丁堡召开,大会议题之一是"差会与政府",讨论基督教会与非基督教国家政府之间的关系。在华传教士罗约翰(John Ross)发言认为"中国政府并不反对基督教,而是反对外国人",他还声明"其实条约权利是错误的","如果我们能够移除中国政府和官员对基督教和传教差会是政治性代理机构的想法,那么就会移除当今教务在中国进展的最大障碍"②。罗约翰对清廷对基督教的治理并无非议,但他看到了这种治理存在的瓶颈。老资格的传教士丁韪良也说:"本土教堂还不够成熟,必须依赖外国教士,必须有外国干涉,使政府履行保护教堂及皈依者的义务,这难免引起一定程度的反感。等到本土教堂强大起来,不再需要外国教士……充分认识到信仰自由的权利,转而庇护基督教社区,许多源于虚假爱国主义的反感将会消失。"③中国信徒也看到了这个问题。有远见者如上海长老会牧师俞国桢早在1905年就提出了并尝试自办教会以"挽回教权"。1910年湖北浙江两省又有中国信徒申办自立教会,两广总督瑞澂和浙江巡抚增韫分别给予批准"以期调和民教,消嫌释疑"④。不过,自立教会的兴起及对政府治理产生影响已经是辛亥以后的事情了。

六、结　　语

从国家治理角度看晚清政府与基督教的关系,必须看到在当时的中外关系格局中,清政府无力否定基督教"合法"存在的地位,而只能作为一种社团进行管理。从清政府的立场看,国家治理基督教应该以控制冲突维护自身统治为目标,甚至在"神道设教"思维下利用宗教为自己服务。从基督教的利益出发,是要使

---

① 《某抚军复李提摩太书》,《大同报》1908年第9卷第11期,第14—16页。
② Missions and Governments, World Missionary Conference, 1910, vol.7, Edinburgh: Oliphant, Anderson & Ferrier., 1910, pp. 175—176.
③ 丁韪良:《花甲忆记》,第307页。
④ 《鄂督浙抚批自立教会》,《大同报》1910年第14卷第4期,第23—24页。

得在中国传教和民人信教能得到官府的保护。有着非常不同的政治、文化和宗教传统的官教双方,建立起治理而非查禁的关系注定要经历漫长的过程。晚清官方花了很长时间终于逐渐从清前中期禁教的惯性中走了出来,摆脱了对教会笼统和绝对化的看法,认清了基督宗教叠加的多种矛盾需要用不同的方式处理,也看到了基督教的"劝人为善"及其现代性事业对中国的益处。而基督教也为了自身利益在逐步适应中国"政主教辅"的传统,约束传教士和教徒行为,向官方喊话并与官员保持接触,使得官方对西教从怀疑不安转向正常治理。不可否认的是,晚清基督教的输入是与列强侵略同步的,列强政治势力的介入加剧了清廷治理基督教的难度。但清廷逐渐以务实的态度,把教会作为治理基督教议程中的一个参与者而尽量减少列强插手,在建立保护正常信仰同时规范民教关系的治理制度方面,达成某种妥协与合作,基本上缓解了长期困扰晚清政治的基督教问题。当然,官绅和民众对"洋教"的抵制以及列强在条约框架下对教会的支持,都从不同侧面影响了晚清国家治理基督教的进程。尽管真正的现代宗教治理制度的建构还有待民国肇兴,但这一段治理基督教的曲折历史,或许值得我们深思。

 复盘与导读

上海大学中国近现代史学科带头人廖大伟教授邀请我们对前此发表的《晚清国家基督教治理中的官教关系》(以下简称《关系》)做个"复盘"。反复回味,最后悟到的是,就像写这篇"复盘"一样,除了作者自身的努力,《关系》从研究到确定题目再到最后的反复修改成文,形式多样的学术交流起到了关键的推动和启示作用。

一、前期研究的基础及其局限性

本文第一作者陶飞亚在 2003 年承蒙章开沅先生邀请,参与大清史"基督教"的编撰,承担了"朝廷之管理"部分的写作任务,随即开始了对自清初顺治皇帝到清末官府的基督教宗教政策、重要事件及人物资料的系统梳理,借此对清代政府与基督教之间的矛盾、冲突与博弈形成了初步整体认知。

最初的阶段性成果《教会防范教案:甲午战后新教传教士集体上疏清廷考》发表于《上海大学学报》2008 年第 11 期,另一篇文章《怀疑远人:清中前期的禁教缘由及影响》发表于《复旦学报(社会科学版)》2009 年第 7 期。前一篇文章从传教士角度,后者则从清朝统治者的角度,皆是重在探讨西方基督教传入中国后引起政治、文化冲突的原因及官方与教会对策,但当时并没有清楚地意识到要研究晚清国家基督教治理中的官教关系。

《关系》一文的第二作者李强(两位作者以下简称笔者)曾撰写过关于清初来华法国耶稣会士白晋阐发天主教道理与中国传统文化关联的《古今敬天鉴》抄本文献的硕士学位论文,对晚清新教也有研究。

然而,这些前期从小处着眼的研究如果没有外力的推动,也许会就此搁置下来。但是一次参加学术会议的机会,促使作者开始挖掘前此研究中的未尽之意,并逐步走向深入。

二、第八届历史学前沿论坛"国家治理与社会变迁"的强力推动

中国社会科学杂志社《历史研究》编辑部与国内高校联合主办的历史学前沿论坛,多年来一直是引领中国史学发展的重要学术活动之一。笔者2014年10月应邀参加《历史研究》编辑部与华中师范大学中国近代史研究所、历史文化学院、人文社会科学高等研究院联合主办的第八届历史学前沿论坛"国家治理与社会变迁"。这次会议把《关系》的深入撰写提上了正式议程。

不过,提交参会的论文题目《调和民教:晚清教案治理的博弈与走向》与后来的《关系》尚有距离。论文认为,晚清政治中的一个重大问题就是基督宗教引起的教案治理,而且在一定的意义上,教案在地方和国家层面造成了清政府的统治危机。长期以来,学术界一般从反洋教民众运动的范式研究教案。在这种模式中,反教士民是主体,他们的活动得到比较充分的发掘,而清廷处理教案的努力没有受到应有的重视。尤其值得注意的是,这一模式主导的教案研究还呈现出碎片化的倾向,既缺乏对晚清教案治理的整体性把握,也不能较好地解释晚清民教关系最后逐步趋向调和的历史现象。

因此,本文试图在晚清教案治理的框架中,把晚清各级政府,尤其是清廷作为教案治理的主体,来考察其治理活动的思想、行动及走向,以及最后取得的治理成效。当然,在这一过程中,也考察了中外在涉及教案治理时博弈的各个方面。

论文宣读后,与会学者提出的批评意见集中于:一是论文太长了,不算注解就有四万余字;二是作者虽然想摆脱教案研究的碎片化,但整个文章还是一堆碎片的连缀。在这次会议上,时任《历史研究》编委会主任高翔研究员谈到,应"从

多学科的对话、融通中,发现理论、方法创新的灵感",他还指出这次以"国家治理"为中心议题的会议,却没有学者对"国家治理"的概念进行系统梳理。组织方会后策划在《中国社会科学报》发表系列专题文章时,强调相关研究要紧扣"国家治理与社会变迁"这一主题。以上讨论和批评对于笔者的思绪有着非常重要的牵引作用。一个直接的变化就是"国家治理"四个字完整地出现在拙文的题目中,也即表明这个研究的大方向缓缓地聚焦于国家层面的基督教治理了。

在这个新思路之下,必须学一点国家治理的知识。"治理"是一个古老的词语,中国历代都讲治理,并且积累了大量国家治理的智慧和经验,但这个概念在最近几十年被赋予了许多新的内涵。与传统意义上的"管理"相比,现代政治学和行政学等研究将"治理"拓展为一个内容丰富、包容性很强的概念,重点强调多元主体管理,民主、参与式、互动式管理,而不是单一主体管理。

显然,清代国家的基督教治理不包括现代国家治理的所有这些要素,它确实与其他政务有很大的不同,关键问题在于:它必须和被管理者一方基督教及其背后的外国列强商量着来。这对清代国家主权来说显然是一种侵犯,但在一定程度上,也促成了那个时代的"多元主体治理"。在这半殖民地时代语境的"多元主体治理"中,清政府仍处于主导地位,基督宗教则是参与治理的次要一方,而能够体现治理方式及其变迁的则是"官"和"教"双方在治理中的互动关系。

从这个角度来看,过去许多研究重视的民教关系问题确实存在,但从国家治理角度来说,"民"并不是参与晚清国家基督教治理多元主体的核心,而"教"本身则既是治理对象,也是治理参与者之一。从已掌握的史料来看,从京畿重地到偏远地方,一般情况下的官教关系深刻影响到了基层的民教关系,也进而影响到治理的成效。当然史学研究中,总会有例外的情况,但并不能改变总的趋势。

以上研究视域的转换、新观点的提出,必须要有史料的支持。第一位的工作是重新审视清政府与基督教双方博弈的海量史料,形成史料长编。首先,梳理晚清政府涉基督教治理官方历史档案文献,如《筹办夷务始末》《教务教案档》《清末教案》以及晚清历朝上谕档等。其次,在研究视域转换下,全面系统梳理近代基督宗教期刊文献中涉及官教关系的内容,如英文的《教务杂志》(*The Chinese Recorder*),中文的《万国公报》《益闻录》等,这些教会文献保留了大量关于晚清基督教治理的生动史料。此外,为了增加论文的多元化视角,确保论证内容的严谨性和精准度,还翻阅了晚清涉"洋务"重要官员的文集、公牍、日记和信件,以及来华传教士的外文著述等私家史料。博士生李强在这个过程中发挥了重要作用,最终形成了数十万字的资料库。

现在看来,这个资料库也为后续论文修改特别是脚注内容的对照提供了可追溯的数据来源。最终的文章,参引资料类型丰富、数量多,搜集工作量大。具体而言,在一手资料方面,搜集了晚清政府公文 31 种、档案 12 种,基督教中文著作 7 种、报刊 5 种 51 篇,基督教英文报刊 4 种 10 篇,晚清时人著作 6 种,教外报刊 2 种 3 篇,并参引二手文献 20 种。

而且,循着以上跨学科思路,笔者觉得原来的题目不能体现新的主题。但是,新拟定的题目到 2015 年 1 月逐步才明确起来。最初是《调和民教:晚清国家治理基督教的走向》,接着是《官教之间:晚清国家基督教治理》,最后从"双节棍"的题目改为《晚清国家基督教治理中的官教关系》。文章也重新谋篇布局,在进行大幅度的修改后,投给了《历史研究》编辑部。

三、编辑与匿名评审意见的指引

大概在 2015 年 7 月,笔者收到了《历史研究》杂志编辑的回信。编辑嘱咐我们仔细阅读和参考两位匿名评审专家的报告来修改论文,且如有不同意见,作者也可列明理由返回编辑部商榷。令笔者非常感动的是,两位匿名评审专家的评语,一篇有 1 500 多字,另一篇更长达 3 300 多字。

两位专家都肯定了文章的学术价值。第一位专家认为:本文选题视角有一定的新颖性,其一,尝试从"国家治理"的视角来理解晚清时期清政府对于在华基督教的种种管控政策和措施;其二,关注晚清在华基督教发展过程中的官府与教会的互动。对于第二个创新点,评审指出:"该论文以《万国公报》为主,广泛利用政府档案和教会文献,细致描述了晚清时期的官教互动,值得肯定。"

第二位专家认为:"基督教与近代中国政治的关系是学术界颇为关注的研究领域。该文另辟蹊径,从国家治理的角度研究官教关系,视角新颖,选题具有重要的学术价值。文章较为广泛地搜集了各类中、外文文献资料,挖掘了许多有价值的具体案例,较为系统完整地梳理了晚清官教关系的变化,并对其发展演变的轨迹作了合理的阶段划分。在具体研究方面,该文在既有研究的基础上,推进了清政府对待基督教的态度与政策的研究。同时,该文弥补了学术界既有研究的不足,如:对官员与传教士的交往作了细致的剖析;对教会方面对待清政府的态度与策略作了较为深入的研究,尤其是对基督教会为改变官教关系所做的各种努力作了细致的阐述。总之,该文视野开阔,从整体历史演进上阐述了晚清官教关系的变化;并在微观上剖析了晚清官教关系的具体断面,揭示了晚清官教关系的丰富性与复杂性。因此,该文的研究对于进一步认识中国近代基督教、晚清政治、中西关系等均具有重要的学术参考价值。"

当然,匿名评审专家也提出了许多批评,概括起来,大致有几点。首先是理论上的问题。第一位专家的批评意见相当尖锐,认为:"作者所谓晚清基督教治理发生了从'单一主体'向'多元主体'的转变,其实不能成立。"这也促使笔者认真思考并在文章中回应了这个问题。第二位专家明确提出了在理论上对国家基督教治理与官教关系的界定问题,并提问:官教关系到底包括哪些内容,国家治理中的法律问题有哪些,清政府治理基督教对国内法影响有哪些?此外,他还指出了要考虑治理权力的复杂性等。其次是写作上的问题。两位专家提出的修改意见非常具体,从文章的布局,到整个晚清官教关系发展变化各个阶段的划分,一共提出了数十条直截了当的批评。其中一位专家提出了六条修改建议:

(1) 建议对治理权力、官教关系等作更为明确的界定,注意中国民间士绅、西方在华公使和领事对官教关系的影响,在多元权力的交集中凸显官教关系的复杂性与丰富性。

(2) 建议注意国家治理中的法律关系的探讨。如守约与违约问题,治理与参与治理者之间的让步与协调的问题,1896年的官员处罚办法等具体法规的分析。

(3) 建议重新拟定各部分的标题,进一步加强对官教关系整体演进的研究。

(4) 建议处理好官教关系方面具体问题。如义和团运动期间官教关系的变化论述相对薄弱;官教关系中的冲突及其一直未能停止的原因需要给予必要的说明;官教关系的差异性与全国范围内官教关系的整体变化需要加强。

(5) 建议某些方面的具体表述要注意。除前述具体问题所指各点外,一些细节方面也需要注意,如:1891年长江教案后的上谕,建议先直接分析上谕,再谈传教士对该上谕的看法;第18页最后一段指出的"在一些地方",建议能够予以明确的界定。

(6) 建议仔细对待文字表述方面的问题,应当避免不必要的错误。

尽管笔者认为,或许并不是所有理论问题都适合在拙文中展开讨论,但评审提出的这些问题都非常深刻,为笔者修改论文起到极其有价值的帮助作用。他们对笔者的错误、不足几乎一网打尽,具体的修改建议更是切中肯綮。笔者至今对两位未曾谋面的、尽职尽责的匿名评审专家心存感激。

在接下来几个月的修改中,因有匿名评审建议可参考,笔者从理论、史料到结构行文进行了有的放矢的大量修改。最后论文精简了,结构紧凑了,行文愈加流畅,一些最主要的概念和观点也从含糊变得清晰,论文整体有更上一层楼之感。

四、刊文平台从《历史研究》到《中国社会科学》

笔者将修改过的论文寄给《历史研究》后,收到编辑部反馈的普遍好评。记得好像是荣维木先生来电话,告诉笔者编辑部认为可以向《中国社会科学》推荐拙作。高兴之余,笔者也衷心感谢《历史研究》编辑部的推荐。随即按照《中国社会科学》杂志的要求,核对每一条注释的原文和出处,并提供相应扫描文件以便勘核。当时时间要求紧迫,第二作者李强负责处理这一部分的校对工作。他能够及时地完成这项工作,很大程度得益于前期细致的史料长编工作。他还通过校对和修订文稿的环节,磨炼了自己的科研态度。

《中国社会科学》杂志 2016 年第 3 期刊出拙文。文章发表后被人大复印报刊资料《中国近代史》全文转载,并获评为上海市社联 2016 年十大推介论文之一、上海市第十四届哲学社会科学学科学术类优秀成果一等奖,在晚清政治史和近代中国基督宗教史研究领域受到学界关注。

行文至此,最后还是回到"复盘"这个主题。经过"复盘",笔者认识到,除了研究者在某个方向的深耕和积累外,也在自觉或者不自觉地关注大时代对史学提出的新问题和新要求。而为呼应史学研究的时代性倾向,那些得风气之先的各类学术活动,无疑也为研究者提供了极其重要的交流平台。

笔者的复盘表明,历史学前沿论坛设立的前瞻性会议主题为笔者参与跨学科对话、聆听不同意见和转变思路推进相关研究,起到了非常重要的作用。而在论文评审和刊发的过程中,刊物编辑的精细引领及其专业、负责且高效的匿名评审机制,也为研究者吸取同行专家"旁观者清"的宝贵建设性批评建议搭建了平台。

说到底,"独学而无友,则孤陋而寡闻"。结合笔者"复盘",在宽泛的意义上,这句话也更突出和呼应了当今学术界突破学科壁垒、强化跨学科对话与交流的时代要求。

一·二八事变后日本对在沪"第三国侨民"的赔偿[*]

忻 平　张智慧　吕佳航[**]

摘要：一·二八事变后，在沪"第三国侨民"因战争损失向日本政府提出索赔。面对来自十七国侨民及政府的压力，日本政府一边极力推诿责任，一边又不得不面对现实。在赔偿过程中，日本政府通过严苛的审核标准驳回大部分索赔要求，同时将"赔偿"改为"救恤"，以掩盖其战争责任。日本外交机构也在军部的压力下篡改了公文中暗含日军掠夺行径的条款，以否认战争罪行。整个赔偿工作涉及与各相关国家的外交交涉，其中以日美交涉最为典型和曲折。日本政府虽希冀通过赔偿问题缓和国际舆论压力，但其一再减少赔偿金额的行为则引起英美等国的质疑和愤懑。日本政府就在沪"第三国侨民"赔偿问题的外交交涉，折射出20世纪30年代初错综变幻的国际关系。

关键词：一·二八事变；第三国侨民；赔偿问题；日本政府

关于一·二八事变后在沪民众救济与赔偿问题的研究，国际学界主要聚焦于日本政府对在沪日侨的救济问题[①]。然而当时在上海，还居住着众多"第

---

[*] 原载《历史研究》2016年第2期。本书收录时略有修改。本文是2014年上海市浦江人才计划项目"20世纪20—30年代上海的日侨社会研究"（项目号：14PJC054）、上海市教委高原学科（上海大学世界史）、上海高校青年教师培养资助计划项目"近代上海日侨社区管理研究（1907—1945）"（A1A-6119-15-002）的阶段性成果。

[**] 忻平，上海大学文学院历史系教授；张智慧，上海大学文学院历史系副教授；吕佳航，上海对外经贸大学人文社科部讲师。

[①] 关于九一八事变和一·二八事变后，日本政府对上海日本侨民的救济援助研究，学界已有所积累。如高纲博文、陈祖恩对此曾有提及（参见高纲博文、陈祖恩：《近代上海日侨社会史》，上海：上海人民出版社2014年版）。张智慧也曾针对20世纪二三十年代的上海日侨救济问题展开了具体研究。（参见张智慧：《戦前上海の日本人居留民に関する研究——一九二〇—三〇年代の救济问题を中心に—》，《歴史科学》214号，2013年10月；张智慧：《1930年代初期上海的日侨社会研究——以一·二八事变为中心》，《军事历史研（转下页）

三国侨民"①。关于他们的战争损失以及向日本索赔这一问题,尚未见专论。日本学者井竿富雄虽有所论及,但因其主要着力于近代日本政府涉外救济政策的形成和变迁,并未专题探讨日本战争赔偿问题②。

本文以日本外务省外交史料馆所藏的"满洲事变/被害救恤相关"日文档案资料,包括"被害救恤相关"资料 2 卷、"救恤审查会相关"资料 2 卷、"外国人救恤相关"资料 5 卷为主体史料,同时充分利用这一时期的《美国对外关系文件集》(FRUS),并辅之以当时在上海出版发行的英文报刊《北华捷报及最高法庭与领事馆杂志》③及《大陆报》④等其他资料,考辨一·二八事变后日本政府对在沪第三国侨民赔偿问题的经纬始末,力图较为完整地揭示日本政府的赔偿内幕和过程。

一、一·二八事变与赔偿问题的缘起

九一八事变后不久,日本在上海又制造了一·二八事变。战争使生活在上海的中国人和各国侨民生命财产遭受了一次空前浩劫。上海市区被日军侵占面积达 474 平方公里,直接受到损害的居民达 180 816 户、814 084 人,占全市华界人口总数的 45%。在当时的日占区内,居民的财产 70% 受到损害,房屋受损达 80%,共计价值 10.4 亿元⑤。一·二八事变的战火,打乱了在沪外侨的正常生活秩序。1842 年上海开埠后,上海外侨人数不断增加。及至 1931 年,上海各国侨民总数已达 65 180 人⑥,在公共租界内的各国侨民总数已达到约 40 000 人,

---

（接上页）究》2015 年第 1 期）。吕佳航对于战时日本政府通过其下设的自治机构向受难日侨发放"复兴资金"以扶植其振兴事业、走出困境有所研究。(参见吕佳航:《上海日本居留民团研究》,博士学位论文,上海大学,2013 年)

① 所谓第三国侨民,是指中日开战后,在华除日侨之外的其他国家侨民。在本文中,主要是指在上海的 17 个欧美国家的侨民。此说源于日本外交档案中,将九一八事变后在中国除日侨外的其他国家侨民,统称为"第三国人",这里的"第三国"并非单数特指某个国家,而是指除中国和日本之外的第三方非交战国群体。

② 井竿富雄:《満州事変・第一次上海事変被害者に対する救恤(1933—1935)》,《山口県立大学國際文化学部紀要》20 号,2014 年。

③ 《北华捷报及最高法庭与领事馆杂志》,英文名为 The North-China Herald and Supreme Court and Consular Gazette。

④ 《大陆报》1911 年 8 月 29 日在上海创刊,英文名为 The China Press。据 1931 年统计,《大陆报》日发行量约 7 000 份,读者约有三分之一为在华外侨,三分之一为中国人,还有三分之一在国外。

⑤ 温济泽主编:《九一八和一二八时期抗日运动史》,北京:中国工人出版社 1991 年版,第 296—297 页。

⑥ 邹依仁:《旧上海人口变迁的研究》,上海:上海人民出版社 1980 年版,第 141 页。

他们拥有大量的财产和其他利益①。事变爆发后,尽管市中心租界地区没有被战火直接波及,但是华界的闸北等地区被日军狂轰滥炸,损失极为严重。居住在华界及其附近的各国侨民也未能幸免于难,直接或间接受损较大。战争打破了上海的平静,影响到各国利益,引起广泛关注。

1932年2月17日,日本驻美大使与美国国务卿会面,对日持强硬态度的国务卿史汀生明确表示美国将提出抗议,并声明:依照国际法,日本政府应该为可能发生的损害承担责任。对于美方的意见,日本表示已经向中国军队发出了最后通牒,要求中国军队退离租界20公里,否则将使用武力强迫遵从。对此,美国主张和平解决,不袒护任何一方,希望日方不要继续动用武力②。2月26日,美国驻日大使致电日本外务大臣,要求日本战舰转移到一个不会将战火蔓延到公共租界的区域,以确保战火不会波及租界;3月1日,日本外务大臣回复:"依国际法,日本政府有权于当前位置驻扎军队,将尽可能避免对其他国家人员造成伤害,并已向陆海军方面传达美国政府的意愿,希望其尽可能考虑此事的利弊因素。"③

此时,在上海生活的第三国侨民因日本的侵略战火遭受"无妄之灾",战损甚大,他们或直接或间接通过本国外交机构向日本提出保护要求和索要赔偿。据日本驻沪总领事馆的统计,截至1932年2月25日,在沪各国侨民提出保护要求和索要赔偿的申请共55件,其中涉及索赔申请有16件:英国6件、美国6件、德国3件、其他国家1件④。第三国侨民直接认定日本侵略是导致他们巨大损失的罪魁祸首,遂将索赔的目标指向日本政府。随着事态发展和军事行动的扩大,更多的第三国侨民加入索赔的行列中来。至1932年8月,来自上海第三国侨民的财产损失赔偿要求已达128件⑤。

---

① The Secretary of State to the Ambassador in Japan (Forbes), January 27, 1932, Military Action by Japan at Shanghai, 1932, Papers Relating to the Foreign Relations of the United States, Japan: 1931-1941, Volume I, United States Government Printing Office, Washington, 1943, p. 162.
② Memorandum by the Secretary of State, February 17, 1932, Military Action by Japan at Shanghai, 1932, p. 196.
③ The Ambassador in Japan (Forbes) to the Secretary of State, March 1, 1932, Military Action by Japan at Shanghai, 1932, p. 205.
④ 《外國人ノ財産ニ対スル損害及保護要求ニ関スル件》,1932年2月26日,《満州事変/被害救恤関係/外國人救恤関係　第一卷》(日本外務省外交史料館),国立公文書館アジア歴史資料センター,B02030489600。
⑤ 《上海事件ニ依ル第三國人ノ損害賠償ニ関スル件》,1932年10月28日,《満州事変/被害救恤関係/外國人救恤関係　第一卷》(日本外務省外交史料館),国立公文書館アジア歴史資料センター,B02030490200。

面对政府支持下的各国侨民不断增多的赔偿申请及其背后的国际舆论压力,日本政府不得不对赔偿问题予以正视。1933年5月31日,日本政府颁布敕令第143号,正式着手处理索赔问题,并规定赔偿申请的最后期限为"1933年8月15日"①。截至最后期限,提出赔偿申请者涉及英国、美国、德国、法国、意大利、比利时、挪威、瑞典、葡萄牙、西班牙、苏联、伊朗、希腊、捷克、丹麦、亚美尼亚、南斯拉夫17个国家,索赔件数为235件,索赔金额据日本政府统计高达6 943 847.05上海弗②。按照当时上海弗与日元1∶1的比例,相当于近700万日元。

在沪17国侨民的索赔要求,反映了他们对安居乐业的稳定生活被打破而受到战争创伤的强烈不满。虽然直接受损者主要是居住在华界闸北等地的侨民,但是租界侨民因地缘、业缘关系同样受到冲击。闸北等地外侨为避战加快了撤离华界搬入租界的速度,华界外侨人数从1931年的12 200人,减少到1932年的9 347人,1933年的9 331人③。以美国为首的西方列强对于日本打破亚太均势现状尽管表示中立,但日益不满的强硬态度也给了以美英侨民为首的第三国侨民索赔的底气,日本政府无法忽视这些索赔背后展示出来的西方各国政府的支持和国际话语权的力量,不得不对第三国侨民的索赔予以正视。这才有了日后的赔偿计划的制定和实施。

二、日本政府的赔偿过程

一·二八事变后,日本政府企图把上海第三国侨民财产损失的责任嫁祸给中国。1932年3月3日,日本广播电台宣称:日本政府对战争损失并无责任,责任在中国一方,故日本不存在赔偿问题,并且提出"上海此次损失,由中国负责赔偿",同时强硬表态"谈判未成立以前,保留军事自由行动之权"④。后来随着美

---

① 《勅令案》第143号,1933年5月31日,《滿州事變/被害救恤関係/救恤審查会関係》(日本外務省外交史料館),国立公文書館アジア歴史資料センター,B02030488500。
② 《上海事件第三國人被害救恤問題》,1932年2月13日—1934年1月29日,《滿州事變/被害救恤関係/外国人救恤関係 第一卷》(日本外務省外交史料館),国立公文書館アジア歴史資料センター,B02030489600;《在上海第三國人被害救恤ニ関スル決議案》,1934年1月18日,《滿州事變/被害救恤関係/救恤審查会関係》(日本外務省外交史料館),国立公文書館アジア歴史資料センター,B02030488800。
③ 邹依仁:《旧上海人口变迁的研究》,第71页。
④ 《吴铁城密电二》(1932年3月3日),上海市档案馆编:《日本帝国主义侵略上海罪行史料汇编》(上编),上海:上海人民出版社1997年版,第57—58页。

英等主要国家对在华利益的关切及对日本侵华态度的变化,1932年11月日本逐渐改变了对上海第三国侨民索赔的态度,希望通过谈判解决赔偿问题,以"避免第三国人把这个问题诉诸国际法庭"①,造成国际负面影响。

从1932年一·二八事变爆发,到1935年夏赔偿基本完成,整个过程历时近3年半。其间经历了一波三折的变化过程,大致可分为三个阶段。

(一)第一阶段:日本驻沪陆海军和总领事馆开展的调查

虽然日本一开始强硬地公开拒绝赔偿,但实际上日本驻沪陆海军早在1932年3月下旬就秘密开展了实地调查。据1932年5月15日日本驻沪海军第三舰队司令部秘密总结的《第三国人财产被害调查报告》可知,日本驻沪海军与陆军、日本驻沪总领事馆等达成一致意见,决定查定方针是:只对"单纯由日军军事行动造成的第三国人的直接损害予以补偿",而对"中国人遭受的损害不予理会"②。

据这份调查报告统计,至5月10日第三国侨民仅向日本驻沪海军一方提出的申请已达70多件。虽然新的申请还在不断出现,但日本驻沪陆海军的调查在5月15日暂告段落。调查结论认定的"第三国人的直接损害"范围极为有限,只有10余件申请被认为可以适当给予补偿,余下的60多件申请则被归入不予理会之列。对于查定的基准和依据,日本驻沪海军方面作了如此解释:凡明显有被中国军队利用痕迹的财产法理上被看作为具有敌性之物,由中国军队的炮弹及中国人放火所造成的受害,由中国人的掠夺所造成的受害等情况,不予补偿。日军在直接军事行动时所利用的第三国人财产(如占据为住宿、阵地)、军事征用(包括没收物品丢失的情况)、明显由日军的犯罪行为所造成的受害、交战区域外由日方的误炸所造成的受害等情况,可以适当给予补偿③。这个由日本驻沪陆海军提出的查定基准,本文称之为第一个查定方针,其为后来的赔偿方针奠定了基调。该方针所设前提和赔偿条件的严苛性、范围的狭窄性,使其与第三国侨民赔偿要求相差甚远,极易引起第三国侨民的不满,以致深谙国际大势的日本驻沪外交官们对这个报告颇有微词。

1932年8月26日,日本驻沪总领事村井仓松在发给外务大臣内田康哉的电报中明确指出,"被陆海军方面认定为需要支付慰问金的受害件数极少,仅

---

① 《上海事件第三國人被害要償取扱方ノ件》,1932年11月10日,《满州事变/被害救恤関係/外国人救恤関係 第一卷》(日本外务省外交史料館),国立公文書館アジア歴史資料センター,B02030490200。

②③ 《第三國人財産被害調書(其一)》,1932年5月15日,《满州事变/被害救恤関係/外國人救恤関係 第四卷》(日本外务省外交史料館),国立公文書館アジア歴史資料センター,B02030492600。

为10件左右,而且金额颇少。对此还应有充分考虑的余地"①。日本外交界从国际关系出发,认为此方案难以使索赔者满意,可能会刺激和激怒各国政府,背离日本政府处理此事的政策意图。他们认为有必要重新调查并另定赔偿范围和标准。11月10日,继村井仓松之后任日本驻沪总领事的石射猪太郎在发给内田的电报中,报告了第三国人的申请件数已升至133件,索赔总金额已达471万多日元。对此,石射提出了处理意见:"据(1932年)5月20日的内阁会议决定,上海事件中的我方行动是列国共同防卫的一部分,事件发生的责任在中国一方,所以没有理由对第三国人的损害负责。然而对于我方军事行动直接造成的第三国人的损害,按照前述道理完全拒绝赔偿的话,于情不忍。"所以他建议将"赔偿"改为"慰问金"名目来协商解决赔偿问题,以避免第三国方面把该问题投诉到国际法庭②。

从这份电报中可以看到日本政府政策的变化调整之处:一是明确提到"我方军事行动直接造成的第三国人的损害"这一事实。二是决定进行赔偿,"按照前述道理完全拒绝赔偿的话,于情不忍"。"于情不忍"是一种委婉的说法,赔偿是主题。三是赔偿的说法涉及政治责任,提出了"慰问金"的代名词以争取主动。四是明确赔偿的前提是调查认定。石射在此信中提到,日本驻沪总领事馆已经开始主持查定工作,并和日本驻沪陆海军达成一致,制定了更为具体的查定方针,这实际上形成了第二个查定方针。该查定方针规定:拒绝慰问金的情况包括在有敌性区域的损失,中国人的掠夺及放火所造成的损害(由中国军队的炮弹所造成的损害将视情况而定),间接受害(如事变期间的收入减少、房租无法回收、因避难造成的房租损失及避难时的搬运费等),被中国军队利用的第三国人财产;可以支付慰问金的情况(主要是单纯由日方军事行动造成的第三国人的损失)包括误炸造成的损害,由日军的直接军事行动造成的损害(包括构筑阵地、军队运输、搜捕便衣队等军事行动),在日军警备区域内、中国人很难进入的地方发生的掠夺行为,曾被日军征用的物品(主要是枪支武器类)丢失。第二个查定方针与第一个相比:一是认定的原则和标准有变化。表面看来第一个较为笼统,

---

① 《外國人ノ財產ニ対スル損害賠償要求ニ関スル件》,1932年8月26日,《満州事変/被害救恤関係/外國人救恤関係 第一卷》(日本外務省外交史料館),国立公文書館アジア歴史資料センター,B02030490200。
② 《上海事件第三國人被害要償取扱方ノ件》,1932年11月10日,《満州事変/被害救恤関係/外国人救恤関係 第一卷》(日本外務省外交史料館),国立公文書館アジア歴史資料センター,B02030490200。

而第二个更为细化。但是不难看到,第二个查定方针的标准已经在第一个查定方针的标准基础上有所松动,如即使在拒绝赔偿范围,也有视情况而定的弹性。二是主持调查的主体有变化,此次调查完全是由日本驻沪总领事馆主导。为防军方责难,外交官们事先和军方进行了沟通,所谓的"和日本驻沪陆海军达成一致"其实就是此次调查基本撤除军方主导的一种说辞。两个查定方针原则基本相同,表明日本外交界和军方基本立场是一致的,但两者解决问题的方法和途径存在差异。

日本驻沪总领事馆主导了对第三国人索赔申请的第二次查定,多次向日本外务省请示,催促政府制定政策,以指导赔偿工作。1933 年 4 月 13 日,石射致电内田,就建立审查委员会机构、会议召开时间等问题提出了请示。为了让外务省更细致地了解和认同日本驻沪总领事馆的基本想法,电报还谈到让副领事寺崎英成回国当面汇报,以使决策者了解第一线的情况①。4 月 18 日,石射再次致电内田,请示审查委员会的组织结构、成立日期、审查范围、原则等情况②。5 月 20 日,石射致内田的电报有两点值得注意:一是透露出日本政府确定的海外赔偿重点,将不是第三国侨民而是在华日本"邦民"。石射点破原则变化的关键所在:"虽说邦人受损和第三国人受损的申请金额没有大的差别,但是查定金额有很大的区别。"③也就是说,日侨获赔比例与第三国侨民获赔比例将完全不同。还未开始赔偿,日本已经预设了结果。二是重点强调了处第三国人赔偿问题的复杂性和困难性。石射对赔偿政策和资金的重点放在日本在华"邦民"并无异议,但警告说,必须对实施后第三国侨民可能不满和反弹这个后果要有充分的准备和预案。他对只出台政策而无后续详细准备方案提出质疑:"假使给第三国人拨款五十万元,也很难满足他们的要求,不能保证他们不会怀疑我方的正义、认为我方措施的不公平以及与第三国人方面组成共同战线。另外第三国人方面报纸也不会对此默默不闻,这是个颇为棘手的问题。因此,尽快制定周到的对应方策是非常必要的。"④石射的预测是有远见的,日后围绕这个问题日本与第三国的争论和博弈一直未断。

(二)第二阶段:日本政府出台政策

九一八事变和一·二八事变后,要求战争赔偿的群体包括东北和上海等地

---

①②③④ 《石射总领事から内田外务大臣宛电信写》,1933 年 4 月 13 日,《满州事变/被害救恤関係/救恤审查会関係》(日本外务省外交史料馆),国立公文书馆アジア历史资料センター,B02030488500。

的日侨、东北的朝鲜人和在沪第三国侨民等。针对他们的索赔,日本政府开始制定统一指导、分类赔偿的政策。1933年5月31日,日本政府颁布《敕令案》第143号,共12条。敕令首先将战争"赔偿"改为"救恤",以突出主动安抚的定性。敕令规定了救恤的范围、救恤金的总额、救恤审查会的建立、救恤申请的期限、申请书要求和救恤审查会人员组成等。敕令第一条规定:"在满洲及支那之人或者在该地拥有财产之人,于1931年9月18日至1933年3月31日之间,因满洲事变而造成身体及财产上的直接损失,按照本敕令给予救恤金";第二条规定:"救恤金的总额为300万元以内";第三条规定:"救恤金的交付是按照希望救恤者的申请,经过救恤审查会的审查后由外务大臣决定";第四条规定:"救恤审查会在外务大臣的监督下由会长一人审查员十人以内组成";第九条规定:"救恤金的申请截至1933年8月15日"等①。

按照《敕令案》第143号规定,日本政府任命外务次官重光葵担任救恤审查会会长。1933年6月12日,救恤审查会任命了10名审查员。这10名成员中,来自外务省4名、大藏省3名、陆军省1名、海军省1名和拓务省1名,主要骨干分别是外务省亚洲局长谷正之、条约局长栗山茂、大藏省主计局长藤井真信、陆军省一等主计大内球三郎和海军省主计大佐荒木彦弼等②。6月21日,会长重光葵主持召开了救恤审查会第一次会议,会上通过了《关于上海第三国人被害救恤金总额及救恤手续》的决议案,原本决定对上海第三国人救恤金额为40万日元,但鉴于当地交涉状况,救恤审查会决议再增加10万日元,共计50万日元③。

值得关注的是重光葵在救恤审查会第一次会议上的发言:一是明确了赔偿地域和类别。重光葵说:"这次针对满洲事件受害所进行的救恤与历来的救恤相比,范围极广。除了一般在留邦人之外,还包括很多在满朝鲜人,以及上海事变之际因我方的军事行动受到直接损害的第三国人。其范围囊括支那及满洲全域。"④"救恤"的范围和对象已经拓展至包括东北、上海等在内的"在留邦

---

① 《敕令案》第143号,1933年5月31日,《满州事变/被害救恤关系/救恤审查会关系》(日本外务省外交史料馆),国立公文书馆アジア历史资料センター,B02030488500。
② 《昭和八年勅令第百四十三号ニ依ル满州事变ニ因リ损害ヲ被タル者ノ救恤ニ关スル调书》,1933年,《满州事变/被害救恤关系 第一卷》(日本外务省外交史料馆),国立公文书馆アジア历史资料センター,B02030486100。
③ 《第一回审查会议付议事项及其决议案》,1933年6月26日—8月12日,《满州事变/被害救恤关系/救恤审查会关系》(日本外务省外交史料馆),国立公文书馆アジア历史资料センター,B02030488700。
④ 《第一回审查会议ニ於ケル会长ノ挨拶》,1933年6月26日—8月12日,《满州事变/被害救恤关系/救恤审查会关系》(日本外务省外交史料馆),国立公文书馆アジア历史资料センター,B02030488700。

人"(即在华日侨)以及东北的朝鲜人和索赔的上海第三国侨民三类群体。二是索赔人数和金额数量大为增加。"根据迄今为止各领事馆的受害统计,死者1 319名、受伤者783名、被强制监禁者262名,另外物损的申告金额包括第三国人在内达到了约14 770 000日元。"①三是强调完成难度极大。对于高达1 477万日元的申请金额,日本政府却试图以区区300万日元的预算来应付。"一般受害者中陷入窘迫之人颇多,而且救恤问题又受世人关注,所以本件的处理要尽可能公平和迅速。特别是上海第三国人的受害问题,关系到种种微妙的国际关系,有必要迅速圆满解决","本审查会的工作与历来相比将更为困难和复杂"②。

1933年7月20日,日本驻沪总领事馆负责赔偿事宜的副领事寺崎接受了记者采访。他首先重申了日本政府的立场;其次介绍了索赔的时间节点和方式,强调第三国侨民的索赔申请必须于1933年8月15日前递交给日本驻沪总领事馆,并且最好通过本国领事馆递交;再次公布了日方对于赔偿事宜的处理原则和程序,即日本驻沪总领事馆将与日本陆军、海军合作,征收申请书并调查证实后给予赔偿,日本外务省也将成立一个特别委员会来调查每一件申请并评估损失③。寺崎还指出,"在这些案件里可能存在需要例外考虑的情况,但估计这种情况极少。如受损被证实,日本当局将尽快进行恩惠的考虑并给付赔偿以缓解受损"④。这个所谓的"例外"为后来"救恤"第三国亲日侨民留下了伏笔。最后寺崎给出了提示和警告:由于此时距一·二八事变的爆发已经一年半之久,较晚提出申请的人,由于缺乏足够具体和"新鲜的"证据证明遭受损害,"从现在开始"很可能将面临很大困难,日方要求的是"严格的"证据⑤。

1934年1月18日,救恤审查会召开了第二次会议,会上正式通过的《上海第三国人被害查定方针》及一些相关决议,成为审核是否赔偿和赔偿金额多少的重要依据与准绳。形成了第三个查定方针。该方针将第三国侨民提出的赔偿申

---

①② 《第一回審查會議ニ於ケル會長ノ挨拶》,1933年6月26日—8月12日,《満州事変/被害救恤関係/救恤審査会関係》(日本外務省外交史料館),国立公文書館アジア歴史資料センター,B02030488700。

③ "Japan not Obliged to Indemnify: Third-Party Nationals in Shanghai Fighting," *The North-China Herald and Supreme Court & Consular Gazette (1870 – 1941)*, Jul 26, 1933.

④ "Red Tape in 'Reparations' Tangle Begins to Unwind: Japanese Consulate Solicits Applications from '3rd Parties' for War Damages; August 15 is Deadline; Committee to 'Investigate'," *The China Press (1925 – 1938)*, Jul 21, 1933.

⑤ "Japan not Obliged to Indemnify: Third-Party Nationals in Shanghai Fighting," *The North-China Herald and Supreme Court & Consular Gazette (1870 – 1941)*, Jul 26, 1933.

请,按照性质、地域、受损原因等划分为甲、乙、丙三类,甲类给予赔偿,丙类不予赔偿,处于二类之间的划为乙类,视情况可适当给予"救恤",乙类又细分为A、B、C三等,A等近甲类,C等近丙类。各类项目具体所指范围如:甲类(给予赔偿)是指由日方军事行动造成的第三国人所蒙受的损失,即:① 由误炸所造成的损失;② 起因为日军的直接军事行动;③ 曾被日军征用的物品(主要是枪支武器类)丢失等情况;主要区域为黄罗路、窦乐安路、江湾路及北四川路的一部分等。乙类(视情况可适当给予赔偿)是指在同济路及江湾路的一部分、施高塔路、狄思威路等区域,被害性质与甲类相近的损失。丙类(不予赔偿)是指:① 具有敌性的受害情况(特别是为中国军方所利用的第三国人的财产),敌性最显著的区域为吴淞及闸北的大部分;② 被判定为中国人掠夺及放火、中国军队的炮弹造成的损失;③ 间接被害,如事变期间的收入减少、房租或学费无法回收、因避难造成的房租损失以及避难时因搬家所产生的搬运费等①。此外,救恤审查会还列出了一些次要条件,如"赔偿额尚须考虑申告者的国籍、申告者的对日态度及其要求态度、受损物件的性质、是否证据确凿、金额大小、提出申请的迟速、申请经由领事馆的态度以及政策方面等因素而定"②。后来的赔偿事实证明这些次要因素对赔偿结果的影响不容忽视。依据前述第三个查定方针,日本政府完成了对第三国侨民索赔的查定工作。针对第三国侨民接近 700 万上海弗的索赔,日本政府审查核定的最终金额仅约为 36 万上海弗。这就是日本赔偿的内部底线。

表1 上海第三国侨民索赔查定金额统计表(1934年1月18日)

国别	申请件数	查定等级			申 请 金 额			查定金额(上海弗)
		甲	乙	丙	上海弗	两	美元	
英国	82	10	A3 B6 C35	31	1 007 660.71	1 504 386.19		147 180
美国	40	3	A1 B1 C17	23			330 764.32	103 068
德国	41	1	A0 B2 C13	8	302 883.44			19 150
葡萄牙	19	1	A3 B4 C9	2	56 433.30	77 635		42 050

---

①② 《上海事件第三国人被害救恤问题》,1932年2月13日—1934年1月29日,《满州事変/被害救恤関係/外国人救恤関係 第一巻》(日本外务省外交史料館),国立公文書館アジア歴史資料センター,B02030489600。

续表

国别	申请件数	查定等级			申请金额			查定金额（上海弗）
		甲	乙	丙	上海弗	两	美元	
苏联	14	0	A0 B0 C7	7	19 420.30	36 000		15 350
西班牙	5	0	A2 B0 C1	6	7 465	25 611.76		6 600
法国	5	0	A0 B1 C1	6	173 559	532 425		8 000
希腊	4	0	A0 B0 C2	2	6 925			700
意大利	3	0	A0 B2 C1	0	8 547.20	11 456		6 500
比利时	3	0	A0 B0 C0	3	法郎 16 680	587 133.80		0
挪威	2	0	A0 B2 C0		11 024.25			5 500
瑞典	2	0	A0 B0 C1	1	2 509.60			5 500
捷克	2	1	A0 B0 C1	0	168	3 658		3 150
国际	0	0	A0 B0 C1	3	696	13 726		250
伊朗	2	0	A0 B0 C1	1	7 746	5 304.84		700
丹麦	1	0	A0 B0 C0	0	13 000			0
亚美尼亚	2	0	A0 B0 C2	0	10 966.98			1 150
南斯拉夫	1	0	A0 B0 C	0	2 194.55			200
其他	7	0	A B C	4	1 096.50			0
合计	235	16	A9 B18 C93	94	1 632 295.83 法郎 16 680	2 797 336.59	330 764.32	360 148①

注：1932年3月3日（停战当日）的汇率（横滨正金银行上海分店）100两＝33美元＝847法郎，100银圆＝71.5两。

资料来源：《在上海第三國人被害救恤ニ関スル決議案》，1934年1月18日，《满州事变/被害救恤関係/外國人救恤関係》（日本外務省外交史料館），国立公文書館アジア歴史資料センター，B02030488800。

① 档案原件数据为360 148，但各国数据相加实际上是365 048。

相较于对战乱中受难日侨的抚恤救助,日本政府在查定第三国侨民的赔偿申请时设置的条件要严苛得多。1933年12月15日,石射在致广田弘毅的书信中,详细陈述了对待本国侨民和第三国侨民的不同"救恤"原则①。日本政府在此问题上采取了双重标准,如在最关键的责任问题上,本国侨民"责任问题无须考虑,尽可能对本国侨民进行救助"。而对第三国侨民则要进行严查,并且改"赔偿"为"启发""救恤",强调日本不承担战争"责任"。在重重设限的政策指导下,日本政府对在沪第三国侨民的赔偿额度,进行了极为严格的评估和审查,目的就是"尽可能缩小救恤范围"。此外,日本政府还赋予日本驻沪总领事以临事处置权,规定具体事务由日本驻沪总领事来直接操办。重大事项如金额有变动需向救恤审查会报告,除救恤审查会特别认定的情况外,原则上尽量以日本驻沪总领事的查定额为准②。如此,日本驻沪领事馆在救恤审查会第二次会议召开后,开始与各国交涉,处理具体的赔偿交付问题。

1934年2月20日,寺崎在接受日本联合通讯社(Rengo)③采访时公开表示希望侨民降低期望值,明确表示不可能按照索赔金额如数赔偿。"尽管日本驻沪总领事馆的调查受到东京相关部门会议认可,但赔偿总额比期望的有所减少。"寺崎接着说:"这些部门对在一·二八事变中遭受损害的第三国侨民深表同情,但是资金缺乏使他们的工作非常困难,现在可以确定的是,政府决定的最终数额将是为此所能承受的最大限度。……日本不会改变对于一·二八事变的态度,因为日本没有责任,尽管日本承诺出于同情给予抚慰。由于经费缩减后与我们的预算有差距,我们正在进行调整。这些一旦完成,将开始与相关国家的代表会面。由于牵涉到十多个国家,不可能一次性顾及全部申请,因此完成赔偿需要花费一些时间。并非所有的申请都能得到承认,申请额也不能全额给付。"④寺崎公开接受采访,表明日本政府的赔偿原则已经确定。

---

① 《上海事件第三國人直接被害救恤ニ関スル件》,1933年12月15日,《満州事変/被害救恤関係/外國人救恤関係 第二卷》(日本外務省外交史料館),国立公文書館アジア歴史資料センター,B02030490700。
② 《上海事件第三國人被害救恤問題》,1932年2月13日—1934年1月29日,《満州事変/被害救恤関係/外國人救恤関係 第一卷》(日本外務省外交史料館),国立公文書館アジア歴史資料センター,B02030489600。
③ Rengo是日本联合通讯社英文部的电头。参见松本重治:《战前华北风云录》,任常毅、蔡德金编译,中共北京市委党史研究室编译室编,北京:中国文史出版社1991年版,第5页;孙发晋、朱晓明:《法国驻华使馆武官卡瑟维尔少校报告二十世纪三十年代初法在华情报工作》,《民国档案》2013年第2期。
④ "Tokyo slashes Foreign War Claims Here: Japanese Vice Consul Explains Latest Move To Fix Damage Charges", *The China Press*(*1925-1938*), Feb 21, 1934.

(三)第三阶段:审核调整,赔偿交付

按照查定方针规定,申请后的查定和复核审批程序十分烦冗,比如对于"申请人中特别值得同情的,或有必要从政治上考虑的,在已查定的救恤额基础上有增加的必要时,需得到救恤审查会委员全体同意"①。程序复杂不便,导致工作时间延长,引起第三国侨民的不满和抗议。为了减少烦冗的程序、提高效率,1934年6月22日在救恤审查会第三次会议上设置了"上海第三国人被害救恤小委员会"。委员长由外务省东亚局长桑岛主计担任,另有委员4人,分别是外务省外务书记官守岛伍郎、大藏省大藏书记官入江昂、陆军省一等主计大内球三郎、海军省主计大佐石黑利吉。根据授权,该小委员会的审查决定,经救恤审查会会长的同意,则可视作审查会的决定②。小委员会成立后,简化了审批程序,查定工作的效率明显提高。1934年间,104件已完成赔偿金交付(见表2)③。但整个查定核实工作直至1935年8月才最终完成。

表2　日本向第三国侨民赔偿交付情况表(1934年间)

国　别	苏联	挪威	美国	捷克	意大利	葡萄牙
件　数	1	2	16	2	2	18
救恤额(日元)	9 000	2 700	61 000	2 150	4 200	20 780
交付日期	3.31	4.23	6.19	6.30	7.26	7.31
国　别	瑞典	南斯拉夫	西班牙	德国	英国	
件　数	1	1	3	14	44	
救恤额(日元)	500	200	4 300	18 900		
交付日期	7.9	9.1	9.24	12.5	12.10	

资料来源:《上海事件第三國人被害救恤問題》,《滿州事变/被害救恤関係/外國人救恤関係　第一卷》(日本外務省外交史料館),国立公文書館アジア歴史資料センター,1932年2月13日—1934年1月29日,B02030489600。

①③《上海事件第三國人被害救恤問題》,1932年2月13日—1934年1月29日,《滿州事变/被害救恤関係/外國人救恤関係　第一卷》(日本外務省外交史料館),国立公文書館アジア歴史資料センター,B02030489600。
②《滿州事变救恤審查全第三回会議開催ノ件》,1934年6月20日,《滿州事变/被害救恤関係/外國人救恤関係　第一卷》(日本外務省外交史料館),国立公文書館アジア歴史資料センター,B02030491300。

赔偿方案揭晓后,果如寺崎所说,赔偿金额距离索赔金额差距巨大。对于第三国侨民提出的索赔总额达 6 943 847.05 上海弗(相当于 700 万日元)的 235 件索赔申请,日本政府赔偿了 121 件,而赔偿金额仅为 216 275 日元,只占申请金额的 3% 左右(见表 3)。

表 3　上海事件第三国人直接受害救恤金国别表(1935 年 8 月)

国　别	英国	美国	葡萄牙	德国	法国	比利时
救恤件数	46	18	18	15	2	1
交付金额（日元）	61 540	61 000	20 780	20 210	15 000	10 000
国　别	苏联	西班牙	意大利	挪威	捷克	丹麦
救恤件数	5	3	2	2	2	1
交付金额（日元）	9 950	4 300	4 200	2 700	2 150	2 000
救恤件数	1	2	1	1	1	
交付金额（日元）	770	700	500	275	200	

总计：121 件 216 275 日元

资料来源:《上海事件第三國人直接被害救恤ニ関スル件》,1935 年 8 月 2 日,《満州事変/被害救恤関係/外國人救恤関係　第三巻》(日本外務省外交史料館),国立公文書館アジア歴史資料センター,B02030492300。

纵观整个赔偿过程,日本自始至终拒不承认战争责任。日本承认第三国侨民受害者中有极少数情况值得同情,所以"赠予"了适当的补助金,但强调这是一种"恩惠的例外措施",不代表日方承认对战争损害具有赔偿义务[1],并且表示日本政府所发放的"启发费"是属于慰问金性质,希望以此开启对日本的友好关系[2]。

---

[1]《上海事件ニ依ル米國人損害要償権留保ニ関スル米國大使公文ニ対スル回答》,1933 年 12 月 19 日,《満州事変/被害救恤関係/外國人救恤関係　第一巻》(日本外務省外交史料館),国立公文書館アジア歴史資料センター,B02030490700。

[2]《上海事件第三国人被害要償取扱方ノ件》,1932 年 11 月 10 日,《満州事変/被害救恤関係/外國人救恤関係　第一巻》(日本外務省外交史料館),国立公文書館アジア歴史資料センター,B02030490200。

对被害者的赔偿变成了施恩，日本企图以所谓的"人道主义"来博取第三国侨民的好感。

　　历时3年多的赔偿问题交涉，日本政府在外交公文表述上经历了从"赔偿"到"救恤"的转变。通读这一时期的相关外交档案可以清晰地看到这一过程。1932年的公文标题多使用"赔偿"一词，如1932年10月28日石射发给内田的公文名就是《由上海事件造成的第三国人损害赔偿相关一件》①。日本外务省公文名同样是《上海事件第三国人损害赔偿一件》②。1933年则出现了"赔偿"和"救恤"混用的现象，而到了1934年则多以"救恤"为主。到底是"赔偿"还是"救恤"，涉及战争责任问题。这种用词转变，不能不说是日本政府推诿战争责任的重要表现。一个典型事件，是日本政府在对上海第三国侨民进行受损赔偿的过程中，发生了篡改查定方针以掩盖日军掠夺事实的问题。前述一·二八事变后日本驻沪陆海军展开的调查和制定的第一个查定方针，把"明显由日军的犯罪行为造成的受害"的第三条，列入可以适当补偿的范围。而1932年11月，日本驻沪总领事馆开始主持查定工作后，与日本驻沪陆海军协商，制定了更为具体的第二个查定方针。在该查定方针中，上述条款的表述被改为："（三）在日本警备区域内，中国人很难进入的地方所发生的掠夺行为。"然而1934年1月18日救恤审查会第二次会议上正式公布的第三个查定方针却删除了这一项。为何删除这一项？笔者在一份日本外务省的"极秘"电报中找到了答案。

　　1932年11月制定的第二个查定方针明确规定："在日本警备区、中国人很难进入的区域内所发生的掠夺事件，应当予以赔偿"，而日方又明文强调了对于中国军队造成的破坏和损失不予赔偿，那么该条款则暗示着一·二八事变期间，在日占区和"中国人很难进入的区域内发生的抢掠行为"，都是日本人所为。毫无疑问，留下这样明显矛盾的破绽条款，将会成为日本战争罪行的证据。为此，日本军方要求日本驻沪总领事和救恤审查会删除该项内容③。可是这样简单删

---

①《上海事件ニ依ル第三國人ノ損害賠償ニ関スル件》，1932年10月28日，《満州事変/被害救恤関係/外國人救恤関係　第一巻》（日本外務省外交史料館），国立公文書館アジア歴史資料センター，B02030490200。
②《上海事件第三國人損害賠償ニ関スル件》，1932年11月5日，《満州事変/被害救恤関係/外國人救恤関係　第一巻》（日本外務省外交史料館），国立公文書館アジア歴史資料センター，B02030490200。
③《上海事件第三國人"クレーム"ニ関シ》第159号（極秘），1934年3月26日，《満州事変/被害救恤関係/外国人救恤関係　第二巻》（日本外務省外交史料館），国立公文書館アジア歴史資料センター，B02030491000。

改的做法,连日本驻沪总领事石射都觉得说不过去。因为事变时日本人的抢掠行为已是公认的事实,日方也难以否认。第三国侨民有明确证据直接指认日军抢劫索赔案甚多,其中仅英国侨民的申请就多达31件。若直接删除甲类第三项内容,彻底否认拒不赔偿的话,"将会使日本同意赔偿第三国侨民损失的正义姿态受到影响,使日本与第三国侨民的关系产生裂痕"[①],容易引起公愤。因此,不能简单地直接删除这个条款,但保留这样的条款无异于承认日本人的罪行并留下证据。为了解决进退两难的局面,1934年3月26日,石射致广田的第159号"极秘"电报中,提出了他解决这个问题的建议,就是对甲类第三项和丙类第二项内容都进行修改。为了保证日本人没有进行抢掠这一说法成立,石射建议将查定方针中的丙类第二项(中国人掠夺造成的损失不予赔偿)改为"允许例外情况存在,即虽为中国人实施的抢掠行为,也可以酌情予以赔偿"。他建议增加脚注,说明战争期间在日军警备区出于作战需要而禁止普通人通行是正常的,而在有大量中国人居住的日本警备地域发生的掠夺行为,必然是中国人趁日军警备间隙进行的掠夺行为,对于这种情况造成的损失,理论上和日本无关,但是出于同情可以视作例外而酌情加以赔偿。同时,将甲类第三项(在日本警备区及中国人很难进入的区域发生的掠夺)属于赔偿范围这一条根据军部的要求予以删除。石射认为,在查定方针中做这些修改并注释清楚,"是有益且必要的"[②]。其奥妙就在于,当第三国侨民不满于口头说明、要求公文通报的时候,使用修改过的查定方针,既能够将责任推给中国,又可以掩盖日本人在战争中实施过掠夺的真相,也可能获得第三国索赔方的谅解。

石射的建议,得到了广田的同意[③]。在最终向各国公布的查定方针中,甲类第三项被删除了。这是日本掩盖战争罪行的铁证。这一历史真相,在日本外交档案中被完整地保存了下来。

三、围绕赔偿问题的外交交涉

日本政府最初确定的查定金额总数约为36万上海弗(见表1),在交涉过程中一再减少赔偿金额,最终的赔偿金额缩减到约21万日元(见表3),尚不足赔

---

①②③ 《上海事件第三國人"クレーム"ニ関シ》第159号(極秘),1934年3月26日,《滿州事変/被害救恤関係/外国人救恤関係 第二卷》(日本外務省外交史料館),国立公文書館アジア歴史資料センター,B02030491000。

偿预算总额50万日元的一半。如此苛刻的条件和极低的赔偿金额,自然引起了诸多国家特别是英美等国的质疑和抗议。围绕赔偿交涉,日本采取了分类操作、分化瓦解的措施。

救恤审查会第二次会议之后,日本政府开始与各国进行具体交涉,日美交涉可以视为日本赔偿过程中的典型个案。向日本提出索赔的在沪侨民涉及17个国家,其中,美国侨民要求赔偿的申请为40件,索赔总额为330 764.32美元(见表1)①,并不是各国中最高的。然而,日本却把美国排在交涉的第一顺位,当作首先要解决的重点对象。这大致有三方面原因:第一,20世纪30年代初美日关系日趋紧张和微妙。第一次世界大战后,美日同时跨入世界强国行列,都试图在国际舞台上有更大的话语权乃至称霸。凡尔赛—华盛顿体系建立后,日本在大国争斗中始终未能获得期望的国际利益。这种不可调和的矛盾使得美日在军事、经济和外交上的对立愈加尖锐。日本始终将美国视为自己突破亚太条约体系藩篱和称霸亚洲的最大阻碍。30年代初,日本对中国东北和上海进行武装侵略,对美国的"门户开放"政策形成严重威胁。美国始终不承认日本改变亚太格局的侵略行动的合理性,处处向日本施压。在一·二八事变后两国在上海第三国侨民的赔偿问题上相遇,日本自然格外重视美国的态度。第二,从实际情况来看,日本政府认识到以少量金额平均处理17国侨民的索赔是行不通的,容易造成不满的各国间的联合,为此,日方采取"由难到易"各个击破的原则,先从美国这个最难的对手开始交涉②。如果与美交涉能够顺利完成,将为与其他国家的交涉奠定基础。第三,从"有利"条件来看,正如石射所言,一方面寺崎与美国驻沪副领事维斯(Vyse)有些私交,通过这个渠道交涉容易展开;另一方面,当时传出维斯将要转任的消息,所以要赶快优先解决③。虽然这只是诸多原因中较为次要却是可操作的一点。对于为何最先解决美国侨民索赔申请,日本也有所顾虑。石射提议,关于赔偿的顺序,无人问起则罢,如有人质疑,则可回答说是按照日本五十音的顺序来进行的④。美国刚好排在首位。日美交涉主要发生在第三阶段,经历了从强硬对峙到缓和妥协的过程。

---

① 《上海事件第三國人被害救恤問題》,1932年2月13日—1934年1月29日,《満州事変/被害救恤関係/外国人救恤関係 第一巻》(日本外務省外交史料館),国立公文書館アジア歴史資料センター,B02030489600。
②③④ 《上海事件第三國人"クレーム"ニ関シ》第102号ノ一(極秘),1934年3月2日,《満州事変/被害救恤関係/外国人救恤関係 第二巻》(日本外務省外交史料館),国立公文書館アジア歴史資料センター,B02030491000。

第一回合：美国提出抗议，日本推诿责任。日本政府规定第三国侨民的申请日期截至1933年8月15日，对于之后提交的赔偿申请一律不予受理。对此驻日美国大使于1933年11月1日向广田提出严正抗议："我按照美国政府的指示告知你方：无论索赔申请是否已经提交给驻沪日本当局，美国政府将根据国际法的规定，保留全部的根本权利，除非将索赔调整得令日本政府和美国侨民都满意。"①美国政府强硬态度表达得淋漓尽致。对此日方也不甘示弱，12月19日广田回信中老调重弹，再次强调了日本对第三国侨民无责任无义务进行赔偿的立场，之所以同意给予"救恤金"，仅是出于同情和慰问的"赠予"②。1934年3月22日，美国驻沪总领事发给美国国务院的电报被日本海军破译，其主要内容是美国驻沪总领事无法得知日本对在沪第三国侨民的赔偿总额底线，希望东京的美国驻日大使帮助探知③。由此可见，当时日本政府对各国的赔偿金额底线秘而不宣，尚未为各国所知。3月26日，石射发给广田的电报中，提到了对美交涉的方案和基本思路。他提出虽然美侨的查定金额定为103 068上海弗，但不要一下子全部拿出来，而应该先拿出60%左右也即是6万日元与美国交涉，条件是美方申请者必须放弃后续索赔，否则不能交付赔偿金。如果能换取美国放弃所有索赔要求的话，剩下的4万日元可以通过美领事馆分配给不予赔偿之人，这样就可以免去外交交涉之苦。广田回电表示赞同④。日方的出发点是掌握赔偿主动权。然而日方的想法有重大矛盾之处，如果按照石射的提议用"剩下的4万日元通过美领事馆分配给不予赔偿之人"，来换取"美国放弃所有索赔要求"，那日本政府的查定方针将成为一纸空文，持续两年多的查定工作也将毫无意义。石射本人也注意到了问题的严重性，提议要谨慎行事，伺机试探美方态度。

第二回合："探底"与"交底"，美国从强势到妥协。美方对于日方提出的6万日元的赔偿方案表示了强烈不满。1934年5月3日，维斯到日本驻沪总领事馆约见寺崎，转述了美国政府对日本赔偿方案的立场，"美国政府对于赔偿费之少

---

①④ 《上海事件第三國人被害救恤問題》，1932年2月13日—1934年1月29日，《满州事变/被害救恤関係/外国人救恤関係　第一卷》（日本外務省外交史料館），国立公文書館アジア歴史資料センター，B02030489600。

② 《上海事件ニ依ル米國人損害要償權留保ニ関スル米國大使公文ニ対スル回答》，《满州事变/被害救恤関係/外国人救恤関係　第一卷》（日本外務省外交史料館），国立公文書館アジア歴史資料センター，1933年12月19日，B02030490700。

③ 《石射総領事から広田外務大臣宛電信》，1934年3月24日，《满州事变/被害救恤関係/外國人救恤関係　第二卷》（日本外務省外交史料館），国立公文書館アジア歴史資料センター，B02030491000。

和多数索赔者被排除在赔偿范围之外感到十分意外",并颇为不满地提出"不用说那些被置于赔偿之外的情况,即使被赔偿之人也可以保留未赔偿部分的申诉权,如在赔偿了申请额的20％的情况下,对未赔偿的80％将保留在未来进行申诉索赔的权利"①。美国政府的强硬态度激怒了日方,寺崎直接拒绝并驳斥了维斯转达的美方要求。他说:"一,通过外交途径解决的话,日方无所谓,但美方得不到什么好处;二,日方公文已明确规定,申请者必须放弃后续索赔,否则不能交付赔偿金。"他还讥讽道:"美方希望先得到能得到的,再对余下的部分进行外交交涉,最终实现获得全部赔偿的想法过于自私。"②寺崎再次强调了日方无任何赔偿责任,完全是出于人道主义立场才同意给予补偿,就这笔钱的性质而言,只是一种"赠予",接受者要出具收据。而那些保留索赔权利的人则被视为对日本不友好,当然不发放"赠予金"。申请者必须放弃后续索赔,并同意日方的赔偿标准,否则不予赔偿。这就是日方的底线。寺崎继续阐述日方的立场:"正如贵方要保留后续索赔权利而提出的权利义务论,如果我方坚持没有任何赔偿责任,一弗也不出,想要赔偿可以向中国索要,那样的话这个问题最终也不能解决。外交交涉之际,如果按照上述责任论的思路,自然会演变成无休止的争论,耗费时日,如发展成日本撤回全部赔偿费的结局,对于相关美国人来说是无益的。"③通过寺崎与维斯的对话,美国政府探知了日本的赔偿底线,日本政府也驳回了美国的要求,表明了不可动摇的坚定立场。权衡之下,美国认为不宜一味过于强硬而导致谈判破裂,因而采取了退一步的妥协态度以解决问题。

5月19日,美国领事埃德温·坎宁安(Edwin S. Cunningham)在给石射的回信中表达了美方对解决方案的认可。"现在多数遭受损失的申请者同意接受按照核定金额给予的赔偿,并愿意放弃他们所遭受的依《赔偿费的分发处理原则》属于B和C部分的损失之日后索赔权利",并随信附上16名申请者的名单④。这样,通过审核的19件美侨索赔申请中,有16件已经处理完成,并于6月18日,通过美国驻沪领事馆发放给美侨申请人⑤。及至6月29日,一·二八

---

①②③ 《第二四二号ノ一》,1934年5月3日,《満州事变/被害救恤関係/外國人救恤関係 第二卷》(日本外務省外交史料館),国立公文書館アジア歴史資料センター,B02030491100。

④ American Claims arising from the Sino-Japanese Hostilities in and near Shanghai, 1932, May 19, 1934,《満州事变/被害救恤関係/外國人救恤関係 第二卷》(日本外務省外交史料館),国立公文書館アジア歴史資料センター,B02030491200。

⑤ 《上海事件第三國人被害救恤問題》,1932年2月13日—1934年1月29日,《満州事变/被害救恤関係/外國人救恤関係 第一卷》(日本外務省外交史料館),国立公文書館アジア歴史資料センター,B02030489600。

事变后关于在沪美侨损失赔偿问题的日美交涉基本结束,赔偿详情见表4。

表4 对在沪美侨的赔偿核定表

姓　名	被害类别	位置	申告额（美元）	查定额（弗）	救恤额（日元）	查定等级
Apostolic Faith Mission	掠夺	Lotien	339.20	842.00	830.00	乙C
Asia Realty Company, Fed. Inc. U.S.A.	破坏	租界内、日本总领事馆旁 North Seward & Wuchan Rds.	1 361.54	3 000.00	2 700.00	乙C
Antonio Cenera	掠夺	Chapoo Rd.	63.00	84.00	80.00	乙C
Central China Mission of the Foreign Mission Board	破坏	1. Paoshing Rd. 2. Barchet Rd. 3. Jukong Rd.	3 094.49	2 000.00	1 850.00	丙及乙C
Central Council of Board of Missions, Methodist Episcopal Church, South in China	破坏	1. Quinsan Rd. 2. Ta Tung Rd. （Chapei） 3. Woosung 4. 闸北及南翔	3 374.75 129.25	1 500.00	1 550.00	乙C及丙
Thomas Joseph Engstrom	掠夺	39 Wonglo Rd.	4 733.25	12 630.00	9 700.00	甲
Henningsen Produce Company, Fed Inc. U.S.A.	掠夺	West SawinCreek Rd.（租界外）	10 438.48	6 315.00	4 500.00	乙C
Walter Scot Hibbard	破坏 掠夺	江湾路41号	20 090.00	16 840.00	14 600.00	甲
James Marvin Howes	破坏	Lao Sao Kee Laundry, Kiangwan & Tung chi Rds. Alleyway 93 House 3.	39.83	105.00	100.00	乙C
John C. Lind	掠夺	Darroch Rd. Shingwah Li House 3.	5 090.80	5 000.00	3 000.00	乙A
Realty Investment Company, Fed. Inc. U.S.A.	破坏	1. Ning Kwei Rd. （北部小学校旁） 2. Woosung Rd. 3. Chapoo Rd.	3 507.99	6 315.00	4 500.00	乙B及乙C

续　表

姓　名	被害类别	位置	申告额（美元）	查定额（弗）	救恤额（日元）	查定等级
St. Luke's Hospital	破坏	江湾路8号	1 670.00	500.00	1 700.00	乙C
Singer Sewing Machine Company	破坏	闸北、江湾、吴淞多处	8 403.00	1 500.00	1 300.00	乙C及丙
Socony-Vacuum Corporation	破坏掠夺	1. Chapei & North Szechuen Rd. 2. Lotien, Nansiang, Chapei & Woosung 3. Wing Lok Terrace	643.27 3 857.84	900.00	900.00	乙C及丙
Joseph Yuk-Woon Tseu		北四川路	1 043.05	1 263.00	970.00	乙C
Union Realty & Investment Company, Inc.	破坏	Lincoln Terrace	31 230.34	42 100.00	11 500.00	乙C
Alice Green Walters	掠夺	Nansiang	1 132.13	1 263.00	1 060.00	乙C
John Yun-Tet Woo	破坏	4247 Ning Kwei Rd.（off N. Szechuen Rd.）吟桂路	900.00	200.00	160.00	乙C
合　计			101 142.21	102 357	61 000	

注：因为审核工作在上海当地进行，所以查定额以上海当地的银圆（弗）计；赔偿拨款来自日本政府，因而赔偿额按日元计。

资料来源：《在上海第三國人被害救恤ニ関スル件》，1934年6月29日，《满州事变/被害救恤関係/外國人救恤関係　第二卷》（日本外務省外交史料館），国立公文書館アジア歴史資料センター，B02030491300。

接下来是与英国的交涉。鉴于对外政策和上海租界的实际利益，英国不愿刺激日本的意图比较明显。在此背景下，日本对英国的索赔交涉显得十分平和。1934年9月17日石射在发给广田的电报中报告了8月27日寺崎与英国驻沪总领事馆首席领事布莱克本（Blackburn）之间的会谈记录①。当寺崎对英侨救恤人名单和查定理由作了说明后，布莱克本觉得和英方索赔数额差距太大，问

---

① 《上海事件第三國人直接被害救恤ニ関スル件》，1934年9月17日，《满州事变/被害救恤関係/外國人救恤関係　第二卷》（日本外務省外交史料館），国立公文書館アジア歴史資料センター，B02030491500。

道:"救恤金额非常少,能否增加?"寺崎毫不客气地拒绝:"救恤金额是由在东京的救恤委员会决定的,不可能增加。"当布莱克本提到"日本政府就本件是否有和我方商讨的意向"时,寺崎回答道:"本件是救恤,不是赔偿、补偿的问题,所以不具有商讨的性质。"11月12日,布莱克本接到了英国政府的回训①,英国驻沪总领事馆终于继美国之后,同样毫无保留地接受了日方提出的救恤方案。当表面强硬实质心虚的寺崎打探没有拿到救恤金的人会怎样时,布莱克本甚至毫不迟疑地表示"英国没有使事情变得更糟的意思",表示会尽力说服他们接受日本的赔偿方案。与英侨索赔的查定金额147 180上海弗(见表1)相比,日本政府最后只用不到一半的61 540日元(见表3)就解决了对英交涉问题。解决得如此顺利,连日方都感到不可思议。之所以如此,除了与20世纪30年代英国绥靖政策有关,我们也注意到,一·二八事变期间日本在上海的军事行动,实际上得到了上海公共租界工部局的支持,以及上海各外侨团体、特别是英国侨民的后援②。这一背景与英国的妥协态度是有内在联系的。

与对英美交涉中显示出来的强硬态度不同,日本与德国、法国、丹麦等国的交涉,则表现得妥协、现实甚至友好,这种态度差异反映了日本政府多面的政治考量。

日本政府对德国侨民的查定金额是19 150上海弗(见表1),而最终赔偿了20 210日元(见表3),赔偿金额超过了查定金额,这与对美英交涉的结果形成了鲜明对比。这一结果与20世纪30年代德日关系变化分不开。德日两国虽然在华利益上存在冲突,但1933年希特勒上台后两国关系开始改善,反共反苏成为德日结成同盟的桥梁。在这样的背景下,日本在赔偿交涉采取了与对美英不一样的态度。1934年11月16日,石射在发给广田的电报中报告了与德国交涉的经纬。当日方向德国领事贝伦德(Behrend)告知赔偿件数和金额时,贝伦德不仅指出赔偿件数和金额过少,距离申请数额差距太大,很难接受日方方案,而且提到没有得到赔偿的人当中有些人索赔态度非常强硬,特别是德侨布赖滕费尔德(Breitenfeldt)多次强烈要求日本政府赔偿。对此,石射重申了日本与英美谈判时的强硬立场,表示日本的赔偿方案是不可能在德国面前改变的③。他又报告说:"对德国的查定金额中还有约2 000日元的剩余,在此金额内对德侨布赖

---

①③ 《上海事件英国人直被ニ関シ》,1934年11月12日,《满州事变/被害救恤関系/外国人救恤関系 第二卷》(日本外务省外交史料馆),国立公文书馆アジア歴史资料センター,B02030491500。

② 张智慧:《"一·二八事变"与上海"自由市"计划始末》,《学术月刊》2011年第8期。

滕费尔德进行救恤,这样既可以顾及贝伦德领事的面子,也可以让他协助断绝其他索赔要求,对我方是非常有利的。"日方就此与贝伦德进行了协商,表示"虽然我们不会接受救恤范围外的索赔要求,但如果仅德侨布赖滕费尔德一件的话,我们会破例向审查会请示。虽说这是违反查定根本原则的,能否在审查会通过甚是怀疑,但是我们会尽最大的努力使其通过"。贝伦德则表示"仅此一件也可以,期待一定给予救恤"。最后双方在"严守秘密"的条件下,对赔偿德侨布赖滕费尔德一件达成了协议。日本政府对德交涉虽仅额外增加一件,却显示了日方交涉过程中与英美交涉时绝无仅有的"灵活性",考虑到此时日德逐渐走近,或可视作日本政府向同在1933年退出国联的德国抛出了"橄榄枝"。

日本对法国的赔偿谈判立场与对德国的相近。一战后,法国对德国外交政策经历了由强硬到软弱的转变,开始追随英国推行绥靖主义[①]。更重要的是,法租界是上海两大租界之一,日本在上海的很多事务需要法国的配合支持,这也是日本试图在索赔谈判上拉拢法国的原因之一。日本在对法国侨民索赔的处理上更多考虑了现实利益。日本政府对法国侨民的查定金额是8 000上海弗(见表1),而最终赔偿金额却增加到15 000日元(见表3),增幅近一倍。石射在1935年1月31日致广田的电报中明确点出:"第三国人救恤与邦人救恤之间最大的不同之处在于需要协商以及考虑彼此的政治立场(与法国交涉时,由于涉及法租界内不法朝鲜人的取缔问题,所以特别有必要获取法国总领事馆的协助)。然而这次查定中发给法国的金额几乎没有,如果想要圆满解决本件问题,就必须从政治角度出发想方设法予以解决。"[②]日本在上海要有所作为,不能不考虑法租界因素。正是出于以上的现实需要和政治考量,日本政府对法国的最终赔偿总数增加为15 000日元。

而对于丹麦人查尔斯·克莱恩(Charles Kliene)的解决方式则凸显了日本政府对亲日外籍人士的"友好"态度。从表1中可知原来对丹麦侨民的查定金额为0,属于不予赔偿之列,而最终日方却主动赔偿了2 000日元(见表3)。1935年2月20日,石射在致广田的电报中作了特别解释:"对于上海事件中第三国人的被害救恤申请,如果受损物位于闸北、吴淞等中国军队占领、攻战区域的情况下,该受损物被看作具有敌性之物,理所当然不予理会。然而

[①] 吴友法:《法国在两次大战期间对德国外交政策述略》,《法国研究》1987年第3期。
[②] 《石射总领事から広田外務大臣宛電信》,1935年1月31日,《満州事変/被害救恤関係/外國人救恤関係 第三巻》(日本外務省外交史料館),国立公文書館アジア歴史資料センター,B02030491800。

查尔斯·克莱恩(曾在中国海关工作44年,现在是公共租界工部局汉语科科长)救恤申请的财产(13 000 上海弗)位于闸北商务印书馆,属于不予理会之例。但是由于该人在日俄战争之际任海南岛海口关税总长,对赶赴该岛探查波罗的海舰队行迹的帝国海军军人给予了莫大的帮助;转任上海后曾任日本人沪上青年会的名誉英语讲师等,直接、间接地帮助邦人甚多。作为上海的亲日家之一,与我们很多官民都有交往。如果把该人置于救恤之外,实在于情不忍,而且将来在利用该人上也会很不利。因此在严守机密的条件下,应该例外的对其授予救恤金。"①这个丹麦人对日本取得日俄战争胜利有过臂助之功,但其回报一直没有兑现。鉴于此,查尔斯·克莱恩的受损物件虽在查定方针所设定的条款之外,但在此次赔偿中日本政府给予了特殊"关照",可视为出于政治考量的一种特殊处置。

综上所述,从档案资料中可知,很多索赔外侨逐渐放弃了早期的强硬立场,赔偿交涉后期比较顺利。这不仅由于赔偿过程旷日持久,日本态度始终强硬,美英德法各大国妥协先例在前,而且还有一个现实原因,日本政府的查定金额是按日元来核算的,一些第三国侨民担心日元持续贬值,觉得时间拖得越久越不利②。在结果尚不确定的前提下,不少人主动提出放弃后续索赔,希望早点拿到赔偿金③。此后,日本政府对其他第三国侨民的赔偿事宜变得相对简单而顺利。虽然大多数国家都对赔偿结果不满意,但最终也只能无奈接受。

在20世纪30年代的特殊背景下,日本虽然对第三国侨民的索赔问题始终掌握了主动权,但其自我矛盾、强横的侵略者面目也暴露无遗。一·二八事变后日本政府对第三国侨民的赔偿问题不仅与该时期日本国内军部法西斯化的进程息息相关,而且与这一时期围绕上海以及东亚地区的国际关系密不可分。不断挑战华盛顿体系的日本,侵略野心日益膨胀。

毫无疑问,一·二八事变后日本政府对第三国侨民的赔偿,很大程度上是在国际舆论压力下被迫进行的。在整个查定核实与赔偿过程中,无论是缩小赔偿

---

① 《上海事件ニ於ル丁抹人"クリーネ"ノ直接被害ニ関スル件》,1935年2月20日,《满州事变/被害救恤関係/外國人救恤関係 第三卷》(日本外務省外交史料館),国立公文書館アジア歴史資料センター,B02030492000。
② 1934年1月汇率:100弗(上海银元)=115.125日元,参见日本农林省神户生丝检查所编:《调查时报》第1号,神户:三木印刷商店,1934年。
③ 《上海事件第三國人被害救恤問題》,1932年2月13日—1934年1月29日,1935年2月20日,《满州事变/被害救恤関係/外國人救恤関係 第一卷》(日本外務省外交史料館),国立公文書館アジア歴史資料センター,B02030489600。

范围,还是减少赔偿金额;无论是删改查定方针条款以掩饰日军掠夺真相,还是改"赔偿"为"慰问""启发"和"救恤",目的都是否认侵略战争,并迫使索赔的第三国侨民和各国政府接受其少得可怜的赔偿金额。尽管如此,日本进行了赔偿,这是我们所知的近代以来日本首次大规模的对外战争赔偿,也是载入史册、不容否认的历史事实。然而,作为一·二八事变最大受害者的中国人,却完全被日本排斥在赔偿范围之外,这固然受当时日本军国主义政策所限定,但必须指出这正是日本战争赔偿的最大问题所在。

 复盘与导读

上海大学研究生院与上海大学出版社联合组织出版有关中国近现代史的论文教材,为中国近现代史方向的研究生提供史学论文写作的样本。为此,廖大伟教授特将我们三人的拙文《一·二八事变后日本对在沪"第三国侨民"的赔偿》收入其中,另请求撰写导读,谈谈文章的缘起、内容价值和特点。时光荏苒,该文的写作是八九年前之事,一次次研讨的情景,从搜集史料、角度确定、观点分析、拟定框架,到初稿成型后的补充史料、反复修改,至今记忆犹新。

我们常说,学术论文的选题有三重境界,题目新、角度新、史料新。该文在发掘史料、逐层分析、赋予意义的过程中,不断向这三重境界靠近。近代日本的侵华战争责任毋庸置疑,战争赔偿即为铁证之一。以往关于日本战争赔偿的研究,一般聚焦于1945年第二次世界大战结束后的战后赔偿,鲜有涉及战中赔偿,我们从史料中获知在1932—1935年间,日本政府对于一·二八事变期间在沪第三国侨民受到的伤害和损失进行了统计、审查和赔偿,这一新发现的史实充实了日本战时赔偿的研究领域,毫无疑问,这是一个少有人做的颇具创新意义的研究题目。

随着日本外务省完整的保密文书档案史料的公开和深入解读的展开,日本政府在赔偿过程中始终态度强硬以推诿战争责任的面目逐渐清晰起来,档案文书中所使用的词汇从"赔偿"改为"慰问""启发"和"抚恤",显示了日本摒弃被动的赔偿而改为主动的立场。这个赔偿问题事实上也与日本国内军部法西斯化、与当时围绕上海以及东亚地区的国际关系都密不可分。在梳理史实的基础上,探索这一历史事件的角度也逐步确定了。

历史学讲究孤证不立。关于日本政府对于多国在沪侨民的赔偿问题,我们以日本外务省外交史料馆所藏的大量的第一手日文档案史料为支撑,与此同时,在上海大学历史系张勇安教授的建议下,从《美国对外关系文件集》(FRUS)数据库中,找到了美国方面的相关档案史料作为旁证,使得这一研究"立得住"。随后,在上海社科院何方昱研究员的帮助下,我们到上海社科院查阅了当时在上海出版发行的英文报刊《北华捷报及最高法庭与领事馆杂志》(The North-China Herald and Supreme Court and Consular Gazette)及《大陆报》(The China Press)等资料。这样,经过一年时间的讨论、打磨,一篇以日本外务省档案为主,以美国外交档案和在上海发行的外文报刊及中文材料等资料为辅的研究论文的史料基础打牢了。

全文分为三个部分,第一部分:一·二八事变与赔偿问题的缘起;第二部分:日本政府的赔偿过程;第三部分:围绕赔偿问题的外交交涉。详尽地辨析考证史料,可以将事件的脉络清晰呈现出来。为此,该文的写作在一年时间的不断探讨和研究中逐步推进。日本发动的一·二八事变不仅使得上海人民遭受到了巨大灾难,也使在沪第三国侨民遭受了战火的"无妄之灾",他们或直接或间接地通过本国外交机构向日本索要赔偿。涉及在上海的17国侨民,共计235件索赔案,金额将近700万弗。面对各国外交压力,日本政府嫁祸不成,推诿不掉,只好直接面对这一问题。为了清晰呈现日本的赔偿过程,我们采取分层、分类、分阶段的研究方法,按国别统计了第三国侨民的受损情况和获赔情况,分别从以在沪日方机构和日本国内政坛视角为主体审视其出发点和行为方式,将长达三年的赔偿过程划分为日方调查、日本政府出台政策、审核交付三个阶段,细腻展示每一阶段里日本各方和其他国家的应对与变化。

研究过程中,我们发现赔偿过程中日本在强势侵略者嘴脸之下,针对西方各国采取了不同的迂回与斡旋方式。为了减少实际赔偿金额,日本政府出于由难到易等多方考量,采取了分类操作、分化瓦解的措施。首先,日本与美国展开两个回合交涉,使美国从强硬转为妥协,不得不接受日本的赔偿底线,继而,与英国进行了相对平和的交涉,初步顺利实现了减少赔偿的目的。但后续与同为二次世界大战中轴心国德国、法国和丹麦等国的交涉中,日本则持友好甚至妥协的态度。这种态度的差异性也反映了日本政治和外交多面性。统观全部赔偿过程,也折射出了这一时期复杂多变的东亚时势、世界局势和各国的外交立场的变化。

最后,一个不能忽略的重要问题是,作为一·二八事变最大受害者的中国人民,却没有受到日本的赔偿。这固然受当时日本军国主义政策所限定,但必须指出这正是日本战争赔偿的最大问题所在。

回忆起这篇文章的写作,对于科研团队的组建和青年学人的培养深有感触。希望更多的学者、同事、师生组成团队,发挥所长,结成学术研究共同体,进一步推进历史学研究的繁荣和发展。

多边关系框架下国民政府外交重心的转移(1937—1940)[*]

肖自力 蔡 梓^{**}

摘要：全面抗战初期，国民政府本着"世界战争"和"国际解决"理念，其外交兼有战时特点和战前惯性，侧重联英、联苏。1938年10月起，美日在亚太冲突加剧，美国对援华制日开始抱积极态度，而英国在欧洲持续受压，不断对日本妥协。国民政府开始调整外交中的英美主从关系，战时外交呈现英苏美并重的多元化格局。1939年8、9月间，苏德缔结互不侵犯条约，欧战爆发。为加入英法阵营，使中日战争与欧战同时解决，国民政府一度考虑对德国宣战或撤使，但在国际局势极不明朗的情形下，决定不公开地选择"英法路线"。在此过程中，美国因素起了至关重要的作用，国民政府不仅以美国作为决定欧战政策的"标准"，更将之确定为外交的新重心。1939年后，美国明显加大援华制日力度，呼应及巩固了国民政府"首重美国"的外交决策，也使英苏两国相应退居中国外交"第二线"。

关键词：国民政府；抗日战争；中英关系；中苏关系；中美关系

1937年卢沟桥事变后，中国进入全面抗战，也被牵入更复杂、激烈的国际竞争之中。在中日战争前期，因应结交"与国"及选边站队需要，国民政府不断调整外交重心，改变外交投放重点，并于1939年欧战爆发后正式确立以美国为战时外交之重心。树立外交的中心或首要"与国"，是为了在战时众多外部因素中找

---

* 原载《历史研究》2019年第6期。本书收录时略有修改。本文系国家社科基金重大项目"华南抗战历史文献的整理与研究"（项目编号：16ZDA137）、广东省社科基金委托项目"广东抗日战争志"（项目编号：GD18TW03）阶段性成果。

** 肖自力，华南师范大学历史文化学院教授；蔡梓，南京大学历史学院博士研究生。

到突破口,也是中方始终视中日战争为"世界战争"的结果。其时,国际局势极为动荡,德意日三国经过1936年的德意、德日协定,到1937年11月迅速集结为法西斯集团,而反法西斯阵营迟迟未能成型。两大阵营的发展、定型虽有其一定的方向性,也常有逸出此一方向的反常和反复,中国战时外交重心的转移即在此复杂背景下展开。

关于中国战时外交重心转移,过去许多战时外交史研究已提及。此类研究多基于双边框架或中方视角,相对孤立地看待中国与某个大国的关系及中方的政策输出,不大考虑其他大国的角色及中外之互动。实际上,中国不可能跟某大国单独打交道,英法美苏德诸大国之间、欧洲与远东之间及中外之间是互相牵制和影响的,基于双边或单边视角的外交史难以反映"世界战争"背景下中国外交及国际局势转变的复杂性,也使战时外交何时确立以美国为重心,此前是联英、联苏还是以英美、欧洲为重,英、美之间有何区别等具体问题,未得到认真梳理和讨论[①]。本文尝试建立"多边关系"分析框架,把英法苏美德等多个主要大国置于同一进程和场景之中,动态评估他们在中国战时外交的相对位置变化,同时考察国民政府如何因应列强激烈博弈的国际环境而作外交重心的调整。

一、全面抗战初期的外交惯性:联英与联苏并行

1937年中国全面抗战爆发前,列强因1929年爆发的世界经济危机而不断分化、重组,在冲击"华盛顿—凡尔赛体系"的同时,逐渐形成德意日法西斯集团和英法集团,分别扮演上述体系挑战者和维护者的角色。美苏两国虽孤立于或被孤立于"局外",但对国际局势的影响十分重要。在此背景下,日本的全面侵华为国际格局的演化增添了新变数。基于对国际大局演变的研判,国民政府自大

---

① 同时考察中日战争前期中国与几个主要大国的关系变迁的研究不多,王建朗的《二战爆发前国民政府外交综论》(《历史研究》1995年第4期)仍分别论述中国与德、苏、英美等国的关系;鹿锡俊指出关于蒋介石的外交研究主要集中于对日、苏、美、英、德之单边考察,强调应研究蒋对上述各国的综合因应,仍属中方视角(鹿锡俊:《蒋介石对日德意三国同盟的反应》,《近代史研究》2013年第3期)。其他提及战争初期中国外交重心(或中心、重点)转移问题的论著,也未就此转移过程作专论,主要有朱坤泉的《论抗战之初国民党政府的对美外交》(《苏州大学学报》1992年第2期)、孙艳玲的《抗战前期中国争取同苏联订立互助条约始末——兼析〈中苏互不侵犯条约〉的签订》(《抗日战争研究》2006年第1期)、陶文钊的《中美关系史(1911—1949)》(一)(北京:中国社会科学出版社2007年版,第181—182页)、鹿锡俊的《国民政府对欧战及结盟问题的应对》(《历史研究》2008年第5期)、彭敦文的《太平洋战争爆发前国民政府外交战略与对外政策》(武汉:武汉大学出版社2010年版,第344页)、齐锡生的《从舞台边缘走向中央:美国在中国抗战初期外交视野中的转变(1937—1941)》(台北:联经出版事业股份有限公司2017年版,第15—16页)等。

战起即认为这场战争不是单纯的两国之争,而是"世界战争"。早在8月14日国民政府发表自卫抗战声明,强调中国抗战"非仅为中国,实为世界而奋斗"①,已发其端绪。8月30日,蒋介石拟定"战时外交方略",指出:"一、此次中国对日抗战结果,不仅影响东亚局面,并有牵动世界大势之可能。二、中国单独苦战不能为无限之支持,亦不能中途弃战求和,势必从世界大局上寻求出路。"②再次确认抗战应定义为"世界战争"。中方广泛寻求"与国",并利用"世界大局"变化使中日战争的"国际解决"成为必然选择。

七七事变后,国民政府全面应战,其外交开始展现"战时外交"的特点,而仍留有战前外交之惯性,表现为以联英与联苏为中心。上述"战时外交方略"认为:"中日战事苟有影响欧洲大局之可能,则操其枢纽者,全在英国。"③把英国视为中日战争与欧洲大局之"枢纽",就是战前国民政府追求"联英"的延续。早在1934年2月,蒋介石已提出"联英",称"外交如非与英有切实合作联络之可能,则无成功之希望",并有"重英轻美"之语④。同年底,蒋考虑亲访英国⑤,寻求中英合作突破。1937年3月,蒋系统反思中国外交,仍希望与英彻底合作⑥。在全面抗战初期的外交,英国占有突出地位。

最初,国民政府希望英国等西方列强调停战事或制裁日本。7月21日,蒋介石约见英国驻华大使许阁森(H. Knatchbull-Hugessen),指"调解中日事件,此为最有效之和平方法",希望许"特别努力,促其实现"⑦。但英国处处强调必须英美联合行动。7月中下旬,中方两次向英国提出"借机"或"购机",均遭拒绝⑧。7月20日,英国外相艾登(R. Anthony Eden)向美国提到只有英美坚定、主动,才能阻挡日本。当美方回以英美可共同对日禁运时,首相张伯伦即指示艾登不要理会⑨。8月26日,许阁森在沪宁公路被日机炸伤。蒋介石预料"此事必

---

① 《国民政府自卫抗战声明书》(1937年8月14日),中国第二历史档案馆编:《中华民国史档案资料汇编》第5辑第2编《外交》,南京:江苏古籍出版社1997年版,第27页。
② 张世瑛编:《蒋中正总统档案·事略稿本》(40)补编,台北:"国史馆",2016年,第399页。
③ 张世瑛编:《蒋中正总统档案·事略稿本》(40)补编,第401页。
④ 《蒋介石日记》,1934年2月11、12日,美国斯坦福大学胡佛研究所藏。
⑤ 《蒋介石日记》,1934年12月23、25日、1935年1月15日。
⑥ 《蒋介石日记》,1937年3月31日,本月反省录。
⑦ 张世瑛编:《蒋中正总统档案·事略稿本》(40)补编,第122页。
⑧ 《蒋介石日记》,1937年7月16日;《孔祥熙致蒋中正电》(1937年8月2日),"蒋中正总统文物·对英法德义关系(二)",台北"国史馆"藏,002-090103-00012-164。
⑨ 《艾登回忆录:面对独裁者》下卷,武雄等译,北京:商务印书馆1977年版,第593—594页。

于我无损,而于倭不利,或于全部战局有关"①。结果证明蒋太乐观。此时欧洲英意关系紧张,意大利通过支持西班牙佛朗哥军队,牵制英法。9月3日到任的英国驻日本大使克莱琪(R. Leslie Craigie)即以英国利益面临"潜在双线威胁"为由,认为以任何方式支持中国都将不必要地引起日本敌意,对中日战争应严守中立②。

同一时期,相比英国的冷淡,美国的表现更加冷漠。7、8月间,英国几次向美国提议联合调停,均遭美拒绝③。8月2日,外交部长王宠惠告诉苏联驻华大使鲍格莫洛夫(Dmitri Bogomolov):美国"完全不干预,拒绝任何集体行动"④。蒋介石怒斥"美国态度恶劣,而且变为毫无骨格之国",总统罗斯福"应任其咎"⑤。蒋托人转告美方,他对美国不与英国合作调停战事"深感失望","希望美国能维持自身在太平洋的地位并维护该地区的和平"⑥。军委会参事室主任王世杰也批评美国断送列强集体干涉的可能:"此次中日战事发生后,列国舆论可谓一致同情于我,徒以美国政府丝毫不愿采取干涉态度,遂致态度较为积极之英、俄、法诸国亦不采取任何共同干涉手段。"⑦10月,美舰"帕奈"号在南京下关被日机炸沉,陈铭枢认为"将引起国际重大变化","英政府商请美政府派巨舰协同开赴东方,向日本示威"⑧。但陈的预测同样过于乐观。美国拒绝英国提出的两国联合示威提议⑨,事件在日本道歉、赔偿后很快平息。

在调停战事、援华及制裁日本等问题上,"英推与美,美推与英",远东问题变成"英美间之球"⑩。为解决中日争端,中国先后诉诸国联和九国公约签字国。9月27日,中方代表顾维钧等与英法两国代表商谈国联开会事宜,英方明确反对

---

① 《蒋介石日记》,1937年8月26日。
② Antony Best, "Sir Robert Craigie as Ambassador to Japan 1937 – 1941," in Ian Nish, ed., *Britain and Japan: Biographical Portraits*, Japan Library, 1994, pp. 239—240.
③ Andrew Kelly, "The Sino-Japanese War and the Anglo-American Response," *Australasian Journal of American Studies*, vol. 32, no. 2 (December 2013), pp. 30—31.
④ 《苏联驻华全权代表鲍格莫洛夫致苏联外交人民委员部电》(1937年8月2日),李嘉谷编:《中苏国家关系史资料汇编(1933—1945年)》,北京:社会科学文献出版社1997年版,第82页。
⑤ 《蒋介石日记》,1937年8月18日。
⑥ "The Ambassador in China (Johnson) to the Secretary of State," August 23, 1937, U. S. Department of State, Foreign Relations of the United States (FRUS), 1937, vol. 3, Washington: U. S. Government Printing Office, 1954, pp. 460—461.
⑦ 林美莉编辑校订:《王世杰日记》上册,台北:台湾"中央研究院"近代史研究所,2012年,第41页。
⑧ 《附一陈铭枢日记(1937年9月至1938年5月)》,孙中山大元帅府纪念馆编:《陈铭枢将军图文集》,北京:团结出版社2018年版,第222页。
⑨ B. J. C. McKercher, *Transition of Power: Britain's Loss of Global Pre-eminence to the United States, 1930 – 1945*, Cambridge: Cambridge University Press, 2004, p. 248.
⑩ 《蒋廷黻关于国际问题与苏联外交次长斯多蒙涅哥夫谈话记录》(1937年10月20日),中国第二历史档案馆编:《中华民国史档案资料汇编》第5辑第2编《外交》,第202页。

提出制裁日本,称"提出制裁的具体要求是一个巨大的错误"①。结果,国联大会仅决议由各会员国个别考虑援华。几年后,中国外交部还对当年英国在国联的不作为深表遗憾:"英国为在国联中惟一有发言地位之国家……倘使英国之态度能更为积极,则我国自国联所得之收获,或不止于各国个别考虑援华办法。"②英国通过比利时提议召开九国公约会议后,美国作为该公约发起国,颇怀疑英国想把远东问题扔给自己,极为不满。在各国保证会议不会对日本动武或实施制裁后,美国才勉强同意。会前,罗斯福扬言他不会允许英国把美国推到前面③。为了营造良好的开会条件,中方还接受美方提出的无理要求,即中国代表在会议发言后退席,不参与讨论,并承认日本对原料来源之需要④。如此委曲求全,仍未换来对中方更有利的结果。在美国最初所草拟的会议声明,本来还有拒绝承认中国现状改变、拒绝借款给日本等措辞,英国又坚决要求清除⑤。英美此时的所作所为均不能满足中方援华制日的愿望。

中外学者多认为,中日战争爆发前后,由于蒋介石依赖英美或联英的战略落空,即转向联苏⑥。其实联英与联苏并不是相互取代的。与联英一样,战初的联苏也是中方战前"备战外交"的惯性发展。九一八事变后,鉴于不可能同时与苏日两国为敌,中国于1932年12月与苏联复交。1935年,蒋介石主动打通苏联关系,但对联苏仍有疑虑。虽然西安事变的发动者要求联苏、联共,可到1937年3月,蒋仍主要考虑联英。直到5、6月间行政院副院长孔祥熙访英"受挫",蒋才指派随同孔出访的行政院秘书长翁文灏访苏,并加派杨端六等十人赴苏⑦,联苏始升温。7月13日,孔祥熙向蒋指出:"美对国外战事不愿实力参加,仅能予

---

① "Mr. Edmond (Geneva) to Mr. Eden," September 29, 1937, Documents on British Policy Overseas (DBPO), ser. 2, vol. 21, no. 270, F7228/6799/10.
② 《外交部所编之"抗战四年来之外交"》(1942年2月),中国第二历史档案馆编:《中华民国史档案资料汇编》第5辑第2编《外交》,第120页。
③ 孔华润:《美国领导人与东亚(1931—1938)》,入江昭、孔华润编:《巨大的转变:美国与东亚》,上海:复旦大学出版社1991年版,第20页。
④ 参见《顾维钧报告与美国代表台维斯商议布鲁塞尔会议情形电》(1937年10月28日),中国第二历史档案馆编:《中华民国史档案资料汇编》第5辑第2编《外交》,第34、35页。
⑤ 徐蓝:《英国与中日战争:1931—1941》,北京:北京师范学院出版社1991年版,第163页。
⑥ Bradford A.Lee 认为,由于八一三淞沪会战未引起英美干涉,蒋意识到西方外交官对日本影响甚微,即转向苏联(Bradford A. Lee, *Britain and the Sino-Japanese War, 1937 - 1939: A Study in the Dilemmas of British Decline*, Stanford: Stanford University Press, 1973, p. 39)。李君山则把1937年孔祥熙访英受挫(7月前)作为联英美与联苏的分水岭[《蒋中正与中日开战(1935—1938):国民政府之外交准备与策略运用》,台北:政大出版社2017年版,第4、220页]。
⑦ 参见《翁文灏日记》,李学通等整理,北京:中华书局2010年版,第142、148—149页。

我以道义上之援助","英虽有意,但因欧洲内部关系,恐亦难成事实","(中国)所恃者,惟利害较切之俄耳"①。25日,孔与驻英大使郭泰祺、驻法大使顾维钧联名提议:"唯一的办法是以争取与苏联的军事合作为第一步,以英、美、法三国的物资援助为中国继续抗战的支柱。这样也迎合了英、美、法怕被拖入战争的恐惧心理。"②中国可利用苏日紧张关系寻求中苏军事合作,而对英美法,仅能争取其物资援助。

开战初,中方内部对联苏不无犹豫或怀疑。军政部长徐永昌以"俄人可虑之阴谋,举十三年事以证明之"③。而陈铭枢力主联苏,反对既联苏又联德的"脚踏两头"行为④。7月31日,蒋仍在比较联日与联苏、和与战之利弊:"倭要求我共同防俄,承认伪满与华北特殊化,若与俄先订互不侵犯约,则可先打破其第一迷梦,不再要求。盖允其共同防俄以后,不仅华北为其统制,即全国亦成伪满第二矣,故联俄虽或促成倭怒,最多华北被其侵占,而无损于国格……两害相权取其轻,吾于此决之矣。"⑤随着战事升级,中方"和"的代价越来越高,可能性越来越小,而英法美列强对援华制日又互相推诿,联苏遂成为中国"从世界大局上寻求出路"的现实出路。9月9日,蒋深信苏联"为己不能不助我"⑥。

为尽快取得苏联援助,中方放弃寻求中苏签订互助协定的立场。8月21日,中苏签订互不侵犯条约,苏联开始向中国提供大批援助。11月,斯大林向中方承诺提供军火、教官等,暗示苏联是中国最坚定而可靠的盟友⑦。此时,中国对苏政策虽可称为"联苏",但不意味着联英已被取代。9月28日,蒋明确指出,"外交重点在英、俄"⑧。如果说"备战外交"时期最早的联英还主要针对苏联⑨,那么此时之外交则英苏并重。西方学者亦有类似的说法,指1937年日本全面侵

---

① 《孔祥熙致蒋中正电》(1937年7月13日),"蒋中正总统文物·对美关系(二)",台北"国史馆"藏,002-090103-00003-148。
② 《顾维钧回忆录》第2分册,中国社会科学院近代史研究所译,北京:中华书局2013年版,第387页。
③ 《徐永昌日记》第4册,台北:台湾"中央研究院"近代史研究所,1991年,第84页。
④ 参见《附一陈铭枢日记(1937年9月至1938年5月)》,孙中山大元帅府纪念馆编:《陈铭枢将军图文集》,第181、182、188页。
⑤ 《蒋介石日记》,1937年7月31日,本月反省录。
⑥ 《蒋介石日记》,1937年9月9日。
⑦ 《斯大林与蒋介石特使关于援华问题的谈话记录(摘录)》(1937年11月11日),沈志华主编:《苏联历史档案选编》第11卷,北京:社会科学文献出版社2002年版,第707—708页。
⑧ 《蒋介石日记》,1937年9月28日。
⑨ 蒋当时在日记中说"将来东亚争霸者为中俄,而世界争霸者为英俄也"(《蒋介石日记》,1934年3月7日)。

华后,"苏联迅速成为对中国进行军事援助与供应的主要来源之一,而中国在远东大国平衡中的战略位置对英国又有着极大的重要性"①。而且,中国此时之联苏仍需顾及英国和德国②,这也是战前外交的特点延续。就德国而言,德日于1936年缔结防共协议后,中国联德的政治基础基本消失,但在大战初期,德国仍是与中国有着紧密军事合作关系的主要列强。

从战前延续到战争初期的联英,主要基于英国作为全球性帝国在远东拥有广泛利益,必不甘心将其拱手让与日本。正如1934年蒋介石强调"联英"时所说,"联络中国以直接巩固其在东亚、间接维护其在世界上之霸权,毋宁为英国所迫切祈求之事"③。1937年11月上海沦陷后,蒋对英国期望激增,认为"日本占领上海以后的气焰……尤其英国是决不能忍受的","日本必将逼得英国迫不及待了"④。次年1、2月间,中方仍对英国充满期待。在武汉的英国外交官认为国民政府对抗战盲目乐观,是基于希望其他国家特别是英国自愿或不情愿地卷入战争的⑤,甚至说政府中大部分声名狼藉的官员试图拖延战争,以吸引英国援助⑥。

而英国的所作所为,让中方深深失望。1938年1月,两名英国警察在上海被袭击,英国向美国提议两国以海军共同威慑日本。当美国表示同意时,英国再次食言⑦。2月,蒋介石告诉苏联人他已"不能指望英国同苏联共同行动来保障远东和平"⑧。3、4月间,德国先兼并奥地利,又向捷克斯洛伐克提出苏台德地区的主权要求;德意两国又加大干预西班牙内战的力度,英法顿感欧洲危机重重,压力巨大。5月2日,英国对日本作重大让步,同意将中国日占区关税存入日本正金银行。与英国相比,苏联继续为中国提供大批援助,以致蒋介石承认"苏俄

---

① Greg Kennedy, *Anglo-American Strategic Relations and the Far East, 1933 – 1939: Imperial Crossroads*, London: Frank Cass Publishers, 2002, p. 76.
② 《中苏互不侵犯条约》签订当天,蒋提醒自己"中俄互不侵犯(条)约,应与英、德说明理由"(《蒋介石日记》,1937年8月21日)。
③ 《中国之外交政策》(1934年3月7日),秦孝仪主编:《先总统蒋公思想言论总集》卷12,台北:国民党"党史会",1984年,第104页。
④ 《国府迁渝与抗战前途》(1937年11月19日),秦孝仪主编:《先总统蒋公思想言论总集》卷14,第656—657页。
⑤ "Mr. Mac Killop (Hankow) to Mr. Eden," January 31, 1938, DBPO, ser. 2, vol. 21, no. 503, F1502/84/10.
⑥ Rana Mitter, *China's War with Japan, 1937 – 1945: The Struggle for Survival*, London: Penguin Group, 2014, p. 109.
⑦ 徐蓝:《英国与中日战争:1931—1941》,第187—188页。
⑧ 王真译:《苏联驻华全权代表卢干滋致苏联外交人民委员会电》(1938年2月26日),《历史档案》1995年第3期。

究为利害相共之国,应设法提携之"①。3月1日,苏联向中国贷款5 000万美元,用于购买苏联军火和工业设备。5月5日,蒋急电斯大林,请求苏联尽快向中国提供军火和新的贸易信贷②,苏方随后均予以同意。但蒋对如何把握中苏的亲疏仍迟疑,6、7月间,时而提到"今日讲演对俄太重,而对其他各国太轻",时而说"对俄之运用,此时应可逼紧一步"③。蒋担心联苏造成英美对中国的疏远或反感,而中国抗战的严峻现实又使其无法不依靠苏联。

此时,与英苏在中国的突出地位相比,美国仍处于边缘位置,但国民政府已注意到它的重要性。1938年1月,蒋致函罗斯福,提到"此次远东大难之应付,各国均盼望美国之合作",中国"希望美国之援助,尤属势所必然"④。2月,蒋判断"美总统解决远东整个问题之志,含蓄不能过久,当于此一二年内必有行动"⑤。曾抨击美国"不作为"影响恶劣的王世杰发现虽然美国并未援华,"然就外交言,美与我立于同一阵线,而态度最坚决",引以为"奇特"⑥。

必须指出,此时国民政府对美国固然有期待,美方却没有积极回应,中方之期待几近于"单相思"。"在战争的第一年,华盛顿对援助中国几乎毫无兴趣"⑦。罗斯福及其顾问们认为承诺保护欧洲和东亚的安全对美国没有什么好处⑧。蒋介石等多次致电、致函罗斯福,请求美国财政贷款,均遭婉拒⑨。蒋廷黻因看破"美国在短期内决不能前进",认为苏联承诺"美进,俄亦进"毫无意义⑩。这种情况下中方仍重视美国,主要是认识到美在亚太有重大利益,与不断扩张的日本必然发生对立和冲突。而与美国在欧洲的超然位置不过使之成为欧战潜在的有效力量不同,在远东,它却是大国均势中至关重要的军事力量⑪。除了认识到美国

---

① 《蒋介石日记》,1938年2月1日。此语也是对蒋此前所说"倭害急而易防,俄患隐而叵测"的修正。参见《蒋介石日记》,1938年1月1日。
② 叶健青编:《蒋中正总统档案·事略稿本》(41),台北:"国史馆",2010年,第471—475页。
③ 《蒋介石日记》,1938年6月12日、7月1日。
④ 叶健青编:《蒋中正总统档案·事略稿本》(41),第112页。
⑤ 《蒋介石日记》,1938年2月1日。
⑥ 林美莉编辑校订:《王世杰日记》上册,第93页。
⑦ John W. Garver, "China's Wartime Diplomacy," in James C. Hsiung and Steven I. Levine, eds., *China's Bitter Victory: The War with Japan, 1937-1945*, Armonk: M. E. Sharpe, 1992, p. 11.
⑧ B. J. C. McKercher, *Transition of Power: Britain's Loss of Global Pre-eminence to the United States, 1930-1945*, p. 342.
⑨ 任东来:《中美"桐油贷款"外交始末》,《复旦学报》1993年第1期。
⑩ 《蒋廷黻关于对陶德曼调停看法致外交部电稿》(1937年12月6日),中国第二历史档案馆编:《中华民国史档案资料汇编》第5辑第2编《外交》,第209页。
⑪ Greg Kennedy, *Anglo-American Strategic Relations and the Far East, 1933-1939*, p. 5.

的独特战略优势,中方还不断受到英法苏三国的鼓动。苏联的鼓动及承诺已如上述。英国外相艾登也向郭泰祺表示:"美国如调遣舰队赴远东,英国随时可大部分,甚或全力东渡。"①法国外交部秘书长莱热(Alexis Leger)告诉顾维钧,苏联的行动将鼓励美国;若美国作出更多援助,英法"也会照样行事"②。

1938年6月后,美国开始正视中日问题,而英国渐渐跟不上美之步伐。英国对华贷款仍阻力重重,"英国政府不肯公开地激怒日本……又闻在华英商,不愿激怒日本,故怂恿其政府勿担保此项贷款"③。财政大臣西蒙(J. Allsebrook Simon)担心贷款非但不能确保中国在一年内取胜,反而招致日本的敌意,增加英国在欧洲与远东同时面临敌对的危险④。7月10日,蒋介石鼓励英国对华借款,并举法国占领西沙群岛而"倭退缩"为例,指英若能如此,日"更畏惧无疑"⑤。四天后,中方等来的仍是英国的拒绝,英认为"在现在国际情势下,恐增加纠纷及英方责任"⑥。7月底,张伯伦仍为援助蒋长久思索,异常焦虑⑦,但对日本的恐惧还是占上风。

同一时期,德国逐渐中止对华军事关系,而苏联继续从军事上援华。就此而论,苏对德是有取代关系的。7月1日,中苏签订第二笔贷款协定,共5 000万美元。7月底,日苏在张鼓峰地区爆发激烈冲突,蒋介石重燃苏联参战的希望。蒋立即想到"问英美对俄倭之态度"⑧,希望英美不要为苏联对日参战设置障碍。8月4日,蒋向苏方提议,无论苏日战或不战,"中国必与俄始终一致,利害与共,且惟俄马首是瞻","最好中、俄能再进一步合作,做到军事与外交皆能共同一致"⑨。但张鼓峰冲突并未持续多久。对于蒋之提议,苏联明确回复既无意进攻日本,也不能与中国签订互助协定。蒋失望之余,不由感慨"是时代强勉中国以

---

① 《驻英大使郭泰祺自伦敦致外交部报告与英外长艾登晤谈关于如何援助中国及召集咨询委员会等问题之谈话情形电》(1938年1月4日),秦孝仪主编:《中华民国重要史料初编——对日抗战时期》第3编《战时外交》(2),台北:国民党"党史会",1981年,第23页。
② 《顾维钧回忆录》第3分册,第14页。
③ 林美莉编辑校订:《王世杰日记》上册,第124页。
④ "Note by Sir J. Simon on assistance to China," July 1, 1938, DBPO, ser. 2, vol. 21, no. 596, Cab.24/277.
⑤ 《蒋介石日记》,1938年7月10日。
⑥ 《驻英大使郭泰祺自伦敦致行政院长孔祥熙报告英阁议对五千万英镑金融借款未能通过现正进行出口信用贷款之商洽电》(1938年7月14日),秦孝仪主编:《中华民国重要史料初编——对日抗战时期》第3编《战时外交》(2),第202页。
⑦ Bradford A. Lee, *Britain and the Sino-Japanese War, 1937-1939*, p. 136.
⑧ 《蒋介石日记》,1938年8月1日。
⑨ 萧李居编:《蒋中正总统档案·事略稿本》(42),台北:"国史馆",2010年,第145页。

独立自由与自力更生"①。几天后,蒋仍"与俄使谈话约一时余,讨论订约利害问题","力主公开订约"②。日苏的冲突及稍后的"慕尼黑阴谋"均在短期内放大了蒋对联苏及苏联参战的想象。

而美国对远东问题的正视,突出地表现为6月11日国务卿赫尔(Cordell Hull)公开谴责日本对和平居民的轰炸,宣布实施"道义禁运"。国务院远东司官员范宣德(John Carter Vincen)则提出中国对日抵抗不致崩溃对于美国及其他民主国家来说极为重要,只有中国的主权得以保存,美国的权益才能继续存在。因此,美国在力避卷入中日战争的前提下不应放过任何增强中国的抵抗意志与能力的机会③。7月底,财长摩根索(H. Morgenthau, Jr.)主动提出中方可派陈光甫赴美商谈借款,他一定尽力促成④。但在10月前,美国对中日战争的反应仍主要限于道义上。9月,当德国进一步声索苏台德地区主权,引发捷克危机,而英国对日又动摇时,蒋介石认定"欧战起后美国远东政策关于中国之命运至巨",若美重申"对远东一贯之政策",英国亦能坚定态度⑤,可见美之重要性仍主要在于影响英国。

二、美进英退与外交中心的多元化

1938年10月,面对中国广州、武汉两大重镇相继沦陷,日本对美国在亚太的利益和安全威胁更加明显,美国开始调整远东政策,更直接地对抗日本扩张政策。美国政策大幅度地跃进,改变了战时外交最初英苏并重的格局。

10月6日,美国驻日大使格鲁(Joseph C. Grew)向日方递交照会,谴责日本自九一八事变以来对中国的侵略,指责这些行为违背"门户开放"原则,严重损害美国利益⑥。蒋介石认为这是"中日战争以来第三国对日本最强硬之表示"⑦。10

---

① 《蒋介石日记》,1938年8月24日。
② 《蒋介石日记》,1938年8月31日。
③ "Mr. John Carter Vincent of the Division of Far Eastern Affairs to the Adviser on Political Relations (Hornbeck)," July 23, 1938, U.S. Department of State, FRUS, 1938, vol. 3, Washington: U.S. Government Printing Office, 1954, p. 236.
④ 《驻法大使顾维钧自巴黎致行政院长孔祥熙报告与美财长毛根晤谈关于财政援华及派陈光甫赴美洽办进出口信用贷款等问题之谈话情形电》(1938年7月27日),秦孝仪主编:《中华民国重要史料初编——对日抗战时期》第3编《战时外交》(1),第234—235页。
⑤ 《蒋介石日记》,1938年9月19日。
⑥ "The American Ambassador in Japan (Grew) to the Japanese Prime Minister and Minister for Foreign Affairs (Prince Konoye)," October 6, 1938, U.S. Department of State, FRUS, Japan: 1931–1941, vol. 1, Washington: U.S. Government Printing Office, 1943, pp. 785—790.
⑦ 萧李居编:《蒋中正总统档案·事略稿本》(42),第402页。

月25日，武汉沦陷之日，罗斯福嘱摩根索特召陈光甫和中国驻美大使胡适，"许以借款"①。11月3日，日本首相近卫文磨发表"第二次对华声明"，提出建设所谓"东亚新秩序"。18日，日本答复美国10月6日照会，公开否认九国公约等既存条约秩序。日本这些举动对美国的刺激，犹如火上浇油。作为对此之反应，12月25日，美国批准对华2500万美元的"桐油借款"，蒋介石视此为"与敌最大之打击"②。

10月10日，日军在广东登陆，进攻广州，而英美在华南均有特殊利益。10月21日，王宠惠约见美国驻华大使詹森（Nelson T. Johnson），告以"日侵广东，形势压迫……我方切望美方予我更大之援助，俾增强我抗争力量"③。11月4日，蒋介石约见英国驻华大使卡尔（A. Clark Kerr），指出日占广州是"予中国及大英帝国以打击……夺取英国享有一百年来历史的地位，而一跃为东亚之盟主"，警告如英国仍不改变拒绝援华政策，"中国未来之国策与态度，或与远东有关之任何事件"，中方将不再与英国商量及合作④。11月6日，蒋再见卡尔，除了说明如果英国仍不准备援助中国，他将从别的地方寻求盟友；更声言如果中国愿加入日本的远东反英政策，那么，日本将放弃其自战争以来赢得的一切⑤。紧接着，宋子文在香港也对卡尔说过类似的话，显示"中日合作"也不是那么遥不可及⑥。卡尔承认由于英国对日本的恐惧，他们在中国的地位迅速下滑，提议英国迫切需要做点什么来恢复它⑦。但英国正受困于欧洲的紧张局势，而行进在绥靖德日的路上，很难因为蒋、宋的警告或卡尔的建议而幡然变计。

9、10月间，国民政府进一步强调美国的重要性，并区分英、美，这被学者视为中国外交"已经形成了以美国为主的格局"，是外交侧重点"重大的历史性的调整"⑧。可以明确的是，中方已对调英美两国在远东的主从位置。10月17日，蒋

---

① 《胡适致蒋介石电》（1940年7月16日），中国社会科学院近代史研究所中华民国史组编：《胡适任驻美大使期间往来电稿》，北京：中华书局1978年版，第54页。
② 《蒋介石日记》，1938年12月17日。
③ 《王宠惠致蒋中正电》（1938年10月22日），"蒋中正总统文物·对美关系（二）"，台北"国史馆"藏，002-090103-00003-171。
④ 《十一月四日与英使卡尔谈话节略》（1938年11月4日），"蒋中正总统文物·对英国外交（一）"，台北"国史馆"藏，002-080106-00057-006。
⑤ "Sir A. Clark Kerr (Changsha) to Viscount Halifax," November 11, 1938, DBPO, ser. 3, vol. 8, no. 233, F11989/84/10.
⑥ Nicholas R. Clifford, *Retreat from China: British Policy in the Far East, 1937-1941*, London: Longmans, Green and Co. Ltd, 1967, p. 87.
⑦ "Sir A. Clark Kerr (Changsha) to Viscount Halifax," November 7, 1938, DBPO, ser. 3, vol. 8, no. 211, F11990/184/10.
⑧ 王建朗：《二战爆发前国民政府外交综论》，《历史研究》1995年第4期。鹿锡俊亦称此时中国已从英美苏并列转向首重美国。（鹿锡俊：《国民政府对欧战及结盟问题的应对》，《历史研究》2008年第5期）

介石致函美方称,"日军在广州沿岸登陆对英国来说是一个真正的威胁,对所有盎格鲁—撒克逊国家而言则是直接的挑战"。要解决远东问题,必须依赖美英合作,"而这一合作的领导必须来自美国政府"①。这就是英美主从关系对调的明证。英国也再次明确远东领导权实属于美国,"英方随时愿与美国合作,不甘落后……故关键实在美"②,并承诺在远东实施与美"平行信约"。12月6日,针对近卫"第二次对华声明",英国亦声明不认可任何单边行动对九国公约立场的改变,并研究向中国提供出口信贷③。7日,英国告诉美国已准备300万英镑作为中英平准基金,只要美国采取行动,就立即拨款④。在美国批准向中国提供"桐油借款"后,英国亦很快宣布对华提供出口信贷,并于次年2月同意将中英平准基金借款增至500万英镑,大致相当于"桐油借款"的数额。

的确,若单论美国,在1938年底,甚至更早,其政策已明显改变,但它在国民政府的外交视野里是否已成为首要目标或中心,还值得探讨。事实上,此时中方对英苏两国仍极为重视。从更长时段和多边关系框架来看,毋宁把此时之外交看作英美苏等多国并重的多元化阶段。1938年11月,蒋依据德意日"三国军事同盟之消息日确",判断"此后国际形势必因此剧变,苏俄对我之政策与英、美,皆有进一步之可能"⑤,同时对苏英美寄予希望。1939年1月27日,国民党五届五中全会通过宣言,列举英法美苏等国表现:"去秋敌军侵迫武汉,进袭广州……国际联合会适于此际集会,英、法、苏俄等各友邦仗义勷力,一致声援,爰通过盟约第十六条所规定之制裁,适用于日本之侵略";到1月,"美国总统罗斯福同于此际,力持九国公约,对暴日作坚决之警告;英法继起,共维斯约"⑥。蒋在此次大会既强调对苏关系:"日之大陆政策一日不取消,我与苏之外交亲善必能保持,至少有二三十年"⑦,又明确须使英美苏三国联合,"须使英美联合,美俄一致"⑧。

---

① "Memorandum by the Adviser on Political Relations (Hornbeck) to the Secretary of State," October 17, 1938, U.S. Department of State, FRUS, 1938, vol. 3, p. 322.
② 《王宠惠致蒋中正电》(1938年11月24日),"蒋中正总统文物·对美关系(二)",台北"国史馆"藏,002-090103-00003-194。
③ "Viscount Halifax to Sir R. Craigie (Tokyo) and Sir A. Clark Kerr (Shanghai)," December 8, 1938, DBPO, ser. 3, vol. 8, no. 322, F13048/62/10.
④ "The British Embassy to the Department of State," December 7, 1938, U.S. Department of State, FRUS, 1938, vol. 3, pp. 581—582.
⑤ 《蒋介石日记》,1938年11月30日。
⑥ 《第五届中央执行委员会第五次全体会议宣言》(1939年1月29日),荣孟源主编:《中国国民党历次代表大会及中央全会资料》下册,北京:光明日报出版社1985年版,第544—545页。
⑦ 《王子壮日记》第5册,台北:台湾"中央研究院"近代史研究所,2001年,第37页。
⑧ 钱世泽编:《千钧重负:钱大钧将军民国日记摘要》(2),台北:中华出版公司2015年版,第726页。

有学者把"苏联对华提供军事援助,英国对华提供了少量的物资援助,以及美国对华提供财政援助",视为英国外交部的"僵持"(stalemated)政策①,可从外方角度体现此阶段中国外交的中心多元化。

1939年2月10日,日军登陆并占领海南岛。蒋介石认定这将"断绝新加坡、夏威夷岛、珍珠港英美海军根据地之联络","预料英美法俄列强不久必有积极行动之表现"②。然而,最受威胁的英国未能如蒋所预期"有积极行动"。中国借此重提中英军事合作,英参谋部答复,"倘英与日在作战状态中,即考虑接受,现形势不同"③。3月15日,德国撕毁《慕尼黑协定》并吞并捷克,把斯洛伐克变成保护国。欧亚局势同趋紧张,互相影响,英国更难坚持其远东立场。3月31日,英国拒绝中方增加中英平准基金借款的要求。4月13日,英国外相哈利法克斯(Edward Halifax)训令卡尔,"万一发生全欧性的灾难,英国在远东的地位很大程度上将取决于日本。只要日本维持中立,哪怕是非善意中立,我们也将尽可能阻止它主动和我们的敌人站到一起。为此,在中日作战的情况下,我们要避免过于公开与中国政府合作"④。另外,在财政援华方面,英国也逐渐跟不上美国的步伐。2月,英国在考虑对华汽车信贷时,即无法照美国对华贷款例,给予同样优惠⑤。

"美进英退"及英美主从关系的变化,在进入1939年后表现更明显。5月31日,蒋认为"俄国态度显现冷淡","此英法亦然",但"美国之和平与公义之传统精神则自不同耳"⑥。6月上旬,美国对中方表示它时刻关注远东局势的发展,努力保护自身在华利益,并在可能和适当情况下给予中国帮助⑦。"天津事件"发生后⑧,英国在稍事交涉后便选择妥协。7月24日,英日达成《有田—克莱琪协

---

① Greg Kennedy, *Anglo-American Strategic Relations and the Far East*, 1933-1939, p. 77.
② 《蒋介石关于日军海南岛登陆问题谈话》(1939年2月11日),中国第二历史档案馆编:《中华民国史档案资料汇编》第5辑第2编《外交》,第63页;《蒋介石日记》,1939年2月11日,上星期反省录。
③ 《杨杰致蒋中正电》(1939年2月24日),"蒋中正总统文物·对英国外交(一)",台北"国史馆"藏,002-080106-00057-007。
④ "Viscount Halifax to Sir A. Clark Kerr (Shanghai)," April 13, 1939, DBPO, ser. 3, vol. 9, no. 6, F3024/2882/10.
⑤ 《财政部报告最近办理英国信贷经过情形代电稿》(1939年2月21日),中国第二历史档案馆编:《中华民国史档案资料汇编》第5辑第2编《外交》,第447页。
⑥ 《蒋介石日记》,1939年5月31日,本月反省录。
⑦ "The Secretary of State to the Ambassador in China (Johnson)," June 6, 1939, U.S. Department of State, FRUS, 1939, vol. 3, Washington: U.S. Government Printing Office, 1955, pp. 180—181.
⑧ 1939年6月,日本以伪海关监督程锡庚在天津英租界被暗杀为借口,要求英国作出一系列合作与让步,并以武力封锁天津英、法租界。

定》,英国竟承认无意赞助妨害在华日军之行动。此时,中方迭催英国对华借款,英方只称"在英日谈判期间,恐不易有所决定";这又影响了在外交上与其亦步亦趋的法国,"法国对我借款,因观望英国而功亏一篑"①。而本是旁观者的美国,却作出强烈反应。6月21日,针对日本在天津租界区别对待英美人士的做法,美国驻日本参赞杜门(Eugene H. Dooman)警告,如果日本政府以为只要避免侮辱美国人就不会引起美国对英国在天津的遭遇作出强烈反应,那是巨大的误解②。7月20日,蒋介石致函罗斯福,除了提出美国加大援华制日力度,更希望如果欧战爆发,美国能"运用其至大之权威",使英法不与日本妥协,罗斯福"实握有解决远东问题及其他世界问题之枢纽"③。与两年前相比,将中日问题与"其他世界问题"连接起来的枢纽,已非英国,而是美国。对蒋的呼吁及要求,特别是中国受英日谈判影响而"法币惨跌……人心动摇,于此为甚"④,美国及时作出回应。7月26日,美国通知日本将废止美日商约。从蒋急电胡适向美游说到美宣布废约,不到50个小时,中国"外交与金融皆得转危为安"⑤。蒋特向罗斯福表达敬意,称赞美国此举"奠立太平洋和平基础"⑥,"它来得十分及时","缓解了中国面临的极其严峻和危险的局势",中方也"意识到几乎不可能再依赖英国政策"⑦。

此时,英国对国民政府的重要性也比不上苏联。德国兼并捷克并占领斯洛伐克后,英法迫于德国咄咄逼人,开始与苏联进行合作谈判。对英之主动,蒋介石断定其动机不纯:"英国希望德国东进,使俄德接触,发生战争,以为以毒攻毒之计。"⑧蒋又意识到欧洲合作的主动权也从英国手里转到苏联,指出:"观去年

---

① 《杭立武关于与英国驻渝代表裨德本商谈英日谈判及外汇等事情形报告稿》(1939年7月24日),中国第二历史档案馆编:《中华民国史档案资料汇编》第5辑第2编《外交》,第567—568页。克莱琪更认为即使美国宣布废除美日商约,也不足恃,最终使伦敦推迟就对华借款作任何决定,参见 Keith Neilson, *Britain, Soviet Russia and the Collapse of the Versailles Order, 1919-1939*, New York: Cambridge University Press, 2006, p. 310。
② The Chargé in Japan (Dooman) to the Secretary of State," June 22, 1939, U.S. Department of State, FRUS, Japan: 1931-1941, vol. 1, Washington: U.S. Government Printing Office, 1943, p. 652.
③ 《蒋委员长自重庆致美国总统罗斯福对九国公约之维护、对华物资之援助与欧洲大势对于远东全局之影响三事申述所怀并提出美国当前所可采取之制日援华方法函》(1939年7月20日),秦孝仪主编:《中华民国重要史料初编——对日抗战时期》第3编《战时外交》(1),第82—86页。
④ 《蒋介石日记》,1939年7月22日。
⑤ 《蒋介石日记》,1939年7月23日;7月29日,上星期反省录。
⑥ 《蒋介石日记》,1939年7月30日。
⑦ "The Ambassador in China (Johnson) to the Secretary of State," July 31, 1939, U.S. Department of State, FRUS, 1939, vol. 3, Washington: U.S. Government Printing Office, 1955, p. 562.
⑧ 《蒋介石日记》,1939年3月18日。

此时日记,英国对俄拒绝协商,而今则英反求俄共同宣言,此乃国际局势最大之转变。"①这个"反求"即说明英苏关系主动权的易手。意识到这一"最大之转变",中方积极向苏联施加影响,希望握有主动权的苏联向英法施压,将远东问题与欧洲问题一并解决。王世杰请王宠惠"托苏俄向英法接洽,以英法援华与于必要时执行国联对日制裁案,为苏俄参加欧洲方面军事行动之条件"②。蒋亦认为"对俄应急进,对英法应催促勿延"③,电令孙科"请俄当局勿忘远东……望能促成中俄英法在远东具体之合作"④,并向斯大林说明"如欧战发生,日本必更扩大其侵略野心,远东大局必益形严重",希望苏联"与英法交涉时,特别提出远东问题之重要性,及其与集体安全制度不能分离之理……使欧亚问题得在同样原则下同时解决",强调"务望与英、法讨论时特别注意及此"⑤。中方在极力向苏联游说的同时,也不放弃影响英法的机会。6月19日,蒋会见英国人李滋罗斯(Frederick Leith-Ross),提出建立中苏同盟的可能性并作出远东区域合作的安排。英国外交部官员对此表示怀疑,认为欧洲与远东关系密切,苏联绝不会在控制欧洲前出手干预日本占领中国,那里不涉及苏联利益⑥。与蒋的认知相反,英国不认为苏联重视远东过于欧洲。

由于在欧洲合作上认定"英不如苏",国民政府除了重苏轻英,也不大察觉苏联在慕尼黑会议后出现的细微变化⑦,并在英法苏谈判僵持时将责任归于英法。其实,对于另一种可能,即孤立感强烈的苏联将在欧洲大国博弈中采取更灵活策略,或弃英法而联德,国民政府高层不是毫无预感的。2月16日,蒋认为"苏俄将对欧战置身事外,而德意且将专对英法",苏将取得"举足轻重之势"⑧。苏联必有某种"待帝国主义国家自相战争以后,方可起而消灭帝国主义之传统政策之

---

① 《蒋介石日记》,1939年3月25日,上星期反省录。
② 林美莉编辑校订:《王世杰日记》上册,第188页。
③ 《蒋介石日记》,1939年4月12日。
④ 张世瑛编:《蒋中正总统档案·事略稿本》(42)补编,台北:"国史馆",2016年,第563页。
⑤ 《蒋委员长自重庆致立法院长孙科告以致史达林委员长电之内容在说明希望苏联与英、法交涉时特别提出远东问题之重要性及其与集体安全制度不能分离之理请译陈史达林委员长电》(1939年4月25日),秦孝仪主编:《中华民国重要史料初编——对日抗战时期》第3编《战时外交》(2),第410—411页。
⑥ Keith Neilson, Britain, Soviet Russia and the Collapse of the Versailles Order, 1919-1939, p. 177.
⑦ 1938年10月3日,德国驻苏参赞向德政府报告,苏联对"盟邦法国不那么友好,而对德国的态度将'更加积极'"。(威廉·夏伊勒:《第三帝国的兴亡——纳粹德国史》中册,李耐西等译,北京:世界知识出版社1979年版,第597页)
⑧ 《蒋介石日记》,1939年2月16日。

阴险",必待"双方帝国主义者战争火拼,而实行其世界革命"①。5月3日,苏联政府任命莫洛托夫(Molotov)为新的外交人民委员。蒋断定莫氏上台后"俄之外交联德或有可能,而联倭则甚艰难,以倭之传统政策在排击苏俄"②。蒋预感苏联可能联德,却是以对苏联的意识形态成见为前提的。

5月11日,日军突然向苏联发难,日苏在诺门坎发生激战,这立即转移了蒋介石对苏德妥协的警觉,对苏"特殊期望"猛增③。他认为"以俄倭近日边境冲突之多……俄倭似不妥协",日本鼓吹"德、意、俄、倭四国同盟之说"是"恐吓吾人之计"④。蒋又臆断苏联拖延英法苏谈判用意在于阻止德日结盟,以对日开战,其实是想"单独专力对倭"⑤。王世杰在得知苏联开会商讨诺门坎战事后,预测英法苏谈判"或因是而可速结"⑥。两人均认为苏联为全力对日作战,有意推迟或"速结"英法苏谈判。秉持这一思路,蒋介石等高层对8月以后接连发生的苏德缔约、欧战爆发以及苏日也开始妥协,多少有些措手不及。

三、"首重美国"与英苏退居"二线"

1939年中,欧洲局势接连剧变,深刻影响中国抗战及战时外交。是年夏,英法苏谈判和英德谈判同时进行,僵持不下。为了在大国博弈中争取更大主动,苏德也于8月开始秘密谈判,23日签订《苏德互不侵犯条约》。法苏之间本已订有相当于军事同盟协议的《法苏互助条约》,加之7、8月间不断传来英法苏谈判将成的消息,故苏德订约使蒋介石十分意外⑦。

---

① 《蒋介石日记》,1939年4月14日;4月30日,本月反省录。
② 《蒋介石日记》,1939年5月6日。
③ "特殊期望"是蒋介石1939年4月时用语,见《蒋介石手订"现阶段之军事外交宣传要点"》(1939年4月),中国第二历史档案馆编:《中华民国史档案资料汇编》第5辑第2编《外交》,第66页。
④ 《蒋介石日记》,1939年5月29日、6月2日。
⑤ 《蒋介石日记》,1939年6月24日、上星期反省录。
⑥ 林美莉编辑校订:《王世杰日记》上册,第210页。
⑦ 7月9日,斯大林、伏罗希洛夫联名致函蒋介石,提到与英法谈判若有结果,则"远东包括在内"之联合组织"必成为有效之步骤"。[秦孝仪主编:《中华民国重要史料初编——对日抗战时期》第3编《战时外交》(2),第425页]8月初,在蒋预定的本月大事中,还列有"英俄互助协定之成立"。(《蒋介石日记》,1939年8月1日,本月大事预定表)8月1日,斯大林在给蒋的信中许诺"英、俄谈话成功时,远东问题必在其内"。(《蒋介石日记》,1939年8月1日)8月17日,蒋认为"苏俄对英法互助协定提远东在内,英、法当不反对,则世界和平之希望又进一步……俄对倭作战或已决心矣……英在新嘉坡增重兵,英、俄对倭压迫不远矣"。(《蒋介石日记》,1939年8月17日)他甚至猜测英法苏已在商定远东对日作战计划,"英、法、苏会议对远东问题,对倭作战计划岂果商定乎?"(《蒋介石日记》,1939年8月20日)

9月1日，德国进攻波兰，英法随即对德宣战，欧战爆发。此时蒋对苏、对英都有不满。他特别感慨："以后对英、对俄之外交，不能不特别慎重也。"①对英国，蒋认为其对苏祸水东引、"以毒攻毒之计"以及对德国的绥靖都过了火。对苏联，他认为苏联联德固有所得，"所失亦大"，其外交策略"殊令各国生畏"②。痛定思痛，蒋更强调中国抗战应"不稍存依赖之心，更无利用国际形势之念"，但仍坚持中日之战是"世界战争"的起点和重心③。

苏德缔约后，中国极力打消英国对日本妥协。8月26日，外交部急电驻英使馆，称英国对日态度"殊为我方今日最关心之问题"，希督促英国"勿牺牲中国而与日本谋妥协"④。8月29日，蒋接到密报，"英法将与倭寇妥协，而望我和平"⑤。中方积极策动美国，希望其对英发挥特殊影响。8月底，外交部电告胡适，指出"美国此时言行最关重要，切望美国力促英方勿对日过事让步"。翁文灏亦电胡适，指出"远东事，英、法势难兼顾，尤赖美国支持，亦非有美国明切表示，不易使英不向日迁就"⑥。蒋除电嘱顾维钧密会美国驻法大使（此人与罗斯福关系极密），使美国为"英法苏之中介"外⑦，又召见詹森，表示在当前国际形势下只有美国才能解决远东问题，希望美国警告英法不要让日本来保障其远东利益⑧。但欧战随即爆发，英国在欧洲自顾不暇。"欧战的到来没有颠覆英国的东亚政策，但它改变了英国所面临的各个问题的相对重要性"，英国先前高度关注的中国海关完整、长江重新开放、租界地位维持等问题，均明显让位于其战时更优先的问题⑨。远东及中国在英国的边缘化，即意味英国在中国外交影响力的弱化。

同期，苏日也有妥协或联合之势。利用苏德缔约的契机，德日均摆出调和苏

---

① 《蒋介石日记》，1939年8月23日。
② 《蒋介石日记》，1939年8月23、24日。
③ 参见《蒋介石关于欧战前之国际形势的谈话》（1939年8月28日）、《蒋介石对欧战爆发之表示声明（节略）》（1939年9月9—18日），中国第二历史档案馆编：《中华民国史档案资料汇编》第5辑第2编《外交》，第71、73页。
④ 《外交部致中国驻英大使馆》（1939年8月26日），章伯锋、庄建平主编：《抗日战争》第4卷，成都：四川大学出版社1997年版，第668页。
⑤ 《蒋介石日记》，1939年8月29日。
⑥ 《外交部致胡适电》（1939年8月27日）、《翁文灏致胡适电》（1939年8月28日），中国社会科学院近代史研究所中华民国史组编：《胡适任驻美大使期间往来电稿》，第22、23页。
⑦ 《蒋介石日记》，1939年8月28日。
⑧ 《蒋介石日记》，1939年8月29日；"The Ambassador in China (Johnson) to the Secretary of State," August 30, 1939, U.S. Department of State, FRUS, 1939, vol. 3, p. 218.
⑨ Nicholas R. Clifford, *Retreat from China: British Policy in the Far East, 1937-1941*, p. 130.

日矛盾或苏日和好的姿态。德国外长里宾特洛甫(Ribbentrop)在多个场合放出调和苏日矛盾的风声。日本亦从而诱之,企图与苏联签订互不侵犯条约。苏联外长莫洛托夫在最高苏维埃演讲,"对倭期待妥协商,而对华未及只字"①。至此,中方内部许多原来就对苏联不看好的人,指责苏"真面目毕露矣"②。9月15日,苏日签订停战协定,中国"一般国民之精神或受有影响"。蒋想到"内有川事未定,外遭苏倭妥协,而又闻苏军侵波,不胜为世道人心悲也"③。18日,翁文灏致函蒋,主张"中国宜向苏联请转向日商远东和平、中国主权独立,如不能成,继续抗战,求苏协助,赠以西北利益,相机加入民治集团,争取最后胜利"④。这是考虑最坏情况下不得已的选择。到此地步,要么中国向日本"商远东和平",要么向苏联出让西北利益以换取其容忍中国加入"民治集团"。不得不说,抗战中国到了艰难的抉择路口。

欧战爆发后,英法与德开战。国民政府希望通过在欧战中选边站队,使中日战争真正变成"世界战争",而与欧战同时解决。本来,一年前欧战之说甚嚣尘上时,中方已有应对预案,即"万一欧战爆发,并扩大至远东,我国与英法俄合作,共同作战,以期中日问题得到根本解决"⑤。彼时英法苏三国犹被视为一体,此时英法与苏却严重对立,加上中日苏三国紧密的地缘关系以及中日战争以来苏联对华的支持、援助,原本顺理成章的选择变得异常困难。中方内部大致有两种意见,蒋介石笃定英法将在欧洲对德战争中取胜,担心日本"乘机联英反德,而我则陷于孤立之地",力主对德宣战⑥;王世杰大体同意,惟以苏援不继为虑,但坚决反对联德或放弃亲英法的预案。王宠惠、张群、孔祥熙、朱家骅等则持另一种意见,主张先守中立,或不作鲜明表态。其间还出现蒋介石下令驻德大使回国,而

---

① 《蒋介石日记》,1939年11月30日,本月反省录。
② 张力编辑校订:《金问泗日记(1931—1952)》上册,台北:台湾"中央研究院"近代史研究所,2016年,第378页。有关戴笠、唐纵、甘介侯、翁文灏、王子壮等此时对苏联的怀疑或指责,参见蔡梓:《危局中的变与不变——蒋介石的苏联认知与对中共问题的因应(1937—1940)》,《党史研究与教学》2018年第2期。
③ 《蒋介石日记》,1939年9月16、17日。"川事"指1939年8、9月间四川军人联合以武力驱逐亲中央的王缵绪而出现的政潮。参见黄天华:《四川政潮与蒋介石的因应(1937—1940)》,《历史研究》2017年第2期。
④ 《翁文灏日记》,第373页。
⑤ 《王世杰呈蒋中正签呈》(1938年9月14日),"蒋中正总统文物·重要声明(二)",台北"国史馆"藏,002-080106-00002-002。
⑥ 《蒋介石日记》,1939年9月6日。8月底,蒋考虑日本外交有三种可能:"与英美法苏妥协,单独对华";"与英美法妥协,以全力对华、俄两国";"与英美法及中国妥协,单独对苏",在每一种情况下日都将与英法美"妥协"。(《蒋介石日记》,1939年8月30日)

孔祥熙擅自取消,以及王宠惠、孔祥熙先后"擅自"请求美国调停中日战争等风波①。值得注意的是,蒋在 8 月 25 日还认为"中国不宜攻击(言论)任何外国"②,9 月初却急于对德宣战,反映出急于使中日战争与欧战同时解决的心态。

9 月 9 日,蒋在欧战爆发后首次"半公开"表态,仅声称要赞助被侵略国,并尊重国联义务,而连这个表态当时也未发表③。9 月中旬,苏联态度愈加模糊,王宠惠、张群更促蒋勿表明态度④。其实,对于选择加入英法阵线,蒋介石等初无多少犹豫。9 月 2 日,蒋预料英法必将在欧战中取胜,故"我必须提前加入英法阵线,使倭不能加入";"我国对欧战之政策,主旨在参加民主阵线,以为他日构(媾)和时,中、倭战争必使与欧战问题联带解决"⑤。但对是否公开此一"主旨"或通过对德宣战的方式达到加入英法阵线的目的,中方内部分歧极大。9 月 12 日,蒋决定坚持"英法路线",但不对德国宣战或直接参战,而以军事以外方式助战⑥。17 日,苏联进军波兰,形成与德国合击波兰之势,蒋这时却庆幸先前对欧战态度的宣言"慎重未发,留有运用余地"⑦。11 月初,中方向英方提出"希望英苏国交不破裂,万一破裂,中国决不放弃英国友谊"⑧。11 月 8 日,王世杰向胡适等交代,"政府重视英、美过于其他友邦,惟不可公开表示"⑨。

国民政府外交抉择的迟疑、反复,除了因欧战初起、战局一时难以判断外,更在于对中苏关系和苏援中断的顾忌。若中国对德宣战,虽可能阻绝蒋"最为可恶"的后果即日本加入英法阵线⑩,但苏联基于与德国的条约义务,也可能不再援华。最后,中方决定半公开地站到英法阵线。在这个问题上,美国因素起了至关重要的作用。9 月 7 日,蒋即认定中国"对欧战参加与否,应视美国态度为标准",因"远东问题之根据在九国公约,其重心在美国"⑪,而美之态度显然支持英法。12 日,蒋致电胡适,希望他向罗斯福表达"远东和平,中国决以罗总统之主

---

① 详见林美莉编辑校订:《王世杰日记》上册,第 220—222 页;《翁文灏日记》,第 380、386 页;《蒋介石日记》,1939 年 9 月 29 日。
② 《翁文灏日记》,第 364 页。
③ 林美莉编辑校订:《王世杰日记》上册,第 222 页。
④ 林美莉编辑校订:《王世杰日记》上册,第 223 页。
⑤ 《蒋介石日记》,1939 年 9 月 2 日;同日,本星期预定工作课目。
⑥ 《蒋中正致郭泰祺、顾维钧电》(1939 年 9 月 13 日),"蒋中正总统文物·对联合国外交(二)",台北"国史馆"藏,002-080106-00015-002。
⑦ 《蒋介石日记》,1939 年 9 月 16 日,上星期反省录。
⑧ 林美莉编辑校订:《王世杰日记》上册,第 234 页。
⑨ 《王世杰致胡适、颜惠庆电》(1939 年 11 月 8 日),中国社会科学院近代史研究所中华民国史组编:《胡适任驻美大使期间往来电稿》,第 26 页。
⑩⑪ 《蒋介石日记》,1939 年 9 月 7 日。

张是视"①。在英法与苏联对立、苏敌友不明之下,美国的中立、超然地位及其对中国的支持,使其成为中国外交目标中相对清晰的一个。中方最担心的是加入英法阵营后对中苏关系带来的冲击,但考虑到美国的最后及决定性作用,即"言现实,则对俄之态度为重,而不可遗忘美国最后关系之重大也"②,美国因素终压倒苏联因素。而正在欧洲苦战的英法也再次把美国推到前面。法国提醒中国:"中国应该把它的全副精力,百分之百地贯注到美国方面。美国的手是自由的,它有强大的舰队和巨大的资源。美国是唯一能够遏制日本最终促成满意结局的国家。"③英国对于中方的借款,则答应"应俟美借款成后提出"④。11月初,蒋再次明确:"对欧战与英法之关系,以美国为标准。"⑤对此,朱家骅作了更清楚的解释:法理上中立的美国"事实上却援助民主国家",而"英美是不可分的",美国如放弃中立,即"参加民主阵营作战"⑥。至此,以美国为国民政府的外交重心基本定局。中方不断调整的外交重心,经过两年多英苏并重及外交中心多元化的调整,最终转向"首重美国"。就西方列强在远东的势力及英美全球领导地位的变迁而言,随着1940年法国陷落与不列颠战争开始,英国作为远东列强领头羊的角色正式被美国取代,美国成为在远东应对日本的主要列强⑦。

1940年初发生的存越矿产品风波及"薛伦加"(Selenga)号事件,从对外运输和贸易的角度说明此时美国之于中国的重要。此前,中国对苏德从事以矿产品换购军用品的易货贸易。1939年9月底,英国已要求中国报告从香港运出矿品的去向,后又宣布海上运德货物一律没收⑧;苏芬战争后,开始扣留运苏货物,这就使中苏、中德易货贸易陷于困境。12月底,由于法国下令其殖民地越南禁止运出中国矿品,中国积存于越南海防的钨砂达3 000多吨。1940年1月8日,苏

---

① 《蒋中正致胡适电》(1939年9月12日),"蒋中正总统文物·对美外交:一般交涉(一)",台北"国史馆"藏,002 - 020300 - 00028 - 015。
② 《蒋介石日记》,1939年9月7日。
③ 《顾维钧回忆录》第4分册,第64页。
④ 《翁文灏日记》,第391页。
⑤ 《蒋介石日记》,1939年11月3日,1939年之"杂录"。
⑥ 《第二次欧战爆发后之国际形势》(1939年11月28日),王聿均、孙斌合编:《朱家骅先生言论集》,台北:台湾"中央研究院"近代史研究所,1977年,第507页。
⑦ Nicholas R. Clifford, *Retreat from China: British Policy in the Far East*, *1937 - 1941*, p. 147; V. H. Rothwell, "The Mission of Sir Frederick Leith-Ross to the Far East, 1935 - 1936," *The Historical Journal*, vol. 18, no. 1 (March 1975), p. 147. 有关英美全球领导地位变迁的集中讨论,参见 B. J. C. McKercher, *Transition of Power: Britain's Loss of Global Pre-eminence to the United States*, *1930 - 1945*, pp. 339—343。
⑧ 《翁文灏日记》,第376、398页。

联货轮"薛伦加"号满载中国易货矿品,从马尼拉出发后,遭英国军舰扣押,交由法国押回越南处理,中国存越矿产问题益加复杂。翁文灏与法方反复磋商存越钨砂的分配,双方对拟运往英法美三国的钨砂并无争议,但对运苏 400 吨钨砂,法方始终不同意。其间中方曾出示苏联决不将中国矿产转交他国的承诺函,但法"仍不以为可"①。6 月,中方将钨砂尽售于法,但法很快在欧战失败,实际未成交。此时,中国存越矿品有被日本劫掠之虞。中方紧急商请美国予以协助,美方同意立即收购全部存越矿品②。由上述矿产品运输风波不难看出,此时中国的对外易货贸易存在很大风险,而美国以中立大国地位,减少了中国对外贸易的损失。

国民政府把美国确立为外交中心,也得到美国回应,中美之间逐渐开始双向而行。1939 年 10 月 19 日,胡适来电表示美国 7 500 万美元借款有希望,格鲁则在日本"明言"不接受日本"东亚新秩序","措辞极为畅直"③。年底,美国对日禁运原料的范围逐步扩大。次年 3 月 8 日,美国向中国提供 2 000 万美元借款。30 日,汪精卫伪政权成立,赫尔声明不予承认。赫尔甚至传话给中方,希望中国舆论对美发出"责备"之词,"以便利(美)政府政策之推进"④。6 月中旬,两位主张对日强硬的共和党人史汀生(Henry L. Stimson)、诺克思(Frank Knox)进入内阁,增强了美国政府内强硬派的力量。7 月 12 日,日本决定与德意同进退,这使日美在全球战略上处于根本对立。美国更需要中国坚持抗战,它对日本的禁运逐步升级,对华借款则不断增加。美方一系列举动呼应和巩固了中方"首重美国"的决策。

在确定以美国为中心的同时,英苏两国在中国外交退居第二线。这种"退居"实由于美国地位的跃进而造成。对国民政府来说,本着多求友、少树敌的原则,并无刻意忽略英苏两国之意,同时更有意控制国内对任何国家尤其是对苏联的批评。欧战爆发后,为了维护苏联形象,国民党中央宣传部要求各地"对德苏互不侵犯协定与此次欧战之关系,不作任何分析与批评"⑤。而在蒋的日记

---

① 《翁文灏日记》,第 423 页。
② 《翁文灏日记》,第 479、480 页;《翁文灏请奖励洽办中国存越物资售美有功人员致行政院呈》(1940 年 9 月 14 日),中国第二历史档案馆编:《中华民国史档案资料汇编》第 5 辑第 2 编《外交》,第 371、372 页。
③ 林美莉编辑校订:《王世杰日记》上册,第 230 页;《翁文灏日记》,第 387 页。
④ 林美莉编辑校订:《王世杰日记》上册,第 261、264 页。
⑤ 《广东第二区行政督察专员公署快邮代电》(1939 年 9 月),广东省仁化县档案馆藏,全宗号 001,目录号 A12.1,案卷号 0563 上- 010。

里,则痛斥苏联"诱引倭寇","左倭右德",以称霸欧亚两洲①。他终于承认苏德订约"于我更为不利,此乃意料所不及"②。1939年底,因苏芬战争问题,苏联对中国没有在国联就开除苏联会籍一案投反对票极不满(中国投弃权票),对援华转趋消极。次年初,蒋痛感苏联对华冷淡,军援断绝,感慨"对俄外交令人疑惧,殊费心神"③。2月29日,苏联驻华大使当面诘问孔祥熙为何"中文报纸字里行间对苏不满口气,接近英法"④。3月初,苏联对华援助交货极少,蒋以"不忮不求"自勉⑤。此时,迁延日久的天津存银事件继续发酵。英国顶不住日本封锁英租界的压力,要求提取一部分存银并封存全部存银,中方坚决反对,并特别向英国指出:"在此美方正加紧援助我方时,英方又有所让步,殊可抱憾耳。"⑥而英国因欧洲战局失利,仍对日让步。6月12日,英日签订天津白银协定。此时,蒋认为英国已不能实践其与美国的"平行信约","所谓平行路线已断"⑦。

1940年6月,英法联军战败,意大利向英法宣战,法国投降,英国集中力量保卫本土。在日本压力下,6月20日,法方停止中国从越南运输外援物资,英方也承受滇缅路停运的巨大压力。中国抗战外援濒于断绝,前途未卜。一些中方要人已经想到"中国全归日本统制时"种种惨状⑧。蒋也一再提到此时为三年来"最大最危之关键","抗战以来未有之难局"⑨。中方紧急策动美国向英国喊话,"且勿太迟"⑩。美国即声明反对封闭世界贸易通道,向英施压,同时表示愿借款给中国购买苏联军械⑪。但英国仍顶不住压力,宣布封锁滇缅路三个月。蒋连用两个"必牺牲"来表示愤怒:"其结果必牺牲中国之友谊,且必牺牲英国在远东之地位",并"威胁"英国必为此"遭无穷不测之祸害"⑫。英国此举在华盛顿也造

---

① 《蒋介石日记》,1939年11月2日。
② 《蒋介石日记》,1939年9月30日,本月反省录。
③ 《蒋介石日记》,1940年1月20日,上星期反省录。
④ 《翁文灏日记》,第435页。
⑤ 林美莉编辑校订:《王世杰日记》上册,第255页。
⑥ 《杭立武报告与卡尔大使商谈处置天津存银问题情形函稿》(1940年2月16日),中国第二历史档案馆编:《中华民国史档案资料汇编》第5辑第2编《外交》,第572页。
⑦ 《蒋介石日记》,1940年7月31日,本月反省录。
⑧ 《翁文灏日记》,第483页。
⑨ 《蒋介石日记》,1940年6月22日,上星期反省录;6月29日,上星期反省录。
⑩ 《蒋介石日记》,1940年7月10日。
⑪ 《蒋介石日记》,1940年7月18日;林美莉编辑校订:《王世杰日记》上册,第283页。
⑫ 《国民政府对英国封锁滇缅路声明》(1940年7月16日),中国第二历史档案馆编:《中华民国史档案资料汇编》第5辑第2编《外交》,第575页。

成不利的外交氛围①,但风雨飘摇的英国都已顾不上。此时,对苏关系仍未回暖,滇缅路通道又中断,而"美国对华虽好意,但目前宁急于救英,血浓于水"②,欧战也分散了美国对远东的关注和援助。

　　山重水复之际,德国问题又跳出来。这次国民政府是想"联德",并与撤退驻英法大使问题联系起来。中方一些高层震惊于德国在欧战中的巨大胜利,主张通过联德及撤使,抗议英法行径,并设法使德国控制下的法国对越南运输网开一面。王世杰坚持此时如联德,"必立失美英同情,无殊自杀"。7月10日,蒋召集核心成员讨论外交,王宠惠、张群"仍倾向于与德人敷衍",王世杰"力言""我外交政策不可变更"。17、18日,孙科仍主"亲苏联德",王世杰、吴稚晖反对,而附和孙科的人较多③。但相比于欧战爆发之初的迟疑、反复,这一次蒋很快作出最后决定。7月19日,蒋还在自责欧战爆发时"不自谋外交出路,犹望英法得胜",指为"不智之至"④;而第二天,他就否决从英法撤使及退出国联的主张⑤。在这个问题上,美国因素再次起了关键作用。7月4日,蒋收到"美总统劝我持久抗战之理由"⑥。7月16日,胡适致电蒋,强调"对美国应有信心","今日惟此一国具有镇定远东力量","美国政府领袖确有心助我撑持",并"正考虑声援中国方法";而英国封锁滇缅路及"劝和"只是缓兵之计,不是"有意卖我"⑦。此时,宋子文作为蒋介石特使抵达美国,也加强了中美高层之间的互动。7月底,美国连续宣布对汽油、废铁、石油等实施禁运。8月1日,王宠惠在国防最高委员会上报告,"美政府正式告我,将助我到底",并"深信中国抗战必获胜利"⑧。9月27日,德意日三国同盟成立,消除了日本加入英法阵营的隐患和中方联德的可能。10月18日,滇缅路重新开放。此后,战时外交虽不尽是坦途,但国民政府随国际局势变化而摇摆起伏的心态有所改变,以美国为外交重心则彻底成为定局。

---

①　B. J. C. McKercher, *Transition of Power: Britain's Loss of Global Pre-eminence to the United States, 1930–1945*, p. 305.
②　《翁文灏日记》,第484页。
③　林美莉编辑校订:《王世杰日记》上册,第281、283页。
④　《蒋介石日记》,1940年7月19日。
⑤　《翁文灏日记》,第494页。有关此次国民政府内部对联德的争论,参见左双文:《转向联德,还是继续亲英美?——滇缅路事件后国民党内曾谋划调整外交路线》,《近代史研究》2008年第2期。
⑥　《蒋介石日记》,1940年7月4日。
⑦　《胡适致蒋介石电》(1940年7月16日),中国社会科学院近代史研究所中华民国史组编:《胡适任驻美大使期间往来电稿》,第54页;林美莉编辑校订:《王世杰日记》上册,第282—283页。
⑧　林美莉编辑校订:《王世杰日记》上册,第286页。

四、结　语

1937年全面抗战爆发后，国民政府的外交重心几经变迁，始由英苏并重，进而出现一段外交中心的多元化，最后于欧战爆发后，基于美国作为最后及决定性因素，确定以美国为决定欧战政策"标准"，并确立"首重美国"的外交重心。由于这一变迁过程的连续性和复杂性，前人若拾取其中一段，便形成中国战时外交是由英美/苏联/欧洲为中心转向以美国为重心的不同说法。从方法论来说，前人相关研究多为双边或中方为主的单边视角，集中探讨某大国与中国的关系或中国的外交政策，头绪较少而便于操作，对该国与中国的纵向关系有系统之观察，但容易忽略同一时间另一些大国的重要性及各大国之间的横向关系。本文将战时外交置于多边关系框架，从较长时段及纵横两个维度考察英、法、美、苏、德等主要大国与国民政府的交往及其相互影响、相互制约的关系，动态、立体地呈现战时外交重心转移的轨迹及同期国际竞争的复杂面貌。

战时国民政府的外交活动及其重心转移，主要建基于蒋介石等对中日之战乃"世界战争"的特殊认知。抗战全面爆发前，蒋廷黻即把中国获取外援视为理所当然，因为"势力均衡一有大动摇，无不引起国际大战的。就是直接受害者不抵抗，不求援，'不速之客'式的外援是要来的，何况直接受害者纵不抵抗，也知求援呢"①? 蒋介石则视中国为"世界各国的公共殖民地"，同样认为若日本"要将中国来做他一个国家所独有的殖民地，就先要同世界各强国来决战"②。在战时，每当外援无望、敌友难辨等外交困难时刻，中方便强调本国的自强、自立及不应依靠外援，但始终坚信中国抗战乃"世界战争"，这是推动国民政府广求"与国"并改变外交投放重点的动力。

国民政府抱定中日战争乃"世界战争"，力求"中日问题要与世界问题同时解决"③，总体方向和原则固无可厚非。但对国民政府来说，国际局势的变动有时太慢，有时又瞬息万变，而且"未必能每一变迁均属有利于我"④。中方认定中日

---

① 蒋廷黻:《论外援》,《外交月报》第1卷第3号,1932年,第16页。
② 《抵御外侮与复兴民族(上)》(1934年7月13日),秦孝仪主编:《先总统蒋公思想言论总集》卷12,第304页。
③ 《中国抗战与国际形势——说明抗战到底的意义》(1939年11月18日),秦孝仪主编:《先总统蒋公思想言论总集》卷16,第577页。
④ 《蒋介石关于欧战前之国际形势的谈话》(1939年8月28日),中国第二历史档案馆编:《中华民国史档案资料汇编》第5辑第2编《外交》,第72页。

之战为"世界战争"重心,而英法美苏却优先处理欧洲难题。各主要大国既互相牵制,竞相抱团,又极力保持对外的独立性、灵活性,在大国博弈中留有余地和后路,"强国均因时而变,甚至列强中之最强者也并不能总是达到它所追求的目标"①。这既造成法西斯和反法西斯两大阵营定型缓慢,也造成中国抗战国际环境的复杂,中国只能付出巨大牺牲勉力抗敌。从根本上说,国民政府和蒋介石仍缺乏足够的战略定力,对抗战"内外"关系的把握时有失衡,一旦外部环境恶化,内部即呈彷徨、混乱,甚至功利性地企图对德宣战或"联德",外交政策随之起伏摇摆。不过,中国最终维持住国内团结与政党合作,坚持抗战到底的路线,从而熬过全面抗战前期的难关,迎来更为有利的国际变局,使抗日战争融入世界反法西斯战争。

复盘与导读

一、选题缘起

谈及史学论文的选题,通常分为两种:一种是新问题,即前人尚未或少有涉猎的问题;另一种是老问题,即讨论已久、参与者亦较多的议题。本文属于后一种。

不过,要说到本文选题的真实起点,最初并不是要写"战时中国外交重心转移",而是另一个问题。最初,笔者在阅读《蒋介石日记》时,发现1934年起,蒋介石在诸大国中对英国的兴趣大增,并持续到1937年全面抗战爆发前夕及初期。蒋介石在1934年2月12日的日记中说"外交如非与英有切实合作联络之可能,则无成功之希望",同年底更考虑出访英国。他甚至觉得将来东亚争霸者是中苏两国,而世界争霸者则是英国与苏俄。蒋介石这种重视甚至高看英国的观感及相应做法,是他在思考和对待美、苏、德、法等其他大国时所没有的。于是作者开始研究"战前中英关系的变迁"(如再前溯,则作者之一肖自力2016年在美国奥本大学做访问学者时,就考虑能否较多地利用英文资料及研究成果来做研究。从结果来看,确实也做到了较多地利用英文资料及英文研究成果)。然而在研究

---

① B. J. C. McKercher, *Transition of Power: Britain's Loss of Global Pre-eminence to the United States, 1930–1945*, p. 342.

过程中,作者发现,中国与各大国的关系总是联系在一起的。研究此时期之中英关系,主要是此时期英国对华、对日政策及态度,是不能不同时考虑同一时期美国和苏联的对华、对日政策及态度的,也不能不同时考虑同一时期中日关系与英日关系的,否则,研究很难深入推进,也无法理解蒋介石在那时为何如此"重英"(或可称"首重英国")及英国又为何如此反应。于是作者开始思考对几个主要大国与中国的关系作总体梳理,理清几个大国之间的互动及他们与中国的互动。在初步具有这种"问题意识"后,作者开始梳理相关学术史,发现有关战时中国外交重心的转移问题,具体包括何时确立以美国为重心、在"首重美国"之前是联英、联苏还是以英美、欧洲为重(即外交重心是由英国转移至美国还是由欧洲抑或由苏联转移至美国)、英、美两国又有何区别等。相关研究已经不少,研究起点颇高,但仍众说不一或失之笼统,史料运用也还有一定空间,这才基本确定本文的选题。在基本确定研究对象之后,作者再次全面仔细地、批判性地阅读前人研究成果,进一步明确本文所要提出和回应的问题,同时明确切入问题的方式。

同时,正因为本文的选题起点原是"战前中英关系的变迁",并已有相当之研究,故当选题变成研究战时中国如何同时跟英、美、苏、德几大国打交道时,论文对英国的角色与态度的变化阐发得比较细致和充分,使用英国外交档案(主要是DBPO)及外国学者(主要是英国学者)有关英国对华(远东)政策、英日或英美或英苏关系等学术成果(如 Ian Nish、B. J. C. McKercher、Bradford A. Lee、Greg Kennedy、Nicholas R. Clifford、Keith Neilson 等)也比较多。这是在中国学术界有关战时中美、中苏关系的研究成果相对丰富的背景下本文的一个特色。

回过头来看,史学论文的写作知识告诉我们,选题通常有两个途径:一个是从前人研究中入手,找出其中的分歧、缺陷,或缝隙、空白;一个是从阅读原始资料入手,从中发现有意思的问题。更多学者推荐前者,这样可突出"问题意识"。然而,实际的选题缘起和过程往往因人而异。就本文而言,阅读原始资料与研读前人研究,两者本是相互激发而不可分的。另外,正如许多学者已经指出的,确定研究对象(topic)与明确问题意识(question)本是两回事;选题的真实过程与论文如何表达它的"选题过程"——论文是"倒着"写的,也是两回事。

二、主要观点

本文的主要观点,可概而言之:国民政府的战时外交重心几经变迁,初期侧重"联英""联苏"即英苏并重,进而出现英、美、苏三国并重的外交中心多元化,欧战爆发后一度有所反复、犹豫,而在美国的助推下最终选择了所谓"英法路线",此即确立了"首重美国"的新重心;1939年后美国加大援华制日力度,巩固了中方"首重美国"的决策,英苏两国则相应退居二线。推动中方外交上述转变的深层次因素,便是以蒋介石为首的国民政府从一开始就认定中国的抗日战争是一场"世界战争",是"世界战争"的起点和重心。中方始终坚持这一根本认知和原则,这是应该肯定的。但由于国际两大阵营定型缓慢,各大国最初在援华时互相推诿,在博弈中则时常留有余地和后路,有时又上演"大反转",造成中国外交政策也随之起伏和摇摆。尤其是在苏德缔约和欧战爆发后,中方曾有过召回驻德大使并对德宣战(可能导致苏联停止援华),或撤退驻英法大使并联德(可能导致与英法美阵营对立)的犹豫,以"后见之明"来看,这"两着"都是短视而危险的。但总的来看,中方在全面抗战的前期,维持了内部团结并坚持抗战,在上述艰难抉择关头尽管有过犹豫,最终仍做出正确选择,从而熬过了难关,使中国抗日战争融入世界反法西斯战争。

三、学术创新

学术创新首先要建立在前人研究的基础上。为此,作者对目力所及的前人研究,包括一些最新的研究成果(比如,2017年台北新出版的两本书),进行了认真研读,并颇受启发。本文的学术创新,可分资料、理论、观点三个方面。

首先,资料创新。本文开宗明义就提出"尝试建立'多边关系'分析框架",以有别于或打破过往多以"双边关系"框架或以中方为主的"单边视角"。很明显,要构建"多边关系"框架的研究,不占有"多边资料"是很难做到的。本文在资料方面,既较多利用英美外交档案及研究成果,也较多利用李嘉谷、沈志华等系统翻译的苏联档案文献汇编(日本作为"敌方",已不在国民政府外交的对手之列),同时中方资料包括"蒋介石日记"、蒋介石"事略稿本"、台北"国史馆"馆藏档案、广东省仁化县档案馆馆藏档案、《王世杰日记》《翁文灏日记》《顾维钧回忆录》、《金问泗日记》,以及2018年才出版的《陈铭枢日记》等在内的重要一手资料也得到充分的挖掘和利用,从而基本上做到以"多边资料"来构建"多边关系"下的战时中国外交重心转移,史料创新是比较明显的。

其次,理论创新。对本文而言,理论创新突出地表现为针对前人研究多基于双边关系框架或以中方为主的单边视角,且往往在一个带有连续性的较长时段中截取其中一段来做相对静态的研究,因而明确提出"多边关系"的分析框架,把英、法、苏、美、德等几大国置于同一进程和场景,从较长的时段及纵横两个维度考察上述主要大国与国民政府的交往,动态地评估他们在中国战时外交中的相对位置变化。应该说,正是这一转换研究视角的"理论创新",才使本文既能对众多常见"旧史料"加以"活化"、利用,更能对这个"老问题"作出较多的"新解读"。

最后,观点与结论创新。从上文主要观点中,读者不难读出本文的主要观点与结论的创新之处,因为它跟本文所列举的前人研究的观点与结论,都有一些不同。除此之外,还可举出比较特别的三点。其一,中外学者多认为1937年中日战争全面爆发前后,蒋介石因联英或联英美的希望落空,即转向联苏。本文指出其实联英与联苏并不是相互取代的,而在一段时间内是并行的。其二,本文联系到战前中德之间紧密的军火交易与军事合作,故在考察中方对苏关系时除了注意英美因素,还注意到德国因素;中日开战后苏联适时的援华,正弥补了德国逐渐停止援华的损失,这两者可说是有取代性的。其三,多位学者均认为1938年9、10月间是中国确定以美国为主的格局或"首重美国"之时,本文认为,这既不大符合历史事实,也容易忽略此后英、苏两国在中国战时外交上的角色。此一时间,实际上主要是英美主从关系发生变化(在欧洲,苏联也变得比英国重要),而中方此时实际秉持英、美、苏三国并重的政策,并希望美国和苏联均向英国施压。首重美国的真正确立,是在1939年欧战爆发后。

抗战时期日本在中国沦陷区内的卫生工作
——以同仁会为对象的考察[*]

王 萌[**]

摘要：全面抗战之前，同仁会利用多种扩张形式，成为日本在华最大的医疗卫生团体。在战时日本的对华卫生工作中，同仁会充当了主要的执行角色。同仁会各地诊疗班开展的医疗"宣抚"工作，是当地日军"宣抚"工作的重要组成部分；而同仁会在沦陷区的防疫业务，则是日军细菌部队防疫功能的延伸；日本医师在"大陆医学"名义下进行的调查研究，为日本军政当局提供各种卫生情报。卫生工作是日本军政当局利用以同仁会为代表的本国医界，在中国沦陷区内获取民心、保障自身卫生安全、发展殖民医学的一项综合工程，其目的是在沦陷区建立以日本为主导的卫生体系。

关键词：同仁会；卫生工作；医疗"宣抚"；防疫；日本

全面抗战爆发后，沦陷区内卫生状况持续恶化，各地疫情不断出现，日本军政当局着手开展卫生工作。然而，在战时日本政府与军方的档案中，这一工作往往被冠以"对华文化工作"之名，使人难究其实。史料表明，同仁会作为战前日本在华最大的医疗卫生团体，深涉其中。全面抗战初期，同仁会即受日本军政当局之命，派遣由医师与细菌学家组成的多支诊疗班与防疫班前往沦陷区，开展医疗

---

[*] 原载《近代史研究》2016 年第 5 期。本书收录时略有修改。本文是国家社科基金青年项目"抗战时期日本在中国沦陷区内的'宣抚'工作研究"（项目号：15CZS042）与中央高校基本科研业务费项目"近代日本同仁会在华医疗活动研究"的阶段性研究成果。承蒙匿名专家提供宝贵修改意见，谨致谢忱。

[**] 王萌，武汉大学历史学院副教授。

"宣抚"与防疫工作。随着战事的长期化,分布于沦陷区内各地的同仁会卫生机构,又对当地的卫生状况展开调查研究,履行起某种特殊的职能。通过梳理战时同仁会在沦陷区内的活动,我们不难发现日本开展卫生工作的诸多线索。

迄今中日学界的研究表明,同仁会确实与战时日本对华医疗卫生政策存在直接关联①。然而以往学界研究,大多限于对战时同仁会个别活动的考察,而未能将之置于日本对华卫生工作的整体视野中加以探究。一些重要史实,如同仁会与日军细菌部队之关系等,也未能充分说明。同仁会在日本军政当局的卫生工作中究竟扮演了怎样的角色?这一工作的主要内容是什么?同仁会在华卫生机构与日本军政当局存在怎样的联系?对于这些问题的思考,有助于我们深入了解真相。另须说明的是,原同仁会医师的医疗报告、回忆录以及《青木义勇文书》等资料②,以个人视角记述或回忆卫生工作的一些细节与内幕,为本课题的研究提供了新的视角。

一、执行卫生工作的主角

成立于1902年日本"亚细亚主义"浪潮下的同仁会,由东亚同文会主要干部近卫笃麿、长冈护美与日本医界名士片山国嘉、北里柴三郎等人共同发起,长冈护美出任首任会长。同仁会成立之初,即确定宗旨,乃"作为人道之事业,以我日进之医学为基础,对清、韩及其他东洋友邦输出并普及医事卫生上之一切知识,

---

① 末永惠子通过比较战前与战时同仁会对华医疗支援活动性质上的变化,批判了战时该会的侵略性质,参见末永惠子:《日中戦争期における対中国医療支援事業の変容——同仁会の医療支援について》,《宮城歴史科学研究》2011年第68、69合并号。就笔者所见,末永的论文是唯一系统考察战时同仁会的专题论文,然而该文在资料的发掘上,似还有进一步深入的余地;与末永持相似观点的丁蕾,将战时同仁会定义为协助日本侵略亚洲的医疗团体,参见丁蕾:《日本近代医疗团体同仁会》,《中华医史杂志》2004年第2期;黄福庆的研究亦有部分涉及战时同仁会的活动,有助于我们了解同仁会自成立至解散期间在华活动的基本脉络,参见黄福庆:《近代日本在华文化及社会事业之研究》,台北,"中央研究院"近代史研究所1982年版,第69—97页;饭岛涉则利用日本外务省档案,以同仁会对沦陷区内疟疾疫情的调查为对象,指出同仁会与战时日本对华医疗卫生政策存在直接的关联,参见飯島渉:《マラリアと帝国——植民地医学と東アジアの広域秩序》,東京:東京大学出版会2005年版,第193—205页;中西裕考察了日本翻译家延原谦参加同仁会上海诊疗班的经历,从中可见该班在上海南市等地开展诊疗活动的一些内幕,参见中西裕:《延原謙と同仁会医療班中国派遣》,《学苑・文化創造学科紀要》2012年第11号。福田由纪则考察了战时同仁会防疫班参与上海防疫委员会的史实,参见福田由紀:《近代上海と公衆衛生——防疫の都市社会史》,東京:御茶の水書房2010年版,第218—222页。
② 《青木义勇文书》,全称《青木義勇文書:同仁会診療防疫班に関する問い合わせへの回答書簡》(日本国立国会图书馆宪政资料室藏,馆藏记号:YF-A20,下文略)。该资料原同仁会汉口诊疗班医师青木义勇战后为编写《同仁会诊疗防疫班》一书而与其他医师往来的书信集,由青木后人2004年捐赠给国立国会图书馆。因无子标题,下文按书信收发关系以中文拟之。

共同实现人类之幸福"①。早期的同仁会,作为依附于东亚同文会的民间医疗卫生团体,经费基本来自会员的会费与捐款,其对华医事活动,不过为派遣若干医师来华,在中国东北营口、安东经营两所小型医院(后转让于南满洲铁道株式会社)。在大隈重信任会长时期,同仁会开始调整对华方针,逐步与日本政府的对华政策合辙。大隈说,同仁会在华的医疗活动"应谋求我国对华政治、外交、经济上之裨益"②,故而自1918年起,同仁会在财政上开始获得日本国库的补助。至内田康哉、林权助担任会长时期,同仁会与日本政府的关系愈趋紧密,几被视为"政府机构"③。在日本政府的大力支持下,同仁会在华的医疗卫生事业发展迅速,对中国社会的影响日深。1937年抗战全面爆发之前,其扩张形式主要见于三途:

一是经营直属医院。1914年同仁会在北京开办日华同仁会医院(1927年改名同仁会北京医院),1923年在汉口开办同仁会汉口医院,1925年同仁会又从日本外务省接收了青岛与济南的两所日资医院,改名同仁会青岛医院与同仁会济南医院。至全面抗战前,同仁会已在华经营4所直属医院。同仁会在经营这些医院时,始终存在与当地英美医院竞争的意识,如同仁会北京医院长期以洛克菲勒财团资助的协和医学院为竞争对手;对汉口医院的经营,则务求"外观与设备远超长江流域他国医疗设施,而为日本扬眉吐气"④。然而,同仁会对四地医院的经营,受中国时局的影响很大,1931年九一八事变爆发后,举国掀起抗日浪潮,四地医院的患者大幅减少,医院收入随之剧减,经营一度陷入困境⑤。

二是派遣巡回诊疗班。1930年同仁会汉口医院曾派遣巡回诊疗班前往宜昌、沙市、九江等地,昼间于街头对民众行医,夜间放映宣传卫生思想的电影,受到当地民众的欢迎。为了打开九一八事变后的困局,同仁会在华医院吸取此前经验,于1936年实行巡回诊疗班制度⑥。同仁会医院选定的巡回地区,多为医疗条件恶劣的内陆腹地,如当年5月北京医院派遣之巡回诊疗班,前往日本控制

---

① 小野得一郎:《同仁会三十年史》,东京:同仁会1932年版,第5页。
② 同仁会:《同仁会事业概要》,转引自丁蕾《近代日本の对中医疗・文化活动——同仁会研究》(一),《日本医史学雑誌》1999年第4期,第553页。
③ 小高健:《伝染病研究所——近代医学開拓の道のり》,东京:学会出版センター1992年版,第371页。
④ 小野得一郎:《同仁会三十年史》,第121页。
⑤ 关于战前同仁会医院的经营状况与收入情况,可参见丁蕾:《近代日本の对中医疗・文化活动——同仁会研究》(三),《日本医史学雑誌》2000年第2期,第195—200页;黄福庆:《近代日本在华文化及社会事业之研究》,第80—92页。
⑥ 江崎郁郎:《华北における同仁会》,北京:同仁会华北支部1941年版,第3页。

下的冀东通、蓟、玉田、遵化、丰润等地；10月同仁会济南医院派遣之巡回诊疗班，前往齐河、周村、明水、章丘等地；11月同仁会青岛医院派遣的巡回诊疗班，前往胶县、高密、坊子、益都等地①。同仁会医师携带臂章，活跃于河北、山东乡野之间，竭力宣传日本医学，成为华北事变下特有的景象。

三是出版医药类书刊。1927年同仁会成立"华文医药学书出版会"，主要从事日书中译的工作。当时日本医家的重要著作，如西成甫《精选解剖学》、林春雄《病理学》等，经由汤尔和等人译介，受到中国医界的欢迎与重视。此外，同仁会也出版一些中国医学者如陶烈、沈恭等人的研究成果。据黄福庆的调查，抗战全面爆发前同仁会出版的中文医学著作达44种之多②。1930年同仁会又成立调查部，致力于调查中国各地的医疗卫生状况。

此外，同仁会还利用举办中日医师讲习会、奖励中国医学生赴日留学等形式扩大在华的影响。抗战全面爆发前，同仁会成为日本在华最大的医疗卫生团体。然而，同仁会的扩张并非没有限界，其长期谋求在上海建立直属医院的计划，终因自身财力的局限而流产。同仁会对中国社会的渗透，也引起中国医界的警惕与反对。1931—1932年间，上海《医药评论》杂志就曾发表数篇评论，批判同仁会在华活动的目的在于刺探中国内政，协助日本军政当局对华开展政治、经济、文化上的侵略③。

1937年7月全面抗战爆发不久，平津沦陷。8月5日同仁会东京总部特向北京医院发电，指示其"应按实际情况组织救护班，以本会之精神采取救治伤病患者之行动"，而汉口、青岛、济南等三地医院，则按当地日本使馆要求，将医护人员先行撤回至日本国内④。在总部的指示下，10—11月间北京医院组织数支诊疗班，协助日军"宣抚班"于城内救治中日伤病，对约4 500人进行了免费治疗⑤。淞沪会战爆发后，上海地区霍乱流行，日本军政当局为了避免疫情流入平津，在华北派遣军军医部的授意下，同仁会北京医院组织了一批小规模的防疫班，对市内各车站与城门进行检疫，并在日军协助下全力搜索疑似患者，对约20万北平

---

① 参见同仁会北京医院巡回诊疗班：《冀东地方巡回诊疗记》，"序言"，東京：同仁会1936年版；同仁会济南医院巡回诊疗班《巡回诊疗报告》，"序言"，東京：同仁会1937年版；同仁会青岛医院巡回诊疗班《山東省東部地方巡回诊疗报告》，東京：同仁会1937年版，第43页。
② 黄福庆：《近代日本在华文化及社会事业之研究》，第104—108页。
③ 参见李子舟：《暴日医药侵略我国之一斑》，《医药评论》第70期，1931年，第1—4页；郭培青：《质问同仁会理事小野得一郎的几句话》，《医药评论》第78期，1932年，第3—4页。
④ 小野得一郎：《日支事件と同仁会》，《同仁》1937年第9号，第5—6页。
⑤ 青木義勇：《同仁会诊疗防疫班》，長崎：藤木博英社1975年版，第17—18页。

民众进行了强制预防注射①。全面抗战初期同仁会北京医院的诊疗及防疫活动,可谓同仁会参与日本对华卫生工作的先声。

随着战事的扩大,华北与华中沦陷区内原国民政府控制下的中央卫生试验所、中央防疫处等各级卫生防疫机构均告关闭,大批公私医院或内迁或停业,沦陷区内公共卫生体系陷入瘫痪,民众流离失所,各种疫病渐有蔓延之势。面对这一情势,日本军政当局开始着手以诊疗防疫为主的对华文化工作。日本在沦陷区内的卫生工作逐渐拉开序幕。

1937年9月初,外务省密令同仁会、大阪帝国大学医师团等数个团体,准备派遣诊疗班前往华北,协助当地日军"宣抚班"开展医疗"宣抚"工作。所谓"医疗宣抚",即由日军特务机关下属的"宣抚班",利用各种医疗资源对沦陷区的民众进行治疗,使之感慕"皇军之德化"②。9月21日同仁会制定《同仁会诊疗救护班派遣中国计划之纲要》,将已撤至日本的原汉口、青岛、济南医院医务人员,各编一班,准备派遣来华③。相较其他医疗团体,外务省对同仁会诊疗班抱有更高的期待,要求"值此事变之际,作为我方文化工作之一,应使派往各地诊疗班之活动,尽量得到中外民众的谅解"④。同仁会对参与医疗"宣抚"工作,态度积极。

在诊疗班的派遣过程中,同仁会防疫班的准备也在紧锣密鼓地进行中。1937年10月,日本驻外使馆获得国际联盟即将派遣防疫班来华的情报,这引起了日本军政当局的警惕⑤。外务省认为,"鉴于华北各地卫生状况不良,防疫设施尚不完善,除诊疗事业之外,更有着手防疫事业之必要"⑥。考虑医疗资源整合等问题,外务省决定仍由同仁会作为执行对华防疫工作的主体⑦,并在同仁会内成立"临时对华防疫事业部"。在财政上,除国库补助外,外务省另给予同

---

① 《其後の北京医院》,《同仁》1937年第10号,第13页。
② 参见《中支占領地区ニ於ケル宣撫工作概要》,井上久士编:《華中宣撫工作資料》,東京:不二出版1989年版,第53页。
③ 穂坂唯一郎:《同仁会四十年史》,東京:同仁会1943年版,第255—256页。
④ 《同仁会救護班派遣ニ関スル件》(1937年9月22日),日本外务省外交史料馆藏,《同仁会関係雑件/診療班支那派遣関係》第1卷,H-4-2-0-3之4-001。本文所引用之《同仁会関係雑件》系列日文档案,都藏于日本外务省外交史料馆,下文注释中不再列出。
⑤ 全面抗战爆发后,南京国民政府于1937年10月1日向国联理事会请求给予防疫技术上的援助,这一请求为国联采纳,最终决议派遣三支防疫班来华。参见末永恵子:《日中戦争期の国際連盟による対中防疫支援と日本》,《十五年戦争と日本の医学医療研究会会誌》2007年第1号,第41—47页。
⑥ 《对支防疫救護班派遣ニ関スル事業案》(1937年10月21日),《同仁会関係雑件/診療班支那派遣関係》第1卷,H-4-2-0-3之4-001。
⑦ 穂坂唯一郎:《同仁会四十年史》,第424页。

仁会独立预算之权利①。此外,外务省还密令东京帝国大学医学教授宫川米次等人前往华北调查当地疫情。宫川等人在经由伪满进入华北之前,特别与关东军防疫给水部(即731部队)负责人石井四郎就未来"华北卫生开发"进行了密谈,在华北的实地调查中又得到了华北方面军司令官寺内寿一的支持。宫川回国后不久,出任同仁会副会长,积极联络日本各大学的防疫专家,策划对华防疫业务。

日本军政当局对同仁会执行战时卫生工作充满期待,不仅因其拥有庞大的医疗资源、丰富的在华工作经验,还因其长期以来处于日本大陆政策的一端,为日本的国策服务。就卫生工作内容而言,无论医疗"宣抚"工作还是防疫业务,乃至日后开展的调查研究,都须得到本国医界的支持与参与。开战之后的日本医界,充斥着"医学报国"的口号,不少医师视同仁会为日本对华"卫生开发"的先锋,期待利用这一平台来华一显身手,日本医师会机关报《医海时报》就称,"(同仁会)此次事业之宗旨,乃广招天下人才,使之尽可能多地从各方面了解中国现状,为日后国人在中国的发展作出贡献"②。寄托日本军政当局与业界双重期待的同仁会,成为执行日本对华卫生工作的主角。

二、日军特务机关控制下的诊疗班医疗"宣抚"工作

1937年10月初,继平津之后,保定、石家庄、沧州、德州等华北各大城市相继陷落。在派遣地的选择上,华北日军特务机关认为,平津等地医疗条件相对完善,同仁会诊疗班在当地的工作,不会产生多少效果,故同仁会诊疗班应先派往保定、大同等前线地带③。

以原同仁会汉口、青岛、济南医院组成的三个诊疗班,10月7日从大阪出发,前往天津。在抵达当地后不久,华北日军即出台《同仁会诊疗救护班勤务要领》,要求"诊疗班在从事我军战地后方施疗工作时,应在我军指挥下,协助宣抚班施展我国医术,努力安定中国人心,但主要从事对日本人的诊疗工作"④。华

---

① 外務省文化事業部:《対支防疫事業概要》(1938年9月1日),近现代资料刊行会:《中国占领地の社会調查Ⅰ》第8卷,東京:近现代资料刊行会2010年版,第6—7页。
② 《支那開発のパイオニア、同仁会の対支工作進む》,《医海時報》第2282号,1938年5月21日。
③ 《同仁会救護班ノ北支派遣》(1937年10月),《同仁会関係雑件/診療班支那派遣関係》第1卷,H-4-2-0-3之4-001。
④ 穗坂唯一郎:《同仁会四十年史》,第263页。

北日军特务机关由此要求诊疗班应先为日军伤患服务。同仁会专务理事小野得一郎虽然认为医治日军伤兵并非诊疗班来华之使命，但也委婉地表示，将于视察前线之后视军医人手情况再作进一步的商议①。

战初，同仁会在身份认同上与当地日军特务机关对其之认识存在龃龉。在理事小野得一郎等同仁会高层干部眼中，诊疗班不属于日军军医系统，其首要任务是对中国民众进行医疗救治。而在特务机关眼中，医疗"宣抚"工作不过是宣传的策略，在战地军医短缺的情况下，日本医师理应首先为日军与日侨服务。不久，同仁会高层就发现，同仁会诊疗班若没有当地日军特务机关的支持与援助，其工作根本无法开展。小野得一郎的态度随即软化："为避免护士空闲待机，可使之临时服务于北京兵站医院及丰台野战医院"，而向日军特务机关表示了妥协②。此后三个诊疗班的医疗"宣抚"工作，在当地日军特务机关的指挥下徐徐展开。

以原汉口同仁会医院为主体的汉口诊疗班，先受华北日军甲集团军特务机关之命，前往沧州与德州。通过医师的诊疗报告，我们大致可以了解该班在当地开展医疗"宣抚"工作的情况。如外科医师多胡樽祐在报告中称，作为战时特有之现象，来访的患者受外伤者极多，其中知识阶层极少，大多为劳工或难民，而患者往往将不洁之民间药物贴于外伤创口，导致恶疾续发③。由此可知，医疗"宣抚"工作的对象，主要是缺乏基本卫生知识的底层民众。1938年10月25日汉口沦陷，汉口诊疗班受日军之命回归当地，因原同仁会汉口医院已毁于战火，日军特意选定法租界内原平汉铁路管理局为新诊所，希望利用诊疗班的活动对租界内的民众施加影响④。据该班1939年1月《业务报告》记载，该班除一般业务外，其妇产科须"对我国从事接客业的妇人实施检梅工作"⑤。由于战初日侨基本撤出汉口，所谓的"日人接客业者"，应是指随军来汉口的慰安妇。由此可知，诊疗班的医疗"宣抚"工作，还包括对慰安妇进行妇科检查。

以原同仁会济南医院为主体的济南诊疗班，分为两部。以班长外田麟造为首的本班奔赴石家庄，水野重光为班长的分班则前往保定。战后的石家庄，在外

---

① 小野得一郎：《同仁会诊疗救护班と伴に》，《同仁》1937年第11号，第24页。
② 小野得一郎：《同仁会诊疗救护班と伴に》，《同仁》1937年第11号，第25页。
③ 多胡樽祐：《沧州、杭州における诊疗报告》，《同仁》1939年第3号，第6页。
④ 穗坂唯一郎：《同仁会四十年史》，第275页。
⑤ 《杭州同仁会诊疗班业务报告提出ノ件》（1939年3月13日），《同仁会关系雑件/诊疗班支那派遣关系》第2卷，H-4-2-0-3之4-002。

田麟造看来,"战祸痕迹依然,治安也未定,街头市民毫无影踪,店铺紧闭,清晨多能听到枪声,有身临前线之感"。至1938年初,难民开始回归,诊疗班的工作开始变得繁忙,"除普通患者之外,亦从事对特殊妇人的检梅治疗。当时石家庄共有500名特殊妇人,其中25%左右必须立即接受治疗"①。在保定的水野分班,也在当地板垣兵团特务机关的特别委托下,对中国慰安妇进行检梅工作②。不言而喻,诊疗班对中国慰安妇的加急检梅与治疗,反映了当地日军对性服务的急切需求。

以栗本定治郎为班长的青岛诊疗班,1937年10月受华北日军特务机关之命,于北京郊外顺义温泉村开办临时诊疗所。据栗本定治郎的报告,开始民众对日本医师颇为畏惧,问诊者极少,诊疗班利用当地伪治安维持会、自卫团等傀儡组织反复宣传,方使民众敢于前来问诊。该班不久奔赴太原,最后回到青岛。在辗转大半个华北之后,栗本感慨道,"诊疗班作为负责我方宣抚工作之一部分,当初即有挺身而出之觉悟。随着秩序逐步恢复,理应整理设备,以传播日本医学的真正价值为主要使命"③。可见,一部分日本医师如栗本,对于诊疗班的"真正价值"无法实现,内心有所失望。

战初同仁会的三个诊疗班,紧随日军侵略华北的步伐而移动,可谓处于日军"宣抚"工作的第一线。战前同仁会汉口、青岛、济南医院都有过巡回诊疗的经验,不少医师对农村医疗工作的开展,并不陌生。从同仁会统计的数据来看,派遣期间诊疗班的工作量相当繁重,汉口诊疗班工作750天,诊疗患者234 432人;济南诊疗班工作791天,诊疗患者270 910人;青岛诊疗班工作930天,诊疗患者162 203人④。在不少医师的报告中,都希望军方允其回归原属医院。随着三个原医院系统诊疗班的回归,同仁会第一阶段的医疗"宣抚"工作宣告落幕。

1937年12月13日南京沦陷,这并没有阻止日军在华中的攻伐。与华北的情势不同,华中是国民政府统治的中心地带,亦是英美等国利益集中之所在。为了粉饰日本发动侵略战争的野心,掩饰日军在南京等地犯下的暴行,并与当地的

---

① 外田麟造:《石家荘、正定及济南における診療体験》(1938年11月),《同仁会関係雑件/防疫事務関係》第3卷,H-4-2-0-3之5-003。
② 《同仁会診療救護班保定診療所撤收及二診療状況報告ノ件》(1937年12月30日),《同仁会関係雑件/診療班支那派遣関係》第1卷,H-4-2-0-3之4-001。
③ 栗本定治郎:《北京及青岛に於ける診療体験》(1938年11月),《同仁会関係雑件/防疫事務関係》第3卷,H-4-2-0-3之5-003。
④ 青木義勇:《同仁会診療防疫班》,第26页。

英美医疗组织展开竞争,同仁会决定开展第二阶段的医疗"宣抚"工作,向沦陷区南京、上海、太原、石家庄等地派出以各大学医学部为中心的四支新诊疗班,其中最重要的两支,即以东京帝国大学医学部为主体的南京诊疗班与以庆应义塾大学医学部为主体的上海诊疗班。

日本军政当局对同仁会南京诊疗班的派遣工作极为关心。驻上海总领事冈本季正在向外务大臣广田弘毅的报告中称,南京日军特务机关在当地开展的"宣抚"工作,受到来自英美等国卫生机构的阻力,"外人怀抱杞人忧天之想法,有意通过他们之手推动此项事业……(外务省)文化事业部应组织由我方权威医师带领的派遣班,采取紧急措施"①。在南京当地,虽然1938年2月18日安全区国际委员会已停止运作,但欧美组织对难民的救助活动并未停止②,其中具有美资背景的鼓楼医院,对南京民众多施救助,"在整个非常时期的医疗工作,十分引人注目"③。

1938年3月的南京,仍笼罩于大屠杀后的恐怖气氛中。上任不久的日本驻南京总领事花轮义敬深感"宣抚"工作乃第一要务④。在花轮的催促下,同仁会南京诊疗班于1938年4月28日宣布开诊。为了吸引民众前来,诊疗班特别规定仅对日本患者收取费用,而对中国患者完全免费,一时间因战火而家财尽失的难民,纷纷前往求诊。为与鼓楼医院对抗,诊疗班提出开办同仁会南京医院的计划,"本地美资鼓楼医院吸引了大量中国患者,唤起了他们对欧美的崇拜思想。我方宣抚工作若要顺利进行,就必须要有能与鼓楼医院对抗甚至凌驾其上的医疗设施"⑤。由于南京诊疗班有意识地与鼓楼医院展开竞争,至1938年8月时医疗"宣抚"工作已初见成效。花轮义敬称赞诊疗班所取得的成绩,"现在患者一日已超过600人,而由美国人经营鼓楼医院每日不过仅三四十人,通过比较就可以发现,中国人对于日本医疗机关已表现出不断的信任"⑥。

南京诊疗班的医疗"宣抚"工作情况,从班长冈崎祇容向外务省提交的报告,

---

① 《第六一〇号》(1938年2月23日),《同仁会関係雑件/診療班支那派遣関係》第1卷,H-4-2-0-3之4-001。
② 关于日伪势力胁迫南京安全区国际委员会解散之经过,参见经盛鸿:《南京沦陷八年史》上册,北京:社会科学文献出版社2005年版,第231—234页。
③ 《史迈士致贝克函》(1938年5月28日),文俊雄译:《史迈士呈送南京国际救济委员会工作报告》(1937年12月—1938年5月),《民国档案》1998年第2期,第21页。
④ 花輪義敬:《中支の治安と南京の復興》,東京:日本外交協会1938年版,第2、12页。
⑤ 《同仁会南京病院建設の件》(1938年6月9日),《同仁会関係雑件》第7卷,H-4-2-0-3之007。
⑥ 花輪義敬:《中支の治安と南京の復興》,第11页。

可以一窥端倪。战后的南京,"在外科上可见相当数量的创伤,大多已放置了六个月乃至一年以上";"5月的南京,沙眼是最严重的疾病,其次是皮肤科的疥癣,再次是内科的一般呼吸病,肺结核的情况也相当严重"①。冈崎的报告,虽然反复强调了中国民众的各种疾患主要来自"卫生思想的贫乏与医疗设备的奇缺",但令冈崎等日本医师最为担忧的,并非中国民众凄惨的命运,而是前来问诊的中日妇女患性病比例之高,"中国妇女中患淋病、梅毒者极多,正如古云'战争是性病传播的媒介',应该认定其与事变密切相关……日本妇女的井出氏反应(该反应用以检验是否感染梅毒——笔者注)、淋病检测阳性率亦很高,这虽是她们从事特殊职业的缘故,但因关系到出征将士卫生安全乃至事变后我民族的根本性问题,我们痛感从事检测工作的妇产科责任重大"②。

相较南京诊疗班,日本军政当局更为关注上海诊疗班的国际影响。1938年5月8日上海诊疗班抵达后,日军华中派遣军司令部即指示该班:"上海乃欧美各色诊疗机关林立之地,作为与之为伍的我国诊疗机关,希望树立我军慈善医院之地位,进而展现我国医学卓越之价值。"③淞沪会战中毁于战火的上海南市,是诊疗班的重点工作地区,医师们积极开展街头宣传,与工部局、公董局下属医院争夺民心④。7月后问诊人数不断增加,避难于租界内的民众陆续前来问诊,诊疗班的业务一度极其繁忙⑤。上海诊疗班在同仁会各地的诊疗班中,经营比较成功,据战后该班人员回忆,该班"完全以中国人为诊疗对象,很早就放弃了总部不合理的诊疗费的规定,采取自由经营的模式,故而是全同仁会诊疗班中经济状况最好的"⑥。

在派出南京、上海诊疗班后不久,同仁会另向太原、石家庄派出两个诊疗班。这两个班完全听命于当地日军特务机关的调遣,石家庄诊疗班班长新垣恒政在遇到交通运输等问题后,就称,"如今更为痛感的是,进入大陆时务必获得军方的同情与协助"⑦。甚至诊疗班的驻地,除"同仁会诊疗班"牌子外,还必须挂上"大

---

① 《南京市民疾病観送付ノ件》(1938年6月27日),《同仁会関係雑件/診療班支那派遣関係》第2卷,H-4-2-0-3之4-002。
② 冈崎祇容:《南京市民疾病観》(第2号の2),《同仁》1939年第2号,第23页。
③ 穗坂唯一郎:《同仁会四十年史》,第376页。
④ 瀬尾省三:《「コレラ」の診療並に上海に於ける支那人の疾病》(1938年11月),《同仁会関係雑件/防疫事務関係》第3卷,H-4-2-0-3之5-003。
⑤ 瀬尾省三:《上海南市に於ける八ヶ月間の診療総括》,《同仁会医学雑誌》1939年第6号,第74页。
⑥ 《中山高志致青木义勇函》(1973年5月7日),《青木義勇文書》第1卷,第329—330页。
⑦ 新垣恒政:《医療宣撫行》,東京:東亜公論社1940年版,第38页。

日本军宣抚班诊疗所"的牌子,以向民众表明,诊疗班的医疗"宣抚"工作是"处于日军庇护下"的活动①。然而,因同仁会医疗设备的严重短缺与经费的捉襟见肘,这两个诊疗班的运营不久即陷入困境。不少班员因卫生状况恶劣患各种疾病,班中人心动摇,要求返回日本的呼声高涨②。

1937—1939 年间,同仁会共派出了两批七支诊疗班,"约 250 名班员于各地活动,为之投入经费达 200 万日元"③。沦陷区内各地同仁会诊疗班,完全为当地日军特务机关所控制,成为日本向中国民众展示其医学优越性、淡化其侵略行为的工具。同仁会诊疗班作为各地特务机关开展"宣抚"工作的招牌,正如日本作家久米正雄等人在参观上海诊疗班后的感受,认为他们不过是在日军特务机关指挥下露骨的"为了宣抚而派遣的文化部队"④。应该说,同仁会诊疗班的医疗"宣抚"与一般宣抚还有所不同,它更为注重感化的效果,日本医师们认为,"比之文字海报的宣传,在现实中对患者进行治疗并使之亲眼可见,当然效果更好"⑤。事实上,几乎所有的日军"宣抚"官都认为,医疗"宣抚"工作是"宣抚"工作中不可或缺的"最为有效且直接"的方式。

在各地日军特务机关的要求下,同仁会诊疗班的派遣并没有中止。从《青木义勇文书》可见,从 1939 年至 1945 年日本战败,同仁会总部及各地同仁会医院陆续派出多支诊疗班深入中国内地。这些诊疗班一般规模较小,例如,1944 年 12 月,为了配合日军"一号"作战,由南京诊疗班派遣至白水—衡阳间的巡回诊疗班,仅由 1 名医员与 3—4 名护士组成⑥。太平洋战争爆发之后,随着日本国力窘促,同仁会在华诊疗班前往各地医疗"宣抚"之目的,也与战争前期大相径庭。例如,1942 年 5 月,上海诊疗班受荣 1644 部队之命,派出班员前往苏州等地协助日军调办大米等物资⑦;又如,1944 年 6 月,开封诊

---

① 新垣恒政:《医疗宣抚行》,第 76 页。
② 《第三診療班新鄉分班班員交代二関スル件》(1938 年 8 月 11 日),《同仁会関係雜件/診療班支那派遣関係》第 1 卷,H-4-2-0-3 之 4-001。
③ 宮川米次:《北支、中支に於ける同仁会の診療防疫事業に就いて》(1938 年 11 月),《同仁会関係雜件/防疫事務関係》第 3 卷,H-4-2-0-3 之 5-003。
④ 久米正雄:《同仁病院訪問》,《同仁》1938 年第 9 号,第 7 页;日本剧作家岸田国士认为,同仁会"其宣传与往常一样过于露骨,为什么日本人不能光明正大地说,我们这么做,就是为了日本自身呢?"参见中西裕:《延原謙と同仁会医療班中国派遣》,《学苑・文化創造学科紀要》2012 年第 11 号,第 39 页。
⑤ 「日本医学の大陸進出」座談会:新支那建設と医療宣撫の問題》,《文芸春秋》1938 年第 12 期,第 174 页。
⑥ 《杉江善夫致青木义勇函》(1973 年 1 月 4 日),《青木義勇文書》第 1 卷,第 252、254 页。
⑦ 参见佐加倉滬浪:《江南施療行》,《同仁会報》1942 年第 8 号,第 10 页。

疗班受北京日军司令部之命援助郑州兵站医院,实际上于当地秘密从事登革热的防疫研究①。资料表明,这些巡回诊疗班,也是完全听命于当地日军特务机关的调遣。

客观上说,同仁会诊疗班中的个别医师基于人道主义的思想,对于救治中国患者的确投入心力,甚至希望通过行医"补偿日军所犯的罪行"②。但从诊疗班整体的活动来看,它们在日军特务机关的指挥下与欧美在华医疗机构展开竞争,体现了日本垄断沦陷区医疗体系的意图。显然,医疗"宣抚"工作无法改变沦陷区内落后的医疗体系,也不可能带给民众长期的医疗保障。

三、与日军细菌部队相结合的防疫工作

1938年3月29日,外务省对同仁会下达《对华防疫事业方针》,明确同仁会的防疫区域为华北与华中沦陷区,并要求"一俟条件成熟",即将派往华北、华中的同仁会防疫班改为常驻机构,建立沦陷区内以日本为主导的防疫体系③。为了控制同仁会在华的防疫业务,日本军部规定:"派往中国者将解除外务省委托的一切现职,转为我军的'嘱托',并隶属于我军。"④原本日本军政当局利用同仁会开展防疫工作之目的,在于与国际联盟派遣来华的防疫班竞争民心,然而这不过是日本军政当局的"想象"。国联虽于战初派出三支防疫班前往西安、长沙、南宁等地⑤,但他们的活动区域与同仁会的防疫区域并没有交集,两者也就根本谈不上竞争。

面对日本军部的催促,同仁会自始就感到在华防疫任务的艰巨。副会长宫川米次就称,"我在接受此任务时,因无法预计后果而感到踌躇,由此受到了以军部为首各方的鞭挞"⑥。1938年4月5日,宫川米次等人利用日本医学总会于京都召开之机会,与日本医界防疫专家商讨技术援助等问题,参与讨论者包括石井

---

① 《五十岚正治致青木义勇函》(1975年10月20日),《青木義勇文書》第3卷,第160—161页。
② 中川晶輝:《ある平和主義者の回想》,東京:新教出版社2002年版,第72页。
③ 参见穂坂唯一郎:《同仁会四十年史》,第426页。
④ 《対支防疫事業実施方法二関スル件》(1938年3月23日),《同仁会関係雑件/防疫事務関係》第1卷,H-4-2-0-3之5-001。
⑤ 关于这三支国际防疫班在华活动的始末,参见张力:《国际合作在中国——国际联盟角色的考察,1919—1946》,台北,"中央研究院"近代史研究所,1999年,第110—120页。
⑥ 《対支医療工作愈々軌道に乗る、北京・上海に防疫研究所建設、外務省・同仁会の協同計画なる、宮川米次氏談》,《医海時報》,1938年4月23日,第2278号。

四郎、北野政次等细菌战专家。此后，同仁会派出以东京帝国大学医学部教授高木逸磨为班长的华北防疫班，与以大阪帝国大学医学部教授谷口腆二为班长的华中防疫班。在规模上，华北防疫班人数达 98 名，华中防疫班则达 88 名，远远超过了各地诊疗班的人数。

华北防疫班抵达北京后，将据点设于北京东厂胡同 1 号日本东方文化事业部内。由于 1938 年夏季上海等地已爆发霍乱疫情，为了阻止疫情流入华北，华北防疫班立即派遣分班前往北宁、津浦、胶济、陇海、京汉、正太等铁路沿线要地，对来往民众进行强制病菌检验与预防注射。当时防疫班检疫设备与霍乱疫苗的生产，主要由天坛实验所来完成。

1938 年初，华北派遣军强占国民政府设于天坛神乐署的原中央防疫处，成立防疫给水部（即后来的华北甲 1855 部队，时称菊池部队——笔者注）。在之前的淞沪会战中，日军采用了石井四郎研制的净水过滤器，成立了中国战场上第一支防疫部队——"上海派遣军防疫给水部"。此后，在华日军各师团陆续设立防疫给水部，这一部门成为日军中的公开机关①。防疫给水部队，名义上宣称从事防疫及净水补充业务，实际上进行细菌武器的研制与开发，华北派遣军防疫给水部也不例外。对于菊池部队从事细菌战的罪行，中外学界已有不少成果问世，本文不再赘述，不过笔者认为，关于其职能及活动的情况，仍有诸多需要探明的内幕②。众所周知，细菌武器的使用，极具误伤己方人员的可能性，生产细菌武器的同时，必须进行与之相应疫苗的研制与生产。这种一体两面的关系，当然也体现于菊池部队的业务之中。

同仁会华北防疫班利用天坛实验所开展防疫业务，从一开始便与这支细菌部队存在密切的联系。为了说明这一问题，首先有必要了解华北防疫班的内部组织结构。据相关资料，华北防疫班下设四个部门，分别为总务部、教育部、生产部、调查研究部，其中关键的业务部门是生产部与调查研究部。生产部担当生产霍乱疫苗的基地角色，调查研究部则从事与疫情及水质相关的调查研究，两个部

---

① 参见陆上自衛隊衛生学校编：《大東亞戦争陸軍衛生史》第 1 卷，東京：陸上自衛隊衛生学校 1971 年版，第 12 页。

② 关于华北甲 1855 部队参与日本对华细菌战的述论，已有相当丰富的成果，可参见谢忠厚：《华北甲第一八五五细菌战部队之研究》、徐勇：《侵华日军驻北平及华北各地细菌部队研究概论》，《抗日战争研究》2002 年第 1 期；西野留美子：《北京甲 1855 部队の检証》，《季刊戦争責任研究》1995 年秋季号；对该部队研究之基本史料，主要由相关者或受害者的口述及回忆性资料构成，参见中央档案馆等编：《细菌战与毒气战》，北京：中华书局 1989 年版，第 192—234 页。

门均隶属于菊池部队①。按照华北日军对防疫班制定的工作方针，防疫班作为"军队的防疫机关，以战斗为基准，按照军方要求实施并指导传染病的消毒与指导工作"，且"因华北的特殊性而直属于军队防疫给水部，进行防疫业务及防疫用产品的制造及检查"②。华北防疫班自身对其与菊池部队之关系，亦有明确的说明：

> 高木班长以下各班员被派遣至各地，直接受各部队长的指挥与监督，作为部队的一分子从事防疫业务，在各地的防疫工作中取得了相当的实绩……北京总部，菊池部队的水质检查、血清生产、细菌检查等一般性防疫事务，现大部分皆由防疫班员之手完成，部队对此深表感谢。③

菊池部队进行细菌战工作的诸多细节，如疫苗的生产量与致病细菌生产量之间的关联，细菌的毒力试验等，在防疫班的报告中多有陈述④。应该说，同仁会华北防疫班是华北日军细菌部队在防疫职能上的延伸，它的角色处于日本对华细菌战的外围。

华北防疫班在菊池部队的指挥下，分派于天津、塘沽、青岛、芝罘、石家庄、济南、徐州、新乡、太原、郑州等地⑤。班长高木逸磨在其报告《关于华北防疫事业》中详细描述了各地分班与霍乱的"战争"，还特别指出防疫工作中的问题所在：

> 各地卫生当局对支出防疫费用缺乏热情，他们虽在会上作出承诺，却迟迟不肯实行，在鞭挞斥责之后，方才缓缓推动者不在少数……上流阶层仅为保护自身安全，而对国家的困境、民众的苦恼漠不关心，这就是一般中国人

---

① 参见穗坂唯一郎：《同仁会四十年史》，第437—438页；《北支防疫班业务报告（第一报）》(1938年7月)，《同仁会関係雑件/防疫事務関係》第4卷，H-4-2-0-3之5-004。
② 《北支防疫班业务报告（第一报）》(1938年7月)，《同仁会関係雑件/防疫事務関係》第4卷，H-4-2-0-3之5-004。
③ 《第一二三四号の一(部外極秘)》(1938年8月20日)，《同仁会関係雑件/防疫事務関係》第1卷，H-4-2-0-3之5-001。
④ 防疫班的部分具体活动，可参见《北支防疫班业务报告（第一报）》(1938年7月)，《同仁会関係雑件/防疫事業関係》第4卷，H-4-2-0-3之5-004。
⑤ 在华北防疫处医师佐藤久藏的回忆中，就称"防疫班似乎处于军防疫给水部的支配下"，参见《佐藤久藏致青木义勇函》(1973年6月22日)，《青木義勇文書》第1卷，第370页。

的心态。由此就可知中国卫生当局对防疫的态度。对于卫生状态不佳的大陆,战后我国国民必将大量涌入,这是应当深刻思考的重要问题。①

从高木的报告中,我们不难看出日本医学者在中国沦陷区内推行殖民医学的基本逻辑:正因为中国政府(指傀儡政权——笔者注)无力开展防疫业务、上流阶层漠视民众的疾苦,日本就应代其为之。且在高木看来,同仁会的防疫工作归根到底是日本对华进行殖民统治的一种手段,是保障在华日人卫生安全的必要措施。当时同仁会高级医师中,持与高木相似言论者并不少见②。

1939年3月,兴亚院撤废同仁会临时对华防疫事业部,将华北防疫班改为华北防疫处,成为日本军政当局联合控制华北防疫事务的常设机构。然而华北防疫处的人马完全来自原防疫班,日军防疫给水部队对之控制无丝毫改变。华北防疫处成立后仍于天坛办公,与西村部队(即甲1855部队,后由陆军军医大佐西村英二担任部队长——笔者注)共用白喉毒素研究室、猩红热毒素研究室、免疫室、痘苗室等研究室,从事霍乱疫苗、伤寒疫苗、伤寒副伤寒杆菌混合疫苗、痘苗、白喉毒素及血清、猩红热毒素及血清等的生产③。1939年7月,兴亚院华北联络部认为华北防疫处的业务过于分散,应集中于主要城市,地方防疫任务则可交于中国防疫机构④。此后,华北防疫处将具体的防疫事务逐渐转交于华北沦陷区各地伪防疫委员会。

相较华北的情况,同仁会在华中的防疫任务更为艰巨。1938年3月,日本军政当局预计当年夏季上海极有可能爆发各种疫情。不久后成立的同仁会华中防疫班,设据点于上海南市旧市政府内,下辖7个部门及上海、南京两个支部,组织结构与华北防疫班相似。由于当时华中日军还未成立统一的防疫给水部,该防疫班在具体业务上还必须"与上海、南京军队的野战防疫部密切联系"⑤。与笼罩于华北防疫班的神秘色彩不同,华中防疫班不仅与伪上海临时防疫委员会、日本上海自然科学研究所等非军事机构保持密切合作,而且还公开参加工部局

---

① 高木逸磨:《北支防疫事業にぃ就ぃて》(1938年11月),《同仁会関係雑件/防疫事務関係》第3卷,H-4-2-0-3之5-003。
② 当时同仁会高级医师之相似言论,参见「日本医学の大陸進出」座談会:新支那建設と医療宣撫の問題》,《文芸春秋》1938年第12期,第164—184页。
③ 穂坂唯一郎:《同仁会四十年史》,第451页。
④ 《第八十○号》(1939年7月17日),《同仁会関係雑件/防疫事務関係》第1卷,H-4-2-0-3之5-001。
⑤ 穂坂唯一郎:《同仁会四十年史》,第472页。

主导的上海防疫委员会,特意向世人展示日本防疫技术的先进性。面对霍乱的挑战,宫川米次洋洋得意地宣称:"当上海霍乱流行如期而至,我的同僚高木教授、谷口教授都充满干劲,这实际上是日本医学为世界所知的绝好时机。"①

然而现实中,华中防疫班展现的却是另一副面孔。日本医师凭借日军的武力,肆无忌惮地于街头对民众强制注射疫苗,沪上"凡欲往各沦陷区域者,日本当局概须查验防疫证书,设无此项防疫证书,则不准通行"②,租界内中外医师纷纷出售防疫证书,民间对之转卖、伪造者屡见不鲜,防疫班的活动导致民间极度恐慌。华中防疫班何以置同仁会的"宣抚"形象不顾？日本医师在业务报告中毫不讳言地说明原因:"本防疫班的使命原为通过防疫对中国居民进行宣抚,然而负责的防疫工作实际上处于军队的外延,故与我军的防疫有着密切关系。"③处于日军防疫给水部队外延位置的防疫班,当然以保障当地日军的卫生安全为第一要务。

在日军的授意下,同仁会华中防疫班派遣医师前往无锡、杭州、九江等地展开巡回防疫工作。1938年8—9月武汉会战期间,日军"于酷热之下艰难行军,疟疾患者大量产生,总兵力17万人中约半数罹病,部队战斗力锐减,尤其是跨越大别山的部队陷入苦战"④。可以想象,将大量医疗资源与防疫力量投入前线的日军,已经无暇顾及九江等沦陷区内城市的防疫工作。

1939年1月同仁会将华中防疫班与华北防疫班一并归由兴亚院统辖,3月华中防疫班改称华中防疫处。兴亚院将上海自然科学研究所的大量设备移交该处,使其疫苗生产能力大大提高⑤。1939年4月,华中派遣军防疫给水部(即细菌部队荣1644部队——笔者注)成立,成为同仁会华中防疫处的实际指导机关。此后,华中防疫处陆续派遣多支防疫班前往内地,这些防疫班与当地同仁会诊疗班合并,成为同仁会在华中沦陷区内中小城市的派出机构。1940年随着汪伪政权的成立,华中防疫处名义上将部分防疫业务交由伪卫生部承担。然而这一转让并不慷慨,同仁会特别声明,凡其防疫药品"以后

---

① 《「日本医学の大陸進出」座談会：新支那建設と医療宣撫の問題》,《文芸春秋》1938年第12期,第180页。
② 《医生出售防疫证书,公共租界亦予检举》,《申报》1938年11月23日,第11版。
③ 《中支同仁会防疫事業創設計画、作業状況並二予算経理二関スル件》(1938年7月29日),《同仁会関係雑件/防疫事務関係》第1卷,H-4-2-0-3之5-001。
④ 臼井勝美：《日中戦争》,東京：中央公論社1967年版,第82页。
⑤ 上野太忠：《上海自然科学研究所十周年記念誌》,上海自然科学研究所1942年版,第122页。

须照价收费,方得继续供给",伪卫生部不得不承诺"拟仍由本部向同仁会购办供给,发放各地卫生机关使用"①。

华北、华中的日军防疫给水部队与当地的同仁会防疫机构,在沦陷区基层开展防疫工作时,虽然是指导与被指导的关系(指导同仁会防疫班的有时还有日军军医部、特务机关等),但在具体防疫业务上也存在明确的分工。原同仁会济南防疫处医师神山定治回忆1940年于商河地区进行防疫工作时的情景,可供参考:

> 因地方上疫情多发,我们接受军医部的指示,与防疫给水部合作,奔赴当地。运输、防卫、检疫等综合性工作则交由防疫给水部负责,诊疗、检查则由防疫班负责……当地霍乱患者推定达三千名,我们还受到过两次夜袭。我们主要从事灭蝇、阻断交通与预防注射等具体工作,当时似乎还劝告民众,说八路军也是需要接受预防注射的。我们在进行注射时周围都安设了机枪,当地集合了相当多的居民。两周后霍乱疫情终于熄灭了。②

由此可以推知,日本军政当局于沦陷区基层开展防疫工作的基本模式:同仁会防疫班对基层民众的检疫与诊治,依赖防疫给水部队的武力来进行;防疫给水部队则利用同仁会防疫班丰富的宣传经验、高效的工作能力,达到迅速扑灭疫情之目的。

既然同仁会在华防疫工作与当地日军防疫给水部队有着深度结合,那么置身其中的同仁会医师是否具有细菌战的意识?答案是肯定的。事实上,同仁会医师对细菌战并不陌生。宫川米次在视察华北各地沦陷区时,就多次声称天津等地爆发的霍乱乃由中国军队蓄意发动细菌战所致③。1938年6—8月间石家庄防疫班在报告中指出,"对于患者排泄物等的检查,从医学的角度判断其毒力及菌型,我们必须判断是否为细菌战的结果"④,该班还分发传单:"虎烈拉(指霍乱——笔者注)是人类之共敌。蒋介石将虎烈拉菌注射于西瓜甜瓜之内,开始杀

---

① 《拟具补助各地防疫消毒材料暂行办法暨经费预算书请公决案》,中国第二历史档案馆编:《汪伪政府行政院会议录》第2卷,北京:档案出版社1992年版,第264页。
② 《神山定治致青木义勇函》(时间未载),《青木義勇文書》第三卷,第345页。
③ 参见宫川米次:《北支、中支に於ける同仁会の診療防疫事業に就いて》,1938年11月,《同仁会関係雑件/防疫事務関係》第3巻,H-4-2-0-3その5-003。
④ 新垣恒政:《「コレラ」防疫実施に関する経験並教訓》,《同仁》1938年第10号,第10页。

102

害吾等无辜人民。不让虎烈拉侵入市内一步。"①我们若将视野投放至同时期的伪满奉天地区，就可发现当地亦发生霍乱疫情。"满洲"医科大学细菌学教授北野政次恰也认为，这是"敌方谋略"的结果，"谋略的方法主要是对田中的甜瓜或西瓜注射霍乱菌液……奉天已发现间谍侵入进行种种策动的事实。综合判断，这是中国为侵入而进行的谋略"②。北野的说法与宫川、石家庄防疫班的说法如出一辙，可见同仁会医师对细菌战的运用方法早已熟稔于心，战时日本对华细菌战的发动与运作，对同仁会医师而言不过是公开的秘密。此外，原汉口防疫诊疗班医师山口伊典战后忆及日军驻汉口防疫部队利根部队的情况，亦可为一旁证：

> 因终战后的军政关系，在华中防疫给水部之名已不复存在，利根部队也消失了。大多为部队（主要是陆军医院）所吸收而解散。我认为，这或许因他们与满洲、上海本部的战犯活动存在关联吧。就我所知，汉口的利根部队并未进行过战犯的活动（有一个混蛋队长，曾劝我进行实验，而为我一笑了之）。因此终战后日军防疫部队的动向是不明确的。③

山口伊典对利根部队是否进行人体实验的说法，虽然存在自相矛盾，但他了解防疫给水部队存在人体实验的内幕，当无疑问。令人颇感兴趣的是，山口回忆中所揭示的华中防疫给水部队在日本战败时"遁形"的史实，不仅证实了同仁会医师与防疫给水部队存在密切的关系，而且为我们了解华中当地细菌部队战后的行踪，提供了重要的线索。

四、"大陆医学"名义下的调查研究

随着战时日本对华卫生工作的展开，考察中国各地疾病的分布与流行情况，调查各菌种、病毒的原型，成为日本军政当局交付同仁会的又一重要任务。1938年3月，取代小野得一郎出任同仁会专务理事的田边文四郎（时为陆军军医中将）要求同仁会各地诊疗班利用长期滞留中国的机会，与当地民众接触，全身投

---

① 新垣恒政：《第三診療班業務報告摘録》，《同仁》1939年第2号，第24页。
② 《奉天付近二於ケル「コレラ」疫発生状況二関スル件》(1938年11月8日)，《同仁会関係雑件/防疫事務関係》第3卷，H-4-2-0-3之5-003。
③ 《山口伊典致青木义勇函》（时间未载），《青木義勇文書》第1卷，第242页。

入医事卫生之调查研究①。副会长宫川米次更是直言不讳,称中国下层民众乃日本进行疾病研究之"处女地"②。日本医师们对于调查研究兴趣盎然,"为了建设东亚新秩序而奋起的医学者们,呼吁要让日本医学进入大陆,一些学者及一线工作者已于实地开展调查工作"③。1939—1941年,在同仁会医师看来,"可谓同仁会各处各班进行日常业务性研究、或对特定的问题进行调查研究的最黄金时期"④。同仁会在"大陆医学"名义下进行的调查研究⑤,与其医疗"宣抚"工作及防疫业务紧密结合,直接服务于日本军政当局对沦陷区的殖民统治,当然是其卫生工作的重要组成部分。

1939年6月至1945年5月发行的同仁会机关学术刊物《同仁会医学杂志》,其中刊载了339篇医师的研究论文与调查报告。对之解读,不仅使我们得以了解同仁会在此期间调研活动的旨趣所在,也可从侧面看到日本统治下沦陷区内民众卫生状况的一些实相。

从篇目来看,同仁会十分关心各地传染病的流行情况。民国时期,政府及社会所谓的传染病,一般指伤寒或类伤寒、斑疹伤寒、赤痢、天花(痘疮)、鼠疫、霍乱、白喉、流行性脑脊髓膜炎、猩红热等急性传染病⑥。这些传染病因传播快、危害大,日军在攻城略地时,罹患者不在少数。同仁会对于这些病种的调查与研究,投入了大量的人力、物力与财力。此外,一些常见的慢性传染病与风土病,如结核、沙眼、黑热病等,也被同仁会各地的卫生机关纳入调查研究的范围。

在各传染病种中,同仁会对霍乱疫情的调查研究,最为突出。在《同仁会医学杂志》中,关于该病的研究共有29篇,占发表论文总数的8.6%。同仁会对该病的调查地域极为广泛,几乎包括沦陷区内所有同仁会下属卫生机构的所在地。在日本国内,虽然江户晚期霍乱极为肆虐,但至近代,由于霍乱疫苗的普及与日

---

① 田辺文四郎:《支那の医界事情を調査研究せよ》,《同仁》1938年第3号,第1页。
② 参见宫川米次:《支那に於ける医事・衛生》,《同仁》1939年第1号,第23页。
③ 《大陸医学の研究》,《医海時報》第2339号,1939年7月1日。
④ 青木義勇:《同仁会診療防疫班》,第51页。
⑤ 关于"大陆医学"之定义及同仁会与之关系,医师青木义勇有清晰的说明,乃"关于在中国大陆频发的特有疾患的病因、病原体,乃至导致其发作的身体、生活、风俗、社会环境上各种因素的研究领域,当时被称作'大陆医学',而对之持最合适立场者,则属同仁会"。参见青木義勇:《同仁会診療防疫班》,第57页;1940年,长崎医科大学曾专门派遣大陆医学研究班来华,该班分为病例与细菌两个教研室,据点就设在汉口诊疗防疫班内。参见长崎大学"熱研50年の歩み"編集会:《熱研50年の歩み》,長崎:昭和堂1992年版,第16页。
⑥ 对民国时期"传染病"定义之梳理及研究,参见张泰山:《民国时期的传染病与社会——以传染病防治与公共卫生建设为中心》,北京:社会科学文献出版社2008年版,第5—6页。

本防疫制度的确立,1926年后日本本土已基本杜绝霍乱的发生①;在中国,抗战前,国民政府已制定并执行各种防疫措施,各地霍乱的发生,亦呈减少趋势。1937年战事爆发后,霍乱疫情死灰复燃,同仁会各地防疫机构如临大敌,时刻警戒。1941年后霍乱仅在沦陷区内零星发生,例如,同仁会华中防疫处对苏州地区1942年7—11月间发生的数例病情展开详尽调查,发现其原因乃因当地气温比往年趋高而无降雨,市民取用沟渠及公井之水所致②。1942年3月同仁会于海口成立诊疗防疫班,将势力延伸至海南岛③。日军掠取岛内各种资源,役使大量中国劳工兴建各种设施。1942年石碌铁矿及附近村落发生的霍乱疫情,527名患者中死亡475名,死亡率之高,令海口诊疗防疫班十分震惊。该班在调研报告中称,"石碌北黎地区的日本工事开发者,自霍乱发生以来,已痛感建设卫生设施之必要。由此特别期待宿舍之改建,及上下水道等其他设施的设置"④。战时沦陷区内霍乱疫情的蔓延与扩散,既与各地卫生环境的恶劣有关,也与人群因各种原因的高度聚集有关,1944年日军进行所谓的"一号作战",随着大量部队在河南与两湖地区的集聚、移动,日军中接连爆发大规模的霍乱疫情,日本军部为之惊惧⑤。

  同仁会另一重要调查研究对象为疟疾的传播。为了调查疟疾在长江流域的分布,同仁会对沿岸民众进行了大规模的采血检疫工作。1939年华中防疫处发现,作为长江流域特殊风土病的疟疾,是当地患众最多的恶疾⑥。在安徽芜湖一带,1940年6月至1943年12月期间,同仁会芜湖诊疗班对当地21 800名住民进行了采血检测,得出了当地民众中患四日热与热带热者远较患三日热者为多,尤其是患四日热者最多的结论⑦。战时恶劣的劳动环境,同样助长了疟疾的传播,例如,九江诊疗防疫班调查了当地日军役使的劳工中爆发回归热的原因,发现"实际上是为运输物资而从汉口征来的苦力,在路途风雨中劳作而导致发病"

---

① 参见贝原守一:《細菌の歴史》,東京:創研社1943年版,第20页。
② 蘇州診療班:《昭和17年度蘇州におけるコレラ流行に関して》,《同仁会医学雑誌》1944年第2号,第26页。
③ 参见田辺文四郎:《同仁会の仕事はいよいよこれからだ》,《同仁会報》1942年第3号,第2页。
④ 伊賀忠博、北村直次、浮野竹市:《昭和十七年海南島海口方面に流行せるコレラに就いて》,《同仁会医学雑誌》1943年第7号,第2—3页。
⑤ 青木義勇:《同仁会診療防疫班》,第116页。
⑥ 参见中支調査機関聯合会社会文化分科会編:《中支二於ケル医療防疫調査書》,東京:興亜院華中連絡部1941年版,第128页。
⑦ 里見元彦:《マラリアに関する研究—中支那長江流域地帯におけるマラリアの分布浸淫状況ニ就いての研究》(第一報),《同仁会医学雑誌》1944年第5号,第63、65页。

的结果,反映了日军虐使中国劳工的暴行①。

《同仁会医学杂志》也有相当篇目研究黑热病的流行区域与传播途径。肆虐于淮河流域的黑热病,战前南京国民政府曾开展过大量的调查研究与防治工作,然而收效甚微②。抗战全面爆发后,黑热病在沦陷区内的流行,对日军的健康构成严重威胁,据同仁会华北防疫处副处长石井信太郎调查,华北日军罹患此病者相当之多③。故而华北防疫处对此病极为重视,自1939年7月起多次派遣医师前往华北各地,尤其是患病密度最高的江苏海州地区。通过实地调查,医师森下哲夫等人发现,黑热病于华北流行之南界,在于安徽寿县沿淮河往东至洪泽湖,及从大运河之清江浦附近(淮阴、淮安)至涟水、阜宁一线④。

1941—1942年间,同仁会各地卫生机构在日本军政当局的指挥下,进行了一次关于中国各类疫病流行的大调查。这次调查区域包括沦陷区内几乎所有省份,基本勾勒出战时沦陷区内传染病的流行情况。在调查报告中,同仁会对战时鼠疫的调查结果,仅有"除了华南福建,尚未发现值得注意的地区"寥寥一句⑤,这当然不符合当时的情况。1940年10月、1941年11月间日本对浙江衢州、宁波,湖南常德等地实施细菌战,大量带有鼠疫杆菌的跳蚤被投放至当地,造成大量人员死亡,鼠疫作为日军开展细菌战的重要武器,早已为中日历史学界所确证⑥。同仁会与日军细菌部队具有密切的联系,然而其关于鼠疫的调查研究报告仅有3篇⑦。从这些报告中也未能看到同仁会对浙江、湖南,或者其他各地鼠疫流行地区进行过任何的调查。似可推知,在日本研究细菌战的阵营中,同仁会与防疫给水部队,就具体病种之调查研究还存在明确的分工。

除传染病外,关于性病、鸦片中毒的研究,亦不在少数。性病的调查,多在各

---

① 青木義勇:《同仁会诊疗防疫班》,第118—119页。
② 参见王鹤亭:《20世纪30年代江苏北部黑热病流行及防治初探》,《中华医史杂志》2004年第3期,第138—141页。
③ 石井信太郎:《東亜の熱帯病》,東京:大日本出版株式会社1942年版,第46页。
④ 森下哲夫:《中国におけるカラ・アザール病流行地の南界について》,《同仁会医学雑誌》1942年第11号,第9页。
⑤ 田辺文四郎、中村今朝人:《支那における病毒汚染濃度に就いて》,《同仁会医学雑誌》1943年第2号,第59页。
⑥ 森正孝:《日军细菌攻击的初步展开》,《浙江学刊》1997年第4期;上田信:《細菌兵器と村落社会》,见市雅俊等《疾病・開発・帝国医療——アジアにおける病気と医療の歴史学》,東京:東京大学出版会2001年版,第278—297页。
⑦ 这三篇调查报告分别为森下哲夫、高橋多蔵:《上海の屋内鼠及鼠蚤に関する研究》,《同仁会医学雑誌》1942年第7号;岡部浩洋:《北支産鼠寄生虫類の研究》,《同仁会医学雑誌》1943年第11号;谷田専治:《北京における鼠と鼠蚤の調査研究》,《同仁会医学雑誌》1944年第6号。

地诊疗班或防疫班进行检梅工作时进行,调查对象一般为所谓的"特殊"妇人。1942 年 10—12 月,张家口诊疗班通过在对当地中日"特殊"妇人的检梅,发现中国妇女罹患性病的比例是日本妇女的 8—15 倍,同仁会医师认为,"我国相当多的青年男子,不得不于大陆生活,其生活不如国内自由……他们出于性之本能肆意放纵。然而,('特殊'妇)女罹患性病比例之高,实在令人不胜寒心"①。

同仁会对于中日民众毒品中毒情况之调查,开展于日本总领事馆控制下的北京慈善戒烟所(1940 年 1 月设立)与隶属于南京诊疗防疫班的戒烟科(1942 年 3 月设立)。1940—1943 年间,同仁会华北卫生研究所对当地 500 例吸毒日人进行调查,发现"与日本国内相比,重症的中毒者情况令人震惊,在接触身心落魄的国人时,不禁为我民族的未来深感担忧"②。对于日本人罹患烟毒最重要的原因,调查之医师亦说得很明白,"他们沉溺于海洛因等,归根到底乃因获得此物远比国内容易"③。令医师们吃惊的是,在日伪的统治下,1943 年时南京登记吸食鸦片者共 1 728 名,官方认可的吸烟所共 339 家,这两个数字较 3 年前汪伪政府成立时的统计数据大为增长④。同仁会关于性病与毒品的调查报告,虽然是对特殊人群的调查,但一定程度也反映了日本军民在沦陷区内生活的放纵,以及由此带来的身心健康问题。值得注意的是,同仁会的这些研究成果,为细菌部队所关注。原 731 部队细菌战犯川岛清战后承认,他完全了解当时铃木知准等人进行的关于治疗鸦片患者的研究,并"赞赏"他们从中获得的丰富经验⑤。

同仁会还对各地风土人情进行调查研究,内容可谓五花八门。例如,开封诊疗防疫班对当地民众的主食小麦、高粱、粟的营养进行调查,指出"初看起来是极粗糙的民众常食,在营养学上却具有相当的优越性。只要将华北中国人的主食略加改良,即可适应日本人之饮食嗜好,完全能够成为日本人的食粮"⑥。同仁会诸如此类的调查研究,含有强烈的殖民统治意识,医师们通过实地调查各种疾

---

① 横山正男、木場藤吉郎:《張家口市における特殊業態婦の性病調査》,《同仁会医学雑誌》1944 年第 2 号,第 57 页。
② 鈴木知準:《臨床方面より観たる北支における阿片、麻薬とその使用法》,《同仁会医学雑誌》1943 年第 11 号,第 39 页。
③ 鈴木知準:《北支にて罹患せる阿片麻薬邦人中毒者の発病状態に就いて》,《同仁会医学雑誌》1944 年第 3 号,第 37 页。
④ 参见今堀肇、蔡固:《南京市における麻薬中毒について》(第一報),《同仁会医学雑誌》1943 年第 8 号,第 14—24 页。
⑤ 《川岛清致青木义勇函》(1975 年 12 月 27 日),《青木義勇文書》第 3 卷,第 338 页。
⑥ 岡田甚七:《華北邦人の常食について》,《同仁会医学雑誌》1942 年第 3 号,第 5—6 页。

病滋生的社会土壤,为日本的殖民统治提供各种卫生学上的依据。

同仁会医师的一些行径与当时日本军医的所为并无差异,属于医学暴力。由于同仁会一些活动受到中外注目,除检梅工作与强制疫苗注射之外,其违反医学伦理之行径,较为隐秘,笔者试举3例。

华北防疫处为了研制斑疹伤寒疫苗,大量培育衣虱①。由于衣虱的培养需要吸食常人血液,故而该处雇用了4名苦力,每日将数个小盒状饲虱箱绑于其腿部,供虱吸食血液。医师在报告中写道:"1盒虱子(400—600只)若每次吸血1 cc,1日供20—30个盒子吸血的苦力就会失血40—60 cc(一个月约1 800 cc),这是我们想象不到的量……幸而在中华民国,衣虱的饲养是比较容易的,我处暂且为了那些暴露于该病感染威胁的人们,着手生产这种疫苗。"②

徐州诊疗防疫班为研究外界温度、药液温度与人脑脊髓液温度之间的关系,对健康男性18人进行了人脑脊髓液温度的测定实验。医师在试验过程中"对被实验者小脑延髓槽进行穿刺。……如果穿刺过度,上臂及脸部就会感到电击之痛苦而出现头晕眼花"。该班医师另对患有流行性脑脊髓膜炎的10名青少年、甚至儿童进行了相似的实验,其中年龄最小者仅4岁。该班还对正常人注射伤寒、副伤寒菌混合疫苗,利用相似的方法观察其脑脊髓液的温度③。

因1944年8月26日北京出现了1例霍乱,华北防疫处对先农坛乞丐收容所内收留的1 700名乞丐强制进行防疫实验。该处"为了掌握中国民众中携带赤痢、伤寒、副伤寒及食物中毒等情况,对活着的乞丐及尸体进行了各种细菌学上的检查",为了掌握他们对痘毒的感受性,"用本防疫处新研制的发痘力强的疫苗,为他们中的1 018人实施了种痘,并观察接种的效果"。医师们之所以进行这些实验的原因,乃"中国接近80%的民众都是下层阶级,或为以后的治疗提供若干的参考"④。

毫无疑问,以上实验具有相当的危险性,带给被实验者身心之痛苦可以想

---

① 必须指出的是,使用苦力人血来培育衣虱的研制方法,其实最晚于1933年已由辅仁大学生物系教授张汉民开始操作,同仁会医师不过承袭了这一方法,但是苦力的每日供血量却远远超过辅仁大学的研制方法。参见孙邦华:《战胜瘟疫重在预防——记原辅仁大学研制预防斑疹伤寒育苗的活动》,《北京档案史料》2003年第2期,82—86页。
② 村上務、石井ヤスエ:《発疹チフス予防液(蚤ワクチン)製作法について》,《同仁会医学雑誌》1943年第8号,第10、13页。
③ 今村勇:《人頸動脈流血温及び同脳脊髄液温に関する研究》(第1—4編),《同仁会医学雑誌》1944年第8号,第1—11页。
④ 松林三吉等:《北京における最下層民(乞食)の疫学調査》,《同仁会医学雑誌》1944年第6号,第63—64页。

见。战时同仁会违反医学伦理的调查研究,虽然与731等细菌部队"活体实验""活体解剖"之残忍程度相比,尚属小巫见大巫,但就其内含的军国主义意识而言,两者并无本质差别。

五、结　语

如前文所述,同仁会在战时日本的对华卫生工作中充当了主要的执行角色。通过对同仁会在沦陷区各种活动的考察,我们大致能够了解到卫生工作的主要内容,至少包括医疗"宣抚"工作、防疫业务及医事卫生上的调查研究三个方面。同仁会开展的这三项工作,与日本军政当局之联系,具体可归纳如下:

第一,医疗"宣抚"作为日军"宣抚"工作的重要组成部分,由同仁会在外务省的指导下,派往沦陷区各地的诊疗班来实施。各班在当地日军特务机关等部门的指挥下,利用免费医疗等策略,安抚底层民众,改善日本殖民统治者的形象。一些地方的诊疗班,还受日军特务机关的委托,对慰安妇进行检梅工作。

第二,同仁会在沦陷区内的防疫业务,主要由其派往华北、华中的防疫班(处)来执行。这两个防疫机构受当地防疫给水部队的指挥与调度,从事对民众的检疫、疫苗研究与制造的工作,同仁会的防疫业务作为日军细菌部队防疫功能的延伸,基本处于日本对华细菌战计划的外围。

第三,在"大陆医学"研究名义下,同仁会在沦陷区内各地的卫生机构,对各地卫生状况进行了细致的调查与研究。同仁会医师还对底层民众进行各种实验,满足自身的研究私欲,而日本军政当局则从其研究成果中获取中国社会的卫生情报,用于各种隐秘的目的。

从中可见,卫生工作实质上是战时日本军政当局利用以同仁会为代表的本国医界,在中国沦陷区获取民心,保障自身卫生安全,以及发展殖民医学的一项综合工程,其目的是在沦陷区建立以日本为主导的卫生体系。作为执行卫生工作主角的同仁会,从中获得诸多实利,充分体现了其对日本军政当局的依附。1937年抗战全面爆发前夕,同仁会在华的卫生机关,仅有4所直属医院,所辖医师数十人,日本国库当年对之补助,不过70.9万日元;至1943年间,同仁会在中国沦陷区内的卫生机关,已达到约70所,下辖职员约5 000名,当年日本国库对之补助,高达990.2万日元①。在日军的武力支持下,太平洋战争爆发后,南京鼓楼医院、上海仁济医院等23家外资医院先后被同仁会接收,日本基本实现对沦陷区卫生体系的垄断与控制。

战时同仁会执行的卫生工作与日军对华细菌战,是日本医界参与侵华战争的两大途径。但与细菌战的隐秘性不同,同仁会的医疗"宣抚"等活动,大多公开进行,对于同仁会对沦陷区社会生活的介入,民众的感观不一。有人看到同仁会诊疗班占据旧政府机关,感慨山河破碎,"满目疮痍"②。也有人附和日伪的统治,称中国医院"总得像日本一样组织巡回诊疗班等等,从事乡村的保健工作,努力普及卫生思想"③。总的来说,以笔者有限的阅读,民众对战时同仁会活动的观感,在中文资料中并不多见。究其原因,或正如同仁会医师所述,卫生工作的主要对象是沦陷区内的底层民众,而他们一般又缺乏书写的意识或能力。

遗憾的是,同仁会于抗战末期的活动,未能于本文中清晰呈现。随着1945年8月日本战败的临近,同仁会在沦陷区的卫生机构陷入瘫痪,"东京本部的相关者,为了免除战犯指控,一片混乱,出现资料皆无的状态"④。1946年1月4日,同仁会被驻日盟军总司令部以"协助并支持战时日军的侵略活动"之名义勒令解散,同仁会在沦陷区的卫生机构陆续为国民政府接收,大部分日本医师则被遣返回国,也有一小部分因身处内陆,加入国共两军,个别医师甚至1949年后定居大陆,服务于新生的人民政权。

复盘与导读

这篇论文字数约2.7万字,对于年轻学者而言,算得上是一篇"大文章"。文章考察全面抗战时期日本在中国沦陷区内的卫生工作,主要的切入点是一个医疗卫生团体——同仁会——的活动。

同仁会是怎样的一个团体? 起初,笔者和大多数读者一样,也并不太了解。由于从事近代中日关系方面的研究,笔者发现大隈重信、内田康哉、林权助等重

---

① 青木義勇:《同仁会诊療防疫班》,"序言"。其中日本国库补助数据及接收外资医院数,参见末永惠子《日中戦争期における対中国医療支援事業の変容——同仁会の医療支援について》,《宫城歴史科学研究》2011年第68、69合并号,第44、54页。
② 《沪杭线上之所见》,《申报》,1938年10月15日,第2张第8版。
③ 《女医座谈会》,《申报》,1944年2月25日,第1张第3版。
④ 《木下武男致青木义勇函》(1973年3月25日),《青木義勇文書》第1卷,第24页。

要日本人物都担任过该团体的会长,由此推测这个团体不一般。随着查阅相关研究成果,笔者发现同仁会主要从事医疗卫生活动,与日本政府与军方均存在紧密联系,是近代日本对华"文化工作"的所谓"典范"。在笔者之前,国内外不少学者都研究过同仁会的在华活动,也形成不少的研究成果。笔者意识到,如果在观点上拾人牙慧,或者反复"咀嚼"别人已利用过的史料,显然论文的创新度是不够的。

历史研究的首要任务,在于发掘具有重要历史意义的史实。而新史实的呈现,应由新史料来构建。事实上,"老题新做",大多也是由于发现新史料的缘故。目前,对于近现代中日关系研究领域而言,大量档案文献已数字化可供在线使用,如亚洲历史资料中心(https://www.jacar.go.jp/)、日本国立国会图书馆近代文献数据库(https://dl.ndl.go.jp/)、日本神户大学报刊记事数据库(https://da.lib.kobe-u.ac.jp/da/np/)等,当笔者输入"同仁会"等关键词时,大量相关档案文献涌现眼前,其中日本外务省《同仁会关系杂件》系列卷宗立即引起笔者的注意,通过阅读不难发现日本军政当局与同仁会的各种联系;经检索日本国立国会图书馆、中国国家图书馆藏书系统,笔者发现两馆均藏有同仁会编印的刊物《同仁》与《同仁会医学杂志》。由于是医学刊物,刊登的主要是同仁会医师在华从事医疗活动的文章,以及他们的医学论文或调查报告,从中不仅可以了解同仁会在中国基层社会的活动情况,而且得以窥见当地中国患者的卫生状况。此外,笔者了解到,同仁会医师青木义勇不仅撰写过回忆录《同仁会诊疗班》,而且留有一批未刊书信,保存于日本国立国会图书馆宪政资料室。青木本人名不见经传,故这批书信几乎未被学者利用,但对于研究同仁会而言,其史料价值不言而喻。作为撰写这篇论文的前期工作,笔者投入近两年时间用于史料收集与阅读。所幸这份努力得到审稿专家的肯定,有专家提到,档案文献、报纸杂志、私人书信等多元史料的利用,是这篇论文的一大特色。

由于掌握多元的史料,新的问题自然浮出水面。全面抗战时期,同仁会在日本军政当局的卫生工作中究竟扮演了怎样的角色?这一工作的主要内容是什么?同仁会与侵华日军细菌部队又存在怎样的关系?这些问题当然不是一开始就设想好的,而是伴随着写作叙事的层层递进,在头脑中逐渐变得清晰起来的。在章节布局上,通过第一章节说明同仁会成立至抗战之前的史事,以使读者明了这一团体的性质,如此带入主题,不至过于突兀。通过分析史料发现,战时同仁会的卫生工作主要集中于医疗"宣抚"、防疫工作、调查研究三个方面。围绕这三方面构成论文基本的章节布局,在写作逻辑亦属顺理成章。

在撰写这篇论文之前,笔者从未从事过医疗卫生史方面的研究。通过研究同仁会,不经意打开一片"新天地"。在研究过程中笔者发现,同仁会医师与日军细菌部队成员存在各种关联,反映战时日本医界与日军细菌战之间的复杂联系。近年来,笔者对于日本侵华细菌战领域的涉猎,可谓这篇论文问题意识的延伸。

第二章 走向金融货币的历史

中国近代的白银核心型货币体系（1890—1935）[*]

戴建兵[**]

摘要：从货币本位理论考察，中国近代货币没有严格意义上的货币银行学学理上的本位含义，其构成实质是白银核心型货币体系。这一体系的核心——白银是由外部供给的，而国际白银市场被西方操纵，外商银行控制中国国内白银以及相应的银两制度。中国近代货币体系深受外国势力影响，是中国近代特定政治、经济的产物，给社会经济带来负面影响。

关键词：中国近代；货币体系；白银；外部供给

1890—1935年，国际货币经历了金本位制由稳定到崩溃及信用货币应运而生的时期。中国则走过了货币发展的异常复杂时期，从清中后期主要流通银两、铜钱和纸币（含私票），到晚清民初流通银两、银圆、铜钱、铜圆、纸币（含私票）等货币，以及废两改元确立银本位，再到发行金汇兑本位下的信用货币（管理通货）——法币[①]。在学术界，关于近代中国货币体系以及相关的货币史和金融史的著作已经很多[②]。但依据金融学学理，仍有深化的必要。本文研究的近代货

---

[*] 原载《中国社会科学》2012年第9期。本书收录时略有修改。本文为河北省哲学社会科学规划课题"新视域下的中国近代货币研究"（课题号10GJ015）的成果之一。

[**] 戴建兵，河北师范大学历史文化学院教授。

① 洪葭管亦认为法币为金汇兑本位。参见洪葭管：《中国金融史十六讲》，上海：上海人民出版社2009年版，第8页。

② 相关研究论著，中华人民共和国成立前有刘映岚：《中国货币沿革史》，东京：砥斋，1911年；章宗元：《中国泉币沿革》，北京：经济学会，1915年；张家骧：《中华币制史》，北京：民国大学出版部，1925年；侯厚培：《中国货币沿革史》，上海：世界书局1929年版；耿爱德（E.Kann）：《中国货币论》，蔡受百译，上海：商务印书馆1929年版；戴铭礼：《中国货币史》，上海：商务印书馆1934年版；吉田虎雄：《中（转下页）

币特指自1890年中国机制银圆产生至1935年法币改革期间的中国货币,力图将历史学、经济学(金融学)、钱币学三者结合起来,对中国近代货币体系进行分析,总结出近代中国经济发展进程的一些规律。不当之处,敬请方家指正。

一、白银核心型的中国近代货币体系

货币本位(standard)是一国货币制度所规定的货币的基本单位与价值标准。金本位是以一定量的黄金来表示和计算货币单位价值的货币制度;银本位是以一定量的白银来表示和计算货币单位价值的货币制度。此外还有因经济发展状况及金银供给等问题引发的两本位制,即金银平行本位制和金银复本位制。两者的不同之处在于平行本位下的金币和银币可以自由铸造,而复本位制下的金币与银币之间的交换比率是以法律形式予以规定的①。

"金融与贸易密切相关。"②"任何时代金融交易都是贸易交易的自然延伸。"③金融的发展加速国际经济的一体化进程。19世纪末至20世纪30年代,国际货币体系经历了金本位崩溃、金本位制衍生的如金块本位、金汇兑本位流行及向管理通货(纸币)发展几个较大的变动阶段④。1914年第一次世界大战爆发后,由于各参战国禁运黄金、纸币停兑黄金,导致国际金本位制实质上被废止。战后,随着1925年英国恢复金本位⑤,各国也相继恢复金本位,但实际上黄金的地位被大大削弱。除美国继续维持金本位制、法国和英国推行金块本位制外,其他国家则大多实行金汇兑本位制。即使实行金本位制的美国,为了减轻压力,极力主张以国际金银复本位制来替代金本位制⑥。金汇兑本位制经过1929—1933

(接上页)国货币史纲》,周伯棣译,上海:中华书局1934年版;朱偰:《中国信用货币发展史》,重庆:中国文化服务社1943年版。中华人民共和国成立后则有彭信威:《中国货币史》,上海:群联出版社1954年版;魏建猷:《中国近代货币史》,上海:群联出版社1955年版;杨端六编著:《清代货币金融史稿》,北京:生活·读书·新知三联书店1962年版;千家驹等:《中国货币史纲要》,上海:上海人民出版社1986年版;石毓符:《中国货币金融史略》,天津:天津人民出版社1984年版;何汉威:《从银贱钱荒到铜元泛滥——清末新货币的发行及其影响》,"中央研究院"历史语言研究所集刊》第62本第3分,1993年;张国辉:《晚清货币制度演变述要》,《近代史研究》1997年第5期;叶世昌、潘连贵:《中国古近代金融史》,上海:复旦大学出版社2001年版。

① 参见武康平编著:《货币银行学教程》,北京:清华大学出版社1999年版,第19—22页。
② 洪葭管:《中国金融史十六讲》,第7页。
③ 约翰·希克斯:《经济史理论》,厉以平译,北京:商务印书馆1987年版,第67页。
④ 参见李世安:《布雷顿森林体系与"特里芬难题"》,《世界历史》2009年第6期。
⑤ 参见约翰·H.伍德:《英美中央银行史》,陈晓霜译,上海:上海财经大学出版社2011年版,第282页。
⑥ 参见马寅初:《中国之新金融政策》,上海:商务印书馆1937年版,第46—47页。

年的世界经济危机也岌岌可危。1931年9月,英国第二次放弃金本位①。为维持国际贸易,英、美、法均组织各自的货币集团。同时,世界币制也发生变化。随着中央银行制度在世界范围内的发展,信用货币(管理纸币本位、管理通货)制度开始在世界范围内建立②。

1840年后,中国被迫融入世界经济体系。然而,在相当长时期内,中国货币本位并没有与国际接轨。

近代中国的货币,种类极为复杂,在市场上流通的主要有:银两、银圆(自铸和外国银圆两大种类)、制钱、铜圆、银行券、私票等等③。时人多认为近代中国货币"芜杂紊乱"④,是"最复杂的一种"⑤,外国学者认为近代中国货币"缺乏体系"⑥,甚至有中国经济学家认为"吾国历来,仅有货币,而无币制"⑦。

具体到光绪朝中期以前的货币本位,学术界流行的说法有两种:银钱平行本位⑧、银铜复本位⑨,其学理来源均为上述西方金银平行或复本位制,实际均不确切。因为清代流通的银锭和铜钱都近似本位货币,但是银两是可以自由铸造的⑩,

---

① Gary Richardson and Patrick Van Horn. Fetters of Debt, Deposit, or Gold during the Great Depression? The International Propagation of the Banking Crisis of 1931, in *National Bureau of Economic Research Working Paper*, no. 12983, 2007, p. 12.

② 参见李成主编:《货币金融学》,北京:科学出版社2004年版,第23—25,30页。

③ 详见戴建兵:《中国近代银两史》,北京:中国社会科学出版社2007年版;《中国钱票》,北京:中华书局2001年版;《中国近代纸币:1840—1949年中国近代官银钱号、省、市银行纸币简史》,北京:中国金融出版社1993年版;《中国货币金融史》(与陈晓荣合著),石家庄:河北教育出版社2006年版。

④ 这是日本同文书院院长大内畅三对中国货币体系的评价(参见宫下忠雄:《カン支那通货论——金及び银取引の研究》,上海:东亚同文书院支那研究部,1934年,"序言")。交通银行总理梁士诒曾说:"一等国用(支票)转账,二等国用钞票,三等国用硬币,若四等国,并币而无之,则用生金银。"(《上海金融史话》编写组编:《上海金融史话》,上海:上海人民出版社1978年版,第68页)而英国人毛里斯·柯里斯则称:"中国人是没有铸币通货的。其交换媒介就是作为金属的白银。"(毛里斯·柯里斯:《汇丰—香港上海银行:汇丰银行百年史》,李周英等译,北京:中华书局1979年版,第21页)

⑤ 毕匿克(A. W. Pinnick):《银与中国》,褚保时、王栋译,上海:商务印书馆1933年版,"序言",第2页。当代中国学者如刘克祥、陈争平亦持此论(参见刘克祥、陈争平:《中国近代经济史简编》,杭州:浙江人民出版社1999年版,第362—368页)。

⑥ Frederic E. Lee, *Currency, Banking, and Finance in China*, New York: Garland Publishing, Inc., 1982, p. 8. 清末度支部币制顾问、北洋政府财政部顾问、荷兰银行总裁卫斯林认为中国没有实质的本位制度:"Thus far China has had no real standard," Dr. G. Vissering On Chinese Currency, Preliminary Remarks about the Monetary Reform in China, Amsterdam: J. H. De Bussy, 1912, p. 5.

⑦ 赵兰坪编著:《货币学》,南京:正中书局1936年版,第500页。

⑧ 参见彭信威:《中国货币史》下册,第485页。1962年杨端六先生就明确认为这是不完整的平行本位制。(参见杨端六编著:《清代货币金融史稿》,第3页)

⑨ 参见王业键:《中国近代货币与银行的演进》(1664—1937年),台北:"中央研究院"经济研究所,1981年,第5页。

⑩ 乾隆时期,江浙大县银匠多的有数百名,小县有十余名。参见浙江布政潘思榘:《奏陈整顿钱法之末议事》,乾隆十年二月二十五日,军机录副奏折,档案号:03-0770-047,缩微号:052-0676,中国第一历史档案馆藏。

而制钱却被清政府严格控制和管理,严禁民间私铸,私铸首犯及匠人均治以处斩等重罪。这与金银平行本位制中金银均可自由铸造为币的原则大相径庭。此外制钱是由贱金属——铜及铅、锌铸造而成,这与西方货币本位制度中两种货币金属均由贵金属构成,有着明显区别。无论是对货币单位,还是主辅币制度,货币本位都有严格规定。但是,中国的称量货币——银两的基本单位"两"及成色在国内却千差万别①。此外,尽管清政府在清初就规定了银——两等于制钱一千文的比价,政府也极力维持,但实际上银钱比价随行就市、时有变化,银两与制钱并非主辅币关系,这与复本位制中两种货币金属的法定比价是不一致的。因而此时的货币与严格意义上的任何本位制度均有较大距离。

那么,自光绪朝机制银圆出现后,中国是否开始进入银本位时代呢?

光绪十六年(1890),广东钱局银厂开始铸造银圆,随后各省纷纷仿效,使中国的货币流通领域出现新的等价物——银圆,掀开中国近代货币史新的一页。1905年10月,清政府财政处拟定《铸造银币分两成色章程》十条②,确定了本位货币为库平一两;1910年又订立《厘定国币则例》③,规定了银币的重量及其辅币;1914年2月北京政府颁布《国币条例》15条④,对银币的面额、重量、成色、辅币等均作了相应的规定,有学者由此认为此时中国已为银本位。不过,这些条例仅是具文,当时流通领域中的银质货币——无论银两、银圆还是银角,均按重量成色天天有行市,彼此之间并非主辅币关系⑤,从而谈不上银本位。对于晚清民初的货币制度,学者多因纷乱的货币现实而将之归为多元本位⑥。

当时的中国处于世界发达国家均为金本位货币制度的国际环境之中。那么,中国近代究竟具有一种怎样的货币体系呢?

---

① "清代时中国各地行用的平,总计起来,当不下一千种。"(张惠信:《中国银锭》,台北:齐格飞出版社1988年版,第176页)"在清朝,中国全国所用的'平'无虑几百几千种。"(杨端六编著:《清代货币金融史稿》,第78页)"据民国初年中国银行调查,各地通用的平砝,即有一百七十余种。"(魏建猷:《中国近代货币史》,第30页)

② 参见奎濂等校勘:《度支部通阜司奏案辑要》,沈云龙主编:《近代中国史料丛刊三编》,第47辑,台北:文海出版社1988年版,第171—180页。

③ 参见中国人民银行总行参事室金融史料组编:《中国近代货币史资料》第1辑《清政府统治时期:1840—1911》第2册,北京:中华书局1964年版,第783—789页。

④ 参见中国人民银行总行参事室编:《中华民国货币史资料(1912—1927)》第1辑,上海:上海人民出版社1986年版,第88页。

⑤ 参见金侣琴:《银辅币问题》,《东方杂志》第24卷第5号,1927年3月10日;沧水:《论推行新银辅币之必要》,《银行周报》第4卷第3号,1920年1月20日。

⑥ 1929年美国普林斯顿大学教授甘末尔博士(Edwin W. Kemmerer)受聘为国民政府币制改革顾问,提出《中国逐渐采用金本位实施草案及其理由书》,认为中国当时为多元本位。[参见王业键:《中国近代货币与银行的演进(1664—1937年)》,第5页]

实际上,中国近代币制是十分独特的,没有严格意义上的货币银行学学理上的本位含义可以对应,其构成实质是十分独特的"白银核心型"货币体系。明代,由于对外贸易的发展,白银大量流入中国,以铜钱为币的传统改变,铜钱和白银(银锭和银圆)均开始在流通领域发挥作用①。清初沿袭明制,钱粮收银。顺治十四年(1657),"直省征纳钱粮多系收银。见今钱多壅滞,应上下流通,请令银钱兼收,以银七钱三为准,银则尽数起解,其钱充存留之用,永为定例"②,从而强化了白银在货币体系中的地位。而在市场流通中,早在乾隆年间,市场用银已占据相当主导地位,当时朝廷下令"各督抚转饬地方官出示剀切晓谕,使商民皆知以银为重,不得专使钱文"③,商民大数用银,小数用钱。即使边远的西北地区也是如此④。

之所以宜称之为白银核心型的货币体系,是因为近代市场上各自流通复杂多样的货币(纸币是硬币的货币符号)均以白银为核心兑换,并在市场上与之发生密切的关系。近代中国金融中心上海的货币市场,在1915年8月前为龙洋(龙洋折合银两数)行市,此后改为鹰洋行市⑤。自1919年6月到废两改元前,上海货币市场每天挂出各种货币行市以及相应银两借贷利率,分别为:每日银元一元合规元的"洋厘";约期买卖的银元市价即"期洋";银辅币十角合规元的"小洋";规元一百两合铜元的"铜圆";银元一元合铜元的"兑换";小洋一角合铜元的"角子";小洋一角需贴水合大洋一角的"贴水"。这些每日公布的货币行市均是以银两、银圆、银角标价的。此外相当于当时借贷市场基准利率的"银拆"(即规元一千两之日利)也是以白银标价的⑥。其他各地亦有相应的类似组织以银两和银圆为标准,每日公布当地的货币行市⑦。可见,白银居于货币市场的核心地位。

白银核心型的货币体系与银本位的最大不同在于:银本位制要求的是单一银本位币及相应的辅币制度,而白银核心型的货币体系没有单一的本位币,银圆

---

① 参见万明:《明代白银货币化的初步考察》,《中国经济史研究》2003年第2期。
② 张廷玉等:《清朝文献通考》卷13《钱币一》,王云五主编:《万有文库》第2集,上海:商务印书馆1936年版,考4968。
③ 张廷玉等:《清朝文献通考》卷16《钱币四》,王云五主编:《万有文库》第2集,考5002。
④ 参见甘肃巡抚鄂乐舜:《奏复查办通省钱价大势平减事折》,乾隆十八年八月初七日,军机处录副奏折,档案号:03-0771-059,缩微号:052-0964,中国第一历史档案馆藏。
⑤ 参见叶世昌、潘连贵:《中国古近代金融史》,第210页。
⑥ 参见潘子豪:《中国钱庄概要》,上海:华通书局1931年版,第97—98页。
⑦ 20世纪30年代江西南昌汇划公所附设于钱业公会组织之下,"规元、洋例、银元、日拆、铜元、盐封、申钞、杂钞等行市,皆由公所挂牌,以为全市交易之标准。"(参见杨祖恒:《南昌之金融》,《中央银行月报》第2卷第2—3号合刊,1933年1—2月)

和银两均发挥着类似本位币的作用;同时没有辅币制度,银角、制钱、铜元实质上都不是银圆或银两的辅币,均可独立在市场流通。

整体来看,法币改革前,近代中国的各种货币都与白银关系密切,均可通过比价折合为银圆、银两,但折合比价是动态的,这与西方国家货币本位中非常重要的比价严格固定的主辅币制度毫无共同之处。

白银核心型货币体系是中国货币向银本位发展的阶段,发展过程是日益向银收缩。最初表现就是晚清民国后造币厂大量铸造的银圆,一方面取替铜钱等传统货币,另一方面侵消市场上的银两地位,并导致虚银两制度形成。虚银两制度以一些区域性的大中城市为核心,并影响广大区域,如上海九八规元、天津行化、武汉洋例、绥远拨谱、营口炉银、安东镇平银、汕头七兑等。铜元随着银圆流通及自身的滥铸,价值日低,使用范围缩小,实质是向辅币地位转化。1933 年,中国政府废两改元,标志着中国进入银本位时代①。

二、外国势力对中国货币体系的影响

(一)白银货币的外部供给

中国近代货币体系的核心是白银,其货币表现形式是银锭或银圆。1493 年美洲新大陆被发现后,世界产银量最多的地区为北美中部、南部。17 世纪秘鲁、巴西发现新银矿,18 世纪墨西哥几占该世纪银产量之半。但是,以白银为币的中国银产量"殊无几也"②。明代以来,由于对外贸易发展,国外白银大量流入中国③。至近代,中国产银量仍非常有限④,北洋政府时期最高年产量不足 5 万两⑤。1925

---

① 因银本位刚一确立就发生白银风潮而导致法币改革,故本文所探讨的白银核心型货币体系截至 1935 年的法币改革,即与白银基本脱离关系为止。

② Tomoko Shiroyama, *China's Relations with the International Financial System in the 20th Century Historical Analysis and Contemporary Implication*, Session 8: International Order of Asia in the 1930s and 1950s, Tokyo: Hitotsubashi University, 2008, p. 4. 亦可参见邵金铎:《银价之研究》,上海:学术研究会丛书部,1928 年,第 1 页。

③ 傅镜冰是较早涉足此领域进行研究的学者,1933 年发表《明清两代外银输入中国考》(《中行月刊》1933 年第 6 期),考证了明清两代外国白银输入中国的不同时期和途径,并推算明末至清朝中叶外国白银输入的数量总计约为 3 亿 5 000 万元。另可参见梁方仲:《明代国际贸易与银的输出入》,《中国社会经济史集刊》第 6 卷第 2 期,1939 年;全汉升:《明清间美洲白银的输入中国》,《中国经济史论丛》第 1 册,香港:香港中文大学新亚研究所,1972 年。

④ 洋务运动中,银矿仅热河承德三山银矿、广东香山天华银矿、吉林珲春天宝山银矿、广西贵县天平寨银矿等开采,但成绩不大。(参见夏东元:《洋务运动史》,上海:华东师范大学出版社 1992 年版,第 270—271 页)

⑤ 参见杜恂诚:《中国金融通史》第 3 卷《北洋政府时期》,北京:中国金融出版社 2002 年版,第 357 页。

年调查发现中国的产银地仅有五省,总额为 35 569 两,其地域分布如表 1。

表 1 中国各省的银产量

省 别	产量(银)	值银圆数(块)
湖 南	20 000	26 000
四 川	1 569	2 040
广 西	10 000	13 000
云 南	3 000	3 900
热 河	1 000	1 300
总 计	35 569	46 240

资料来源:企云:《远东之银》,《钱业月报》第 9 卷第 6—7 期,1929 年。

因中国产银量有限,白银的输入自然十分重要。据杨格统计,1888—1931 年中国共输入白银达 103 700 万盎司[①]。白银由外部供给这一特点对近代中国经济影响巨大,晚清的白银外流和国民政府时期的白银风潮均可归结于此。由于白银的外部供给,中国货币市场上极易创造出新的货币(如私票),日益激化复杂货币体系内的竞争,还导致中国很长时期内都是商品和白银双入超的国家[②]。

晚清中国国门被打开后,逐渐纳入世界经济体系。国民政府成立后,随着经济发展,对白银的需求日增。1890—1928 年中国净入超白银 627 177 427 关两[③]。1918 年中国成为白银纯进口国,这一年净进口白银达 23.5 百万关

[①] 参见杨格:《一九二七至一九三七年中国财政经济情况》,陈泽宪、陈霞飞译,北京:中国社会科学出版社 1981 年版,第 206 页。

[②] 早在 19 世纪晚期,与英国皇家金银委员会有关的学者就对中国对外贸易进行了研究,认为"中国每年要用 100 万至 200 万镑的黄金平衡贸易,但是在 1864—1886 年间,中国每年平均出口了 10 万镑多的黄金。而在中国出口黄金的同时中国的白银进口超过了白银出口,1877 年,差额达 530 万镑"。(Royal Commission on Gold and Silver, Minutes of Evidence, p. 21,转引自 Wen Pin Wei, *The Currency Problem in Chin*, New York: The Faculty of Political Science of Columbia University, 1914, p. 35)杨端六、侯厚培等通过对 1858—1885 年的研究,亦认为中国是金出口而银进口的国家,1889—1928 年中国净出超黄金 96 760 217 海关两。[参见杨端六、侯厚培等:《六十五年来中国国际贸易统计》,《国立中央研究院社会科学研究所专刊》1931 年第 4 号,第 159 页;姚贤镐编:《中国近代对外贸易史资料(1840—1895)》,北京:中华书局 1962 年版,第 1064—1065 页]

[③] 参见杨端六、侯厚培等:《六十五年来中国国际贸易统计》,《国立中央研究院社会科学研究所专刊》1931 年第 4 号,第 159 页。

两。1925—1927年的白银进口分别为63百万关两、53百万关两、65百万关两①。1928、1929两年更为突出,分别净进口白银106.4百万关两、105.8百万关两。与此同时,黄金净出口近2百万关两②。

货币量的多寡对经济是否发展影响十分巨大。因中国经济体内的货币量决定于白银的进出口,而白银的流动掌握在外人之手,导致了外国势力对中国经济的强力控制。

(二)大条银市场被国外白银市场控制

白银的输出入与近代中国的货币数量、价值、汇率及内外贸易均有着直接关系。中国大条银市场被国外白银市场控制的最显著标志就是上海的对外汇价以伦敦大条银价格为标准③。

中国白银输入早期,由于外商对华贸易逆差,需要向上海输入现银抵补。随着中国在当时世界经济体系中位置的确定,即沦为原料的产地及国外商品的市场,中外贸易日益扩大,国外实行金本位使白银在国外成为普通商品,再加上中国白银核心型货币体系日益向银收缩,中国对白银的需要量日益增大。近代中国形成了对外贸易常年逆差而白银仍大量进口的奇异现象。

第一次世界大战以前,居于世界金融中心的伦敦是唯一的白银市场。直到20世纪30年代以前,世界的银价由伦敦银市确定,银价的涨跌操于伦敦银市④。伦敦市场有上海银条行市远期、近期两种价格,而纽约行市则仅有一种价格,一盎司白银的价格以便士或美金标明,每日9:30均由汇丰银行与外汇行市一起挂牌公布⑤。中国是当时世界最大的白银输入国,一战前主要从伦敦白银市场通过外商银行购入白银。"伦敦银价的议定,常要探询汇丰、麦加利在上海交易的多寡;而伦敦现银的市价,则由上海汇丰银行隔日挂牌公布,决定当日上海对英汇价。"上海银市"大条银的交易,没有固定的市场,主要在银行、特别是在外国银行中进行,并且常常同外汇、标金互相套做"⑥。

---

① 参见郑友揆:《中国的对外贸易和工业发展(1840—1948)——史实的综合分析》,上海:上海社会科学院出版社1984年版,第343页。
② 参见中国银行总管理处调查部编:《最近中国对外贸易统计图解:1912—1930》,上海:中国银行总管理处调查部,1931年,第70页。
③ 参见潘世杰:《白银市场》,杨荫溥主编:《经济常识》第2集,上海:经济书局1935年版,第90页。
④ 参见菊曾:《伦敦的银市》,《钱业月报》第14卷第12号,1934年12月15日。
⑤ 参见杨荫溥编:《经济新闻读法》,上海:黎明书局1933年版,第138页。
⑥ 洪葭管、张继凤:《近代上海金融市场》,上海:上海人民出版社1989年版,第254、262页。

第一次世界大战爆发后,随着美国经济地位上升、实力提高,特别是其对世界产银量控制的加强①,时人言:"贵银贱,其价格定之于伦敦,定之于纽约。"②纽约银市地位不断上升,逐渐成为世界最大银市之一。上海大条银转而多从美国输入,数量超过了英国。如1931年,上海来自美国纽约的大条银达661 000条,是来自伦敦112 000条的5倍③。仅纽约一地就有50余家银行接受中国各银行代理白银的交易④。

外国白银是支撑中国金融中心上海资金链的重要砝码。《申报》时常报道大条银由伦敦或纽约运至上海,在上海银炉熔铸成上海通用的银锭(二七宝银)的消息⑤。据统计,1919—1931年,上海进口的大条银有325 000条熔铸为银锭,占进口总数的39%⑥。其余的大条银则转运至国内其他重要商埠,如天津、南京、杭州等地,铸造宝银或银圆。由于大条银与英汇、印汇存在投机市场,故也有少量大条银再由上海重新出口,运至印度孟买或重返英国伦敦套利⑦。1919—1931年,中国共计输出大条银41 000条,占同期进口总数的5%⑧。

(三)外商银行控制中国白银

在近代中国白银核心型货币体系下,银行得银者得天下,银行的实力源于其对白银的控制力。汇丰银行就是如此。

"建立以白银为基础的银行,是在中国实行资本迅速和大量积累的有效途径⑨。"晚清时中国海关总税务司的账户由汇丰银行掌管,款项存入该行。早在金本位时代,在中国的汇丰银行就控制了大量白银,向中国各省地方当局提供高

---

① 到20世纪20年代时,"属美国权利所管理之银矿占全世界百分之六十六","世界矿产之银,几有百分之九十英美资本所控制。提炼产银于1929年所出产者有百分之八十以上,亦均为英美资本所控制。美国者占全世界总生产百分之七十三"。(Y. S. Leong:《银价研究》,杨先垿译,上海:商务印书馆1935年版,第91、93页)
② 杨荫溥:《中国金融研究》,上海:商务印书馆1937年版,第313页。
③ 参见《去年上海大条银进出概况》,《银行周报》第16卷第1期,1932年1月19日。
④ 参见洪葭管、张继凤:《近代上海金融市场》,第255页。
⑤ 参见《沪上商业之乐观》,《申报》1919年1月15日,第3张第10版;《一星期铸银数》,《申报》1919年9月1日,第3张第11版;《前日由美来沪之大条银》,《申报》1921年1月21日,第3张第10版;《一星期之熔银调查》,《申报》1921年1月23日,第3张第10版。
⑥ 参见《去年上海大条银进出概况》,《银行周报》第16卷第1期,1932年1月19日。
⑦ 参见洪葭管、张继凤:《近代上海金融市场》,第259页。
⑧ 参见《去年上海大条银进出概况》,《银行周报》第16卷第1期,1932年1月19日。
⑨ Frank King, et al., *The History of the Hongkong and Shanghai Banking Corporation*, vol. 1, Cambridge: Cambridge University Press, 1988, p. 509.

额短期贷款,其利率要比付给各存户如财政金库的四厘利息高出许多①。为了更强有力地控制白银,汇丰银行在世界各地广设分支机构,业务上注重金银的兑换,强调与相关金银业务相关的新金融工具的开发。汇丰银行买入和卖出的外汇总值经常占上海外汇市场成交量的60%—70%②。

与此同时,近代中国连绵不断的战乱却对汇丰银行的存款持续增长十分有利。为了躲避战乱,使自己的财富更加保险,中国的有钱人将白银运到上海、香港,在以汇丰银行为代表的英国银行开立账户③。而汇丰又通过对资金的掌握控制了中国钱庄。"汇丰银行在中国建立买办制度。香港的董事会企图控制信贷,依靠买办提供的拆款作为担保将其控制力延伸至钱庄。"④

真实白银的持有量更能说明外商银行在中国货币体系中的地位。1921年时,外商银行控制中国约70%的白银储备⑤。而1921—1934年的情况,从上海中外银行存银底数的比较中可窥见一斑。见表2。

表2 1921—1934年上海各银行现银存底折合银圆总数统计 (单位:千元)

时间	华商银行		外商银行		总计		指数
	库存数	比例(%)	库存数	比例(%)	库存数	比例(%)	
1921	21 313	30.33	48 950	69.67	70 263	100.00	47.68
1922	28 781	40.77	41 813	59.23	70 594	100.00	47.91
1923	29 991	47.23	33 511	52.77	63 502	100.00	43.10
1924	48 019	42.14	65 919	57.86	113 938	100.00	77.32
1925	62 233	46.43	71 817	53.57	134 050	100.00	90.97

---

① 当时掌握汇丰银行的杰克逊因此被称为"伟大的白银专家",开创了1865年建行至1902年的杰克逊时代。在这个时代,汇丰银行的资产从4 300万元增至22 000万元,年度纯利润从50万元,猛增至1898年的600万之巨。(参见毛里斯·柯里斯:《汇丰—香港上海银行:汇丰银行百年史》,第63页。另可参见 Frank King, *The History of the Hongkong and Shanghai Banking Corporation*, vol. 1, p. 269)

② 中国以银为币,黄金白银的转换实质就是外汇交易。[参见张国辉:《中国金融通史》第2卷《清鸦片战争时期至清末时期(1840—1911)》,北京:中国金融出版社2003年版,第236页]

③ 参见毛里斯·柯里斯:《汇丰—香港上海银行:汇丰银行百年史》,第90页。

④ Frank King, *The History of the Hongkong and Shanghai Banking Corporation*, vol. 1, p. 512.

⑤ Frank M. Tamagna, *Banking and Finance in China*, NewYork: International Secretariat Institute of Pacific Relations Publications Office, 1942, p. 103.

续 表

时间	华商银行		外商银行		总计		指数
	库存数	比例(%)	库存数	比例(%)	库存数	比例(%)	
1926	73 494	49.88	73 859	50.12	147 353	100.00	100.00
1927	79 342	55.78	62 907	44.22	142 249	100.00	96.54
1928	102 760	59.90	68 781	40.10	171 541	100.00	116.42
1929	144 196	60.02	96 064	39.98	240 260	100.00	163.05
1930	166 293	63.48	95 663	36.52	261 956	100.00	177.77
1931	179 305	67.36	86 883	32.64	266 188	100.00	180.56
1932	253 289	57.78	185 050	42.22	438 339	100.00	297.48
1933	271 786	49.65	275 660	50.35	547 446	100.00	371.52
1934	280 325	83.68	54 672	16.32	334 887	100.00	227.34

说明：表中数字为中国银行当时的查仓库报告，以1926年指数为100。本表对原表有删减。

资料来源：中国银行总管理处经济研究室：《中外商业金融汇报》第2卷第12期，1935年。

从表2可以看出，在美国等西方国家发生经济大危机前的1925年，仅从单纯的白银持有量考察，在华外商银行在白银存底上占有优势。世界经济危机爆发后，尽管华商银行白银存底已占优势（1933年因白银巨量外流例外），但考虑到外商银行对白银进口及对伦敦、纽约白银市场的掌握，以及此后由于白银贬值引发中国白银数量的绝对猛增，在白银核心型的货币体系没有发生根本变化的情况下，法币改革前在华外商银行通过掌握白银而控制中国的货币是毋庸置疑的[①]。

（四）外商银行操控银两制度

外商银行除了控制中国的白银外，更为重要的是掌握了与白银有关的中国

[①] 由于外商银行掌握白银，法币改革前汇丰银行能掌控中国货币的稳定，蒋介石曾授予汇丰银行经理郭礼宾和上海分行经理亨奇曼勋章。（参见毛里斯·柯里斯：《汇丰—香港上海银行：汇丰银行百年史》，第129页）

金融制度。近代银两制度的确立就充分反映了这一点。

自明代白银大量流入中国以来,流通领域或如东南沿海直接使用外国银圆,或如内地将银圆熔铸成银锭使用。但直到清代中叶,百姓还是得简单分辨银两成色,除官方平砝外,使用当地平砝。政府只规定了税收中常用几种平砝,如户部库平、漕粮的漕平。近代以来,随着沿海沿江口岸的开放,英国商人和银行参与了中国最有影响力的几种银两制度的制定①。

上海开辟租界后,外国银行和外国商行交易最初使用的是西班牙银圆,后因西班牙银圆停铸,乃由外商银行与商界公议,于咸丰六年(1856)起以上海豆麦行通用的"规元"为记账单位,所有商品交易往来收付都按银圆折成"规元"入账②。其后规元制度辐射到长江中下游和江南一带,成为近代银两制度中影响最大的一种。没有外商的支持,上海九八规元很难取得日后其在中国东南地区货币核心的地位。

洋例银是近代汉口对内对外通行的一种虚银两,在长江中游影响较大。汉口开埠后,外商要求按上海规元之例,将当地估平宝银980两当做洋例1 000两,以此为标准形成了新的洋例银制度,此后汉口商家相沿成习,以前各种平色的银两制度逐渐湮灭,洋例银成为主体③。

关平银制度更是如此④。五口通商前,外商缴纳关税均为"本洋"(西班牙银圆),行商收取后再改铸成纹银(关饷锭),上缴国库。鸦片战争后,中国与英、法、美签订的《五口通商章程》《新税则》《望厦条约》《黄埔条约》,规定海关使用银币收取关税:"交纳均准用洋钱输征"⑤,废止行商与公行制度,建立海关监督特许的海关银号。1843年7月13日经在广州分析测验,中英双方确认海关使用的

---

① 参见毛里斯·柯里斯:《汇丰——香港上海银行:汇丰银行百年史》,第126页。
② 参见叶世昌、潘连贵:《中国古近代金融史》,第159页。也有学者认为是咸丰八年秋季。(参见杨荫溥:《中国金融论》,上海:黎明书局1936年版,第88—89页;魏建猷:《中国近代货币史》,第24页)
③ 参见中国银行总管理处:《内国汇兑计算法》,北京:中国银行管理处,1915年,第202页。
④ 关平银(关平两、关银、海关两),清朝中后期海关所使用的一种计账货币单位,属虚银两。清朝海关征收进出口税时,开始并无统一标准,中外商人均感不便。为统一标准,遂以对外贸易习惯使用的"司马平",又称"广平"("平"即砝码),取其一两作为关平两的标准单位。一关平两的虚设重量为37.749 5克(后为37.913克)的足色银锭(含93.537 4%纯银)。由于各地实际流通的银锭名称、成色、重量、砝码互不一致,折算困难,海关征税时,依当地实际所用的虚银两与银锭的折算标准进行兑换,关平银的实际计算标准并不统一,即使同一海关在同一时期用同一地方银两纳税,兑换率也不一致。1930年1月,中国政府废除关平银,改用"海关金单位"作为海关征税的计算单位。(见宫下忠雄:《中国币制的特殊研究——近代中国银两制度的研究》,第11章"関平銀制度",东京:日本学术振兴会,1952年)
⑤ 参见王铁崖:《中外旧约章汇编》第1册,北京:生活·读书·新知三联书店1957年版,第41、53、61页。

银两在"平"上使用粤海关的"平",成色采用纹银。粤海关的"平"即关平。这就是不平等条约束缚的新关税制度下产生的中国海关使用的银两——海关两。新开五口缴纳关税统一实行这种新的银两单位。以外国银币交纳关税,必须折算成这种银两单位。此后《天津条约》再次确认了这一原则①。

再如民国年间仍在使用的青岛胶平银亦是如此。一直到20世纪20年代末,青岛外国工厂产品仍以胶平银计价,中国人购买洋货仍需用胶平银,外商银行则可通过吸收洋商手中的胶平银,掌握其行市,进而操纵之②。

三、近代白银核心型货币体系的影响

货币制度的确立有赖于币制的统一和规范,而币制统一和规范的前提是必须有强有力的中央政府。晚清以来,中国币制极度混乱,中央政府难以对货币的发行和流通实施有效管制,多次统一币制的努力均告失败。中国近代白银核心型货币体系正是中国近代特定的政治、经济环境孕育的怪胎,有着与生俱来的缺陷,并给经济环境带来负面影响。

(一)白银核心型的货币体系传导经济危机

由于白银核心型货币体系的核心——白银由外国控制,故而世界银价的变动会引发近代中国的经济危机③,从晚清时期的银贵钱贱,到20世纪30年代的金贵银贱及白银风潮,中国经济危机的发生均有世界银价变动的重要因素。通货膨胀与通货紧缩时,经济体会受到货币数量的压力,导致物价上涨或下跌,并由此引起生产和消费领域的种种规律性变化。由于白银的进出掌握在外人手中,这种变化只能简单地传导世界银价变动,中国经济的管理者不能进行人为的调节和控制,从而对中国经济产生灾难性后果。20世纪二三十年代的银价上涨和下跌引发的经济危机即可证明。

---

① 从1843年的税则和1858年的改订税则里,还看不到"关平银""Haikwan tael"或"Customs tael"这样的用语,只能见到"两"或"Tael"这样的货币单位,或者是"Sycee silver""纹银"这样的用语。从海关贸易统计来看,1875年开始使用"关平银"这一货币单位。海关贸易统计的发表开始于设置总税务司制度的1859年,同年 Annual Returns of Trade 发行,1864年发行 Annual Reports of Trade,1882年两书合并成 Annual Returns of Trade and Trade Reports。在海关统计中,价格单位1868年以前,"两"(各地方的银两)和"元"(外国银币)并用。1869年以后采用地方两制度。1875年采用关平银制度(见宫下忠雄:《中国币制的特殊研究——近代中国银两制度的研究》,第407、408页)。

② 江礼琛:《述青岛废除胶平银之经过》,《银行周报》第13卷第31号,1929年8月13日。

③ 参见姚庆三:《近十年来我国金融演变之统计的分析及若干正统货币理论之重新的估价》,《国民经济月刊》第1卷第1期,1937年5月15日。

20世纪20年代末和30年代初中国发生了"金贵银贱"风潮。世界黄金购买力日见升腾,金本位国家物价日见跌落,经济恐慌发生①。当时国际上除中国、印度还以银为币外,白银在其他国家已是普通商品。1929年12月底金价突涨,到1930年6月金价达到最高,与1920年白银价格相差近五倍半左右②。风潮牵动全国。这是1929年世界经济危机在中国的反映。

银价下跌一方面使货币贬值,进口商品价格上涨,对中国出口商品有利,从而促进了中国制造业的开工;并吸引了国外白银持有者涌入中国,使中国金融活泼,刺激了经济无序发展③。另一方面银价下跌却使中国人的财富无形缩水,实际购买力下降,关税、汇率、外债、商业均受损失,"吾国货币,于国际之购买力,已减少其三分之一"④。银价下跌对中国财政更是致命打击。"今银价如斯低落,则向以关盐两项作担保之外债,亦将入不敷出。"⑤为了避免从清代以来诸如"镑亏"等金银比价的变化对中国财政产生影响,1930年2月国民政府在关税收纳中实施海关金单位,从而在此领域尽量抵消这一影响。

中国白银核心型的货币体系的发展方向是银本位,其发展的过程就是不断向银本位凝聚的过程。1929—1931年的世界经济危机,导致国际金本位体系崩溃。从1931年9月到1932年12月,英国、日本、加拿大等17国先后放弃金本位⑥。1933年,中国政府废两改元,标志着中国进入银本位时代。1933年3月美国放弃金本位,次年6月后推行白银政策,在世界范围内拉高银价,世界银价腾涨⑦,银本位下的中国,更强烈地因为国外银价的变化而发生经济危机。首先是引发中国白银巨量外流。1934年1—7月,上海出口白银达5 000万元,8月份达8 300万元⑧。7月至10月中旬合计流出白银约2亿元⑨。至年底上海存

---

① 参见路易士、张履鸾:《银价与中国物价水准之关系》,南京:金陵大学农学院,1934年,第1页。
② 参见工商部工商访问局编:《金贵银贱问题丛刊》,上海:工商部工商访问局,1930年,第1页。
③ 参见易劳逸:《1927—1937年国民党统治下的中国——流产的革命》,陈谦平、陈红民等译,北京:中国青年出版社1992年版,第228—229页。
④ 杨荫溥:《中国金融研究》,第316页。
⑤ 资耀华编:《金贵银贱之根本的研究》,上海:华通书局1930年版,第44页。
⑥ 参见李立侠、朱镇华:《中央银行的建立及其在上海的活动》,中国人民政治协商会议上海市委员会文史资料工作委员会编:《上海文史资料选辑》第60辑《旧上海的金融界》,上海:上海人民出版社1988年版,第39页。
⑦ 参见小科布尔:《上海资本家与国民政府(1927—1937)》,杨希孟、武莲珍译,北京:中国社会科学出版社1988年版,第164页。
⑧ 参见杨格:《一九二七至一九三七年中国财政经济情况》,第235页。
⑨ 参见《二十四年十一月份财政部钱币司工作报告(1935年12月21日)》,魏振民编选:《国民党政府的法币政策》,《历史档案》1982年第1期。

银总额已由上年的 3.93 亿盎司降至 2.53 亿盎司①。1934 年 4 月至 1935 年 11 月,中国的白银储备从约 6.02 亿元下降到 2.88 亿元②,白银外泄在中国导致严重的金融恐慌,并引发经济危机。在金融领域,金融市场票据收解寥落,各业款项收付呆滞③。在经济领域则是物价惨跌,大批工商业者破产,国际贸易衰败④。

(二)价值尺度失衡成为社会经济发展的阻力

经济发展要求货币是单一的价值尺度,货币自身发展运动的结局也是如此。货币作为计算单位(unit of account),重要职能就是简化商品价值比较,提高交易的效率和作用,是交换的润滑剂⑤。简而言之,交易成本是订立和实施作为交易基础的合同的成本⑥。"使用货币作为计算单位,减少了需要考虑的价格的数目,从而减少了经济中的交易成本。当经济日趋复杂时,货币作为计算单位的功能所提供的利益愈益显著。"⑦

中国近代白银核心型货币体系由于没有建立起主辅币制度,货币体系的几个层次在市场上均是相对独立的记账工具。如市场上存在多种货币,且其相对价值时常发生变化时,货币作为计算单位的职能就会发生混乱。近代上海,企业家和商人手中常常要掌握银两和银圆两种货币以应对市场,这在近代资本极为缺乏的中国不仅是巨大的浪费,更是货币对市场流通和商品生产的阻碍。

货币价值尺度的紊乱失衡使得市场价格体系失灵。以白银核心型货币体系的核心银两和银圆为例,市场上的商品以银两、银圆两种货币定价,货币撕裂了市场。由于流通货币种类繁多,地方商会必须每天开会计算当天该地区市场上流通货币的相对价值⑧。银圆和银两之间的价格变化导致了商品价格的波动⑨,价格成了误导生产和市场的标向,大大增加社会生产成本。

---

① 参见耿爱德:《十年来中国外汇之回顾(续)》,《中央银行月报》第 5 卷第 4 号,1936 年 4 月。
② 参见徐蓝:《英国与中日战争(1931—1941)》,北京:北京师范学院出版社 1991 年版,第 75 页。
③ 参见魏友棐:《现阶段的中国金融》,上海:华丰印刷铸字所,1936 年,第 31 页。
④ 参见杨格:《一九二七至一九三七年中国财政经济情况》,第 228—232 页。
⑤ 参见保罗·萨缪尔森、威廉·诺德豪斯:《经济学》,萧琛 等译,北京:华夏出版社 1999 年版,第 26 页。
⑥ 参见埃瑞克·G. 菲吕博顿等编:《新制度经济学》,孙经纬译,上海:上海财经大学出版社 1998 年版,第 244 页。
⑦ 米什金:《货币金融学》,李扬等译,北京:中国人民大学出版社 1999 年版,第 49 页。
⑧ 参见 R. 苏莱斯基:《奉票的盛衰(1917—1928):中国军阀时代的货币改革》,《国外中国近代史研究》第 3 辑,北京:中国社会科学出版社 1982 年版,第 297 页。
⑨ 马寅初举了一个关于布价格变化的例子。他说:"财政部的物价表上有一百几十样东西,几十样是用银子来计算的,还有几十样是用洋钱来计算的。"(《马寅初全集》第 1 卷,杭州:浙江人民出版社 1999 年版,第 374 页)

白银核心型货币体系由于其不同层次可单独地行使价值尺度职能,还加大城乡经济发展的差异。铜币成为农民和市民生活的货币,而白银是城市、政府、商人的货币。复杂的货币体系还滋养了钱兑业等食利中介,是中国政治分裂、军阀割据的经济基础之一。

（三）币制落后引发相关经济制度滞后

综观中外货币史可知,困扰近代中国货币制度的一些现象,在百余年前的西方国家也曾出现过。

近代白银核心型的货币体系中最重要的层面——银两是称量（计重）货币。作为近代中国货币体系核心,银两一直未能完全从原来的计重货币,抽象蜕化为"货币的货币"。实际上作为中国传统货币的铜钱,经过漫长的演化才从名义上脱离了重量单位,抽象出"文"这一货币单位,发挥"货币的货币"的作用。而近代中国银两,亦经历了货币单位的抽取过程,第一步就是虚银两这种记账单位日益发展,但从整体上看,各地不同的虚银两由于强烈的地域性,总体上仍然没有完成从重量单位向货币单位的转变。相反,欧洲人早就知道货币的计算,并不需要真正的硬币,"在比较不同硬币的价值时,货币的记账单位作为货币的货币就显得格外重要了"①。

货币制度是金融制度的基础,币制落后,影响信用制度和金融制度的发展。西方学者评论民国初年仍在营业的山西票号业务让他们想起"17世纪晚期的欧洲"②,而民国初年兴盛的中国钱庄业类似于百年前德国货币复杂的情形③。更严重的问题是在一些重要的信用、金融制度的形成上,中国也难望其项背。早在12、13世纪欧洲就产生了结算制度及众多相应的信用工具,诸如追随商品交易而产生的信用——汇票。13世纪意大利商人利用汇票冲销债务,减少了易货贸易、现金支付的必要④。16世纪初,意大利通行的期票已十分普遍,本票也大量在市面上出现。"到了19世纪初,票据经纪人变成交换的供求之间的单纯的中间人;他们自负盈亏,依靠从银行得到的短期贷款。较大的票据经纪人就是通过这种方式发展成为贴现银行的。"⑤反观中国,传统的汇划制度出现于19世

---

① P. 金德尔伯格:《西欧金融史》,徐子健等译,北京:中国金融出版社1991年版,第31页。
② Frederic E. Lee, *Currency, Banking, and Finance in China*, p. 71.
③ Wen Pin Wei, *The Currency Problem in China*, pp. 40—41.
④ 参见P. 金德尔伯格:《西欧金融史》,第53、55页。
⑤ 汉斯·豪斯赫尔:《近代经济史——从十四世纪末至十九世纪下半叶》,王庆余等译,北京:商务印书馆1987年版,第415页。

纪,而追随商品的汇票(而非山西票号等发行的单纯汇票)、庄票(特别是上海钱庄庄票)不但发挥作用的地域有限,而且出现的时期也很晚①。尤应注意的是,制度差异导致在西方基于货币制度自然出现并日益完善的金融制度,如股份制②,在近代中国大都还停留于制度引进的状态,呈现出传统经济制度下非自然的历史进程。这种经济文化差异,很值得深入研究。

四、余　论

进入20世纪30年代,随着经济的发展,国家的相对统一,中国的币制改革迎来转机。

废两改元是中国白银核心型的货币体系进一步收缩的重要环节,这一体系的核心由两元并用而收缩为只用银圆,是政府、银行、钱庄在当时经济环境下博弈的结果。传统钱庄掌握的银两体系及商业联系限制了银行的金融业务空间,引发银行与钱庄业务上的矛盾和竞争,实际成为中国近代经济发展的桎梏,也是导致1933年3月国民政府下令废两改元的重要因素之一③。

银圆取代银两、两元归一既是经济发展的要求,也是中国近代货币自身运动的结果。白银核心型的货币体系运动的方向,只能是银本位的建立。废两改元的成功,对于往日异常繁杂的货币体系是一次大的清理,顺应了经济和货币发展潮流。但相对于国际上更先进的币制而言,银本位仍然落后。由于中国不能掌握白银,很快就又陷入因世界银价上涨而引发的新一轮货币危机。

1929年全球范围内的经济大危机发生后,英、美、日等国极欲扩大海外市场,转嫁本国危机。中国成为列强共同的目标。美国首先依靠强大的经济实力,以"白银政策"影响世界经济,在国际币制发生动荡之时力图用美元取代当时英镑的世界金融霸主地位,执掌国际金融新秩序的牛耳。在亚洲,则利用白银政策使中国币制发生对美国有利的变化。它先是将白银纳入美元的货币准备,以便进一步与黄金脱钩,贬值美元;同时照顾本国白银资本家的利益,推行白银政策,在世界范围内拉高白银价格。由此导致中国白银巨量外泄,引发了以银为币的

---

① 参见洪葭管:《中国金融史十六讲》,第7页。
② 有限责任公司的发明是这一系列发明中最为突出的。(参见约翰·希克斯:《经济史理论》,第73页)
③ 柏禹邨编选:《国民党政府"废两改元"案》,《历史档案》1982年第1期。

中国金融恐慌①。日本则以侵略的方式直接获得市场,占领中国东三省,加紧在华北的分裂活动,利用银价高涨之机大量走私中国白银,加剧中国的金融危机。英国在不开罪日本的前提下,支持中国进行币制改革,力图把中国货币拉入英镑集团,从而进一步维持英国在华的传统利益和地位②。1933年后,各国更是以货币贬值为手段,开打货币战,以刺激商品出口,拉升本国经济。这对以银为币而无法任意贬值的中国经济无疑是十分沉重的打击,从而使中国货币在世界银价面前陷入两难境地。

1935年11月4日,国民政府宣布实施法币改革。主要内容是:将中央、中国、交通三银行发行的钞票定为法币,凡银钱行号商店及其他公私机关或个人持有的白银,交由发行准备管理委员会或其指定的银行兑换法币。法币政策公布后,国民政府又推出一系列币改配套方案③。著名经济学家麦迪森认为:"出于外交方面的考虑,这场币制改革的特点被巧妙地掩饰。因为公开放弃使用白银作为通货,将使美国的白银政策显得荒谬绝顶——正是这个政策导致了全世界最大的白银消费国脱离了银本位制。"④但是法币也有缺陷,打开的另一扇门是由于货币发行基本不受国家所持有的贵金属的限制,因而容易导致通货膨胀。日后,国民政府正是由于战争因素所引致的法币滥发,导致民心更迅速地丧失。

复盘与导读

一个国家、一个民族的强盛是以文化兴盛为支撑的。习近平总书记围绕新时代文化建设提出了一系列新思想,丰富和发展了马克思主义文化理论。学术要从根本上坚持科学精神、科学原则。习总书记强调:"我们的哲学社会科学有没有中国特色,归根到底要看有没有主体性、原创性。"中华民族拥有5000多年的灿烂文明,我们要站在历史和时代的高度,以主体性、原创性为基础构建具有自身特质的学科、学术、话语体系,建构中国自主的知识体系。不能照搬西方理论、标准、话语,从而不断用中国历史和理论解读中国实践,用中国历史和实践丰

---

① 参见任东来:《1934—1936年间中美关系中的白银外交》,《历史研究》2000年第3期。
② 参见吴景平:《英国与1935年的中国币制改革》,《历史研究》1988年第6期。
③ 参见魏振民编选:《国民党政府的法币政策》,《历史档案》1982年第1期。
④ 安格斯·麦迪森:《中国经济的长期表现:公元960—2030年》,伍晓鹰、马德斌译,上海:上海人民出版社2008年版,第52页。

富中国理论,努力实现中华文明的生命更新和现代转型。

我是学历史出身的,研究生是历史学和经济学两系合招培养的,后来又有着8年从事金融学教学的经历,教过诸如货币银行学、商业银行经营管理、中央银行学等课程。在教学的过程中我有一个发现,那就是尽管中国人有几千年经济活动,特别是金融活动的实践和理论,但是除极少的金融学教材会涉及一点中国金融史的内容外,基本上都是从国外直接转译过来的。

金融学和经济学一样,如果不辅助于经济(金融)思想史和经济(金融)史,而是按照录音机式的培育学生办法,一些枝节末叶的理论或思想就会在课堂上变成真理,并经考试加以强化。而经济学本身就是意识形态,因此对中国自己金融货币发展历史规律的收纳提炼是非常重要的。

在学术上,特别是在论文和专著中,经常可以发现直接套用西方的概念来解释中国的现象。比如金融史当中以西方的货币本位概念和理论,用这个货币学的基本概念解读或定义中国货币发展史。但是由于中国和西方历史上在经济环境、货币金属采用以及行为理念和人为管理上有着巨大的差异,因而这个概念是不能直接套用在中国货币的发展史上的。

金融是现代经济的核心,货币是金融的本质、经济运作的基础,与社会的方方面面乃至每个社会成员,有着不可或缺的关系。从总结近代中国经济发展规律出发,探究近代中国落后的货币制度与经济发展之间的互动关系,具有必要性和急迫性。因而就有了《中国近代的白银核心型货币体系(1890—1935)》一文的写作。

该文主要从白银核心型的中国近代货币体系、外国势力对中国货币体系的影响、近代白银核心型货币体系的影响三个方面做了系统的论述。

首先,文章指出,中国近代币制是十分独特的,没有严格意义上的西方当代货币银行学学理上的本位含义可以对应。在近代市场上各自流通、复杂多样的货币均以白银为核心,并在市场上与之发生密切的关系,据此认为中国近代币制的构成实质是"白银核心型"货币体系,这种货币体系与银本位的最大不同在于:银本位制要求的单一银本位币及相应的辅币制度,而白银核心型的货币体系没有单一的本位币,银圆与银两均发挥着类似本位币的作用;同时没有辅币制度,银角、制钱、铜元实质上都不是银圆或银两的辅币,均独立在市场流通。从整体看,法币改革前,近代中国的各种货币都与白银关系密切,均可通过比价折合为银圆、银两,但折合比价是动态的、变化的,这与西方国家货币本位中比价严格固定的主辅币制度毫无共同之处。文章指出白银核心型货币体系是中国货币向银本位发展的阶段,发展过程是日益向银收缩,1933年南京国民政府实施废两改元,标志着中国进入银本位时代。

其次,外国势力对中国货币体系的影响巨大而深远。中国产银量有限,近代货币体系的核心白银大量依靠国外输入,由外部供给。其输入直接关系到近代中国货币数量、价值、汇率及内外贸易,对经济发展影响巨大。白银由外部供给,白银市场被国外白银市场控制,最显著标志就是上海的对外汇价以伦敦大条银价格为标准。外国白银成为支撑中国金融中心上海资金链的重要砝码。外商银行通过掌握白银而控制中国货币以及相应的银两制度,导致中国经济发展受到外国势力的强力控制。

最后,文章详尽论述了近代白银核心型货币体系的影响,指出中国近代白银核心型货币体系正是中国近代特定的政治、经济环境孕育的怪胎,有着与生俱来的缺陷,并给经济环境带来负面的影响。文章认为白银核心型的货币体系传导了经济危机,世界银价的变动成为中国经济危机发生的诱导因素,最直接的表现为,1934—1935年因美国高价收购白银,中国白银巨量外流而引发的白银风潮,给中国金融、经济带来灾难性后果。同时价值尺度的失衡也成为社会经济发展的阻力,阻碍了市场流通和商品生产,导致市场价格体系失灵,脱离了价值规律,商品定价被迫屈从于货币种类。货币撕裂了市场,滋养了食利中介。币制落后引发了相关经济制度的滞后。

文章最后指出,进入20世纪30年代,随着经济的发展,国家的相对统一,中国的币制改革迎来转机。废两改元是中国白银核心型的货币体系进一步收缩的重要环节,最终南京国民政府于1935年宣布实施法币改革,使中国脱离了白银的束缚。

文章综合运用历史学、经济学(金融学)、钱币学学理及逻辑,在叙述近代中国货币体系的历史构成的基础上,分析清末欧洲各国采用金本位及日后金本位的崩溃、衍生;国际市场上银价的跌涨对中国币制本土选择的影响;中外之间、政商之间以及金融业内部对币制的博弈等问题,揭示了中国货币制度发展的历史进程及其独特属性,以及对中国社会经济的影响,为在国际货币体系变革的全景下,全面认识中国货币与世界货币体系互动的模式提供了全新的分析方法与途径。

晚清保疆的军费运筹*

刘增合**

摘要：清光绪中叶，中国边疆频遭外患，面对财政困难，虽然朝臣疆吏在边疆取舍上认识不一，但是清政府最终确定了保疆大计。收复伊犁交涉引发沙俄对西北和东北边疆侵略威胁，清政府设立东北边防经费专项，从财政上增加对东北固疆行动的支持；西北不仅名义上创设新疆行省，阎敬铭等重臣还筹划了国库纾困与支持新疆固边的双重行动；法国侵台危机促成清政府新设台湾行省，台澎防务需款至多，福建极力维系闽台一体，财政上积极协济，部库虽困难重重，但依然是东南海疆固防的财政后盾。军费运筹受到国困现实的牵制，进而影响经略边陲的效果。靖边与纾困虽有矛盾，但却关联紧密，成为检验清政府靖边保疆能力的重要方面。

关键词：边疆；财政；晚清；户部；军费

边患与国困枹鼓相应，彼此牵制。晚清中国积贫积弱，在保卫国家领土方面，清政府陷入极大的防御困境，军费供应不足是最主要的牵制因素。光绪中叶，四面边疆几乎同时遭逢外来巨患，筹兵筹饷，清政府竭蹶以应，"靖边"与"纾困"成为保疆治边的两大要政。此前边疆史研究较多从民族宗教与治边、宗藩关系与羁縻体制、西方列强与边疆危机等视野展开讨论，成果繁富，新论迭见[①]；近年有学者关于近代中国"西北陆地边疆轴向和东南沿海海疆轴向历史空间互动"

---

* 原载《中国社会科学》2019 年第 3 期。本书收录时略有修改。
** 刘增合，暨南大学历史系近代中国研究中心教授。
① 马汝珩、马大正主编：《清代的边疆政策》，北京：中国社会科学出版社 1994 年版，第 19—55 页；周卫平：《论中国边疆研究的特点及面临的困难》，《暨南学报》2016 年第 12 期；等等。

的研究,尤其具启发价值①。若转换视野,从军费运筹等多维路径切入,梳理清代后期财政窘困背景下,清政府如何应对巩固边陲与纾缓国困之间的纠结②,深究传统制度与多变时局怎样调适,却能发覆新境,窥见异相,有裨于深刻理解中国历史上治国理政的复杂性。

一、国困现实与朝臣筹边认知

清代后期的国困开始于道光末期,咸丰、同治两朝陷入低谷,至光绪前期仍竭蹶不振。道光二十八年(1848),枢臣已经面临因部库窘绌而放款受限的隐患,大学士管理户部大臣潘世恩密陈道光帝,建议各直省大吏必须统筹大局,积极筹解,否则京饷支放将陷于困顿③。咸丰至同治二十余年间,大规模战事持续不断,战争耗费银两至少高达8.5亿两④,户部和行省窘困程度日甚一日。户部堂官忧惧本月敷衍过去,未知下月如何度过,甚至上半月可以勉强应付,下半月更不知如何筹措⑤。镇压太平天国运动后,清政府财政困难局面并未缓解,因镇压捻军、西南和西北回民起义战争次第展开,需饷数额再度攀升;第二次鸦片战争后,清政府又面临筹措英法两国赔款的压力。部臣履职期间时有惊悚不安、临深履薄之惶恐⑥。同治末年,西北战场需款迫切,前线统帅对部臣酌拨不力、解饷不济的困境难以理解,指责其"随意点缀,以塞所求,过后不复措意"⑦。这种激愤不满传至京师,部臣实有委屈,基于自我辩解和透露内情需要,管部大臣特意奏请圣上密谕统兵大臣部库面临的窘绌实情:部库存储仅够一月之需,实非"敛外藏以实京师"⑧。

---

① 王鹏辉:《中国近代边疆的转型时代——以九边处处蹄痕的吴禄贞为中心》,博士学位论文,华东师范大学,2014年;《龚自珍和魏源的舆地学研究》,《历史研究》2014年第3期;等等。
② 限于篇幅,本文侧重讨论清光绪中叶西北、东北和东南海疆危机与清政府的财政因应,西南边陲俟另文讨论。
③ 潘世恩:《奏为密陈部库情形请饬直省大吏统筹全局以实京饷折》,中国第一历史档案馆藏(以下引用军机处录副奏折、朱批奏折、随手登记档等,均来自该机构,不另注),军机处录副,03-9988-055。
④ 咸丰、同治时期大规模战争耗财数字,各家所见不一,彭泽益保守估计为8.5亿两,史志宏、徐毅认为这个数字大致可信。(史志宏、徐毅:《晚清财政:1851—1894》,上海:上海财经大学出版社2008年版,第67—69页)
⑤ 王庆云:《王文勤公日记》第3册,扬州:江苏广陵古籍刻印社1998年版,第1542、1568页。
⑥ 董恂:《还读我书室老人手订年谱》,台北:文海出版社1968年版,第76页。
⑦ 《答袁筱坞阁学》,《左文襄公全集》,台北:文海出版社1979年版,第3148—3151页。
⑧ 载龄等:《奏为京师库存仅敷一月拟请密谕左宗棠折》,军机处录副,03-4951-156。

至光绪中叶,户部拨款能力依旧受限,库储殆尽的情形时有发生①。枢臣翁同龢在家信中透露:"兵饷难筹,大农搜剔者纤细非体。"②管部大臣阎敬铭面见慈禧时,针对部库收支不敷的严峻现实,痛陈"寅吃卯粮"的危险,并提醒尽力避免再借洋债③。光绪初年至中期,国家财政收入整体上虽逐步增加,但各省绿营裁撤缓慢,勇营依然较多;海疆危机发生后,沿海省份加强海防、沿江省份则筹划江防,加之洋务事业纷纷兴办,各类需款较此前尚有快速膨胀趋势,东部各省又承担了较多协济边省解款的任务。因此,内地各省财政上负重太大,解京银款并未随之增加,户部负责放饷负担实际上更为沉重。部库这种长期窘困的现实,严重制约着治国安邦大计的展布,边疆经略筹策更是备受牵制。

光绪中期,收复伊犁谈判期间,沙俄在西北和东北施加军事压力,稍后法国在滇桂南疆和闽台海疆构衅,陆疆、海疆四面危机短期内迅速凸显。枢臣与疆吏、言官与司道等基于部库省库财政困难的现实,在财力投送上,必然存在轻重缓急、留存取舍这类现实问题的歧见。东北系清朝发源的"龙兴之地",重要性和根本地位不容置疑,东南和西南地近中原,也未引起争议。唯有新疆因其距内地遥远、疆域辽阔,经略耗财尤为浩繁,在如何处理保障内地与经略新疆方面,引起的争议最大。在晚清"兵为将有"和行省督抚财权上升的背景下,这种争议隐含着地域利益和派系利益的深层纠葛;清政府因部库财绌和兵力掌控不足的双重制约,靖边国策在一定程度上受到现实格局的牵制和左右。

关于内地与新疆的关系,较为典型的认识有三种:一是先顾内地,后收新疆;二是内地与新疆并举处理;三是保内地、弃新疆。三种认识中,前两种均主保疆,唯次序有差异;第三种弃疆主张实际上是东部淮系势力基于分饷目的,有意排斥湘军的西征新疆经略,东南七省厘金收入使用权争夺充分体现了派系纷争的趋势④。

第一种认识认为清政府应该先巩固内地元气,后收复和经略新疆。这种认识自同治末年迄光绪中叶始终存在。山西巡抚鲍源深、李鸿章幕僚朱采的意见较有代表性。鲍源深在上奏中将内地视为人的"心腹",视新疆边陲为"四肢":"内地心腹也,边陲四肢也,耗费于边陲,竭财于内地,何以异是? 天下事有先本

---

① 景廉等:《奏为敬陈时事艰难部库存款放拨殆尽亟应筹备饷需折》,军机处录副,03-6602-006。
② 《致翁曾荣函》,谢俊美编:《翁同龢集》上册,北京:中华书局2005年版,第290页。
③ 陈义杰整理:《翁同龢日记》第4册,北京:中华书局1992年版,第2071—2072页。
④ 刘增合:《左宗棠西征筹饷与清廷战时财政调控》,《近代史研究》2017年第2期。

计而后末图,舍空名而求实益者,亦惟于轻重缓急一权衡之耳。"主张对新疆边陲暂示羁縻,而对内地先培元气①。鲍氏这种暂缓收疆态度,一定程度上受直隶总督李鸿章授意②,李氏幕友朱采曾为官晋省,对晋抚这一看法有直接影响③。稍后,朱采将鸦片之害视为"心腹之忧",而将新疆之乱看作"手足之疾"④,孰轻孰重,一目了然。此前川督骆秉章等人主张暂缓解决西北内患和外乱,也是基于饷源不足的现实⑤。光绪六年(1880)夏季曾纪泽赴俄谈判后,坚持"重海疆轻新疆"的许景澄仍对收复伊犁的努力难以释怀,认为左宗棠、清政府枢臣以及在野士绅存在"三误":"湘阴不揆交涉大局,在边言边,轻起索土之议,误一;枢廷择非其人,误二;士大夫不明新旧条约,以为一切皆此次所许,激愤盈廷,势成不解,办事者几无下手处,误三。"⑥这种政见大约反映了对新疆取守势的少数人士的主张。清政府决定新疆设立行省的前夕,仍有翰林院官员反对在新疆设立郡县制度⑦,它折射出第一种认识的顽固性和持续性。

第二种认识力主缓纾内地财政困难与经略新疆并举进行。早在乾隆时期,清政府早已抱定保疆守土的立场,乾隆十五年(1750)谕旨称:"夫开边黩武,朕所不为,而祖宗所有疆宇,不敢少亏尺寸。"这是寻求"边圉久远"之至计⑧。除非面临大军压境等非常遭遇,不得已而有割地赔款之举,此外,清政府枢臣不可能有轻易拱手捐让领土的想法。时至光绪中叶,内地因战争连绵而赋税亏折,财政支持能力大减,保障内地财政和西陲耗财之巨形成一个巨大的矛盾。光绪十年(1884)二月十七日,户部尚书阎敬铭奏章也隐含此种矛盾纠葛:"内地根本也,边陲枝叶也。公私匮竭则根本伤,根本伤则枝叶安所附夫!"⑨这一说法强调的仍是并举处理内地财政困难与边陲经略耗财,并无舍疆之意。远征西北的左宗棠认为,西北如果"停兵节饷,自撤藩篱,则我退寸而寇进尺,不独陇右堪虞,即北

---

① 鲍源深:《奏为边事饷需紧迫内地协拨艰难应筹度缓急变通办理折》,军机处录副,03-6054-034。
② 刘绪义:《晚清政坛的左李之争》,《中国纪检监察报》2015年5月29日。
③ 《复许竹篔》,朱采:《清芬阁集》,台北:文海出版社1968年版,第320页。
④ 《上李中堂》,朱采:《清芬阁集》,第348页。
⑤ 骆秉章:《奉旨筹拨甘省粮台暨新疆饷项疏》,盛康辑:《皇朝经世文续编》,台北:文海出版社1972年版,第1650—1653页。
⑥ 许景澄:《上赵桐苏师》,朱家英整理:《许景澄集》第3册,杭州:浙江古籍出版社2015年版,第646页。
⑦ 刘海鳌:《奏为酌议新疆善后事宜请权缓急折》,军机处录副,03-5092-013。
⑧ 《清高宗实录》第377卷,乾隆十五年十一月下,北京:中华书局1985年影印版,第1169页。
⑨ 《谨奏为西路军饷浩繁中外交困急须统筹全局以规久远而固国本折》,阎敬铭:《户部奏折》,《阎敬铭奏稿》,甲246,中国社会科学院近代史研究所藏(以下藏所从略),第20页。

路科布多、乌里雅苏台等处恐亦未能晏然,是停兵节饷于海防未必有益,于边塞则大有所妨,利害攸分,亟宜熟思审处者也"①。这份近5 000字的奏疏,从陆疆、海疆需饷概况、欧美列强和沙皇俄国侵华利益差异等方面分析,得出海疆、塞疆并举经略的结论。左氏致同僚私函也窥见李鸿章代表的淮系官员裁撤西防的真实意图:"少荃议撤边饷,以裕洋防,人人知其不可,朝论亦不然之,然必加四百万以贴南北洋,而于边饷则不独无加,且置之不顾,又何说也?"②函中"朝论"大约代表了清政府立场,光绪帝颁布的寄谕③,实际上显示出陆海并举、拒绝弃疆的立场,意味着尽管国库财绌,清政府依然兼顾西部边陲。

第三种认识与前两种有质的区别,简言之即放弃新疆经略大计。内有醇亲王奕譞④、刑部尚书崇实⑤,外有直隶总督李鸿章等倾向于此。李鸿章奏请中止收复新疆行动,建议仿照朝鲜、越南藩属国形式处理新疆问题,"伊犁、乌鲁木齐、喀什噶尔等回酋,准其自为部落,如云贵粤蜀之苗、瑶土司,越南、朝鲜之略奉正朔可矣"⑥。这一弃疆主张深深触痛了边陲将帅,多年后,陕西藩司李有棻仍愤懑不已:"何怪文襄督师之日,复群起而倡弃地之议? 使非文襄抗疏力争,朝廷知人善任,则新疆今日已非我有!"⑦光绪六年(1880),清政府派曾纪泽与俄国谈判收复伊犁,李鸿章仍批评嫡系名将刘铭传"盲目"跟随举朝官员支持收复伊犁⑧。李氏亲信翰林院侍读张佩纶奏请筹划东征日本行动,也有减西饷益淮饷的企图⑨,清政府对此持谨慎态度⑩,对于李氏扩张淮饷的企图,江西巡抚刘坤一谓其空谈不实⑪。

作为淮系统帅,李鸿章对征疆行动与收复伊犁交涉耿耿于怀,实因这两项行动均对淮系军费利益造成损害,私函表达其真实的忧虑:海防拨饷每年名义上400万两,因西征耗财巨大而海防解不足额,落到李鸿章手中实际仅有三四十

---

① 《覆陈海防塞防及关外剿抚粮运情形折》,《左文襄公全集》,第1844页。
② 《答谭文卿》,《左文襄公全集》,第3209页。
③ 《寄谕》,军机处随手登记档,03-0242-1-1210-042。
④ 《复丁雨生中丞》,顾廷龙、戴逸主编:《李鸿章全集》第31册,合肥:安徽教育出版社2008年版,第252页。
⑤ 崇实:《奏为西征宜缓筹款国用以备海防折》,军机处录副,03-6006-008。
⑥ 《议复条陈》,顾廷龙、戴逸主编:《李鸿章全集》第6册,第164页。
⑦ 李有棻:《〈勘定新疆记〉序》,魏光焘编:《勘定新疆记》,台北:文海出版社1968年版,第5页。
⑧ 《复刘省三军门》,顾廷龙、戴逸主编:《李鸿章全集》第32册,第622—623页。
⑨ 张佩纶:《奏为日本国已成中国巨患请密定策略并饬令李鸿章等会同彭玉麟等迅练水陆各军近攻折》,朱批奏折,04-01-30-0135-005。
⑩ 针对张佩纶之奏,清政府决定慎重攻防日本。
⑪ 《复李光汉》,欧阳辅之编:《刘忠诚公(坤一)遗集》,台北:文海出版社1968年版,第6586页。

万两,部分淮军遭到裁撤,"淮军协饷亦十去其四,上年奉部议,饬裁一万余人"①。征疆行动如此牵制淮系利益,其公开表态和私下聚议必然持反对意见。光绪六年至十年,清政府先后面临边陲危机,西北问题虽存在缓急取舍的争议,但清政府内部以奕䜣、文祥、宝鋆为主导,外省以左宗棠、刘坤一等为中坚,力排扰攘纷议②,确定了整体靖边的政策,根据边患爆发的时间,左宗棠、刘锦棠、张曜等在西北加紧布防的同时,东北增防首先被提上议事日程。

二、东北固防与军费调升

清政府固疆解危第一步是根据当时俄国军事威胁现实,除新疆重点布防外③,尤注重筹划东三省军事防务和军费运筹。光绪六年夏季,由俄国国防大臣米留金(D. A. Miliutin)主持,陆海军高级官员以及外交、财政两部大臣参加的专门会议召开,决定不接受中方代表曾纪泽提出的"伊犁修约方案",派遣海军舰队赴远东向中国示威④;俄方谈判官员梅热尼(Aleksandr Genrikhovich Jomini)主张给清政府施加军事压力⑤。俄驻华公使布策(E. K. Butzow)在圣彼得堡威胁中国驻俄参赞邵友濂:"俄国海军上将勒索夫斯基率领的二十三艘军舰,已由黑海开往日本长崎。"俄国海军调兵遣将的消息在谈判期间即开始在国内盛传。俄军除了在中国西北边疆布防1万余人的兵力外,在东北边境也驻防重兵,仅黑龙江以北就驻兵1.2万人⑥。战事风险日益临近,而东三省防务力量和实际供应军费甚少⑦,廷臣中忧惧此事者不乏其人⑧。光绪五年底迄次年春天,京官疆臣

---

① 《复刘省三军门》,顾廷龙、戴逸主编:《李鸿章全集》第32册,第622页。
② 枢臣文祥、奕䜣等力排纷议,决定鼎力推行保疆战略,参见刘增合:《左宗棠西征筹饷与清廷战时财政调控》,《近代史研究》2017年第2期。
③ 据德国人福克(Focke)观察,征疆湘军"将官阵法,尽善尽美,若与俄人战于伊犁,必获胜仗"(福克:《西行琐录》,王锡祺:《小方壶斋舆地丛钞》第6帙,上海:著易堂,光绪十七年刻印本,第303页b)。
④ 《米留金日记(1881—1882年)》第3卷,沙俄侵略中国西北边疆史编写组:《沙俄侵略中国西北边疆史》,北京:人民出版社1979年版,第254—255页。
⑤ 查尔斯·耶拉维奇、巴巴拉·耶拉维奇合编:《俄国在东方:1876—1880》,北京编译社译,北京:商务印书馆1974年版,第144页。
⑥ 参见明骥:《伊犁史话》,台北:黎明文化事业股份有限公司2014年版,第216—217、231页。
⑦ 盛京将军岐元:《奏为筹备边防大概情形折》,军机处录副,03-6014-010;吉林将军铭安:《奏为遵旨筹备边防并兵单饷绌情形折》,军机处录副,03-6014-015;署黑龙江将军定安:《奏为筹备黑龙江边防折》,军机处录副,03-9417-007。
⑧ 光绪五年十二月初十日,在东暖阁垂帘会议上,翁同龢洞见及此,忧虑重重地说:"西路重兵尚可恃,东三省仅有虚名,北路喀尔喀四部弱极,奈何?"(陈义杰整理:《翁同龢日记》第3册,北京:中华书局1993年版,第1464页)

等针对崇厚交涉失败筹划对策的同时,如何筹防俄国军事威胁成为一个关键点。

这一时期,两位品衔较低官员的奏章影响了清政府关于东北防务的思路。首先封奏的是詹事府左春坊中允张之洞。张氏于光绪五年十二月初五日至十六日连上两疏,引起总署和慈禧的注意。首疏建议清政府立即筹备"三路"防御战略,除了西路新疆和北路天津分别由左宗棠湘军、李鸿章淮军承担外,张氏建议饬令左宗棠、金顺遴选统兵干将移驻东路吉林,自南北洋海防经费400万两中划出一半,作为"经略东三省之资";次疏就东三省防务经费来源进一步提出自己的筹策①。张氏两疏奏上,朝内反映极佳,大学士载龄认为"张折甚好,可照行"②;官员中传抄张氏两疏的大有人在③,随后在年轻士绅中也产生反响④,《北华捷报》将其全文译载,评价甚高⑤。

接下来是翰林院编修于荫霖的奏疏。于氏系吉林人,对本省防务情形知之甚多,他先后两递封奏,均围绕吉林军事布防展开,尤其是对该省在东北防务中的特别地位再三强调,于氏认为,从整个防务格局上看,"吉林急于奉、江两省,吉林固,则蔽奉东北,控江东南,三省可以苟安;吉林危,则奉撤东藩,江绝西通,两省必至瓦解"⑥。于荫霖的疏奏得到枢臣重视,谕旨还特别肯定其对吉林防务了如指掌:"编修于荫霖折于吉林情形言之甚为详晰,著抄给铭安阅看。"⑦十二月初五日的内阁会议,群僚开始集体研读三份奏疏,其中就包括张之洞当日递上的奏折。会议过程中,大学士管理吏部事务大臣宝鋆力主备战,"翰林四谏"之一的黄体芳、翰林院学士李端棻也主张宜修战备⑧。

张之洞、于荫霖两人的备战奏疏引导了廷臣思考的方向,清政府决定召开最高决策会议。十二月初十日,东暖阁垂帘会议召开,恭亲王、亲郡王、御前大臣、军机大臣等官员45人参与东暖阁最高会议。这次会议仅持续40多分钟,"处理俄约阅折四大臣"之一的翁同龢跪在第一排,他关注东北防军实力和军饷供应能

---

① 《详筹边计折》,赵德馨编:《张之洞全集》第1册,武汉:武汉出版社2008年版,第23、24页。
② 陈义杰整理:《翁同龢日记》第3册,第1462页。
③ 笔者在查阅李鸿藻档案时,发现其完整抄录的张之洞折抄件,长达36页,《奏为驭俄之策断宜先备后讲详筹边计以定宸谟折》,《李鸿藻存札》第8函,甲70-7,中国社会科学院近代史研究所藏,第111—147页。
④ 胡钧:《张文襄公年谱跋》,《张文襄公年谱》,台北:文海出版社1969年版,第289页。
⑤ North-China Herald(简称NCH), May 25, 1881, pp. 460—461.
⑥ 于荫霖:《力绝要盟大议已定应速备防至计折》,于翰笃编:《于中丞(荫霖)奏议》,台北:文海出版社1968年版,第36—37、47页。
⑦ 铭安:《奏为遵旨密陈筹备边防折》,朱批奏折,04-01-01-0942-065。
⑧ 陈义杰整理:《翁同龢日记》第3册,第1462页。

力,发言较多,跪在后排官员并未与议。因涉及战备布防和军费运筹调配等重大问题,经慈禧、慈安两太后允准,会议改在总署继续商讨对策①。十六日,张之洞关于东北防务筹兵筹饷的次疏奏上,长达数千言。这些筹策方案对光绪六年正月二十一日奕訢等递交筹备边防一折影响至关重大,尤其是筹备东北三省防务军费,清政府特别重视,当日上谕颁下:"此次开办东北两路边防,需费浩繁,现在部库支绌,必须先时措置,以备不虞……惟边防刻即举办,需饷甚急,著户部先于提存四成洋税项下酌拨巨款以应急需,一面按年指拨各省有著之项,俾无缺误。"②

东北边防经费的筹拨由于涉及海关税,总署得以介入户部这次酌拨军费行动。四天后两部门决定:这项军费计划每年筹额 200 万两,由各省关地丁、关税、盐厘和厘金等构成,要求按年解部,违者以贻误京饷例严参。鉴于此项方案落实尚需时日,户部决定先动用四成洋税银 100 万两,听候拨解③。除了军饷运筹行动外,调兵遣将也是应对危机的重要行动。远在西北的毅军被抽调至奉天驻防,提督宋庆配合盛京将军岐元,在锦州、大连湾等重要防地进行履勘驻扎,强化了东北要隘的防卫④。山海关地区则由曾国荃统军防扎⑤。吉林将军迅速添募马步各军,强化本境防务力量⑥。黑龙江短期内致力于壮大练军实力⑦,以弥补本省防务弱点,强化防守边圉的军事能力。

三、西陲经略与军费裁减

光绪七年一月伊犁终于索回,俄国对西北和东北的军事压力暂时缓解。但新疆主要难题并未解决,突出的症结有三个,即兵勇冗多、饷需庞大和事权不一。

---

① 王彦威、王亮辑:《清季外交史料》第 19 卷,台北:文海出版社 1985 年版,第 1—3 页;陈义杰整理:《翁同龢日记》第 3 册,第 1464 页。
②③ 奕訢等:《奏为遵筹东北两路边防经费折》,军机处录副,03-6602-005。
④ 岐元:《奏为毅军抵奉会同提督宋庆履勘驻扎地折》,军机处录副,03-6014-072;岐元:《奏为函致宋庆一军仍驻锦州俟山西巡抚曾国荃到防酌度会商布置折》,军机处录副,03-6015-013;岐元:《奏为咨调提督宋庆统带毅军前往大连湾营口一带驻防折》,军机处录副,03-6043-046;等等。
⑤ 曾国荃:《奏报提督率防军行抵山海关日期及宋庆等军归盛京将军岐元就近节制折》,军机处录副,03-6043-053;《奏为密陈遵旨会筹布防等情形折》,军机处录副,03-6015-065;等等。
⑥ 铭安:《奏为吉省添练马步各军橄季统领分扎各防一律成军酌改营制筹购军火折》,朱批奏折,04-01-01-0943-051。
⑦ 定安:《奏为遵旨筹备边防布置练军折》,朱批奏折,04-01-01-0943-084。

兵勇因饷缺而屡屡哗变,致西陲局势动荡不定①,愈发演变成西北边陲另一种危机。清政府靖边大略最紧迫的是寻求西北边陲的长治久安。光绪中叶经国治疆处处关涉财政支持,户部位居枢纽地位,而咸同宿臣阎敬铭再度出山,膺任户部尚书。在清政府支持下,他控驭着国家财政调配方向,致力于化解西北边疆三大顽症,实为不可忽视的关键。

阎敬铭曾任职户部主事、工部侍郎②,咸丰年间为鄂抚胡林翼督办粮台,精于理财,被胡氏视为"湖北第一贤能";同治元年鄂抚严树森专折推举,赞其"才力、心思胜臣十倍"③;同治初年任职山东巡抚,为该省有清一代罕见的廉能抚臣,川督丁宝桢盛赞其"拨乱反正之功"④,同治六年因疾归乡,清政府屡召,迄未出山。光绪八年春季,阎氏能够复出,既是遵从清政府渴求贤才之旨,也是"十数年至交"的川督丁宝桢竭力规劝的结果⑤,张之洞力荐和斡旋之功更不可忽视⑥。

光绪八年五月阎敬铭进京后,慈禧嘱咐户部政务交给阎氏管理,权力极大。阎氏致力于部库收支积弊的核查,云南奏销案被揭发后,又参与彻查此案,耗去近一年时间⑦。光绪九年冬季,户部奏请在新疆南北举办屯田新政⑧,不过,这一计划见效迟缓,难以彻底解决新疆财困兵乏的现实,甚至连疆内事权不一、十羊九牧的纷乱格局也未触及。

引发阎敬铭关注化解新疆困局的契机,是陕甘总督谭钟麟与阎氏之间的私函交流。光绪"丁戊奇荒"期间,稽查山西赈务大臣阎敬铭全力办理晋省灾赈,时任陕抚谭钟麟以邻省救济灾民为急务,出面组织本省官员运输粮食赈济晋省,与阎氏保持密切联系,交流对策可谓推心置腹⑨。光绪十年春节后不久,甘督谭钟麟应阎氏要求,以7页长文详细透露了甘新地区关内外驻军数量、裁军进程和关内外军费需求实情。此前,谭氏曾函商钦差大臣督办新疆军务刘锦棠、乌鲁木齐

---

① 陈义杰整理:《翁同龢日记》第4册,第1716页。
② 阎忠济、阎悌律:《晚清重臣阎敬铭》,西安:太白文艺出版社2014年版,第134页。
③ 严树森:《奏为密举堪胜大任之臬司阎敬铭等各员折》,军机处录副,03-4600-002。
④ 《张荫桓来函》,《阎敬铭存札》第6函,中国社会科学院近代史研究所藏(以下藏所从略),甲246-11,第9—12页。
⑤ 《丁宝桢来函》,《阎敬铭存札》第13函,甲246-18,第53页。
⑥ 《详筹边计折》,《阎敬铭定期赴阙折(并抄件)》,赵德馨编:《张之洞全集》第1册,第25、57—59页。
⑦ 阎忠济、阎悌律:《晚清重臣阎敬铭》,第126、133页。
⑧ 额勒和布等:《奏为新疆南北两路急需大兴屯田以裕边储折》,军机处录副,03-6714-082;《呈新疆屯田章程清单》,军机处录副,03-6714-083。
⑨ 《阎敬铭存札》第4函共计119页,大部分为谭氏写给阎氏的信函,两人交往密切程度可见一斑。

都统恭镗、伊犁将军金顺、帮办新疆军务大臣张曜等官员,希望有关各方就其辖境内的裁军计划、撙节饷需方案提出意见,但各方反应不一,天山南北的裁军计划无法推进,谭氏深感事权不一带来的困境。这些在官样奏章中不易获知的私密信息(谭函末尾特意提醒阅后焚毁),为阎敬铭随后起草纾困和治疆宏大计划,提供了珍贵的资讯。

谭函推测,关外天山南北实需兵力 2.5 万人,每年军费实际需求,合计 300 万两足以支持。而关内部分军费,谭氏预估每年 120 万两大致可以满足。关内光绪八、九两年已经裁军 1 万余名,节省军费高达 130 余万两。目前甘肃关内仅剩余 3.6 万名,相比清政府规定的甘省关内兵额 5.7 万名已经裁减了五分之一,基本达到裁军节饷的目标。但关外各方的实际底细,尤其是各营人数是否满额(每营额定 500 人),他实在无法提供,但估测关外各营虚额现象严重。函中对湘军统帅刘锦棠寄予厚望①,他提示阎氏,打破新疆困局,除了陕甘总督谭氏本人之外,刘锦棠也是值得信赖的干员。

边患与财困在光绪九、十年之交,一直是清政府枢臣焦虑的问题,翁同龢于九年除夕之夜慨叹时局四难:"一民生日蹙,一边衅,一水灾,一言路颇杂。"慈禧的担忧尚犹过之:"边方(防)不靖,疆臣因循,国用空虚,海防粉饰,不可以对祖宗!"②作为户部尚书,阎氏除关注部库困绌的一面外,边患压力也是考虑的重点。阎敬铭化解西北困局的筹策基本上就在这个基础上逐层展开。

光绪十年正月,阎敬铭全力拟具"统筹西路全局"折稿,祈求精准化解西北困局,以纾缓国库财绌颓势。奏疏草稿大约于正月初十日前已经拟就,正月十一日后,为答复刘锦棠奏请统筹全局奏片和进一步解决新疆划一事权问题,又特意拟就两个附片。这一折两片先在部内高官之间传阅,因与工部尚书翁同龢关系交融,阎敬铭二月初七日主动拿出折稿请翁氏审阅③。目前第一历史档案馆收藏的朱批奏折和军机处录副奏折等均未发现这一折两片,仅随手登记档留下登记痕迹④。幸运的是,光绪二十一年,阎氏后人使用"万泰号"稿纸抄录了一份,包括二折三片。正月初十日前形成的奏折抄本全长达 26 页,约计 4 200 字,三个

---

① 《谭钟麟来函》,《阎敬铭存札》第 4 函,甲 246 - 9,第 59—62 页。
② 陈义杰整理:《翁同龢日记》第 4 册,第 1799、1817 页。
③ 陈义杰整理:《翁同龢日记》第 4 册,第 1810 页。
④ 军机处《随手登记档》记录为一折两片,即"西路军饷浩繁急须统筹全局由""详筹西饷事宜由""拟请简员节制全疆由"。军机处随手登记档,03 - 0242 - 1 - 1210 - 042。经查,该折现收藏于"台湾故宫博物院"录副奏折系统,编号为 125333。

附片篇幅长短不一,"二折三片"共计抄录 133 页①;而已刊文献中,盛康辑《皇朝经世文续编》第 78 卷"饷需"类仅收录《统筹新疆全局疏》,成文时间错标为"光绪十三年",内容且有删减,字数约计 3 900 字②。

当下有学者认为晚清财政的转型,体现在指导思想上就是由"量入为出"向"量出为入"的实质性转变③。为打破财困限制,清政府和各省在实际征税和财源拓展的具体做法上的确如此,但主观层面,尤其"指导思想"层面是否如此明确,则需要审慎讨论。至少在财政支出决策方面,清政府上谕和部臣操作大部分时间仍旧秉持"量入为出"古训④。户部尚书阎敬铭奏折及附片就是在这个意义上继续贯彻这一古训,认为目前国家财政支出最大的一项就是以甘新军饷为主的"西路耗财",竟占全国财政支出六分之一。它至少包括了 10 个部分,每处各自收支,各自迎提解饷,形成十羊九牧的格局。阎氏将光绪十年之前每年解饷款目逐一列举,追踪源流,然后确定新的拨款额度。此处略作简表 1 呈示如下:

表 1 阎敬铭《统筹西路饷需折》所述光绪十年前每年拨款简表

(单位:库平两)

序号	拨款名称	拨解对象	款 额	备 注
1	西征军饷	谭钟麟、刘锦棠	793 万	
2	西宁专饷		1 万	
3	宁夏专饷		10 万	
4	宁夏凉庄专饷		8.4 万	
5	伊犁军饷	金顺	228 万(部垫 3.6 万)	
6	巴里坤专饷		40 万	

---

① 光绪二十一年抄本目录将此折题目标注为《统筹西路全局折》,按照奏折开端来看,准确命名应是《谨奏为西路军饷浩繁中外交困急须统筹全局以规久远而固国本折》,参见阎敬铭:《户部奏折》(乙未抄本),《阎敬铭奏稿》甲 246,第 2—27 页。

② 《统筹新疆全局疏》,盛康辑:《皇朝经世文续编》,台北:文海出版社 1972 年版,第 1993—2007 页。谢俊美编《翁同龢集》时,据盛康《皇朝经世文续编》,列在其中,成文时间亦同样错标。实际上翁氏并非该折作者,列衔而已。(谢俊美编:《翁同龢集》上册,第 59—64 页)

③ 倪玉平:《从国家财政到财政国家——清朝咸同年间的财政与社会》,北京:科学出版社 2017 年版,第 274—276 页。

④ 刘增合:《西方预算制度与清季财政改制》,《历史研究》2009 年第 2 期。

续表

序号	拨款名称	拨解对象	款额	备注
7	塔尔巴哈台军饷	锡纶	33万	
8	乌鲁木齐军饷	长顺	9.6万	
9	豫军专饷	张曜	60万（豫省专解）	
10	各地善后经费		数万、数十万不等	
总额	10个拨款名称①		1 210万（平常年份） 1 300万（闰年）	光绪十年五月议复折中该部统计 平常年份为1 450万，闰年为1 527万②

该折针对每年1 200万两西路军饷拨解难度，特别是对东部承协省关的严重牵制作了详细铺叙，断言"耗中以奉边终非长策，但西陲要地非内地为之调拨，亦不能支"。他将纾困和靖边两者兼顾，提出三大新政，分别是定额饷、定兵额、一事权。三项新政彼此牵制，环环相扣，这正是支撑新疆顺利建省的基石。

定额饷就是安排甘肃、新疆两处军费筹解计划，阎氏基本依据是"稽考旧章，旁采众论"。所谓"旧章"是指道咸以来清政府对西北拨饷的规模，"众论"则包括上述谭钟麟私函提供的信息以及左宗棠光绪四年的奏疏。户部于光绪十年正月至五月决策时，据此对比的新旧指标大致可以通过表2呈现出来。

表2　光绪十年春季户部制定甘新军饷参考指标简表　　（单位：库平两）

栏目序号	时段	估拨	除留抵③外实拨
1	道光年间	404万或415万	300余万
2	咸丰年间	302万	244.5万

---

① 光绪十年五月议复刘锦棠奏折中，该部所列拨款名称更多，如甘肃常饷、新疆月饷等，共计19个拨款名目。
② 《奏为遵旨议复督办新疆军务大臣刘锦棠奏筹新疆兵饷官制屯田情形并陈欠饷不可折发全疆宜联一气以规久远折》，阎敬铭：《户部奏折》（乙未抄本），《阎敬铭奏稿》，甲246，第67页。
③ 所谓"留抵"，即地方钱粮等款收入，除解京饷、协饷之外留存款项，归地方支配使用，可以抵充本省军饷，户部一般称作"留存"。参见《议开源节流事宜疏》，陈昌绅编：《分类时务通纂》第5册，北京：北京图书馆出版社2005年版，第81—91页。

续 表

栏目序号	时　段	估　拨	除留抵③外实拨
3	光绪四年左宗棠奏估		三百数十万（建议三年后开始照此拨解）
4	光绪十年之前	1 210万（常年） 1 300万（闰年）	900万左右
5	光绪十年正月谭钟麟函札估计		420万（未计宁夏凉庄等处经费）
6	光绪十年二月户部初步定额	三百数十万两左右	包括留抵在内合计400万两左右
7	光绪十年五月户部最终定额		包括留抵在内合计480万，删去各类专饷名目，统称"甘肃新饷"

光绪十年正月初十日之前，阎敬铭亲拟折稿（二月十七日正式上奏）初定额饷规模，较之此前额饷已作大幅度减少，仅占此前每年拨款的33%，跟谭钟麟私函估额大致相近。然而，户部此奏欲在翌年即开始落实，对于裁军欠饷虽规定补发半年之额①，但未能就常年欠饷发放的纠葛做充分考虑。

"定兵额"实际是为实现节减军费、强固边军两个目标而确定的重要筹策。甘肃关内"定额兵"的进展，阎氏通过谭钟麟私函已经得知，所以折内直接认定关内裁军成效较大，而新疆数处兵力则必须尽快实施大幅度裁减。根据他的统计，疆内刘锦棠、张曜、金顺等各处合计现有制兵、营勇5万余名，超出清代历朝关于额兵总额规定1万余名，阎氏奏请朝廷饬令刘锦棠、金顺、张曜等会商裁减，全疆必须压缩至额定4万名以内，并将目前正在实施的行粮制度改为坐粮制度，以适应节饷要求②。

"一事权"是实现新疆创建行省最主要的目标和最大前提条件，是保障"定饷额""定兵额"两大新政顺利落实的关键举措。阎敬铭草拟一个折片，专门就"划一事权"与新疆建省、改革旧制、实现节饷、推行裁军等要政之间相互制约进行充

---

① 《户部附片》，阎敬铭：《户部奏折》（乙未抄本），《阎敬铭奏稿》，甲246，第35页。
② 所谓行粮，是指战时发放带有激励津贴性质的饷章制度，人均标准较高；而坐粮则是承平时期的发饷制度，发放标准稍低。

分阐释,为六个月后新疆改设行省决策提供了相当充分的依据。阎敬铭拟定的附片从旧制之弊、新规待立、重臣吁请等各个角度,试图阐释"划一事权"的必要,"刘锦棠虽有改行粮为坐粮,并招募土勇规复制兵之奏,因人自为将,不能强令裁改,彼此互异,终难骤行。臣等现议裁勇节饷,必须得人挈领提纲,一气呵成,始能竟全功而收实效。若事权不专,听各路大臣自行自止,必致勇不能裁,饷不能节,力分财匮,贻误匪轻!"①"兵为将有"和财政散权的掣肘,均隐含在此折中。阎氏拟奏期间,清政府对边衅和民情非常关注,每日召对大臣,时常责令自强,力戒因循。当二月十七日户部一折两片同时奏上,上谕爽快允行②。此项重大安排能否落实,西北疆臣的态度十分关键。

目前所见西北各官覆陈情况,刘锦棠、张曜、金顺分别于四月二十八日、五月二十一日、闰五月二十四日具奏,谭钟麟一折大致于七月中旬到京。正如谭钟麟所言,四位高官主张皆有不同,相比而言,谭钟麟、刘锦棠二人主张较为接近,而伊犁将军金顺与其他人分歧最大。作为满族高官,金顺考虑问题多从满营旗丁和随军家属利益出发③。他批评刘锦棠关于伊犁地区保留兵力数额的建议极不可靠,必将导致兵力不敷分布;更不赞成他全裁参赞、办事和领队大臣的主张,反对尽改旧制;建议伊犁地区在额设1.7万名制兵和营勇基础上保留1.5万名规模,主张仍按照行粮制度发放兵饷,每年需要120万两军费④。光绪中叶的裁军节饷行动中,金顺是歧见最多的官员,是清政府经略新疆的一个主要阻力。

甘新四位高官的议复奏折先后到京,清政府饬令有关部臣集体会商研究。由于经略方案涉及军饷、裁军和设官分职三项要政,户部、兵部和吏部详细核议,分别就本部管辖范围提出答复意见⑤,再由户部集合众议主稿上奏,请旨裁定。因甘新四大员奏折到京时间不一,五月十七日谕旨最先饬令三衙门集体研究刘锦棠一折;七月十八日起开始合并研究金顺、谭钟麟等奏折。三部堂官对于新疆

---

① 《密陈划一事权片》,阎敬铭:《户部奏折》(乙未抄本),《阎敬铭奏稿》,甲246,第39—42页。阎敬铭提到的左宗棠折是《奏陈新疆甘肃设防开源折》,《宫中档光绪朝奏折》第2辑,台北:台湾故宫博物院,1973年,第78—85页。
② 中国第一历史档案馆编:《光绪朝上谕档》第10册,桂林:广西师范大学出版社2008年版,第46—47页。
③ 后任伊犁将军色楞额反映,金顺对伊犁、塔城客军管理宽松。色楞额:《奏为伊犁岁拨饷需请饬部援案再拨一年以便遣并客军折》,朱批奏折,04-01-01-0964-054。
④ 金顺:《奏为遵旨详筹伊犁饷额兵制分别裁留兵勇并请饬提各省关欠饷折》,朱批奏折,04-01-01-0951-034。
⑤ 部臣议复会议上,户部负责军饷规模裁定和屯政安排,兵部负责裁军和布防,吏部则负责新疆设省中的裁官设职等重大问题。

营制、省内官制、行粮和坐粮选择等，或有不同意见①，但经各部尚书彼此沟通，最终形成相对一致的改革主调。

简言之，三部集体会议结果分两次上奏，包括一折一片②。他们基本肯定刘锦棠、谭钟麟的主张，而对金顺一折则有舍有留。最终形成了总体意见：关于军费协济额度，自光绪十一年始至十四年止，每年480万两规模，甘肃关内留用40％，关外分饷60％，三年后执行左宗棠此前提议的三百数十万两规模；兵勇裁留额数，同意谭钟麟提出的甘肃关内额数，而关外则只准存留4万名兵力，根据裁军进程逐步实行坐粮制度，金顺所部伊犁地区仅准保留1万名驻军；官制改革方面，同意刘锦棠、谭钟麟提出的裁撤参赞大臣、帮办大臣、领队大臣等基本主张，继续推进府厅州县等郡县制度。关于设立行省问题，左宗棠前后四次奏请，清政府鉴于实际情形，曾经有不同的答复③；刘锦棠此次奏疏中又再度提议新疆改设行省，巡抚、布政使等官缺也奏请尽快确定④。吏部研究后，均予支持。清政府最终裁决谕旨于光绪十年九月三十日颁下⑤。一个多月后，清政府降旨令刘锦棠补授甘肃新疆巡抚⑥，甘肃布政使魏光焘调任新疆布政使，郡县设置和州县官员任命次第展开，行省权力架构逐步完善。

值得注意的是，伊犁将军金顺对三部会议奏折的决策结果不满意，他在裁撤境内防军、节饷省费、推行屯田等方面持消极态度⑦，光绪十年前后的军费奏销也搁置未办⑧，只是断断向朝廷请饷，甚至要求户部垫款应对缺饷危机。针对其纵容属员、缺少作为的倾向，管部大臣额勒和布、户部尚书阎敬铭提出严厉批评，该部断然拒绝为其垫拨部款，仅出面督催有关行省和海关尽快解款⑨。其实，金

---

① 参与决策的工部尚书翁同龢总体上赞成各部上奏主张，但个别问题与上奏折稿微有区别，如倾向于缓设新疆巡抚、继续推行行粮制度。谢俊美编：《翁同龢集》上册，第294—295页。
② 《奏为遵旨议复督办新疆军务大臣刘锦棠奏统筹新疆兵饷官制屯田情形并陈欠饷不可折发全疆宜联一气以规久远折》，阎敬铭：《户部奏折》（乙未抄本），《阎敬铭奏稿》，甲246，第44—109、110—133页。
③ 分别是光绪四年正月初七日、十月二十二日、光绪六年四月十八日以及光绪八年九月初七日上奏。
④ 刘锦棠：《奏为哈密镇迪道等处暨议设南路各道厅州县拟请归并甘肃合为一省折》，朱批奏折，04-01-01-0946-011。
⑤ 中国第一历史档案馆编：《光绪朝上谕档》第10册，第301—302页。
⑥ 刘锦棠：《奏为奉旨补授甘肃新疆巡抚谢恩并沥陈下悃折》，朱批奏折，04-01-12-0531-123。
⑦ 金顺：《奏为遵议伊犁屯田事宜请暂缓折》，朱批奏折，04-01-22-0063-022。
⑧ 光绪十二年金顺去世后，延搁伊犁军务奏销，给甘督谭钟麟造成困扰。《谭钟麟致刘锦棠函》（光绪十二年六月二十九日），《谭钟麟函札》，甲580，中国社会科学院近代史研究所藏（以下藏所从略），第29—35页。
⑨ 额勒和布等：《奏为遵旨速议伊犁军饷请旨饬下各省关迅解折》，军机处录副，03-6094-020。

顺问题对户部纾困决策的牵制还在其次,对清政府而言,更大的麻烦是法国正在进行的大规模侵台事件。

四、台湾设省增防与福建协济

经略新疆以外,清政府固边行动还包括处于法国舰队威胁下的台湾地区。中法战争刚刚结束,疆臣即有感慨:中国陆地上有能力抗衡外来侵略,但海上却乏善可陈①。战后,强固东南海防又成为一个迫在眉睫的大事。台湾作为"闽左屏藩、七省门户"②,也是整个"南洋门户",其特殊地位受到清政府格外关注。台湾本由福建省辖,虽置台湾道管治,但仍须福建巡抚兼顾两地。乾隆二年,内阁学士兼礼部侍郎吴金奏请设立台湾省③,但未获廷议支持。同治末年日本侵台,办理台湾海防大臣沈葆桢在应对危机期间,虽有在台设省意念,但虑及台地器局偏小,财力皆仰赖于闽省,深虑单独设省实不合理④。"台闽不分家"的传统架构除了地缘因素外,主要还是基于担忧失去闽省的财政支持,闽抚若常年驻台,或许"将变成台湾巡抚,提饷呼应不灵"⑤,李鸿章也担忧出现闽省与台湾"彼此争饷,各执意见"的局面⑥。可见,巡抚分季渡台体制之下事权不一导致的困境,与新疆设省前面临的乱象具有同质性。

同光以降,在涉台奏疏中,刑部侍郎袁保恒于光绪二年冬季明确提出设台湾巡抚,专治台湾⑦,左宗棠在中法战争后更附议袁氏治台方案,议设台抚⑧。此议得到奕譞主持的王大臣会议支持。光绪十一年九月初五日,清政府根据这次王大臣会议结果,直接降旨设立台湾省,专设台湾巡抚一员驻扎管治,实现闽、台分治,各有专责,以靖海患⑨。五天后,清政府降旨"福建巡抚"(一个多月后改称

---

① 杨昌濬:《奏为遵议海防水师及闽台拟办各事折》,军机处录副,03-9389-030。
② 沈葆桢等:《奏为会商台湾抚番开路兴业等大计折》,军机处录副,03-5091-007。
③ 许良国:《台湾建省之议应始于乾隆二年》,《学术月刊》1982年第2期。
④ 《请移驻巡抚折》,吴元炳辑:《沈文肃公政书》,台北:文海出版社1967年版,第875页。
⑤ 沈葆桢:《李中堂》,陈支平主编:《沈文肃公牍》(一),北京:九州出版社、厦门:厦门大学出版社2004年版,第333页。
⑥ 《复丁雨生中丞》,顾廷龙、戴逸主编:《李鸿章全集》第32册,第7、9页。贾小叶《晚清台湾建省的台前与幕后》,《史学月刊》2016年第7期)对台湾设省背后的官员人脉纠葛,包括袁保恒此奏背后的人事牵制有较好的研究,此不赘论。
⑦ 袁保恒:《奏为请将福建巡抚改为台湾巡抚经营全台事务片》,军机处录副,03-5116-063。
⑧ 《台防紧要请移福建巡抚驻台镇慑折》,刘泱泱等校点:《左宗棠全集》奏稿8,长沙:岳麓书社2009年版,第546—547页。
⑨ 《清德宗实录》第215卷,光绪十一年九月上,北京:中华书局1987年影印版,第1023页。

"台湾巡抚")由刘铭传补授,常川驻台督办防务①。台防所需巨饷如何到位?户部视台湾省为"富庶之区"②,但在国家财政困难背景下,"以台养台""闽台分治"显然令新任疆臣不易施展。在东南海疆经略问题上胶柱鼓瑟还是适时应变,这是考验枢廷与疆臣治国理政的关键。

设省谕旨下达三个月前,督办台湾防务的福建巡抚刘铭传对台湾经略前途具有信心,认为台地每年收入100余万两,如果剔除盐务中饱等可达到120余万两,以全台财力办台地防务诸政,有赢无绌,但需要苦心经营数年③。出乎意料的是九月初五日台湾设省已成定局,刘铭传因而忧虑闽省支持款项难以保障④,专折奏请朝廷收回设省成命,认为台湾"以后仍须闽省照常接济,方能养兵办防",而创设行省,则深忧"畛域分明,势必不相关顾"⑤。因缘际会之下,清政府派令曾在西北有治边经验的杨昌濬担任闽浙总督,使台湾省初期经略有所依赖。

杨昌濬抚浙时期曾倾力协济左宗棠西征,名扬一时,向有顾全大局美誉⑥。督闽之后,他对台事关注程度超越前任,且专折上奏强调闽台协作和各省协济,反对畛域自分⑦。台湾省初设后,台澎防务、州县调整增设等紧急事务,杨昌濬、刘铭传联袂协商决策,即如巡抚名称,杨氏亦建议仿照甘肃新疆体制,显示出闽台一体化的心态。设省初期,台湾情形与新疆迥不相同,其裁兵节饷进展顺利,短期内撤防官兵23 000余人⑧。台省为支付撤军和善后诸务,尚不敷30万两,希望闽省每月协济3万两⑨。法军撤退后,刘氏认为,台防经费亟须再增加100万两,专折奏请从左宗棠此前所借台防洋款中分润救急⑩。此奏到京,正是国库支出相当紧张的时候,五六项要政需款接踵而至,部臣正竭蹶以应,户部只能建议刘铭传发挥督抚自主权,循序渐进办理台防⑪。这是典型的"以台养台"思路。

---

① 刘铭传:《刘壮肃公奏议》,台北:文海出版社1968年版,第184页。光绪十一年十月十九日,奉懿旨,福建巡抚改为台湾巡抚,礼部铸关防,名曰"光字第二十九号福建台湾巡抚"。参见刘铭传:《奏报启用福建台湾巡抚关防日期折》,朱批奏折,04-01-16-0225-033。
② 刘铭传:《奏为遵筹澎湖防务请饬部拨款折》,军机处录副,03-6101-039。
③ 刘铭传:《奏为条陈台澎善后事宜急须次第举办折》,军机处录副,03-6020-038。
④ 刘铭传:《奏为患病吁请开缺折》,军机处录副,03-5201-066。
⑤ 《台湾暂难改省折》,刘铭传:《刘壮肃公奏议》,第261—262页。
⑥ 刘体仁:《异辞录》卷2,上海:上海书店出版社1984年版,第31—32页;《与两江总督刘岘庄制军》,《左文襄公全集》,第3181页。
⑦ 杨昌濬:《奏为筹议台湾改设事宜折》,军机处录副,03-5685-011。
⑧ 刘铭传:《呈全台各路先后裁撤内渡营勇数目清单》,军机处录副,03-6099-008。
⑨ 刘铭传:《奏为遵旨裁留营勇及全台出入款目请拨军饷折》,军机处录副,03-6099-007。
⑩ 刘铭传:《奏为台疆紧要防务急需请饬拨银两办防片》,军机处录副,03-6020-095。
⑪ 刘铭传:《奏为遵筹澎湖防务请饬部拨款折》,军机处录副,03-6101-039。

台抚拟疏力争,深忧台澎办防遥遥无期。

关键时期杨昌濬于光绪十二年二月赴澎湖各海口巡阅,顺便与刘铭传会商要政①。刘氏专程赴会,两人在澎湖筹商三天,杨氏也反对户部目前坚持的"以台款办台事"主张②,答应立即返闽紧急筹策,"督臣老于军务,洞悉戎机,深以澎防为急,明知闽饷奇绌,然一片公忠恳挚,慨允回省力筹"③。数月后,督抚两人确定由闽省承借洋款 80 万两,两省各使用一半,三年后再由台省偿还 40 万两,由其余闽省承担④。问题是举借洋款户部此前已有禁令,非有特旨许可不准议借,该部碍难支持⑤。这一决断自然有部库紧张之背景:

> 国用奇绌,司农终日仰屋,如海军衙门专恃捐输,而捐者寥寥;三海工程责令前后各关道报捐,时或停工以待,洋款借至千八百万,耗息不少;举行大婚又需千数百万,户部存款不足供官兵俸饷一岁之用。时势至此,良用浩叹。⑥

台防、善后、抚蕃等在在需款,光绪十二年四月下旬,刘铭传乘赴福州治疗眼疾之机,与闽督杨昌濬深入磋商,筹划福建等省对台湾的支持,全面制定台湾设省筹备事宜清单。刘铭传对闽督杨昌濬的至诚和胸襟极为钦服,这次赴福州会商,最大收益在于将闽省等处协济经费的额度确定下来。闽省承诺解台款项,"议由厘金项下每年协济二十四万两,由闽海关照旧协银二十万两"⑦。督抚二人又建议由粤海关等五关,每年再协济银 36 万两,以五年为限,期望台省解决"过渡期"困难⑧。这一奏疏到京后,军机大臣立即缮写寄信,饬令闽省遵办⑨。五海关协济的建议其实被户部拒绝,但此后三年闽省实际协济台湾的业绩较为

---

① 杨昌濬:《奏报带印出省巡阅日期及赴厦门澎湖各海口察看情形折》,军机处录副,03-6021-017。
② 刘铭传:《奏为复陈台湾出入款目请饬查核折》,军机处录副,03-6615-064。
③ 刘铭传:《奏为遵筹澎湖防务请饬部拨款折》,军机处录副,03-6101-039。
④ 刘铭传:《奏请饬令速行筹借银两以济急需片》,军机处录副,03-9392-039。
⑤ 户部:《奏为酌议台湾巡抚刘铭传等拟借洋款一案片》,军机处录副,03-6558-066。
⑥ 《致刘锦棠函》,《谭钟麟函札》,甲 580,第 68—69 页。
⑦ 刘铭传:《奏为病痊陈请销假并到省与督臣杨昌濬会商台湾情形折》,军机处录副,03-5209-091。
⑧ 杨昌濬、刘铭传:《奏为遵旨筹议台湾改设行省事宜折》,军机处录副,03-5093-022。
⑨ 军机大臣:《奏为刘铭传到省会商台湾情形请饬拨银折所请由闽省协济银四十四万两等恭拟寄信谕旨事》,军机处录副,03-5692-083。

明显,闽督杨昌濬不分畛域,布政使张梦元苦心筹措,每年44万两的协济毫无贻误①。

台湾初创行省,获得闽省解囊协济,可谓大旱逢甘霖。其实,中法战争刚刚结束不久,作为主战区省份,闽省曾驻扎150余营兵勇,省内财政早已悬釜待炊②,三年后,洋药税厘改由海关征收,闽省每年顿失50余万两收入,陷入挪东补西境地③。杨昌濬时刻惦记台省创设之初,邻省协济刻不容缓,因此,能够在数年内一如既往,依额实解,实属不易。

与户部调减甘新军费供应做法相比,清政府对于新设台湾省的军费需求并非漠然应付,基本背景仍是基于部库"量入为出"的纾困安排,不得不仍旧沿用"闽台一体"的协济机制,发挥相对富裕行省的支持能力,尽量避免造成部库更大的窘困局面。当然,针对西北甘新地区和东南台澎海疆的紧迫需饷,部臣并未完全置之不顾,特殊时期,该部毅然下决心舍弃京师放饷紧要需求,直接大量调拨本属京饷的财源,"舍己芸人",以满足西北边疆和东南海疆的紧迫需求。

五、靖边军费投放与国家纾困纠结

在清代历史上,光绪中期具有一定的特殊性,它表现在:承平时期却夹杂战事,内地和平而边患纷至,秉政者面临国库财绌与边患侵袭的重大挑战,可谓敝舟逆风,体弱负重,因此,"纾困"与"靖边"之间必然形成一种矛盾,部臣、疆臣、边陲大员毕竟视界不一,利益有别。左宗棠征战西北期间对此感触甚深,尝言:"九州之大,相与支撑者,不越十余人,棹扁舟于极天怒涛中,努力一篙,庶有同登彼岸之望。如图各急其私,事固有未可知者。"④两大要政的推行,户部处于枢纽地位,既顾国帑安全,又兼边围需财,费心筹策,仍时感竭蹶;而外省疆臣基于在地利益,虽奉行谕令,但或有敷衍因循,甚至杯葛博弈,所谓龃龉丛生于此可见。

在讨论时段内,阎敬铭执掌户部,国帑是否充盈足拨,阎氏的作为和实效自

---

① 卞宝第、刘铭传:《奏为革职留任福建藩司张梦元竭力筹措台湾饷银从未延误请开复处分片》,朱批奏折,04-01-16-0227-027。
② 古尼音布、杨昌濬:《奏请闽省用兵后支绌异常请准暂免拨解京饷折》,军机处录副,03-6099-050。
③ 杨昌濬:《奏为闽省度支奇绌京协各饷亟须解应请饬部迅将税关洋药厘金划拨济用折》,朱批奏折,04-01-01-0959-043。
④ 《答江西巡抚刘仲良中丞》,《左宗棠全集·书信三》,长沙:岳麓书社2009年版,第95页。

具代表。开源与节流是其全力贯彻的大计,其施政效果获时人褒评较多。光绪十四年春季,曾任职户部侍郎、出使美国的张荫桓致函阎敬铭,盛赞其执掌户部以来的出色业绩①,后来研究者如汤象龙、何烈均认为甲午战争前清政府财政足以维持平衡而有余②。这类褒评其实仅反映财政之一面,晚清后期国库远未脱离捉襟见肘的被动局面,极大地牵制着治国保边行动。

开源节流行动是阎敬铭倡导的国家纾困大计。该政策始于光绪十年九月初五日懿旨:"现在军饷紧要,应如何预为筹画之处,著军机大臣、户部、总理各国事务衙门大臣会同妥议具奏",枢臣研究的结果是形成"开源节流"二十四条,部疏于十二月初八日奏上,初十日奉旨准行③。其中虽分列开源和节流两个方面,但实际上偏重节流一端,这与清政府刻意执行"量入为出"的财政指针有密切关系④。其间,有个别京官指责二十四条"皆烦碎琐屑,不成政体,得小失大,窒碍难行",主张删繁就简,就饷筹兵⑤;各省大多数复奏或强调部疏不符合本省情形,难以施行;或解释某款数年后视情况方可推行,较有成效者寥寥无几。开源节流行动落实在州县这个层面,为官者也有苦衷。山东黄县知县致函阎敬铭,剖白自己面临的难处:"卑职勉力裁减,亦只裁去道府节寿一项,余项无可再裁,提摊各款无从设措,只可缓图。"⑥也有地方知县刻意隐瞒,不令上峰闻知,即便被察觉,因利益共存,无如之何⑦。作为富庶省份的江苏省,面对清政府勒令节饷解部谕旨,苏抚竟称没有节余款项可以委解部库⑧。

然而,同一时期,在督抚司道看来,户部酌拨行为往往不顾及外省实际,颇如"店中掌柜"之类:"但知算盘上拨入数字,不顾伙计为难,更不知门前之客为难。"⑨因此,沿海临江省份时常以办理海防、江防为借口,动辄奏请改变部臣指

---

① 《张荫桓来函》,《阎敬铭存札》第3函,甲246-8,第53页。
② 汤象龙:《民国以前关税担保之外债》,《中国近代经济史研究集刊》第3卷第1期,1935年5月;何烈:《清咸、同时期的财政》,台北:"国立"编译馆中华丛书编审委员会,1981年,第320页。
③ 《奏陈开源节流章程疏》,杜诗笠:《光绪财政通纂》第53卷,成都:蓉城文伦书局铅印本,第1—11页。
④ 《议覆御史谢祖源奏饷需支绌妥筹借款折》,《户部奏稿》第8册,北京:全国图书馆文献缩微复制中心,2004年,第3915页。数年后,该部仍主张开源不如节流。参见《通盘筹划量入为出以裕度支疏》,杜诗笠:《光绪财政通纂》第53卷,第12页。
⑤ 《议覆御史张廷燎奏户部筹饷二十四条请饬量加删汰折》,《户部奏稿》第9册,第4101—4103页。
⑥ 《山东黄县官员来函》,《阎敬铭存札》第7函,甲246-12,第51页。
⑦ 《同光度支琐闻》,徐珂:《清稗类钞》第2册,北京:中华书局1984年版,第516页。
⑧ 《复陈江苏司关各库奉饬每年酌提存储委实无款可筹折》,谭钧培:《谭中丞奏稿》第4卷,清末铅印本,第38—42页。
⑨ 《致翁曾荣函》,谢俊美编:《翁同龢集》上册,第246页。

拨边疆省份协济银两的方案，部臣艰于应付，愤而指责行省诸臣："沿海各省无论军情缓急，同声藉口办防，而腹地各省又有募勇招军，可以一意推诿，甚至率请尽留京饷，全不问根本之盈虚……荒田不垦，赋额欠完，税款短亏，各省亦毫无整顿，今遇有急务，若复畛域分明，各图私便！"①经略边陲重大行动实际上受到清政府财政储量和各省关协济能力两方面影响，东北边防经费协济、新疆设省后旧欠军饷发放、台湾防务紧急需饷难题，无一不与户部酌拨能力和各省协济力度有直接关系。

关于东北边防经费的成效问题。光绪六年奉旨设立东北边防经费时，每年指定各省关协解200万两。总署负责对这笔经费协济执行情况实行监控，定期向清政府报告，且屡屡督催欠解协济款项的省份。据光绪六年至光绪二十年奏报来看，各省关解款并不均衡，至光绪二十年底欠解总额为223万两②。除极个别情况，总体年平均欠解大致为15万两左右，欠解率为7.5%，对东北边防整体运作的影响基本不算严重。这种解款业绩相对理想的结果，与各省关按期解款直接到部库，再由东北各处来京领回的特殊做法有关。假如令各省关径解东北，情况可能大不相同。时人一般认为："解京即属有著，协拨遂不可恃"③，京饷考核较协饷更为严格，所以疆臣重京饷、轻协饷的传统认知牢不可破。大约同一时期，户部规定吉林省练饷协济须径解吉林，不必解部转提，导致各省积欠较多④。吉林将军希元要求部库垫付欠饷，该部也只能允准垫解部分款项⑤。各省东北边防经费协款采用京饷方式直接解部的做法，说明清政府将东北龙兴之地的军费需求置于特殊地位，与其他边疆军费需求采用一般协饷规程的处置方式迥不相同，其重视程度超越一般。

新疆省与东北差异较大。虽奉旨设省，但筹建运作能否顺利，很大程度上取决于裁军节饷的有效实施。刘锦棠统率的湘军是疆内最主要的兵力，湘军裁改是通过裁遣老弱，推行坐粮制度，以节省财政支出。但是，裁兵行动无法绕开积

---

① 《议覆浙江巡抚刘秉璋奏请将浙省奉拨甘省调直防月饷改拨片》，《户部奏稿》第7册，第3118—3119页。
② 奕劻等：《呈光绪六年至十二年七年各分省关欠解东三省边防经费银两数目清单》，军机处录副，03-6108-075；奕劻等：《呈各省关欠解本年及历年东北边防经费银数清单》，军机处录副，03-6635-024。
③ 《议复署黑龙江将军文等奏官兵困苦请将俸饷仍由部领折》，《户部奏稿》第1册，第93页。
④ 庆裕、启秀：《呈各省欠解东三省甲申年的饷并历年欠解清单》，军机处录副，03-6610-057。
⑤ 阎敬铭：《奏为遵议吉林将军侯希元等奏练饷瞬将届满各省协饷毫未解报仍请由部垫拨折》，军机处录副，03-9420-009。

欠军饷的发放,而这一点却令疆臣为难。依照户部规定,旧欠时间截至光绪十年新疆建省,刘锦棠湘军欠饷高达285万两①。该部认为可通过折发方案并辅之以报效捐输来解决这个难题,但刘锦棠认为朝廷应体恤老勇长期征战,不应以折发令其寒心②。然而,全发欠饷的经费来源难以兑现,户部虽指拨广东、福建、浙江等有关省份带解积欠银两,却很少能得到实质性响应。甘督谭钟麟也为湘军欠饷这一陈年旧案久拖不决愤愤不平③,无奈之下,谭氏向翁同龢等枢臣倾诉欠饷的难处,且派甘肃官员陶模赴京活动。据陶氏从北京反馈的信息看,户部诸臣或有解决的希望④。于是刘锦棠和谭钟麟信心始足,准备向清政府具奏请款要求。

事实上,当时国家财政是在高危状态下竭蹶运行,阎敬铭向光绪帝奏报:"近来如山东省河工、东三省边防、海军衙门及江浙闽广添购之船炮、神机营及广东、福建所借之洋款,加以在京官兵俸饷规复原额、采办滇铜洋铜鼓铸制钱需款之多,较之数年前每岁增出款千数百万;至于滇粤及沿海各省新募设防各勇目前又未全裁,所增饷项尚不在内。在边陲各省辄谓地贫饷绌,筹拨必须的款,而财赋之区则皆自收自用,坚云无可裁减。臣等补救无方,昕夕只惧。"⑤部臣进退纠结心态于此可见。

谭钟麟、刘锦棠二人联衔邀饷奏折于光绪十三年三月初上奏,试探性奏请部库垫解140万两⑥。一个月后,谭钟麟又以附片形式再度奏请户部垫解西征欠饷,为谨慎起见,他只建议部库垫拨70万两,其余款项甘肃可以设法支援。其实,户部决断的行动比较快,谭氏附片到京前,针对二人联衔奏疏的处理结果已经形成,并得到谕旨允准。四月初八日,该部在本年新增一千数百万两支出的背景下,毅然决定"舍己芸人",饬令福州将军、直隶、两江等18个省关将本年度应解部库京饷100万两,直接解往甘肃藩库,限期于五月底必须解到⑦。得知这一大好消息,甘督谭氏对阎敬铭的巨大支持极为感慨:"幸朝邑垂注西事,此信于二

---

① 刘锦棠:《奏报查明截上年止历年欠发军饷实数折》,朱批奏折,04-01-01-0953-027。
② 刘锦棠:《奏请饬部限解军饷折》,朱批奏折,04-01-01-0956-062。
③ 《致刘锦棠函》,《谭钟麟函札》,甲580,第2—10页。
④ 《致刘锦棠函》,《谭钟麟函札》,甲580,第23—28页。
⑤ 阎敬铭等:《奏为遵旨速议甘肃新疆巡抚刘锦棠奏请饬催各省关协解西征欠饷折》,军机处录副,03-6105-011。
⑥ 刘锦棠:《奏为各省关奉拨西征欠饷逾期未到请饬部垫拨库款折》,朱批奏折,04-01-01-0958-079。
⑦ 谭钟麟:《奏为积欠湘军饷银恐生事端请由户部拨款片》,军机处录副,03-5848-093。

十八到京,故初八速议,允拨百万,然搜括十数行省始成此款,可谓难矣!"①谭氏且令藩司谭继洵从甘省藩库中分批挪借 40 万两支援新疆②。至光绪十四年春天,新疆湘军旧欠问题得以解决。西征经费指拨由光绪十一年前每年 1 200 万两大幅度减少到 480 万两。节省下来的银两,陆续移到紧急需款的领域③,从实际上纾解了清政府财政的巨大压力。

与新疆这一广袤大省不同,台湾系"小省",中法战争结束后,户部有可能腾出财力支援台湾省肇建,但实际上该部酌拨能力依然受限于部库支绌的现实,台款指拨协济过程一波三折,几经调改。但这并不意味着国家财政在边陲经略上厚此薄彼,实有部拨方案不实不尽的具体失误。

台湾购炮筑台等海防急需饷项,虽有闽省协济支持,但缺额仍然较大。光绪十二年六月中旬,闽督杨昌濬和台抚刘铭传联衔上奏,建议粤海关等五关共协解 36 万两。七月中旬户部在审查时,对此予以否决,认为该五关承担的协解任务已经相当艰巨,不应再增加负担,改为指拨左宗棠此前奏设糖厂盈利、杨昌濬奏设铅矿盈利项下"十数万两",连同福建认解 24 万两在内,共凑成 36 万两,足以堪用④。针对这一方案,刘铭传详细了解后得知,糖厂盈利和铅矿盈利两个项目因故难产,这十几万两指拨根本靠不住,讽刺部臣"凭空"指拨:"部臣以已故大学士左宗棠之空言指为要需实用,自系帑项支绌、暂行延宕起见。"⑤户部得知后深感意外⑥。震惊之余,十一月该部奉旨赶速筹划,下决心仿照新疆湘军旧欠解决办法,令有关省份将本来解部京饷款项,改解台湾。包括安徽省认解 4 万两、浙江省认解 10 万两、台湾省征存加征洋药税厘项下拨银 19 万两、福建省应解部库筹边军饷项下拨银 3 万两,共计 36 万两,户部强调:"以上各款皆系部库要需,一经划拨,则年底部库倍形支绌,应由臣等设法另筹弥补。"⑦户部暂时以京饷财源紧急支持台湾省急需款项,体现出中央财政针对地方紧迫需求的"救急"色彩。

其实,部臣这次调整指拨方案中,75%的款项依旧虚悬不实。光绪十三年闰四月初,刘铭传了解到,浙省承担的 10 万两,前抚臣刘秉璋已经奏准动用 8 万

---

① 《致刘锦棠函》,《谭钟麟函札》,甲 580,第 56 页。
② 谭钟麟:《奏请饬催江浙闽粤各省筹解协甘饷银折》,军机处录副,03 - 6106 - 080。
③ 福锟等:《奏为指拨光绪二十年分筹备饷需银两折》,军机处录副,03 - 6132 - 017。
④⑦ 阎敬铭等:《奏为遵议台湾巡抚刘铭传奏请饬催拨饷折》,军机处录副,03 - 6103 - 072。
⑤ 刘铭传:《奏请饬令速行筹借银两以济急需片》,军机处录副,03 - 9392 - 039。
⑥ 左宗棠:《奏为试办台糖遗利以浚饷源折》,军机处录副,03 - 6095 - 012;杨昌濬、张兆栋:《奏为闽省招商集资开办铅矿折》,军机处录副,03 - 9427 - 010。

中国近现代史研究论文写作：案例与方法

两,只剩 2 万两;而台湾加征洋药税厘属于包商承办,并无另存加征之饷,属于无著之款,这两项共计 27 万两,他不得不奏请另外指拨有著之款①。直到十一月初,落实的 27 万两经费,先后辗转指拨、改拨,最终完成解款②。中央财政指拨行为,看似直接有效,实则涉及各省和各海关财政协济能力的通盘筹划,是一个烦琐交互的系统工程,部内司员拨册审核若有失误,整个指拨协济行为便运作失灵。

靖边军费投放行动中,除东北边防经费因清政府以京饷方式置于特别突出地位之外,新疆和台湾的财政需求在清政府制度安排中亦各具特色:新疆军费投放以常年定额协饷为基本保障,其紧急军需则辅之以部库京饷财源予以支持;台湾军费投放以本省财源收入为基干,而以邻省福建定额协济为必要辅助,当紧迫需求不能满足时,户部则以京饷财源作为坚强后盾。形成这种差异性军费协济制度的原因,完全是基于西北广袤边疆区域地瘠民穷,环境恶劣,而需饷数额却十分庞大,必须依赖于内地那些财源有余行省的齐心支持,遵循着临近、次近、远近的空间距离顺序,按照户部指拨方案,有序进行;而台湾境内财源条件远优于西北边疆,财政收入相对富足,台澎防务需款和省内善后支出,在初创时期数额较大,必须依赖临近省份的鼎力协济,紧急情况下或需部款挹注辅助。户部拨济时,在国库困绌背景下,针对新疆和台湾需求,作出如上差异明显的制度安排,确有衡情酌理的革新运作和特定区域的现实考量。如果说清政府执行的边疆军费协济存在共性模式的话,首推以协饷为主的制度运作;而光绪中叶,鉴于边患频仍、防务紧迫,清政府不得不将协饷制度与京饷制度混合运作,设立带有京饷特征的"专项经费",或直接调配京饷财源救急济困,摒弃僵化守制的做法,进行应对时局巨变的制度改革,就边疆军费运筹而言,这是晚清财政支出方面较为显著的制度性改革举措。

深入检讨后可以发现,西北、东北、东南等方向的保疆大计,军费运筹得当与否是一个无法回避的关键问题,各省财政盈绌总体上决定着支持保疆的力度。各行省整军经武、洋务新政在在需饷,原不敷支放,但保疆大计关乎国家安全,清政府必须通盘筹策,顾内与靖边彼此兼顾,在竭蹶困顿中维系着协饷制度的有效运行。纾困与靖边矛盾实际上对立而又统一。所谓对立,乃指内地行省财政盈

---

① 刘铭传:《奏为部拨台湾款项虚悬请饬部另拨折》,朱批奏折,04-01-30-0202-022。
② 菘骏:《奏为光绪十三年节省修舱项下凑支台湾用款片》,军机处录副,03-6617-036 等。

余规模较小与边陲经略需财庞大、内地整军洋务需求与应对边患需求之间的矛盾;所谓统一,乃是边疆局部与中国整体国家命运上的一体化,正如学者所指陈的那样:"西北陆地边疆轴向和东南海疆轴向的互动对于国家建设具有深远影响,尤其事关近代中国前途和中华民族整体的历史命运。"①清政府虽锐意保疆纾困,但受制于既有官僚体系和地方畛域利益的杯葛博弈,总体成效必然呈现非均衡态势:部库纾困显效,但酌拨能力高低交替;边疆虽已设省经略,但财政困顿时有发生。两大要政的运筹能否守得云开见月明,变数依然较多。如何调处这两大要政之间的彼此纠葛和互为牵制,既要聚合群力,又须处常应变,适时推进制度改革,这恰好是检验清政府保疆纾困能力的重要方面,所遗留的思想和教训,值得今人体悟反思。

 复盘与导读

敝文成因背景说来比较复杂。博士毕业后,关于学位论文选题"鸦片税收与清末新政"的研究已经结束,研究的兴奋点转移至清末新政时期的财政制度变动问题上,在这个课题上耕耘了大概五年时间。该课题结项后,兴趣点又上溯到咸同光三朝战争时期的军费协济这一课题,除了研究战区督抚统兵大臣之间围绕协济产生的问题之外,在扩张文献阅读的过程中,又关注到西北、东北、东南等边疆危机的化解纾困与财政协济之间关系密切,因此,在搜集文献时,对此尤加留心。大概历经数月时间,将该问题相关的核心文献解读完毕,心中产生研撰一篇"靖边垂与纾国困:光绪前期清廷保疆的军费筹计"的论文的想法。史料准备比较充分以后,撰文相当顺利,几乎是一气呵成。在历经多次学术交流和师友研讨后,敝作刊出。回想起来,此文研撰理念和体会还是有一些值得跟学界同仁分享的地方。

首先,论文选取晚清时期与治国理政这一重大主题直接相关的"保卫疆土,治理国家"问题作为研究对象,其切入角度与过去通行研究不同,它从清政府的军费调配和财力协济角度入手,主要研究晚清财政匮乏背景下,清政府如何通过协饷制度调整、京饷与协饷混合运作等方式,对中国西北、东北和东南疆域的外患危机进行纾困解危,强化边疆固防的军事和财政机制。该文还从制度方面着

---

① 王鹏辉:《龚自珍和魏源的舆地学研究》,《历史研究》2014年第3期。

眼,将设省管控与军费调配、财力协济三个有机部分贯通结合,深入讨论这一宏观问题。

其次,这篇论文讨论的对象是国家治理、治国安邦命题在近代史上的重大个案,它将晚清后期的国家财政、军事问题与边疆问题联系起来加以论证,论文的问题意识跟过去通行的边疆史、财政史、军事史研究中坚守各自学科的固定轨辙相比有较大区别,笔者有意识地去打通相关学科方向的彼此限制,研撰理念不再拘执于所谓"财政史""边疆史""军事史"这类学科约束,拓展研究视野后,所得的认识也就有所创获。

再次,长编考异的方法尽管学界耳熟能详,但在近代史领域,文献规模非"浩如烟海"不足以概括,扎实做好高品质的文献长编,对于相关研究来说,绝对是一个极具挑战性的问题。接续下来的文献排比、史实逻辑建构、与前贤对话,乃至掬出自己有深度的研究认识,都离不开这种高质量的文献长编。敝文成文前期,大量搜集第一历史档案馆收藏的原始档案,围绕该问题的朱批奏折、录副奏折等史料解读达上千件,此外时人文集、日记、大量未刊函札、民间札记、中外学界研究成果等直接和间接文献数量亦不算少,多种类史料可以起到主证、佐证、反证的作用。史料繁富扎实是立言成文的较高要求,这也是敝文研撰过程中付出精力最多的一个方面。

上述几点体会,或许是老生常谈,但就当年研撰和修订工作来说,的确是真实的体会,希望读者明鉴。

抗战时期天津租界中国存银问题

——以中英交涉为中心*

吴景平**

摘要：1938年春夏之交，为避免留存于天津租界的巨额白银被日本窃夺，中国方面展开以英国为主的对外交涉。因国民政府最高决策者蒋介石对天津租界存银问题关注不够，直接从事对英交涉的外交部与主管货币银行事务的财政部未能充分沟通和融洽合作，加上英国一味维护自身利益，不顾中方反对，对日采取妥协退让政策，进而导致法国也向日本作出同样让步，中国存银最终被日本监控并攫夺。在对英交涉中，国民政府对英国不尊重中国的主权和重大利益的本质有了深刻认识，因此英国在国民政府战时外交全局中的地位下降。

关键词：天津租界；存银问题；中英关系；外交体制

1938—1940年期间，围绕留存于天津租界的巨额白银，国民政府有关部门持续展开对英法两国的交涉，力图避免出现中国存银被日本劫夺的局面。鉴于当时英国在华有较大利益关系和影响力，国民政府十分关切英国对日本侵华扩张所持的立场和态度，将英方作为天津租界存银问题交涉的重点。但英国为维持其在天津租界的基本利益和保护英侨，与日本多次谈判后采取妥协策略，进而影响法国也作出同样让步，以致天津存银遭到日方监控，最终被攫取。对于这一事件，已往中国金融史教材和通史类著作及相关银行史资料[①]，都乏文介绍。虽

---

* 原载《历史研究》2012年第3期。本书收录时略有修改。
** 吴景平，复旦大学历史系教授。
① 洪葭管主编《中国金融史》(成都：西南财经大学出版社1993年版)第6章第2节"日军占领区的殖民地金融"、洪葭管主编《中国金融通史》第4卷(北京：中国金融出版社，2008年)第6章第4节"华北沦陷区的金融概况"，均未述及天津中国、交通两行白银被迫移存问题。

然在外交史、中英关系史的专著中略有以英对日妥协为主线的叙述①,关于国民政府的研究成果亦提及中方向英方表示抗议②,但几乎都没有涉及中英关于存银问题的谈判③。西方学者的相关代表性著作虽对英政府所持态度如何受制于其远东利益和基本政策、英国外交决策当局驻中日两国有关代表所持态度有何异同有详尽剖析,但对中方的叙述甚为简略,更谈不上分析④。可以说,已有相关成果中既无关于天津存银问题中外交涉的完整叙事,也没有对国民政府有关决策的研究。台湾"国史馆"藏蒋介石档案和国民政府处理华北白银问题的专卷,以及英国国家档案馆藏外交部档案、美国斯坦福大学胡佛研究所藏蒋介石日记等史料显示,对英交涉是整个天津租界存银问题交涉的关键所在,持续时间长,过程曲折复杂。本文以中英交涉为中心梳理天津租界中国存银问题的基本史实,兼及分析当时中国所处的外交困境和应对举措,考察相关的外交决策体制。

一

抗战时期的天津存银问题由来已久。1935年11月国民政府实施法币政策,收兑流通中的白银,集中各有关银行作为发行准备的白银,一起南运。华北地区收回的白银,虽然集中在中国银行和交通银行名下,但由于日方的无理阻挠以及华北地方当局的要求,一直未能南运。这些白银除部分存于北平几家外商银行外,大部分留存于天津英法租界的中国银行和交通银行,总额高达4 000余万元,几占当时国民政府除军费以外年度主要财政开支总额的20%⑤,因此一直

---

① 吴东之主编《中国外交史(中华民国时期:1911—1949)》(郑州:河南人民出版社1990年版)有500字左右的篇幅概述天津存银问题的由来以及1940年6月英日达成相关协议。徐蓝《英国与中日战争(1931—1941)》(北京:首都师范大学出版社2010年版)第12章"天津租界危机"主要依据已出版的《英国外交政策文件》,提及英方对天津存银问题态度的演变。萨本仁、潘兴明《20世纪的中英关系》(上海:上海人民出版社1996年版)则仅有寥寥数语提到英日达成妥协。

② 朱汉国主编《南京国民政府纪实》(合肥:安徽人民出版社1993年版)有"国民政府抗议英日天津白银协定"条。

③ 参见傅敏:《英国在远东的双重外交与天津租界危机》,《民国档案》2009年第3期;张玮:《天津事件:战时中英日三角关系个案研究》,《山西师大学报》2001年第4期。

④ Bradford A. Lee, *Britain and the Sino-Japanese War*, *1937 - 1939: A Study in the Dilemmas of British Decline*, California: Stanford University Press, London: Oxford University Press, 1973; Nicholas R. Clifford, *Retreat from China: British Policy in the Far East*, *1937 - 1941*, New York: Da Capo Press, 1976.

⑤ 据财政部次长徐堪1938年5月12日复外交部次长徐谟函,该项存天津租界白银总数在4 100万元至4 200万元之间。("外交部"档172 - 1/2639 - 1,台北"国史馆"藏。下文不再注明所藏地)1937年度国民政府及所属机关的行政经费1 800万元、内政费1 300万元、外交费1 000万元、财政费6 400万元、教育文化费4 200万元、建设费5 400万元,总额为20 100万。(杨格:《一九二七至一九三七年中国财政经济情况》,陈泽宪、陈霞飞译,北京:中国社会科学出版社1981年版,第486—487页)

为中央政府尤其是财政当局所关注。

通常认为,"天津危机"始于1939年初夏①。事实上,中国方面对华北存银可能遭到日本劫夺的担忧,以及由此开展的与有关大国的交涉,至迟可以追溯到1938年春夏之交。

1937年全面抗战爆发后,日本占领平津,即试图攫夺该地区的中方存银,以用于建立和维持华北占领区的金融体系。1938年春伪华北临时政府成立"联合准备银行"后不久,便借口开展外汇业务所需,拟提取中交两行存银②。5月10日,财政部收到天津租界存银的主要所有者中国银行和交通银行两总行联名急电,报告有关情况:

> 查敝两行存北平现银圆,计敝中国行存六百九十三万余元,敝交通行存九百六十四万余元,除少数存两行库房及银钱业公库外,大部分均分存中法银行、东方汇理银行及华比银行;又存天津现银圆,计敝中国行存一千八百三十五万元,敝交通行存一千八百七十七万余元,均分存英法两租界两行库房、新华银行库房及银行业公库。此项法币准备一经攫夺,必致牵动整个金融,情势急迫,应否由大部咨请外交部转商有关系使领协助保全,盼即核办电示。

当时华北主要地区已处于日军占领之下,但法币之所以还能在相当范围内流通,就在于存于天津租界的发行准备金是充足和安全的;如果作为发行准备金的白银遭日方劫夺,国民政府对于华北金融的影响力无异被釜底抽薪,日伪的殖民统治将因此获益匪浅。为此,国民政府财政部立即要求平津的中国银行和交通银行将所保管的白银"应速觅安全处所,并筹妥慎方法,分批移管,以昭郑重",要求两行与平津现银保管委员会"接洽办理,毋得迟误"③。

在中交两总行联名急电之前,1938年5月2日,英国驻日大使克莱琪

---

① 天津危机的交涉内容是英租界的政治管辖权及警务协定。[参见吴东之主编:《中国外交史(中华民国时期:1911—1949)》,郑州:河南人民出版社1990年版,第463—467页]
② 参见《卞白眉日记》,1938年4月25—27日、5月7日,方兆麟主编:《卞白眉日记》第2卷,天津:天津古籍出版社2008年版,第409—410页。卞白眉(1884—1968),名寿荪,历任中国银行总发行局佐理、总稽核,中国银行天津分行副经理、经理,天津银行公会会长等职。1938年1月,卞白眉离津赴港,任天津中国银行驻香港办事处负责人。
③ 《财政部收中国、交通总行香港来电》,1938年5月10日,外交部档172-1/2639-1。

(Robert Craigie)和日本外相广田弘毅以换文方式达成关于中国海关的协定①。根据这个协定,沦陷区各海关的一切收入及其支配都将置于日本的直接控制之下,尽管这些收入名义上列在总税务司账户之内。中国的海关主权受到严重侵害,国内债权人的有关利益被剥夺,其他债权国的相关利益也将受制于日本。财政部作为主管财税与货币金融事务的政府机构,非常担心如果英国继续对日妥协,平津存银会继海关权益之后,成为日本压力下的又一牺牲品,因此收到中交两总行急电当日,时任行政院长兼财政部长的孔祥熙便亲笔致函外交部次长徐谟:

> 关于平津中交两行存银,日方觊觎已久,兹复据该两行转报平津分行电,称以环境恶劣,虽勉力支撑,但能否不被劫取,难以逆料。如此项法币准备一经攘夺,必致牵动整个金融,情势急迫,请由部咨请外部转商有关系使领,协助保全等语。查核所称关系至为重大,除由部正式咨请贵部办理外,特先将原电抄上,即请察照,迅予妥筹,转商协助保全办法,并盼见复。②

孔祥熙的意见很清楚,外交部应当承担起保全天津存银的职责,立即开始相应的交涉工作。当外交部向财政部查询平津存银数目及地点时,财政部答复:"北平存银约一千五百万元,存贮东交民巷;天津存银约四千一二百万元,存贮英法租界。"③

外交部收到上述函稿咨文后,曾与英国、法国和比利时驻华使馆接洽。比利时大使馆口头复称:"查平津方面,并无现银圆存于华比银行。"法国大使馆口头复称:"已呈奉那齐雅大使自沪电开:关于中国政府请求协助保全平津方面法币准备事,当再电法国驻平大使馆人员及驻天津总领事馆继续设法尽力保护。惟若平津金融组织在人事方面发生变化,因此影响到现银保管问题,则法方殊难为力。"而英国大使馆直到7月初仍无任何答复。7月3日,外交部将上述情况咨复财政部④。

---

① 参见《1938年英日关于中国海关的海关协定》,北京:中华书局1983年版,第98—99页。
② 《孔祥熙致徐谟函》,1938年5月10日,外交部档172-1/2639-1。
③ 《徐堪致徐谟函》,1938年5月12日,外交部档172-1/2639-1。
④ 《外交部复财政部咨文》,1938年7月3日,外交部档172-1/2639-1。

就在外交部等待有关国家政府答复期间,华北伪政权以检查库存,要求填送报表以及其他非法手段,对平津中交两行业务多加以破坏,以冀达到垄断华北金融之目的。财政部接报后,一方面令饬中交两总行转饬平津各分行,严予拒绝伪组织非法干涉行务,不得稍有通融,另一方面考虑到平津分行行址系在北平东交民巷及天津英法租界,遂于7月1日以财政部长孔祥熙的名义咨请外交部迅为转商英法大使,分别转请驻平津英法领事尽力保护①。外交部收到咨文后,7月7日致节略给英法驻华大使,强调保护在津中交两行对于各该国在华利益的重要性:

> 查该两分行在平津历史悠久,对于当地市面及中外商业关系,尤为密切;如果任令非法干涉,破坏行务,不特有碍中国整个金融,即与各国在华商业利益,亦有重大影响。该两分行行址系在天津租界及北平东交民巷,兹外交部特请英、法国大使馆转知驻平津外交及领事代表,对该两银行尽力保护,俾得照常执行业务,无任感荷。②

对于中国外交部的节略,法国大使馆7月27日答复称:"当在可能范围内,予该两行以一切合法保护";而英国大使馆直到8月13日才复照称:"查天津之该分行系在法租界内,北平之该分行亦不在使馆区域内,均不属于英国当局负责保护范围,合即略达。"③当时,蒋介石曾致电行政院长孔祥熙,提议:"津行存银,可否设法分存各外商银行,或押换外币,否则亦应有临时应急、分散沉没之处置也。"④事实上,天津租界已处于日方严密监控之下,中交两行之白银数额巨大,无论是换成外币,还是其他处置,都具有相当难度和风险,无法确保安全。到10月,随着日军侵华的加剧,中交两行也曾直接求助于英国方面,但得到的私下答复却是:"津库存现洋之钥匙最好妥为保管,以免敌方强迫交钥、开库,保护者将无词可以干涉云云。"⑤英方实际上已经暗示不能承担保护中方在天津租界权益

---

① 参见《财政部长孔祥熙致外交部汉钱字第43367号密咨文》,1938年7月1日稿,7月3日发出,外交部档172-1/2639-1。
② 《外交部致英、法大使馆节略》,1938年7月6日稿,7月7日发出,外交部档172-1/2639-1。
③ 《有关大使馆致国民政府外交部长王宠惠照会》,1938年8月13日,外交部档172-1/2639-1。
④ 《蒋介石致孔祥熙电》,1938年9月19日,蒋介石档案002-010300-00016-063,台北"国史馆"藏。下文不再注明所藏地。
⑤ 《卞白眉日记》,1938年11月22日,方兆麟主编:《卞白眉日记》第2卷,第430页。

的责任,却没有引起国民政府行政当局的警觉及采取有效的处置。直到翌年初夏天津租界被日军封锁,国民政府财政部并没有对天津租界中交两行存银作出相应的处置,而外交部也没有对法国的笼统承诺和英国的推诿作进一步的交涉。

而日本在1938年9月举行的东京英日会谈中,就天津英租界问题向英方提出三点要求:在镇压反日活动和反日宣传方面与日本合作、禁止法币流通并与联合准备银行合作、交出中国政府银行在英租界的存银以作为联合准备银行的发行基金,但会谈没有解决这些问题①。10月,随着广州、武汉的沦陷,"日军气焰万丈,欲没收平津中、交,并禁止津法币流通"②,对天津法租界存银的图谋日益显露。

12月6日,财政部向外交部发出第2864号密咨文,要求外交部就天津存银问题与法国大使馆接洽后,外交部才照会法国大使馆:

> 查中国政府在天津法租界内存有白银,日方屡谋攫取。以天津法租界当局向持严正态度,予以维护,日方未达目的。中国政府对于法方援助,深为感荷!近据报告:日方对于该项存银,图谋益亟。外交部应请法国大使馆转行天津法租界当局,仍本向来维护之精神,将该项存银妥密封存,代为保管,勿任日方或任何非法组织攫取或占有。③

与7月初的节略相比,此次外交部向法方明确提出了保护天津租界中方存银免遭日本攫夺的要求,但并未同时照会英国方面;而英国大使馆从法方了解情况后,却主动致函中国外交部:"就本馆所知,外交部曾于一月前知照法国大使馆,请将天津英法两租界内各中国银行之存银封存,以免为日方所攫取。惟查天津各该中国银行迄今当未接到关于此事之训令,请设法迅行颁发此项命令。"④英方潜台词是,中国方面应当更多、更主动地承担起防止日本攫夺天津存银的职责,不应只是把英法推向与日本冲突的前列。

华北白银危机刚发生之时,国民政府外交部只是大体了解平津两地中方存

---

① 参见徐蓝:《英国与中日战争(1931—1941)》,第270页。
② 《卞白眉日记》,1938年10月27日,方兆麟主编:《卞白眉日记》第2卷,第427页。
③ 《外交部致法国大使馆节略》,1938年12月8日,外交部档172-1/2639-1。
④ 《英国大使馆致外交部次长徐谟英文函》,1939年1月13日,外交部档172-1/2639-1。

银数,并不清楚具体情况。待收到上述英国大使馆照会后,才意识到"似天津英租界内各中国银行亦有存银,我方对于英方似亦应有同样表示",并提醒财政部对天津各中国银行发出封存白银的命令①。财政部收到外交部的咨文后,即"转电三总行密电津三行妥洽办理",并要求外交部"查照前案,即函复英大使馆请转行天津英租界当局,将该项存银妥密封存代为保管,勿任日方或任何非法组织攫取或占有"②。1月21日,外交部照会英国大使馆,"请英国大使馆转行天津英租界当局仍本向来维护之精神,将该项存银妥密封存,代为保管,勿任日方或任何非法组织攫取或占有。至纫睦谊"③。这一照会文本与12月8日致法方的照会文本并无实质区别,例行公事色彩浓郁。

总之,从1938年春夏起,国民政府虽颇为担忧天津存银遭到日本攫夺,但主要是财政部更多地关注事态的进展,并催促外交部向英法等国进行交涉,而外交部进行的这些交涉更多地带有例行公事的色彩,并没有引起英法政府的重视。由于当时英日之间关于中国海关的协定对于中国权益的危害性、普遍性更为突出,以及在天津白银危机之前发生日本对于上海公共租界、厦门国际租界的干涉事件④,天津存银问题的严重性以及向有关国家进行交涉的必要性,未能及时引起中国政府最高决策者的重视。

二

1938年10月武汉和广州沦陷后,抗日战争进入相持阶段。当年底汪精卫集团出走后,1939年1月国民党五届五中全会明确了讨伐投降主义、坚持长期抗战的政策。此后,在涉及日本侵害中国领土与主权的问题上,国民党决策层秉持不轻易让步的立场。

1939年起,日本在天津租界问题上不断滋事寻衅,向英法施压,主要目标始终是控制与攫取中交两行的存银。为防止日方纠缠,该年初英国驻华大使卡尔(Archibald Clark Kerr)提出一个方案,即由驻天津英法总领事在场的情况下,尽快公开封存中方的这批白银,届时可请天津日本总领事在场。但日方却提

---

① 《外交部致财政部咨文》,1939年1月13日,外交部档172-1/2639-1。
② 《财政部致外交部密咨渝钱字第3131号》,1939年1月20日,外交部档172-1/2639-1。
③ 《外交部致英国大使馆节略》,1939年1月21日,外交部档172-1/2639-1。
④ 参见徐蓝:《英国与中日战争(1931—1941)》,第212—213、269页。

出必须有日本军方和"联合准备银行"的代表参加封存白银的仪式,这一无理要求遭到英方拒绝①。该年春,天津英租界的局势突趋紧张。4月9日,伪华北临时政府委派的天津海关监督、天津伪联合准备银行经理程锡庚在英租界遇刺毙命,英国租界当局拘捕4名中国人。日本乘机在天津英租界问题上向英方施加更大的压力,除提出镇压抗日活动和引渡中国嫌犯之外,又要求将租界内中国各银行之存银交付日方。5月底,日本华北方面军提出了对于天津英法租界"治安肃正"方面的9项要求,包括对中交两行实行检查、以对"联合准备银行"出资的名义移出中交两行存银1 250万元于租界外、对"联合准备银行"的通货政策予以协助而不得妨害②。由于英方未能满足日方的要求,6月13日中午,日军天津防卫司令官本间晴雅发表布告,宣布自次日起封锁租界,对于进出租界的人士、车辆、船舶均实行检查。同时发表谈话,把封锁租界的缘由归之于英国拒绝与日方合作,再度要求英方放弃支持蒋介石政权的政策,不得庇护英租界的抗日分子,不再支持法币和阻碍联银券的流通③。6月14日起,英租界被日军全面封锁,进出英租界的人士均经日军严格检查,英国侨民遭受侮辱的事情不断发生,英租界食物和其他必需品的供应也基本中断④。

在天津租界危机发生之初,英国政府一度考虑作出较强硬的反应,如禁止日本船只停靠新加坡、槟榔屿和中国香港,中止英日商约。英国还试图获得法国和美国的支持,但未果。权衡欧洲和远东的局势后,以首相张伯伦(Neville Chamberlain)、外相哈利法克斯(Lord Halifax)为代表的英方决策层认为无法单独与日本对峙,决定通过与日本谈判来解决危机。而日本也表示会谈将限于地方性问题,不会损及英方对于天津租界的权利,并同意会谈在东京而非天津举行⑤。1939年7月15日起,英国驻日大使克莱琪在东京与日本外相有田八郎会谈有关天津问题。此时日方提出的要求已经超出引渡嫌犯,要求英方在镇压和防范中国抗日运动方面与日方合作,制止法币在华北的流通,交出中国政府银行

---

① 参见《卡尔大使自上海致重庆英国使馆电》,1939年1月11日,外交部档:政治—远东(中国):FO371/23445,英国国家档案馆藏。下文不再注明所藏地。
② 参见北支军司令部:《天津英法租界相关工作要领案》(1939年5月29日),《现代史资料(13)·日中战争(5)》,东京:みすず书房1973年版,第217页。
③ 《大日本军天津防卫司令官布告》(1939年6月13日)、《在天津日本军当局谈》(1939年6月13日),《现代史资料(13)·日中战争(5)》,第200—202页。
④ 参见徐蓝:《英国与中日战争(1931—1941)》,第272页。
⑤ Bradford A. Lee, *Britain and the Sino-Japanese War, 1937–1939: A Study in the Dilemmas of British Decline*, pp. 190—191.

在天津的存银。英方则只同意就政治方面的问题进行谈判。7月22日,克莱琪与有田八郎达成协定,24日双方发表声明:英国政府完全承认正在大规模战争状态下之中国实际局势,在此种局势继续存在之时,英国知悉在华日军为保障其自身之安全与维持其侵占区内公安之目的计,应有特殊之要求。同时知悉凡有阻止日军或有利于日军之敌人之行为与因素,日军均不得不予制止或消灭之。凡有妨害日军达到上述目的之行动,英政府均无意加以赞助。英国政府将趁此时机对在华之英当局及英侨说明此点,令其勿采取此项行动与措置,以证实英国在此方面所采取之政策①。上述关于天津问题的英日"初步协定"虽然没有直接提及天津英租界的中国存银问题,但在协定中英国对日本侵华和军事占领所标榜的"中立"态度,却是其将在该问题上对日妥协的征兆。

应当指出,在英日开始就天津问题会谈前夕,国民政府方面即判断英法将在天津中交两行存银问题上对日本作出重大让步。该年4月,成立伊始的中英平准基金会英方代表罗杰士(Cyril Rogers)便向中国银行副总经理贝淞荪谈道:"世界大战恐不能免,第一步英、法恐须先让出天津英、法租界,故银行方面也须着手预备。"②7月3日,时任国民政府委员和中国银行董事长的宋子文致电蒋介石和孔祥熙:"据天津中行来密函,英法对津事决退让,并拟允敌接收我存津白银。顷又接巴黎电,谓英法确有此趋势。驰电奉陈,请饬外部设法电英美法阻止,美尤重要为祷。"③接到电报后,蒋介石即于次日致电外交部长王宠惠:"据天津及巴黎两方密报,英法对津事决退让,并拟允敌接收我存银,希迅速设法分电英美法阻止,对美尤为重要是盼。"④同日,孔祥熙亦致电王宠惠,抄附宋子文电文,要求"迅设法阻止,并将办理情形见复为盼"⑤。值得关注的是,蒋介石是以军事委员会快邮代电名义发出电文的,时任行政院长兼财政部长的孔祥熙采取的也是行政院快邮代电,而非财政部咨文的形式,这表明天津存银已经不是一般的法币准备金问题,而是最高当局和行政首脑关注的大事。

外交部立即遵照蒋、孔来电办理。7月5日,外交部致节略英国大使馆:

---

① 参见复旦大学历史系中国近代史教研组编:《中国近代对外关系史资料选辑》下卷第2分册,上海:上海人民出版社1977年版,第143页。
② 《卞白眉日记》,1939年4月20日,方兆麟主编:《卞白眉日记》第2卷,第450页。
③ 《宋子文致蒋介石孔祥熙江未电》,1939年7月3日,外交部档172-1/2639-1。
④ 《蒋介石致王宠惠支电》,1939年7月4日发,外交部档172-1/2639-1。
⑤ 《孔祥熙致王宠惠支电》,1939年7月4日发,外交部档172-1/2639-1。

中国近现代史研究论文写作：案例与方法

  关于日伪谋取中国政府在天津英法租界存银事，外交部曾于二十八年一月廿一日略请英大使馆转行天津租界当局，将该项存银妥为封存，代为保管，勿任日伪攫取或占有在案。现据报：英当局现拟允敌接收该项存银等情。查此项消息如果属实，不啻有显于中国政府不利，且与英国政府向来采取之政策不符。除分达外，相应略请英大使馆查照，特予严重注意，转达英国政府本一贯之精神，坚予维护保存，切勿接受日方该项要求，以敦睦谊，并盼见复为荷。

  这一节略对于英方因天津租界遭到封锁所处的困境只字未提，只是简单地要求英方在存银问题上不向日方妥协。同日，外交部向法国大使馆致送了仅改动国别称谓而内容相同的节略。而在致美国大使馆的节略中，要求转达美国政府"予以注意，提醒英法两国政府切勿接受日方该项要求"①。外交部同日还致电中国驻英国和法国大使馆，希向英法政府接洽，阻止日方要求。另外致电中国驻美大使馆，希美国政府提醒英法切勿接受日方该项要求②。7月10日，王宠惠电告蒋介石："顷据驻英郭大使复电称，据英外长云，此次东京谈判仅以地方事件为限，存银问题与第三者尤其中国有关，非地方问题，绝非双方所能解决。过去我方确利用租界作反日活动，英方对此层或须相当让步，作较严格之取缔等情。"同日，王宠惠还把同样内容致电行政院长孔祥熙③。可见，外交部将英方在租界警务问题上向日本作出让步视作理所当然，按照这一逻辑，中方似已无必要再与英国进行交涉。

  就在王宠惠向蒋介石、孔祥熙报告英方承诺不会背着中国政府与日方谈判天津存银的同时，7月10日行政院长孔祥熙收到郭泰祺来电，报告英国政府经济顾问李滋罗斯（Frederic W. Leith-Ross）对解决天津中交两行存银问题的看法："罗斯建议，将我方所存天津英租界现款，交付日方，予以面子，同时以存在上海汇丰银行之五十万镑交付我方，作为交换，且藉此或可实施英日所订海关办法，但此事须先征得我国及美法政府同意。据告英外部昨已电卡尔接洽云云。"④这表明，英方确实打算在天津存银问题上向日方妥协，并且希望中方亦作

---

① 《外交部分致驻华英、法、美大使馆节略》，1939年7月5日，外交部档172-1/2639-1。
② 参见《外交部分致中国驻英法美大使馆电》，1939年7月5日，外交部档172-1/2639-1。
③ 《王宠惠分致蒋介石、孔祥熙电》，1939年7月9日稿，10日发，外交部档172-1/2639-1。
④ 《郭泰祺致孔祥熙电》，1939年7月8日发，7月10日收，外交部档172-1/2639-1。

出退让。

由于英国是天津租界的主导方,且日方一开始就把攫夺中国存银的目标公开化了,中方十分注意英方的有关动向。1939年7月18日,即克莱琪与有田八郎达成的协定公布前夕,中方曾由管理中英庚款董事会总干事杭立武出面,向重庆英国使馆代办裨德本(Prideaux Brune)明确指出,天津中方存银问题至关重大,英国不能向日本让步①。而对于7月22日克莱琪与有田八郎达成的协定,中方认为其"影响颇可虑",因为协定实际上"承认战争状态与英守中立无异"②,表明了英方不会阻碍日本对其在华占领区的统治,预示中方在保全天津存银乃至其他权益方面,已经难以指望英方的配合了。与此同时,还传来法国与美国可能对天津存银问题持消极态度的说法。如法国外交部次长对顾维钧表示,"如英决定交日,而美不出阻,亦无可如何,盖(法国)不克独当质衡"③。而据驻英大使郭泰祺报告称,法方已表示与天津存银问题有关,美则谓无直接关系。这些动态引起国民政府的极大担忧,进而采取一些外交举措。

外交部方面于8月2日分别致电中国驻美、驻法大使馆,称在日本压力之下,英国政府就中国存银问题正与美法政府洽商,希望大使馆与美、法政府交涉,以使两国政府在此问题上不向英方表示任何妥协之意见,而支持中国④。另外,针对美国方面认为与天津租界存银问题关系不大的报告,孔祥熙则于8月8日直接致电驻美大使胡适,指出:

> 查天津存银系属法币准备之一部分,向由发行准备委员会天津分会保管,其主权所属久为中外人士所深知。上年华北伪行成立,欲攘夺该项存银,复经由我申明该项存银主权不容敌伪觊觎各在案。此项存银既与整个法币有关,凡与我有商业往来各国,直接间接均有密切关系。……请即向美外交部详为解释,务使对此问题表示关切,以支持英国立场,直接维护法币,即间接拥护美国在远东商业利益,切盼美方本以往协助精神,切实声援。⑤

---

① 参见《杭立武1939年7月24日报告》,中国第二历史档案馆编:《中华民国史档案资料汇编》第5辑第2编《外交》,南京:江苏古籍出版社1997年版,第567页。
② 《王世杰日记》,1939年7月25日,《王世杰日记》(手稿本)第2册,台北:"中央研究院"近代史研究所,1990年,第120—121页。
③ 《摘抄顾大使第1147号来电》,1939年7月27日发,"外交部"档172-1/2639-1。
④ 参见《外交部致中国驻美、驻法大使馆英文电》,1939年8月2日,"外交部"档172-1/2639-1。
⑤ 《孔祥熙致驻美大使胡适齐电》,1939年8月8日,"外交部"档172-1/2639-1。

显然,中方对于美国在天津存银问题上秉持积极立场,仍抱有相当的信心。

对于英方的妥协立场,中方则给以相当严厉的批评。8月8日,孔祥熙致长电给郭泰祺:

> 查平津存银,系属法币准备金之一部分,由中中交三行分存,存津部份计三千八百八十余万元,存置英法两租界库房,并由发行准备管理委员会天津分会在库门外加封。存平部份一千六百八十余万元,由中中交三行委托北平中法汇理等外商银行代管库钥,约定非有总行凭函,任何人不得开库。并经由部咨请外交部商请英法两大使转行天津英法租界当局,将其妥密封存,代为保管,勿任日方或任何非法组织攫取或占有在案。……如我国在租界存银不经所有人之同意,竟由设定租借权之政府擅自让交侵略我国家之日人,则我人在伦敦所存之款,亦可令日人取去。此端一开,将使世界上合法之产业,随便可使强权者加以抢夺。试问英人在别国所有之财物如何保护,我方是否亦可将英人在华之财物随便主张让与他人乎?英国为主持国联重要国家,国联决议已公认日本为侵略国,正式加以谴责,日本此次威胁英国,侮辱英人,无所不至于此,而不加以抗争,仍图委蛇求全,则英人在华所置有价值三万万镑之产业,亦将沦于不保。当希详陈利害,促请英政府坚持立场,勿稍退让。①

这份长电表达了国民政府在天津存银问题上的原则立场,进一步指出英国的退让违背法理,既直接侵犯中国的权益,又对英国自身更大的权益带来极大威胁。相较之下,此前外交部在天津存银问题上无论对驻外使馆的指示还是直接对外交涉节略函电稿,文句过于简略,"点到为止",对中方立场的合理、合法和正义性缺乏必要阐述。而时任行政院长和财政部长的孔祥熙直接出面致电驻美英大使,在某种意义上也是对外交部在处理天津存银问题上工作不力表示不满。

由于中国方面一而再、再而三地向英方表明立场,以及法国、美国所表示的关切,使得英方在天津存银问题上难以立即接受日本的要求。1939年8月19日,英国驻华大使馆代办禆德本照会国民政府外交部,内称:

---

① 《孔祥熙致驻英大使郭泰祺庚电》,1939年8月8日,外交部档172-1/2639-1。

英国驻东京大使业奉英国政府训令,以下述意旨知照日本政府:英国政府于检讨币制及白银问题后,发觉此项问题除与中国利益有关外,其他外国政府亦表关切,致使英国政府与日本政府关于该问题之成立协定,为不可能。英国政府对于此项问题,不能单独以合宜之方式提出或接受可以妨害第三国利益之任何提议,在此种情形之下,英国政府认为此项问题仅由英日双方进行谈判,当无任何有益结果可言,倘日本政府仍愿赓续进行商讨,其提议如能设法保障第三国之利益,则英国政府亦愿意重新加以商讨。为达到保障第三国利益之目的起见,英国政府不得不征询其他有关方面之意见。①

显然,英国政府试图以天津存银问题的"国际化"来应对日本的压力。而国民政府自中日战事爆发之初,便对西方各国共同出面调停抱有幻想,认为日本将在国际压力之下却步。所以当英方承诺不会单独与日本就天津租界中国存银问题达成妥协之后,中方一度停止了向英方提出新的交涉。

三

1939年9月初欧战爆发后,英国面临着德国的强大军事压力,形势十分严峻。与德国同属轴心国的日本,力图利用这一态势加快对中国的侵略步伐。在重启后的对英谈判中,日方加紧向英方施压,逼迫英国在涉及天津租界的各项问题上全面让步,包括交出中国方面之白银,驻华日军也公开要求引渡现银②。随着德国军队在欧洲战场的进展,原先在华的那些重要权益,如对海关的控制权、长江流域维持开放、租界的状况等,对于处在大战中的英国而言,已不再具有与日本务必一争的重要地位③。英国不得不在远东,包括天津租界问题,对日本进一步妥协。

到1939年底,英国方面向中国政府提出与日方商议后的解决方案:天津白银问题为日方取消封锁英租界之唯一阻碍,现英日商议结果,拟将白银(是否包

---

① 《英国政府致日本政府照会译稿》,1939年8月19日面交中国外交部,外交部档172-1/2639-1。
② 参见《张治中、陈布雷呈蒋介石》,1939年10月8日,蒋介石档案:革命外交—对英外交002-080200-00523-080。
③ Nicholas R. Clifford, *Retreat from China: British Policy in the Far East, 1937-1941*, p. 130.

括英法二租界之存银未据说明)存储于中立银行,提出10万镑,组织包括英日在内的国际救济委员会,办理救济事宜,奉令征求中方同意①。以"办理救济事宜"的名义来动用天津租界的中国存银,这是驻天津英国总领事贾米森(E. G. Jamieson)在当年9月份提出的建议,他认为这是给中国政府面子的方式,中方应当会接受②。而英国驻日大使克莱琪也认为中方存银用于救济事宜是合适的,进而提出中方存银应当移存于正金银行③。当得悉英日新方案之后,蒋介石立即指示外交部长王宠惠:

> 据确报,关于天津存银问题,日外务省与英驻日大使交涉结果,拟将该项存银移存于中立国银行,并在日正金银行及英汇丰银行监督之下,作为赈济事业之费用,闻克莱琪大使已向英政府请训以便决定云等情。查该项存银主权在我,英方何能擅自处理,如此种企划实现,我方损失极巨。希即迅筹对策,设法阻止为要。④

根据蒋介石的要求,12月12日中国外交部向英国大使馆提出对案:中国政府鉴于英方之困难以及华北赈济工作之需要,以中英合作之精神,商及中国银行之同意,接受下列解决存银问题之最后方案,但请英国政府担保,此后日方对此不得再发生任何问题:① 由存银项下提出相当数额,按照世界市场价换成英金10万镑,交与华洋义赈会,以该会为信托人,该款应完全作为华北赈济之用。华洋义赈会应将全部英金按照一先令二便士又四分之一之法价,该英金应售与白银所有之中国银行换成法币,不得将该英金售与任何其他方面。各有关系中国银行得派一代表参加华洋义赈会。② 各中国银行现有白银之其余部分,得以该银行等名义移置于该银行等所指定之一中立国银行,保存至战事终了之时为止。(附注:各有关系银行因购换英金所付之法币,由中国政府偿还之)⑤中方对案的要点,在于把日本排除于处理天津存银问题的协议之外,始终不放弃对存银

---

① 参见《英国大使馆致外交部照会》,1939年12月9日,外交部档172-1/2639-2。
② 参见《贾米森自天津致英国外交部电》,1939年9月10日,外交部档:政治—远东(中国)FO371/23533。
③ 参见《克莱琪自东京致英国外交部电》,1939年9月18日,外交部档:政治—远东(中国)FO371/23533。
④ 《蒋介石致王宠惠电》,1939年12月9日,外交部档172-1/2639-2。蒋介石已于1939年11月兼任行政院长,原行政院长孔祥熙改任行政院副院长。
⑤ 参见《外交部致驻英国使馆》,1939年12月12日,外交部档172-1/2639-2。

的处置权。另外,中中交农四行亦和英法大使进行沟通,说明天津存银是各有关银行发行法币的准备金,属于在租界的私人产权,租界当局应该加以保护①。中国方面很清楚,如同在华其他租界一样,英国对于天津英租界只有治权而无主权,这种治权不能改变租界内属于中方的物权和产权,相反负有保护中方合法权利的责任,英方无权自行将租界治权让渡给日方,更不能因此种让渡损害中方的权利。所以,在对英交涉中,中方着重强调己方权利的不容侵害,提请英方尊重中国的权利,承担其在天津租界应尽的责任,不应接受日方所提出的移存中国白银的要求。

中方在坚持原则的同时,也考虑调整一些具体举措。1940年1月9日,行政院会议决定天津存银"应维持不动用之原则",但可循下列两步骤试行交涉,以示中国政府对英方解决此困难问题之诚意:① 改由第三国银行保管,至中日战事结束时止,中国政府可拨法币二百万至三百万元,交国际团体办理难民救济事项;② 以一部分存银换购英汇,存放伦敦,然后由政府以相当数目之中国法币,交国际团体充赈济之用。会议还要求"外交部与英国妥慎办理,随时具报"②。按当时英租界存银拟提取充作救济款额10万镑,约合法币150万元,行政院会议这一方案表明中方在提取救济款总额上可以通融,但仍然不容许日本染指天津存银。会议次日,蒋介石即以行政院长的名义正式命令外交部:

> 查天津白银系银行之发行准备,应维持不动用之原则,但可改由第三国银行保管,至中日战争结束时止。政府可拨款二百万元至三百万元(中国法币),交国际团体办理难民救济事项,或以一部分换购英汇,存放伦敦,然后由政府以相当数目之中国法币,交国际团体充赈济之用。仰即与英方妥慎交涉,随时具报。③

然而,卡尔大使却代表英国政府表示,中国所提由中立国银行保存白银、售银外汇存于伦敦和改以法币作为救济基金的方案,必将为日方拒绝,英方提议存

---

① 参见《王宠惠在中央委员谈话会所作外交报告及孔祥熙的补充报告》,1940年1月15日,《中央委员谈话会纪录(1940年)》,档号5.5-1,台北中国国民党党史馆藏。
② 《孔祥熙致蒋介石电》,1940年1月10日,蒋介石档案:革命外交—对英外交002-020300-00039;参见秦孝仪主编:《中华民国重要史料初编——对日抗战时期》第3编《战时外交》(二),台北:中国国民党中央党史委员会,1981年,第107—108页。
③ 《行政院训令》,1940年1月10日,外交部档172-1/2639-2。

银以汇丰银行和横滨正金银行两家银行的名义存储①。由于没有得到英方积极的回应,蒋介石本人于1940年2月17日当面向卡尔提出警告,如果英国不顾中国政府的立场而欲以天津存银与日本妥协,"余必声明英已破坏九国公约与放弃在华所有条约权益,并协助倭寇侵略我国之罪也"。蒋介石还在当天的日记中写道:"英国欲以天津白银与倭妥协。"②同日,蒋介石还要求时任国民党中央宣传部长、军事委员会参事室主任和中英文化协会负责人的王世杰,向卡尔当面表示反对英国在中国存银问题上向日方妥协③。可见,此时作为国民政府最高决策者的蒋介石已经意识到,在天津存银问题上,单靠外交行政部门通过常规方式与在华英方代表进行交涉,已经难以促使英方转变对日妥协的立场,因此试图通过亲自出面和另行指派代表,来向英方宣示强硬立场。

根据1940年2月20日行政院会议的决议,外交部2月21日又向英方明确提出:① 与10万镑价值相等之白银提出后,由有关各中国银行所有其余部分之白银,应以汇丰及美法银行名义存放于一中立国银行,并以汇丰及美法银行为有关各中国银行之信托人;② 英国政府应取得日方有关此事将来不能发生其他困难之书面保证,以代前次所提英国政府本身应供给之担保;③ 如以10万镑款项全数用于购买赈济所需之食粮,中国政府准备予以同意④。获知中方上述新方案后,3月5日卡尔提出修改意见:将白银以英国及日本领事馆名义存在天津,或将正金银行加入,作为存户之一。王宠惠当即表示中国对案实为最后之让步,恐无再让之可能⑤。英方这一意见的实质还是让日方公开介入,控制天津中方存银,对此中方当然不能同意。

但是,在中英尚未达成一致意见的情况下,英方却在与日方的交涉中作出了让步。4月12日,卡尔向王宠惠面交英日商定之对案,其中规定:① 现存于天津交通银行之银圆及银块,应由英国及日本总领事共同加封,继续存放于该银行内;② 除下列第三节所规定者外,该项白银应继续封存,直至英日两国政府商定

---

① 参见《王宠惠与卡尔大使会谈记录》,1940年2月8日,外交部档172-1/2639-2。
② 《蒋介石日记》(手稿),1940年2月17日,美国斯坦福大学胡佛研究所藏。下文不再注明所藏地。
③ 参见《王世杰日记》1940年2月17日载:"晚应英使卡尔之宴。与言天津英租界被日军封锁事。英政府欲与日政府妥协,拟将天津英租界中国政府存银问题与日方商一解决方案。蒋先生嘱余向卡尔表示反对。"[《王世杰日记》(手稿本)第2册,第229页]
④ 参见外交部档172-1/2639-2。行政院会议通过建议中,原只提汇丰银行,后奉蒋介石面谕改为汇丰与美法银行。
⑤ 参见《部长会晤英国卡尔大使谈话纪录》,1940年3月5日,外交部档172-1/2639-2。

其他保管办法之时为止;③ 该项白银于封存前,应提出等于10万英镑之数额,作为华北某数地区水灾及其他地区旱灾所直接酿成饥荒状态之救济经费;④ 英国准备供给各种可能之便利,使该项提出之白银得以分配于救济工作;⑤ 驻天津英日两总领事应指派若干专家在该两总领事之监督下,协助其管理此项经费,并指导分配救济所需之食物及其他物品,并应邀请中国及法国国籍之专家及其他国籍之专家一人,协助该项工作之进行①。由于这个方案与中方新对案出入之处甚多,中方当然无法接受。蒋介石在日记中写道:"英倭天津存银问题之妥协办法,即以严厉态度对英警告,认此事如果实现,即认为英倭对华共同宣战,我亦必以此应之。"②另外,根据蒋介石的指令,杭立武于4月14日向卡尔转述了蒋介石的态度:① 对英最近所提办法,甚为愤慨;② 此项办法,表示英方与日妥协,不顾我方利益;③ 倘使英方不顾我方反对而径自行动,我方将认为甚不友谊之举动;④ 我方最后提出方案,为最大之让步;⑤ 以上意见,盼英大使转达其政府③。

在4月20日的行政院会议上,中央银行副总裁陈行提出,英方提案超出中方的立场,政府在作出决定前应当听取有关银行的意见,不妨让时在香港的交通银行董事长钱永铭、中国银行副总经理贝淞荪来重庆面商,王宠惠表示:英方亟待解决,未能有充分时间可资商讨。而钱永铭、贝淞荪在致重庆方面的电文中表示:"津存银问题,英大使所提办法与原议不符,在银行立场实难苟同。但此事外交经过情形,弟等均不甚接洽,似应听由部会决定办理。"④得知中交两行的意见之后,4月26日王宠惠在与卡尔的会谈中指出:"英日所定方案,我国政府自蒋委员长以下均表示反对。兹为迅求解决起见,拟由中英两方换文,声明白银之所有权属于中国之银行,将来非经中国政府及该银行等等同意,不得移动。"对此,卡尔表示满意,认为系解决当前可能之合理与公允办法,并希望愈速愈妙⑤。这样,起草一个能够为中英双方都接受的换文稿,便成为此后交涉的主要内容。在这个过程中,蒋介石本人还与卡尔讨论了新成立的丘吉尔内阁的远东政策以及

---

① 参见《英方五项意见稿》,附于1940年4月12日王宠惠与卡尔谈话纪录之后。外交部档172-1/2639-2。
② 《蒋介石日记》(手稿),1940年4月14日。
③ 参见《杭立武呈蒋介石》,1940年4月14日,蒋介石档案:革命外交—对英外交002-020300-00039-028。
④ 《陈行致钱永铭、贝淞荪电》,1940年4月20日;《钱永铭、贝淞荪复陈行电》,1940年4月22日,外交部档172-1/2639-2。
⑤ 《部长会晤英国卡尔大使谈话纪录》,1940年4月26日,外交部档172-1/2639-2。

天津存银问题的解决方案。当时卡尔催促中方尽快解决天津存银问题,称"此事已入危险之境",甚至"以离渝决裂相威胁",蒋介石则答称:"余平生不知什么为危险,须知此事英以为小事,而中国实视为大事也。"①而在王世杰看来,中英之间迟迟未能就解决天津存银问题达成协议,还与财政部长孔祥熙"态度不定"有关,中方应当抓住关键,即天津存银的处置权②。此后,按照蒋介石的原则意见,外交部具体负责与英方换文稿的起草,蒋介石听取王宠惠的汇报,审读了换文稿并在定稿上批了"照准"。管理中英庚款董事会总干事杭立武、财政部美籍顾问杨格等人也发表了相关意见③。中方还准备了甲、乙两个换文方案。

1940年6月11日,中英双方终于在重庆就天津存银问题换文。外交部长王宠惠的照会称:

> 关于天津英租界存银问题之最近谈话,本部长谨向贵大使声述,中国政府对于英国政府之建议经缜密考虑后愿提出解决本案之下列各点:(一)现存于天津交通银行所有银币及银块,应仍继续存于该行,并由驻天津英国总领事代表该行总管理处及中国政府加封。(二)除下列一节所规定者外,该项白银应继续予以封存,非与交通银行总管理处及中国政府商议,不得移动其全部或一部。(三)在该项白银未经封存以前,中国政府及交通银行总管理处授权天津交通银行提出等于英金十万镑之数额,作为华北某数地区水灾及其他地区旱灾所直接酿成饥荒状态之救济经费。(四)该项经费交与包含中国籍委员之国际救济机关,由该机关会同驻天津英国总领事,受托使用于华北救济目的。中国政府希望联合王国政府表示愿意依照上述方案实行而不背理。

卡尔致王宠惠的复照称:"本大使兹奉本国外交部长之训令,向贵部长表示,联合王国政府原意依照来照内所包含之方案实行而不背离,相应照复查照为荷。本大使顺向贵部长重表敬意。"除上述往来照会外,卡尔还与王宠惠有往来函。卡尔来函称:

---

① 《蒋介石日记》(手稿),1940年5月15、16日。
② 《王世杰日记》1940年5月16日载:"今日下午应蒋先生之约,商天津英租界白银问题。此事处理延滞,大半系因孔庸之部长态度不定之故。英使极感懊丧。予以为此事关键只在英方能否对我保证,该银于经英日封存后,非经中国政府之同意,英国决不采取任何处置。"[《王世杰日记》(手稿本)第2册,第274—275页]
③ 参见《杭立武致王宠惠函》,1940年5月25日,外交部档172-1/2639-2。

部长阁下：关于天津英租界内存银事，本日已由贵部长与本大使签订换文，本大使业向贵部长表示，联合王国政府愿依照来照所订之方案实行，而不背离在案。关于来照内之第二节，本大使复经哈立法克斯勋爵授权，以私人资格向贵部长保证，实际上，一如在现在进行之谈判过程中，联合王国政府对于上述方案所规定之办法加以任何变更以前，先征求中国政府之同意。相应函达，即请查照为荷。

同日，王宠惠复函称："业经阅悉。"①

根据上述换文、往来函，中国对于天津英租界存银的主权、支配权基本得到尊重，中英之间围绕该问题的交涉，基本上达成了共识。

然而，临危受命的丘吉尔政府虽然在对纳粹德国方面抛弃了张伯伦的绥靖政策，但在远东特别是中日关系上，依然避免因中国的权益而与日本发生冲突。中方的种种努力，无法阻止英国最终向日本作出妥协。6月19日，英日之间在东京达成天津英租界问题协定。其中关于英租界存银问题的解决方法为：① 现存于天津交通银行之银元及银块，应由天津英日两总领事共同加封，继续存放于该银行内；② 除下列第三节所规定者外，该项白银应继续封存，直至英国及日本两国政府商定其他保管办法之时为止，该项白银加封时，驻天津英国及日本两总领事均应在场；③ 该项白银于封存之前，应提出等于10万英镑之数额，作为华北某数地区水灾及其他旱灾所直接酿成饥荒状态之救济经费；④ 英国主管当局准备供给各种可能之便利，使该项提出之白银得分配于救济工作，以之出卖，及购买救济所需之食粮及其他物品；⑤ 驻天津之英国及日本两总领事，应指派若干专家，在该两总领事之监督下，协助其管理此项经费，除该日本及英国顾问外，并应邀请中国及法国国籍之专家及其他国籍之专家一人协助该项工作之进行②。这五项内容与当年4月12日英方提出的方案并无二致。英日协定不仅同意了日本方面对天津租界的中国存银实施控制，还规定在有关天津英租界治安方面仍维持双方此前达成的协定，英方并保证不得妨碍"联合准备银行"钞票在英界内之流通，进一步坐视日伪金融势力排挤法币的流通。

对于最终达成的英日协定，1940年6月21日国民政府外交部发言人表

---

① 《中英换文和卡尔王宠惠往来函稿》，外交部档172-1/2639-2。
② 参见秦孝仪主编：《中华民国重要史料初编——对日抗战时期》第3编《战时外交》（二），第111页。

示,中国政府并未参与该方案之签订,英日换文内关于白银问题之各项规定,苟未经中国政府同意,不能予以变更:"在中国政府提出等于英金十万镑之数额充作华北救济经费后,英国政府对于其余全部白银为交通银行及中国政府之信托人,故现在所议定之封存该项白银办法,对于该项白银之原来状况,并无变更。"①但是,上述表态并不能阻止天津存银遭日方监控。1940年7月,驻天津英、日总领事以及麦加利银行和正金银行的经理,共同前往英租界交通银行存银所在库房查看现银封存情形;所提出约当于10万镑救济款的现银币150万元,也由英、日两总领事共同签具收据②。此外,英方不顾中方一再反对,按照日方的要求,擅自在150万银圆售款中扣抵所提取白银的运输费、保险费等额外开支。

　　1940年6月19日即英日协定达成的当天,法国方面在没有同中方达成谅解的情况下,匆匆与日本达成天津法租界存银的协定,其内容除所提取的救济用款相当于20万镑之外,其余部分与英日协定相同③。是时,已在德国占领下的法国维希政府在对日问题上的考虑,当然与英国的情况不尽相同;但是,英国不顾中方再三交涉,执意向日本妥协,无异为法方处理天津法租界存银树立了一个可资效仿的恶例。

　　太平洋战争爆发后,日军进占天津租界,攫夺中国巨额存银达57 000 000余元。具体情况如下:1940年6月日本与英法分别商定并交由国际机构保管的华北救济金共4 500 000元,中国银行名下21 870 406元,交通银行名下26 417 979元,河北省银行名下4 248 049元。这些存银绝大部分拨付给了日本直接控制下的伪联合准备银行和华北政务委员会④。中交两行还被迫接受改组,成为日伪金融体系的一部分⑤。如同所有被日本侵犯和掠夺的中国领土和其他权益一样,从此天津租界中国存银问题不复作为中外交涉的内容。

---

　　① 《大公报》(天津),1940年6月22日,第2版。
　　② 参见《财政部致外交部公函(1940年11月13日)转交通银行7月感代电》,外交部档172-1/2639-1。
　　③ 参见《外交部致法国大使馆照会》,1940年6月25日,外交部档《天津租界存银纠纷》0844-1035.01,台北"国史馆"藏。
　　④ 参见桑野仁:《战时通货工作史论》,东京:法政大学出版局1965年版,第168页。日军最后攫夺的中方存银数,除了河北省银行部分之外,仍大于抗战爆发之初中交两行向财政部报告的数额以及财政部掌握的数额,主要原因当在于日军所夺还包括中交两行数年的经营性活动所得(包括通过发行收兑民间存银),而这些新增白银同样积滞于平津地区。
　　⑤ 中国银行行史编辑委员会编著:《中国银行行史(1912—1949)》,北京:中国金融出版社1995年版,第594—595页。

四、余　　论

　　从 1937 年七七事变到太平洋战争爆发前,中国对欧美外交总体上处于困难阶段,进展与反复并存,甚少重大交涉突破。具体到天津存银问题,国民政府相应外交体制及其运作明显滞后。天津租界存银直接所有者主要是中国银行和交通银行,但如何处置相应的存银,却需得到财政部的指令。主管货币银行事务的财政部没有对外直接交涉权,与外交部的沟通大体上停留在就事论事层面,虽然财政部长孔祥熙先后担任行政院长、副院长,通常情况下既难以撇开外交部直接对英交涉,也未能使得外交部与财政部达到融洽有效的合作[①]。而自始至终处于对英交涉第一线的外交部主要负责人,对天津租界存银情况以及存银问题的复杂性、重要性,缺乏及时和全面的掌握,对英交涉中缺乏主动性,奉令行事的成分较多,交涉过程中更多的是转述行政院、财政部等部门决定的内容。蒋介石当时集国民党总裁、军事委员会委员长和国防最高委员会委员长等要职于一身,无疑是战时外交的最高决策者;而 1939 年 9 月起兼任改组后的四联总处理事会主席之后,蒋介石还成为战时财政金融的最终决策者。但是,在天津存银问题交涉全过程中,蒋介石虽然多次向外交部门发出有关指示,也曾派出专门代表甚至亲自出面向英国大使表明立场,并且是中英最终换文文本的审定者,但总的来看,蒋介石对天津租界存银问题重视不够。整体而言,围绕天津租界存银问题的对英交涉,中国外交体制运作明显滞后,缺乏及时性和有效性。

　　在交涉中,当时中国政府处于甚为不利的境地。虽然天津租界名义上仍在英、法这样的"友邦"管辖之下,但实际上无法阻止日本赤裸裸的军事侵略和政治经济势力的扩张。在日本不断扩大侵华战争的进程中,尤其在 1939 年 9 月欧战爆发后,英国在远东总体上秉持避免与日本发生冲突的消极立场,在天津租界问题对日全面妥协之前,英国已经在中国海关以及厦门、上海等地的租界问题上,牺牲中国的权益向日方让步;天津租界协定达成后一个月,英国又在日方的压力下关闭滇缅公路三个月,一度对中国获取急需的国外物资造成极大的困难。在

[①] 以外交部掌握的天津英租界交通银行存银确切数为例,1939 年 8 月 9 日财政部常务次长邹琳给外交部政务次长徐谟的抄送数为 19 944 195 元,1940 年 1 月上旬英国大使卡尔称为 14 000 000 元,1940 年 6 月外交部文卷所载数为 12 600 000 元,但欧洲司向财政部钱币司了解到的数字则为 14 238 725.07 元,同年 7 月财政部钱币司进一步转知外交部的交通银行在英租界库房的具体存银数为:大银圆 12 427 356 元,行化银折合 181 369.07 元,中央银行寄存大银圆 1 630 000 元。以上数字均见于外交部档 172－1/2639－1。

这种背景下,国民政府方面从最高决策者蒋介石,行政当局负责人孔祥熙,到外交部长王宠惠,中国驻英、法、美国大使,乃至王世杰、杭立武等能对英方起一定影响的人士,都介入了相关的交涉。在这类交涉中,中方主要强调英方有义务维护中国主权和重大利益,而无向日本让渡之权,对于英方的处境及所持立场和实际决策,缺乏深入的了解和及时的把握;与可能影响英国政府决策的在华外交官(如驻华大使卡尔)的交涉场合,也是宣示中方立场居多,良性沟通互动不足。这些也在一定程度上影响了中方外交努力的成效。当然,在英国政府避免与日本直接冲突甚而不惜妥协退让的既定政策之下,中国方面便无法直接影响日军占领下的天津局势,也无法避免天津租界中方存银最终按照日本的意愿被封存和提取。

平心而论,天津英租界中方存银最终在日本的监管下被封和提取,不能完全归咎于英国。太平洋战争爆发后,日军进占天津租界,攫夺了中国存银,这更与业已对日宣战的英国政府的具体政策无关。不过,在前后延续三个年头的对英交涉中,英国表现出只顾及本国利益、不尊重中国的主权和重大利益、对中国抗战持消极立场的本质,使以最高决策者蒋介石为首的国民政府官员试图依靠英国维护国家利益的幻想破灭。与此相应,在国民政府战时外交的全局中,国别的倾向性开始发生显著的调整,英国的地位不可避免地下降,美国的重要性上升。就在英日正式达成天津租界协定的当月,中国银行董事长宋子文以蒋介石个人代表的身份甫抵美国,旋即对白宫和国务院、财政部等部门展开了一系列寻求对华援助的外交活动;甚至在太平洋战争爆发后,宋子文依然以外交部长的身份长期驻美,对美外交俨然成为中国战时外交的重点所在①。虽然导致战时中国外交重点发生战略性转变的因素是多方面的,但有关国家对待中国领土和主权等核心利益的态度,无疑是最重要的原因之一。

复盘与导读

《抗战时期天津租界中国存银问题——以中英交涉为中心》这篇文章的选

---

① 蒋介石在 1940 年 6 月 14 日致美国总统罗斯福信函中提出:"因世界局势之剧变,余觉有与阁下交换意见并请畀予援助之迫切需要。因余不能亲来承教,特派宋子文先生为代表,前来华府晋谒,彼固为阁下素所熟悉者。余已授予宋先生代表中国政府在美商洽一切之全权,彼受余完全之信任,且其对国内之情形与对外之关系完全明了。"[秦孝仪主编:《中华民国重要史料初编——对日抗战时期》第 3 编《战时外交》(一),第 274 页]关于宋子文驻美时期相关外交活动,可参见拙著《宋子文评传》(福州:福建人民出版社 1998 年版,第 310—390 页)。

题,缘起于多年来我在复旦大学历史系从事的教学和科研工作,尤其聚焦于中国近代金融史和外交史。就金融史而言,1935年法币政策的推行是不可回避的重大问题,但通过实施法币而集中的原商业银行发行准备金的巨额白银,尤其是处于日本侵华势力觊觎之下的华北存银,其下落如何?再就外交史特别是中英关系史而言,英国曾支持法币政策的初期实施,但为什么在天津白银问题上对日妥协?所以,在先后撰写和发表了《英国与1935年的中国币制改革》《李滋罗斯中国之行述评》《英国与中国的法币平准基金》等论文后,天津租界存银的选题便已产生,只是正式动笔之前的相关史料文献的收集整理工作,整整花了十年时间。

本文的研究集中于分析国民政府如何应对天津英租界的存银问题,并探讨这一事件如何反映出中国在第二次世界大战前夜对英、美外交政策的战略调整。天津存银问题作为研究的核心案例,点明了中国在国际场景上的困境以及国内政府机构间的协调难题。通过对财政部、外交部之间以及这些部门与蒋介石等高级决策层之间互动的分析,揭示了中国政府在对外交涉中的组织结构和决策流程的缺陷。研究还关注到英国的立场和行动,特别是在1939年欧洲战争爆发后,英国在远东的政策怎样影响到了天津租界的政策决策。再来比较英国在天津的政策与其在其他地区如上海的租界政策,分析英国政府在面对日本威胁时的策略调整。文章还探讨了美国在中国外交政策中地位的变化,分析宋子文的美国外交活动,阐述了中国在国际策略中对美国的依赖加深的历史过程及其原因。本文不仅从一个特定案例出发,还拓展到更广泛的历史与国际政治背景,挖掘出战时中国外交的重点转移及其深层原因,为理解中国现代外交政策的发展提供了历史视角。借助这种深入的分析和论述,力求在学术界对二战前夕中国外交政策的变化相关研究中贡献新的视角。研究过程中,笔者先是深入挖掘相关档案资料、官方文书及外文文献,尝试发掘中国外交努力的复杂性和所面临的局限性,又通过历史档案与文献的详尽梳理,确立研究的历史背景和时间框架。回到写作过程中,确保所有数据和引用的准确无误是一大挑战,尤其是在处理不同历史时期和不同来源的数字信息时,必须进行仔细核对和比对。还有一点需要注意,在叙述的写作中应保持客观和学术的严谨性,避免过度解读或对历史人物的主观评价,亦是非常重要!

第三章 思想文化与社会争鸣

五四时期中日知识界的往还*

孙 江**

摘要： 1919年5月4日爆发的五四事件及其后续进展在日本掀起轩然大波。时任东京帝国大学教授、"大正德谟克拉西"著名代表吉野作造与众不同，对中国学生抗议"侵略的日本"表示理解，进而提出了"和平的日本"与中国国民"提携"的诉求，并为此写信给曾经的学生李大钊，邀请北大师生访日。对吉野作造的提议，李大钊积极回应，但如何实现这一目标则一波三折。为消除李大钊对吉野作造所创"黎明会"的疑惑，吉野作造不仅通过记者渊泉（陈溥贤）在报刊上发表谈话，而且派遣学生访问上海学生联合会和李大钊，亲自密访北大。五四事件一年后，北京大学学生访日得以实现，但这与吉野作造的中日两国相互"提携"的初衷——打倒各自国家的军阀和官僚政府、防止"过激思想"的蔓延，相去甚远。原因在于，无论是接待访日团的东京帝国大学的新人会，还是北京大学访问团，两国学生更关心的是苏俄革命。

关键词： 五四事件；吉野作造；李大钊；新人会；过激思想

1920年5月20日，东京地方裁判所检事局出动警员逮捕了居住在神田的《大学评论》编辑信定泷太郎；21日，搜查位于本乡的东京帝国大学（以下简称"东大"）基督教青年会学生宿舍，强行带走东大二年级学生早坂二郎。《大学评

---

* 原载《中国社会科学》2021年第8期。本书收录时略有修改。本文系国家社会科学基金重大招标项目"现代中国公共记忆与民族认同研究"（批准号：13&ZD191）阶段性成果。

** 孙江，南京大学政府管理学院暨历史学院教授。

论》创刊于1917年1月1日,以"启发国民和文化批判"为宗旨,着眼于"大学与社会之间的互动"①。信定泷太郎还兼任以东大在校生和毕业生为主结成的"新人会"机关刊物《德谟克拉西》的编辑。因此,检方逮捕信定泷太郎可谓事出有因。但为何要逮捕尚为大学生的早坂二郎?次日《万朝报》道出了其中的原委:

> 早坂于去年(1919)末,持吉博士介绍信,漫游支那(原文如此,以下同——引者),经上海、哈尔滨、浦盐,于4月回东京。滞留上海期间,参加支那学生运动,因在当地发表过激演讲,为陆军当局所监视。回国后,常常召集学生聚会,试图解读俄罗斯革命的过程、支那学生运动。偶然看到某报载,派往莫斯科某氏,在通信中报道了过激派的住所,并说过激派用以宣传的备忘录被抹去了。早坂搞到被抹去的原稿,上月下旬以此为底本制作了过激的印刷品,分发给寄宿生。同会(基督教青年会)理事、学生监督藤田逸男获知后没收并烧毁印刷品。此事为官宪所知,结果导致检事当局出动。②

原来,早坂二郎曾到中国游历,从上海入境后,一路北上至哈尔滨,又转赴浦盐(海参崴)。在上海停留期间,他参加反日"学生运动"并发表亲苏俄革命的"过激演讲";回日本后,印刷和散发介绍苏俄革命的小册子。如所周知,1919年5月4日发源于北京的"五四"学生抗议事件以燎原之势波及全国,锋芒直指日本帝国主义。对此,日本各大报刊连日跟踪报道,刊载了大量评论,有的甚至诬蔑抗议学生为"学生义和团"③。在此背景下,一个连汉语都不会的日本大学生到上海参加反日游行,其动机何在?《万朝报》提到早坂二郎带了"吉博士"的介绍信。"吉博士"应为"吉野博士"之误,乃是时人对东大教授吉野作造的尊称,由此可知二人似为师生关系。此外,《万朝报》还提供了另一条线索,显示二人亦为高中校友:"早坂二郎是以首席毕业于仙台高中的秀才,擅长文章和辩论。"④吉野作造也曾就学于此,并以次席毕业。早坂二郎在进入"二高"前,曾就读于东北学院(初中),该校是一所基督教中学。早坂二郎应为基督徒,故而考入东大之后得以入住基督教青年会宿舍,而该会理事长正是吉野作造。

---

① 《卷頭言》,《大学評論》1917年1月创刊号。参见太田雅夫:《星島二郎と〈大学評論〉》,《增補大正デモクラシー研究》,東京:新泉社1990年版。
②④ 《支那の学生運動に参加した注意人物》,《萬朝報》1920年5月22日。
③ 《大阪朝日新聞》1919年6月7日。关于日本报刊的反应,参见京都大学人文科学研究所编:《日本新聞五四報導資料集成》,京都:京都大学人文科学研究所,1983年2月。

早坂二郎抵达上海后曾给吉野作造去过一信,并附上收集到的反日宣传品。吉野作造1920年1月17日日记写道:"夜,出席基督教同志会演说会,为纪念之,在早坂君来信上贴(用红笔写的'勿忘国耻,民国五年九日'印刷品)。"①如果早坂二郎参加了中国学生运动,时间当在1919—1920年交替之际。查阅当时的中日报章,上海的反日运动业已沉寂,只有围绕"福州事件"发生的断断续续的抗议活动②。莫非早坂二郎参加的是与"福州事件"有关的抗议活动?此细节仍待考证。

令人不解的是,一个日本学生参加反日游行并发表"过激演讲",竟然没有引起中日媒体的关注。这件事,触及如何叙述"五四"之问题。所谓"五四",既指具体发生在1919年5月4日的反日游行及其余波——本文称之为"五四事件",亦泛指在此前后出现的文化思潮、社会运动乃至政治革命——本文称之为"五四运动"。放眼东亚和世界,无论是作为事件,还是作为运动,"五四"并非孤立的中国时刻,而是具有普遍意义的世界时刻。讨论"五四",不能忽视朝鲜的"三一运动"、日本的大正德谟克拉西思潮、俄国的十月革命等,而将这些事件勾连在一起的是第一次世界大战。基于这一认识,本文试图探讨"五四事件"后日本知识界出现的新动向——与中国知识界"提携"(合作)的诉求,追寻吉野作造和新人会成员访问中国的足迹,揭示吉野作造提倡的中日青年"提携"的真实意图,呈现吉野作造与李大钊及"五四运动"的关系③,最后指出从中日知识界的往还中依稀可辨共产主义兴起的足音。

一、吉野作造的诉求

早坂二郎是带着吉野作造的介绍信前往中国的,要了解此行的前因后果,首先须确认吉野作造写信的意图,而这涉及吉野作造对"五四事件"的看法。

吉野作造(1878—1933)的名字是与"大正德谟克拉西"(大正デモクラシー)连在一起的。德谟克拉西(デモクラシー)系democracy的日语音译。除这一翻

---

① 《日记》(1920年1月17日),《吉野作造选集》14,东京:岩波书店1996年版,第234页。
② 1919年11月16日,在日本驻福州领事馆警察的指使下,台湾籍日本人袭击查禁日货学生,致使多人受伤。
③ 关于五四时期吉野作造与中国关系的研究甚多,有代表性的日文著作参见:松尾尊兑:《民本主義と帝国主義》,东京:みすず書房1998年版;小野信爾:《五四運動在日本》,东京:汲古書院2003年版。中文著作参见:俞辛焞:《吉野作造与五四运动》,《近代日本研究论集》,天津:天津人民出版社2000年版,第18—31页;黄自进:《吉野作造对近代中国的认识与评价:1906—1932》,台北:"中央研究院"近代史研究所1995年版;王晓秋:《近代中日文化交流史人物研究》,北京:昆仑出版社2015年版,第265—288页。

译外，日本还使用民主主义、民本主义、平民主义、众民主义、民众主义、民政主义、主民主义、合众主义、民重主义、人本主义、民生主义、土民生活等译词，其中民本主义是音译之外最常用的译词①。"民本"典出中国古籍，意为以民为本。在"君本"——天皇制国家的绝对权威下，该词不但规避了主权在民这一民主主义的本义，而且还给推崇者以维护"国体"之名批判"顽冥的元老和固陋的阀族"之根据②。吉野作造所倡导的民本主义旨在提高天皇制下的行政效率、扩大普通选举等，与以国民为主体的政治诉求无涉。

"五四事件"发生后，日本倡言民本主义的媒体——无论是立场偏左的《东京朝日新闻》《大阪朝日新闻》《东洋经济新报》，还是立场稍右的《东京日日新闻》《大阪每日新闻》，以及杂志《中央公论》《太阳》《日本及日本人》等，均与政府持同样立场，批判中国的"排日运动"③。《日本及日本人》刊载的稻垣伸太郎《支那排日风潮与我之对策》堪称罕见的例外。该文要求日本政府尽快缔结归还山东的协定，修订"二十一条"，放弃领事裁判权。稻垣甚至写道："今日支那国民已非数年前支那国民，于冥顽固陋中有了些许进步，即使误解了日本，也有必欲误解的根据；即使故加曲解，日本也有被曲解的弱点或缺点。"④吉野作造不仅支持稻垣的观点，还对中国学生的行动表示出理解。

1919年6月，吉野作造在《中央公论》刊登的卷头语《勿谩骂北京学生团的行动》中，要求日本读者不要被北京"学生团"在抗议活动中对"亲日派"（曹汝霖和章宗祥）的暴力表象遮蔽，指出中国学生知道的是"侵略的日本"，而不知道还有一个"和平的日本"；因此，"我们自己要制约军阀、财阀对支那政策，将日本国民真正的和平诉求传递给邻邦的友人"⑤。同月，在给《新人》杂志撰写的卷头语《关于北京大学学生骚扰事件》中，吉野作造指出，"排日运动""完全是自发的"。他呼吁日本以此次事件为契机，放弃官僚和军阀主导的对中国的外交政策，否则"将永远失去在中国发展的机会"⑥。7月，他在给《东方时论》的《支那排日骚扰与根本解决对策》一文中，详陈不能用煽动者的图谋来曲解这场"自发运动"，中

---

① 太田雅夫：《増補　大正デモクラシー研究》，第27頁。
② 田中祐吉：《尊皇思想と民本政治》，《日本及日本人》1919年3月1日号。
③ 松尾尊兊：《民本主義と帝国主義》，第57—58頁。
④ 稻垣伸太郎：《支那の排日風潮と我対策》，《日本及日本人》1919年6月1日号。
⑤ 《北京学生団の行動を漫罵する勿れ》，《吉野作造選集》9，東京：岩波書店1995年版，第237—238頁。
⑥ 《北京大学学生騒擾事件に就て》，《吉野作造選集》9，第239—244頁。

国民众不是"吴下阿蒙",他们对外把日本视为"侵略主义的第一位代表",对内反对专制的官僚军阀。"支那民众呼吁排斥官僚声高涨,某种意义是对日本的警告,也是攻击阻碍开启日支两国真正亲善的呐喊"①。从这些言论可见,吉野作造是以二元分析框架来解读"五四事件"的。他认为,政治一方为军阀和财阀,非政治一方为普通民众;"五四事件"是中国民众和学生主体意识自觉的显现,当两国的政治一方沆瀣一气时,两国非政治的国民之间可以结成跨越国界的"提携"关系。

日本政治思想史专家松本三之介认为,"吉野的思想可以视为是在理想主义与现实主义这两个思考轴的交错处展开的",受前者理想主义左右的是"他饱含热情陈述对人性的信赖",与现实主义有关的是他基于政治实际的"实证政治学"②。1915 年以后,吉野作造的中国观发生了根本变化,他开始批判日本帝国主义③。1918 年初,对日本警察逮捕"维新号"上的中国留学生,吉野作造予以严厉批评④。1919 年 5 月 6 日,"五四"抗议活动的消息传到日本后,5 月 7 日中国留学生走上街头,向日本政府表示抗议,结果大批学生被捕。吉野作造闻讯后,积极保释学生,帮助被判实刑的学生上诉⑤。

吉野作造对自己关于"五四事件"性质的认识很自信,这既与他的观察和研究有关⑥,亦得益于与中国友人的往来⑦。吉野作造从"五四事件"中认识到学生正成为中国新思想的传播者。如前文所说,吉野作造试图从国民与国民而不是国家与国家的角度,探讨"和平主义"的日本与中国"提携"的可能性。他对中国学生的援助反映了对于肩负中国未来的年轻学子的期许,倘若"和平"的日本是以黎明会、新人会等为代表的知识分子团体的话,那么,代表中国未来的知识分子团体则是聚集在《新青年》《新潮》等周边的青年学生。在《新人》的卷头语中,吉野作造写道,"北京大学学生显示出的飞跃性发展,某种意义上与日本思想自民间逐渐进入公立大学可以进行比较","观察最近北京大学发生的这种现象,即以此打开支那民众全体举国迈向开明的目标,为了东洋文化的发展,我们应该予

---

① 《支那の排日的騒擾と根本的解決策》,《吉野作造選集》9,第 245—254 頁。
② 松本三之介:《吉野作造》,東京:東京大學出版会 2008 年版,第 343—345 頁。
③ 关于吉野作造对中国认识的变化,可参见:野村浩一:《近代日本の中国認識——アジアへの航跡》,東京:研文出版社 1981 年版,第 72—73 頁;赵晓靓:《吉野作造的日本在华权益观》,《南开学报(哲学社会科学版)》2012 年第 1 期。
④ 小野信爾:《五四運動在日本》,東京:汲古書院 2003 年版,第 195—196 頁。
⑤ 實藤惠秀:《中國留學生史》,東京:第一書房 1981 年版,第 313—337 頁。
⑥ 如对王正廷和唐绍仪的高度评价,参见吉野作造:《支那問題に就いて》,黎明會編輯:《黎明講演集》第 1 集,東京:大鐙閣 1919 年版,第 61—66 頁。
⑦ 松尾尊兊:《民本主義と帝国主義》,第 127 頁。

以祝贺"。他感叹中国在政治、文学、宗教、哲学等方面的新变化,如北京大学发行的杂志基本上都是"口语体":"连寄给我们的信也是口语体,而且是横写的,还不忘使用,。! 等。"因而,不能因所谓的"暴力行为",而忽视了"新运动的真正价值"①。

吉野作造的态度还体现在"黎明会"的活动上。1918 年 12 月 23 日,吉野作造联合福田德三等发起成立"黎明会",在不触动天皇制"国体"的前提下,该会的宗旨为"在世界人文发展中弘扬日本的使命""谋求在世界共存中的日本国运进展""因应世界新形势,促进国民生活的安定与充实"②。亦即一方面张扬国际主义,另一方面以日本国民生活为第一要务。黎明会是以大学教授为主的知识分子团体,每月举行一次系列演讲,之后将演讲稿整理汇集为《黎明讲演集》出版。1919 年 6 月 5 日,黎明会迎来了又一次演讲会。吉野作造发表题为《日支相互谅解》的演讲,他指出中国留学生对日本警察的敌视由来已久,这与日本官宪的态度不无关系;北京学生的"排日运动"完全是日本的"侵略主义"使然,两国的相互敌意多由媒体煽动和"误解"造成。他确信,如果日本国民与中国国民面对面地恳切交谈,必然能够"握手"和解③。演讲会结束后,吉野作造等做出决定:邀请北京大学教授一名、学生二、三名,访问日本④。

二、李大钊的应答

对于吉野作造,中国知识界并不陌生,李大钊是对其最为熟悉的一位。1907—1913 年,李大钊在北洋法政学堂学习,曾师从吉野作造。1914—1916 年李大钊在早稻田大学留学期间,二人联系不断。黎明会成立后,李大钊参与创办的《每周评论》从 1919 年 1 月起就不断刊载该会的消息⑤,这些消息继而被《申

---

① 《北京大学学生騷擾事件に就て》,《吉野作造選集》9,第 242 页。
② 吉野作造:《開会の辞》,黎明會編輯:《黎明講演集》第 1 集,第 1—16 页。
③ 吉野作造:《日支相互の諒解》,黎明會編輯:《黎明講演集》第 1 集,第 1—13 页。
④ 1919 年 6 月 5 日日记,《吉野作造選集》14,第 201—202 页。《日支大学の握手》,《大阪朝日新聞》1919 年 6 月 10 日。
⑤ 《每周评论》刊载的黎明会信息如下:吉野博士:《通讯:黎明会(一月五日东京通讯)》,《每周评论》第 5 号,1919 年 1 月 19 日,第 4 版;《国外大事述评:日本政治思想的新潮流》,《每周评论》第 7 号,1919 年 2 月 2 日,第 1 版;金:《随感录:看看今日的日本》,《每周评论》第 8 号,1919 年 2 月 9 日,第 3 版;明明:《社论:祝黎明会》,《每周评论》第 9 号,1919 年 2 月 16 日,第 2—3 版(另参见中国李大钊研究会编注:《李大钊全集》第 2 卷,北京:人民出版社 2006 年版,第 300—301 页);TC 生:《通讯:黎明日本之曙光(东京通信)》,《每周评论》第 9 号,1919 年 2 月 16 日,第 3 版;守常:《选论:新旧思潮之激战》(录晨报),《每周评论》第 12 号,1919 年 3 月 9 日,第 4 版;明明:《随感录:小国主义》,《每周评论》第 13 号,1919 年 3 月 16 日,第 2 版。

报》等媒体转载①。1919年2月16日,李大钊致信祝贺黎明会成立,表示认同黎明会的纲领:"主张公理,反抗强权,打破资本主义、军国主义,完成日本国民的共同生活,使他与世界人类的共同生活调和一致。"②正因为有如是互动,吉野作造才有邀请北京大学师生访问日本之倡议。关于吉野作造和李大钊之间为此而进行的交流,学界以往多有言及,但对其间的曲折不知其详,这里以吉野作造发表在《解放》杂志的《日支国民间亲善确立的曙光》一文为线索略作梳理③。

6月5日黎明会决定邀请北大师生来访后,吉野作造很快给李大钊去信,并附寄已出版的《黎明讲演集》。李大钊接到书信后,将吉野作造的文章示之媒体④。《全国学生联合会致日本黎明会书》称:"贵会主干吉野博士致敝国某君书曰:'……侵略的日本不独为贵国青年所排斥,抑亦我侪所反对者也。侵略的日本行将瓦解,未来平和人道之日本,必可与贵国青年提携。'"⑤《东方杂志》刊文亦称"觅得吉野博士致北京大学某君信","摘译"道:"侵略的日本,行将瓦解,未来平和人道之日本,必可与贵国青年提携,此仆所确信不疑者也。"⑥李大钊于6月15日复信:"此次敝国的青年运动,实在是反对侵略主义、反对东亚的军阀,对于贵国公正的国民绝无丝毫的恶意。此点愿贵国识者赐以谅解。惟不幸而因两国外交纷争问题表现之,诚为遗憾千万。……在黎明的曙光中,两国的青年可以握手提携,改造东亚,改造世界。"⑦

李大钊回信中提到"侵略的日本"与"和平的日本",可见他读过吉野作造的《勿谩骂北京学生团的行动》一文。在《日支国民间亲善确立的曙光》一文中,吉野作造提到随信附上一二篇文章⑧。李大钊读后说"尊论正大公明,当酌为发

---

① 如《东京通信:日本对我新思想失势之同情》,《申报》1919年4月25日,第6版。
② 李大钊:《祝黎明会》(1919年2月16日),《李大钊全集》第2卷,第300页。
③ 《日支国民的亲善确立的曙光——两国青年的理解与提携的新运动》,《吉野作造选集》9,第257—267页。
④ 俞辛焞沿袭媒体的说辞,认为媒体摘引过吉野作造致李大钊"书简",实际上媒体摘引的不是"书简",而是随信所附的文章。参见俞辛焞:《近代日本研究论集》,第22页。
⑤ 《全国学生联合会致日本黎明会书》,《申报》1919年7月6日,第11版。
⑥ 《日人吉野作造之中国最近风潮观》,《东方杂志》第16卷第7号,1919年7月15日,第191页。
⑦ 李大钊:《致吉野作造》(1919年6月15日),中国李大钊研究会编注:《李大钊全集》第5卷,北京:人民出版社2006年版,第287页。另参见姚维斗、杨芹编注:《李大钊遗文补编》,哈尔滨:黑龙江人民出版社1989年版,第65—66页。1987年,王晓秋在宫崎家藏资料中最先发现此信,收入王晓秋:《近代中日文化交流史人物研究》,第277—278页。
⑧ 《日支国民的亲善确立的曙光——两国青年的理解与提携的新运动》,《吉野作造选集》9,第261页。

布,示之国人",随即将文章译出并投给媒体①。吉野作造邀请北大师生访日,李大钊则表示:"两国大学的教授学生间应开一交通的道路,甚善甚善。"但是,鉴于蔡元培校长离京,陈独秀因发布北京市民宣言而被政府"捕拿",对于互派人员访问的倡议,李大钊未予明确回答②。在《日支国民间亲善确立的曙光》一文中,吉野作造提到李大钊另一封来信,内容与这封信不同,回译如下:

> 北京学界甚盼君之来游。即令大学交换教授未可,民间学会或媒体亦有聘请、聆听君之演讲者。今夏或今秋,屈驾来华数月,如能将日本国民之真意与德谟克拉西之精神示之于敝国国民,则必大利于亚东黎明运动之前途。③

关于此信的来历,笔者推测如下:在接到李大钊6月15日来信之后,吉野作造因李大钊没有正面作答是否访日,又听说自己的学生、供职于满铁东亚经济调查局的冈上守道(基督教青年会会员)要去北京,便委托冈上顺道拜访李大钊,询问北大师生访日事宜。7月1日,冈上守道离开东京,到北京后很快去拜访李大钊,并将结果报告给吉野作造。吉野在前文中节录了部分内容④。李大钊对冈上守道解释了迟迟未能复信的原因,具体而言,既有校内原因——校长蔡元培离京不在⑤;也有政治原因——一俟中日之间的纠纷解决,即派师生前往。李大钊赞成吉野作造殷殷期待的中日知识界的"提携",就在此次会面前后,总部设在上海的全国学生联合会在李大钊的敦促下公开了致黎明会的信函,该信阐述了侵略必亡、爱好和平的中日两国青年应该友善等观点⑥。冈上守道走后,李大钊随即给吉野作造去信。这就是上文吉野作造提到的李大钊邀请其来访的信函。

---

① 《日本黎明会对华表示》,《申报》1919年6月20日,第8版;山:《日本法学博士吉野作造之我国最近风潮评》,《时事旬刊》第1卷第16期,1919年7月1日,第32—36页;《日人吉野作造之中国最近风潮观》,《东方杂志》第16卷第7号,1919年7月15日,第191—194页。
② 李大钊:《致吉野作造》(1919年6月15日),《李大钊全集》第5卷,第287页。另参见姚维斗、杨芹编注:《李大钊遗文补编》,第80页。
③ 《日支国民的親善確立の曙光——両国青年の理解と提携の新運動》,《吉野作造選集》9,第260页。
④ 《日支国民的親善確立の曙光——両国青年の理解と提携の新運動》,《吉野作造選集》9,第263—264页。
⑤ 蔡元培5月9日离开北京,9月12日午夜返回北京。参见高平叔:《蔡元培年谱长编》第2卷,北京:人民教育出版社1998年版,第202—203、242—243页。
⑥ 《全国学生联合会致日本黎明会书(译文)》,《申报》1919年7月6日,第11版;《星期评论:全国学生联合会致日本黎明会书(译文)》,《爱国》第3期,1919年,第10—12页。

中国近现代史研究论文写作：案例与方法

  一切看似顺利，可是情况骤变。7月13日，李大钊在《每周评论》刊文，严厉批评黎明会和福田德三："看了福田博士的议论，仿佛他还在迷信侵略主义，简直找不出半点光明来，很令人失望。"① 在同期发表的《黑暗与光明》这篇短文里，李大钊指出："在日本的黎明会里，也可以分黑暗与光明两个层级。大概已竟（经）在社会上享有相当地位声望的一流人的思想，比较的不彻底，议论、态度，比较的暧昧。还是新人会一派的青年，较有朝气。他们的议论、思想，很有光明磊落的样子。这也是青年胜过老人的地方，也就是光明与黑暗的分点。"②

  李大钊何以突然批判福田德三、进而间接批评吉野作造呢？吉野寄来的《黎明讲演集》中收录了其《关于德谟克拉西我辈之意见》和《关于支那问题》两篇演讲，其中针对有听众质疑吉野作造与福田德三结盟，吉野作造解释说二人只是形式上不同，实则一致③。李大钊知道二人的分歧所在，但这还不能构成李大钊批判福田德三的根据。虽然正在转向布尔什维克的李大钊与民本主义者吉野作造在思想上存在沟壑，但从李大钊发表的"新亚细亚主义"来看，他当时是赞成被压迫民族之间联合的④，这与吉野作造"和平的"日本与中国国民"提携"的主张一致。因此，李大钊态度的转变一定受到了其他因素的影响。李大钊批判福田德三"仿佛他还在迷信侵略主义"一句提示笔者，莫非李大钊读到了福田德三在《解放》创刊号发表的反对日本将山东权益返还给中国的文章？⑤ 一个月后，《晨报》署名渊泉的文章《访问吉野作造博士记》道出了个中原委⑥。

  吉野作造获知李大钊刊文批评福田德三和黎明会后，感到事态严重，遂邀约《晨报》驻东京记者渊泉⑦面谈，向其陈述黎明会的宗旨和福田德三文章的撰述

---

① 守常：《随感录：忠告黎明会》，《每周评论》第30号，1919年7月13日，第3版。另参见《李大钊文集》第2卷，第361页。
② 守常：《随感录：黑暗与光明》，《每周评论》第30号，1919年7月13日，第3版。另参见《李大钊文集》第2卷，第362页。
③ 吉野作造：《デモクラシーに関する吾人の見解》《支那問題に就いて》，黎明會編辑：《黎明講演集》第1集，第74—86、43頁。
④ 李大钊：《再论新亚细亚主义》（答高承元君）（1919年11月1日），中国李大钊研究会编注：《李大钊全集》第3卷，北京：人民出版社2006年版，第74—78页。
⑤ 福田德三：《斯の如くんば山東は支那に引渡すべからず》，《解放》创刊号，1919年6月1日，第112—116頁。
⑥ 渊泉：《访问吉野作造博士记》，《晨报》1919年8月16日，第2版。
⑦ 渊泉，本名陈溥贤，早年留学早稻田大学，毕业后游学欧美，1916年前后回国。渊泉曾与李大钊加入《晨报》前身《晨钟报》。1919年1月，渊泉作为《晨报》特派员长驻东京，直到五四事件前回国。在日本期间，他关注日本朝野动向，国内媒体有关黎明会的消息皆出自其手，其翻译的河上肇关于马克思主义的文章直接影响了李大钊的《我的马克思主义观》。

缘由①。吉野作造首先解释了黎明会的情况："吾黎明会同志于排斥旧日本旧思想,则全会之立脚点皆属相同;特如何建造新日本,即根据何种主义以改造日本,会员间意见不甚一致耳。故对于一种具体的问题,往往有相反之议论,此亦无可如何者也。"在黎明会内,如果说麻生久属于最激进的倾向苏俄革命的一极的话,那么福田德三则偏向福利国家主义一极②,而吉野作造属于中间派③。接着,吉野作造转入正题:"福田德三博士在解放杂志所发表之山东问题意见,吾亦不以为然,中国人读之自生恶感。福田博士为人爽直,经济学问为吾日本第一人。特关于中国问题,博士无甚研究,且下笔时亦未加充分之斟酌,致有误解之处。自该文发表之后,颇有忠告博士者,博士乃搜集中国问题材料,详为考究,始大悟日本军阀处置之不当。本月曾为文登《新时代》杂志中,其态度全然一变,望君详读之,便知博士之真意也。"原来,福田德三在《解放》发表的文章,在黎明会内部也掀起了巨大波澜。在吉野作造的忠告下,福田德三撰写了《小岛国侵略主义的报应》一文,1919年7月发表于《新时代》杂志。在这篇文章中,福田纠正了自己的看法,指出中国排日乃是日本"利己的、小岛国侵略主义"所致④。吉野作造坦言:"吾敢请君转告中国青年曰:日本之军阀官僚资本家纵不了解诸君之精神,而诸君之知己则有日本青年在,勿视吾日本人皆抱此顽冥之思想也可。"吉野作造对中国青年的行动表示理解,同时认为日本青年也心同此理。黎明会内部虽然存在不同意见,但在朝鲜问题和中国问题上意见趋向一致:"吾敢告中国青年曰:吾日本青年亦痛心疾首于吾军阀之行动也。"渊泉发出疑问:既然日本青年痛恨日本的军阀,为何不起而斗争?对此,吉野作造意味深长地说:"彼军阀之根深蒂固,绝非一朝一夕所能打破,吾青年今日在社会上虽已有一种潜势力,而尚嫌根基未固,故不能有显著之活动。待时机一至,则易如摧枯拉朽矣。彼军阀之势力非已日见收缩乎?中国之军阀倘能早日倒坏,则日本之军阀亦当随之而倒(渊泉曰:此二语颇有意味),即不倒亦较易推倒。"

由此可知,吉野作造积极倡议中日国民之间的"提携",背后深藏着欲借中国学生打倒中国军阀之力、唤起日本学生起而打倒日本军阀的想法。在文章结尾,

---

① 石川祯浩:《李大钊のマルクス受容》,《思想》1995年第5号,第81—102頁。
② 高畠素之:《闇に彷ふ〈黎明論〉》,《新社会》第5卷6号,1919年,第6頁;中村勝範:《黎明会と福田德三》,《法学研究》,第67卷第1号,1987年,第7—26頁。
③ 吉野作造:《支那問題に就いて》,黎明會编辑:《黎明講演集》第1集,第48頁。
④ 《小島国的侵略主義の応報》,《福田德三著作集》第16卷,東京:信山社2016年版,第208—213頁。

渊泉写道："吾敢正告我国人曰，吉野博士意见非常彻底，而与吉野博士最有关系之新人会（帝国大学学生之结合）亦吾国人唯一之良友。"

在解开了李大钊对黎明会和福田德三的疑惑之后，吉野作造没有止步。1920年5月5日，北京大学学生访日前夕，吉野作造接受《大阪每日新闻》采访时说：

> 为了新的日支亲善运动，北京方面的教授以胡适、陈独秀氏为代表，支那学生诸君在第二年六月前来访，关于这一报道或认为是事实，或认为时机尚早。这个计划是，去年夏天我个人去了北京，住在友人家中，与各方面的人进行了接触，在这一极其简便的方法后，如我所做的，想以简便的方法邀请北京大学青壮年教授和学生来日本访问。从支那方面考虑，不能以如此简单的方法了事，回答想邀请我访问三四个月。其时，因实施的时机尚不成熟，一度无限期延后。①

可见，在与渊泉谈话后，吉野作造悄悄地访问了北京。他是怎么去的？宫崎滔天之子宫崎龙介曾秘密访问李大钊，应该是为吉野作造的到访做了准备。吉野作造和李大钊相见，旧话重提，一致决定继续推动北大师生访问日本事宜。由于中日政治形势和其他方面的困难，计划一度搁浅。但是，吉野作造试图让日本青年和中国青年"提携"的愿望一无减弱，继冈上守道访问李大钊后，受吉野作造影响的新人会成员陆续踏上中国大地，早坂二郎便是其中之一。

三、新人会成员访华

在论及"五四事件"后中日知识界的互动时，论者皆聚焦于后文将考察的北大学生访问日本一事，除松尾尊兊略加涉及外，没有人关注过东大新人会成员访问中国②。"新人会"是1918年12月5日由东大学生组建的，发起人为赤松克麿、宫崎龙介和石渡春雄，接受吉野作造的指导③。黎明会在北京知识界名气颇

---

① 《日支親善運動、吉野作造博士談》，《大阪每日新聞》1920年5月1日。
② 前揭松尾尊兊《民本主義と帝国主義》，第88—90页。
③ 关于新人会的代表性研究，参见中村勝範：《帝大新人会研究》，東京：慶応義塾大学出版会1999年版。

大,但除演讲会以外基本没有其他活动;而新人会不但成员多、言论激进,活动范围亦广。该会成立后,很快与已经毕业的麻生久的"木曜会"合并。后者厌恶"传统主义",核心成员有冈上守道和佐野学。由赤松克麿起草的新人会纲领宣称:"吾人拥护并促进作为世界文化大势的人类解放新气运;吾人响应现代日本合理的改造运动。"①与黎明会保障国民生活的宗旨相比较,新人会倡言"合理的改造运动",其前卫性一目了然。

1928 年新人会成立十周年之际,赤松克麿回忆道:"新人会出身的很多社会活动家属于无产阶级运动的分野,并非限于特定阵营的集团";"新人会最初是作为对抗长期支配东京帝大法科传统的官僚思想的反逆者而诞生的。"②新人会的活动地点在东大学生第二活动室。1919 年 1 月 30 日,麻生久在此作《青年知识阶级的一项使命》演讲:"青年知识阶级的一个使命,是立足于拥有政治的、资本的能力的阶级与劳动阶级之间,实现其应有的社会性的符合真理的理想。而为了实现这一理想,必须与现在垄断政治的、物质的权力者和资本家进行斗争,同时还须向劳动阶级宣传,最大限度地促使其理性的自觉。"③麻生的演讲极具煽动性,文字稿刊于《德谟克拉西》创刊号,堪称新人会的成立宣言,一年级新生早坂二郎就是听了他这次演讲而加入新人会的。

虽然新人会与吉野作造关系密切,但其主张远比黎明会激进。最早研究新人会的史密斯(Henry DeWitt Smith)将其著作定名为"日本最早的学生激进分子",可谓一语中的④。以麻生久为代表的原"木曜"成员早在 1917 年"十月革命"发生后即已开始研读苏俄革命。当吉野作造谋求日本和中国民间"提携"时,访问中国的新人会成员的想法并不止于此。赤松克麿回忆同人到中国的情形:有三名新人会成员先后访问中国,分别是冈上守道、佐野学、宫崎龙介⑤。冈上守道足迹远至西伯利亚,回国后报告了自己的旅行观感,认为中国的"新建设运动"——新文化运动,受到了日本新思潮的影响;这显然是夸大之词。他又说北

---

① 新人会机关刊物《デモクラシイ》第 1 卷第 3 号(1919 年 5 月 1 日)明示该刊宗旨。
② 赤松克麿:《新人会の歷史的足跡——創立十年にして倒れた彼の社会運動史の業績》,《改造》1928 年 6 月号,第 68—69 頁。
③ 麻生久:《青年智識階級の一使命》,《モクラシイ》第 1 号,1919 年。该期标题误作デモクラシイ。
④ Henry DeWitt Smith, *Japan's First Student Radicals*, Cambridge: Harvard University Press, 1972.
⑤ 赤松克麿:《新人会の歷史的足跡——創立十年にして倒れた彼の社会運動史の業績》,《改造》1928 年 6 月号,第 73 頁。

京大学的学生了解新人会,其实北大学生了解的应该是黎明会①。冈上守道佐野学的行迹不甚清楚,最后止步于"满洲"。其时,日本出兵西伯利亚,加入欧美围剿苏维埃革命的行动。二人行至"满洲"和西伯利亚,体现了对苏俄革命的关注。赤松克麿回忆中有一句话颇有余韵:"他们有其他事情,对新人会的任务也不懈怠。"

第三位访华的新人会成员宫崎龙介比较特殊。因为宫崎家与孙中山等革命者的密切关系,宫崎龙介常到上海。"我来上海并非吉野博士的委托,因为我每年都会例行地去上海,博士要求我'如果在上海碰到学生,请打听一下交换讲演的事'。"②在谈到邀请北大学生来访时,吉野作造说:"因为其间我们中会有宫崎法学士去上海,想必会加速具体落实。"③宫崎龙介1919年秋到达上海后,在"一高"时代的同学、后来参与创建中国共产党的李汉俊安排下,在其家中见到了全国学生联合会干事孙越崎、程天放和詹大悲等人,畅谈中国的社会改革理想,彼此有一家人之感。此外,宫崎龙介还专门拜访了其父老友孙中山。当被问及"日本何时改革"时,宫崎龙介乐观地答称:"这一天不久即会到来。"宫崎龙介详细记录了此次上海之行,以《来自新装的民国》为题发表在同年12月底的《解放》杂志。在文章结尾处,宫崎龙介说"因为有事曾去了天津"④。在宫崎家所藏书信中,有两封李大钊写的短笺,一封是10月7日邀请宫崎龙介"假座香厂六味斋与同志一聚";一封是9日"请来弟处一谈为祷"⑤。短笺证明,宫崎所说的"天津"应该指北京,也就是说,宫崎10月初曾秘密拜访过李大钊。

宫崎龙介在回忆文章中闭口不谈访问李大钊之事,是因为此行乃是为吉野作造的到访打前站⑥。吉野作造虽然只是大学教授,但在日本知识界和舆论界影响颇大,他不敢暴露自己访问北京的行踪。李大钊的短笺亦证明,吉野前文所说"去年夏天我个人去了北京"的"夏天",实际应为"秋天"。

赤松克麿的回忆没有提到早坂二郎。在新人会成立十周年时,早坂二郎也写过一篇回忆文章,大概事先读过赤松克麿的文章,有些段落与赤松克麿的文字

---

① 黒田礼二:《バガボンドの北京見聞き》,《解放》第6号,1919年11月,第121—133頁。
② 宫崎龍介:《新装の民国から》,《解放》第7号,1919年12月,第127頁。
③ 《日支国民の親善確立の曙光——両国青年の理解と提携の新運動》,《吉野作造選集》9,第266頁。
④ 宫崎龍介:《新装の民国から》,《解放》第7号,1919年12月,第128、124、129頁。
⑤ 王晓秋:《近代中日文化交流史人物研究》,第281页。
⑥ 新人会没有人知道这次访问。平贞藏回忆认为最先访问北京大学的日本学生是他和早坂二郎,实则是冈上守道和宫崎龙介。

类同,但作为当事人,早坂有自己的视角:

> 在北京大学,同仁每次往访都受到热诚欢迎。文学革命的主导者胡适、共产党事件中被张作霖枪杀的李大钊等,在排日示威正炽烈之时与同仁共进午餐等事,令人难忘。……对于作为新支那建设运动的先驱而战士辈出的北京大学(特别是新潮社、少年中国社等),我们可以回忆出新人会进行了相当多的工作的深远意义。
>
> 九年五月,作为回访,北京大学的五名访日学生代表来了,与年轻的东洋战士紧紧握手,在神田青年会馆召开了没有先例的日支学生联合演说会。①

早坂二郎的回忆内容比较具体。关于访问北大一节,他指出新人会成员往访时受到"热诚欢迎";在排日浪潮下,胡适和李大钊专门"与同仁共进午餐"。早坂二郎没有谈及会见李大钊的具体细节。据同行的平贞藏回忆,他一共见过李大钊三次。第一次在李大钊家,"李大钊出身早稻田,因为会说日语,说了很多话;相约过些日子在北京大学见,我就回去了"。第二次在北大,李大钊组织了欢迎会,具有新思想的十余人参加,"互相提问,说了很多话"。第三次在北大图书馆的"附属食堂",边吃饭边聊,"很有成果"②。可以与赤松克麿的回忆相对照的是,早坂二郎提到包括自己在内共有三个人去过中国:"大正八年(1919)十二月平贞藏和早坂二郎以上海为起点,前往北京、哈尔滨、浦盐,次年千叶雄次郎也前往浦盐方面。"赤松提到冈上守道去过西伯利亚,而早坂则明确说三人均到了海参崴。可见,至少有四名新人会成员去过战争状态下的苏俄。新人会成员去苏俄访问,显然超出了吉野作造提倡的日中"提携"的界限。早坂二郎为掩饰其对"过激思想"的兴趣,对访问海参崴闭口不谈。不仅如此,他在天津、青岛、北京以及"满洲"、朝鲜等地都受到东北学院校友的接应,唯独称"在上海,和谁都没有见"③。

赤松克麿和早坂二郎在回忆欢迎北大学生来访时不约而同地使用了"战士"和"握手"。赤松说:"年轻的支那战士和年轻的日本战士,紧紧地握手。"早坂说:"北京大学的五名访日学生代表来了,与年轻的东洋战士紧紧握手。"北大学生访

---

① 早坂二郎:《新人会十年の步み》,《祖国》1928 年 9 月号,第 65 页。
② 平记念事业会编:《平贞藏の生涯》,东京:平记念事业会,1980 年,第 108—110 页。
③ 《早坂二郎君(北京より编辑子宛)》(2 月 1 日),《东北学院时报》1920 年 2 月 20 日。

日,某种意义上是作为日本大学生访华的回访。为筹措旅资,李大钊、胡适等慷慨解囊。两国"年轻的战士"之间的"握手",表明他们对于作为"排日运动"的"五四事件"是有共识的。借用吉野作造的话来说,就是以"和平的日本"反对"侵略的日本"。但是,对新人会来说,"握手"的含义还不止于此,"战士"二字绝非随意的修辞,带有对"过激思想"——苏俄革命的憧憬。

新人会成员为何要访问中国？或者确切地说,为何要去战争状态下的西伯利亚——日军占领下的海参崴？本文开头曾引用《万朝报》报道:"(早坂)回国后,常常召集学生聚会,试图解读俄罗斯革命的过程、支那学生运动。"这似乎是说,早坂二郎的"过激"是到访中国和海参崴的结果,但事实恰恰相反,应该说早坂二郎及其他人是因为"过激"而去了海参崴。

先说赤松克麿提到的冈上守道和佐野学。冈上守道1916年从东京帝国大学法科毕业,随后进入满铁东亚经济调查局,主要研究犹太人和俄罗斯农村问题。佐野学1917年从东京帝国大学政治学科毕业,在继续攻读两年农政学硕士课程后,于1919年成为满铁东亚经济调查局契约职员。在学期间,佐野学就对俄罗斯感兴趣,撰写过关于俄罗斯农村共同体"米尔"(мир)的报告书。在同僚冈上守道的介绍下,佐野学加入了麻生久的"木曜会"。对于"十月革命",当时的日本报章充斥着谩骂和嘲笑,甚至将列宁的汉字译名故意译作"冷忍"[①]。在对苏俄革命批判性的舆论下,1919年6月石川六郎编辑出版的《过激派》是日本第一本介绍苏俄革命的著作,全书分为"过激派发达史""露国社会思想史""过激派思想与国家及社会"和"过激派与艺术"四编。该书实际作者是麻生久、冈上守道和佐野学[②]。冈上守道和佐野学编写这本书,表明了他们对苏俄革命的兴趣和认同。在同一时期的新人会机关报《德谟克拉西》,冈上守道发表了若干篇关于古希腊哲学中"无政府主义"的文章,佐野学则用真名或笔名片岛新发表了一系列关于马克思、克鲁泡特金和苏俄革命的文章。佐野学是日本共产党的创始人之一,担任过日共中央委员长,直到1933年在狱中"转向"[③]。综合来看,冈上守

---

① "冷忍"日语读音 rei nin,意即冷酷的"忍人"。
② 石川六郎编辑:《過激派》,東京:民友社,1919年;酒井正文:《〈過激派〉考——新人会との関連において》,中村勝範編:《帝大新人会研究》,第250—272頁。
③ 佐野学:《無資産階級解放の道》(一),《デモクラシイ》第1号,1919年3月6日;片岛新:《マルクスかカントか》(一),《プレスコウスカヤ女史》,《デモクラシイ》第1巻第4号,1919年6月1日;片岛新:《マルクスかカントか》(二),《クロポトキンの社会思想》(一),《デモクラシイ》第1巻第5号,1919年7月1日。

道和佐野学选择进入满铁东亚经济调查局工作,与他们对苏俄革命的关注不无关系,也正因为此,二人对中国发生的"排日运动"似乎并不感兴趣。

再说包括早坂二郎在内的其他三个人的行迹。千叶雄次郎1923年毕业于东京帝国大学法科,其访华情形不详。千叶在新人会刊物发表文章的时间较晚,《德谟克拉西》改刊为《先驱》后,1920年发行的五月号和七月号,刊登了他撰写的《社会改造的两条途径》以及《土地资本与劳动》①,表现出对社会和政治革命之关注。平贞藏1920年毕业于东大政治学科,第二次世界大战期间成为"昭和研究会"的核心成员。访问中国之前,他先后在《德谟克拉西》发表过三篇文章,涉及奴隶解放、同业罢工等问题②。早坂二郎1921年从东大政治学科毕业,没有在《德谟克拉西》发表过正式文章,只有一篇批评在电车里吸烟的杂文③。

早坂二郎访华得到了在上海的日本基督教青年会的资助。平贞藏因吉野作造之推荐也得到了资助④。中国之行结束后,平贞藏在《先驱》发表《在上海听到的话》,据此可知二人是1919年12月27日抵达上海的,在中国和海参崴游历了4个月,其中在上海停留了半个月。平贞藏说:"在孙逸仙氏的面前,在讲了两小时日本现状中,感到氏的脸庞轮廓在渐渐地变大。在与学生联合会的人会谈的时候,对政界不抱指望的学生,与他们步调一致的会面,令人感到心与心连在一起。"⑤至于何时、何地、如何会见中国学生联合会成员,平贞藏没有交代清楚。在文章里,平贞藏提到自己做过两次演讲:"一次是在妇人会,我的演讲题目是《社会革命与政治革命》,有点按捺不住。与东京的妇人会相比,(这里的妇人会)有其特色,似乎是些很认真的人。但是,话没有讲到一半,就有妇人直说犯困,让人吃惊。'得考虑一下在什么场合',回来的路上,友人如是告诫我。""一次是元月二日,在青年会讲的,题目是《青年学徒的对支政策观》,因为毫无顾忌地讲,以为必然会遭到祖国礼拜党的抗议,不料竟然相反。会后,召开欢迎茶话会,席间冒出关于马克思学说的话,有人比我们更严厉地批判军阀、资本家。"文中的"友

---

① 千葉雄二(次)郎:《社会改造の二途》,《先駆》5月号,1929年5月1日;《土地資本及労働》,《先駆》7月号,1929年7月1日。
② 平貞藏:《評伝 奴隷解放の巨人リンコルン》,《デモクラシイ》第1卷第6号,1919年9月15号;中野吾一:《同盟罷業の感想》,《デモクラシイ》第1卷第6号,1919年9月15号;《有識者の従属的地位》,《デモクラシイ》第1卷第8号,1919年12月1号。
③ 二郎:《煙草の御遠慮》,《デモクラシイ》第1卷第2号,1919年4月1日。
④ 平記念事業会編:《平貞蔵の生涯》,第96—97頁。
⑤ 平貞藏:《上海で聞いた話》,《先駆》1920年8月。他的回忆确切与否,尚待考证,可见其对孙中山为首的资产阶级民主派没有多大兴趣。

人""我们"等词语说明平贞藏不是一个人在行动,另一个人无疑就是早坂二郎。

《万朝报》说早坂二郎滞留上海期间,曾参加中国的学生运动,发表过激演讲。早坂二郎是在公众场合发表了"过激演讲",还是在平贞藏所说的青年会上发表了"过激演讲"呢?笔者倾向于后者。也就是说,二人面向在上海的日本人的演讲被听众告发了,从而行动一直处在陆军当局的监视下。有意思的是,在上海的日本基督教青年会与中国基督教青年会互有往来,大概受中国基督教青年会中有人参与"排日运动"的影响,前者中也有一些批评日本"军阀""财阀"的"过激分子"①。

四、北京大学学生访日

"五四事件"一周年之际,1920年5月5日,由北京大学学生康白情、黄日葵、徐彦之、孟寿椿、方豪等组成的访日团抵达日本②。这个没有教授参加的访日团看似吉野作造努力的结果,实则与吉野没有直接关系。访问团到日本的消息传出后,在接受《大阪每日新闻》记者采访时,吉野作造说道:

> 在北京的组合教会牧师清水安三,急于快一点实施这一计划,好像因此促成了胡适教授及学生诸君来访事宜。实际上,我自己也没有得到详细的报道,但我认为除北京大学方面的李大钊、陈启修氏等教授之外,《晨报》的大记者陈溥贤氏等人,一定在其中做了很多工作。③

由上可知,吉野作造密访北京期间,除见过李大钊外,还见了毕业于东大的陈启修。谈话中提到的清水安三是在"五四事件"后不久迁居北京的④。到北京后,清水安三很快结识了胡适等人⑤。吉野作造说清水安三"好像因此促成了"胡适及若干学生来日本,说明北大学生最后得以访问日本,起关键作用的不是李

---

① 《大堀正一君(上海より編輯子宛)》(2月1日),《東北学院時報》1920年2月20日。
② 相关研究参见:石川祯浩:《吉野作造と一九二〇年の北京大学学生訪日団》,《吉野作造選集·月報》14,東京:岩波書店1996年版,第5—8頁;小野信爾:《五四運動在日本》,第199—206頁。国内研究可参见李永春、史飞:《少年中国学会与1920年北京大学学生游日团》,《民国研究》2014年第2期。
③ 《日支親善運動,吉野作造博士談》,《大阪每日新聞》1920年5月1日。
④ 清水安三:《朝陽門外》,東京:朝日新聞社,1939年,第95頁。
⑤ 清水安三:《橘樸先生の思い出》,山本秀夫編:《甦る橘樸》,東京:龍溪書舍1981年版,第82—83頁。

大钊,而是胡适。不仅如此,胡适本人也准备访日。在东京的北大教员高一涵送走访日团后,曾着手迎接胡适的到访①。

虽然是清水安三最后促成了北大学生访日,但这并不意味着吉野作造无足轻重。吉野及新人会是访日团在东京访问的主要对象。访日团在日本的行程可以一分为二:关东和关西。在东京的活动主要如下:5月7日参加东京中国留日学生总会举办的"国耻"纪念大会;5月9日出席留日学生总会的欢迎大会;5月11日上午拜访吉野作造,晚上与新人会成员聚会,宾主发表演说;5月12日访问位于日向的新村;5月13日与东大辩论部召开演说会;5月17日参加"十七日会"演说会;5月19日参观早稻田大学,晚间与建设者同盟举办演说会;5月21日参加留日中国基督教青年会主办的演讲会;5月27日离开东京②。显然,公开活动主要是出席一系列演讲会。

听到访日团到来的消息,5月8日,新人会、辩论会、青年会成员拜访了访日团,约定下周开会并交换意见③。5月9日,吉野作造与访日团联系,相约11日访日团成员到吉野家做客。除了这次会面,吉野与访日团至少还见过两次面。5月11日晚,访日团与新人会举行晚餐会和演讲会。与会者除吉野作造以外,还有东大副教授森户辰男,后者因1919年发表《克鲁泡特金的社会思想之研究》而被控告为"紊乱朝宪",遭到停职处分,1920年1月被判处三个月徒刑,其时正在申诉之中。吉野作造是森户的特别辩护人,二人和康白情、黄日葵等在席间分别发表简短演说,"不外论扩大国民外交之必要,与无诚意的中日亲善之不可能"④。

5月17日,访日团与"十七日会"举办演说会。据《民国日报》报道,与会者甚众,中日人士各两三百人。会上,高一涵谈"中日亲善之障碍",提出障碍有三,即帝国主义、狭义的国家主义、以虚假的中日亲善为名而企图达成其他目的的心理。早坂二郎讲"国际生活更新之一大暗示",认为今后的外交应当由政府外交转为国民外交。接着,方豪讲"世界改造与思想之关系",提出中国的排日是基于世界主义而非国家主义。田汉讲"中日文化之结合",认为中国新文化运动与日

---

① 《高一涵致胡适》(1920年5月20日),中国社会科学院近代史研究所中华民国史组编:《胡适来往书信选》上,北京:中华书局1979年版,第94页。
② 小野信爾:《五四運動在日本》,東京:汲古書院2003年版,第199—206頁。
③ 《徐彦之致胡适》(1920年5月9日),中国社会科学院近代史研究所中华民国史组编:《胡适来往书信选》上,第94页。
④ 《北大学生团游日消息(一)》,《民国日报》1920年6月11日,第6版。

本新文化运动有共通点,中日应联合起来,共同进步。康白情讲"中日学生提携运动",认为"今中日学生实处于同一难堪之境遇,即皆受军阀官僚资本压迫是也。吾人欲举提携之实,惟有互相扶助,推倒贵族,推倒官僚,推倒军阀,推倒资本家"。最后吉野演说,呼吁中日学生"提携",将中日不能亲善的原因归于日本军阀和财阀,重申了以往的主张。

27日,访日团离开东京。在京都和大阪期间,访日团与京都大学学生举行演讲会,拜访河上肇,与朝鲜青年、中国台湾青年及社会主义团体六日社等接触,具有很强的政治色彩。6月5日,访日团结束一个月的访问,从神户港离开日本。

对于北大学生访日团,赤松和早坂不约而同地用"握手"来表达彼此之间的友谊。康白情给少年中国学会的信函写道:

> 我们很受欢迎。他们对于少年中国学会表示十分信托。他们都以改造中国底责任信仰她。这种运动,寿昌、伯奇、懋德都很出得有力。我们已经和他们相约,互通消息,交换印刷品。①

虽然访日团与新人会接触的时间很短,但彼此间似已建立信任关系。1921年4月,少年中国学会将停刊的《少年世界》复刊,出版了一期"增刊日本号",收录了包括访日团成员所写、所译的关于日本的文章。这些文章虽然如小野信尔所指出的那样,存在一些错误,诸如将森户辰男说成无政府主义者②;但对于日本社会的观察还是很有参考意义的,如郑伯奇关于日本思想界现状的概观③。有些评论很尖锐,如李宗武同意中国知识界批判日本是一个专制国家的说法,进而指出:"仔细考察起来,日本人的脑海中,Democracy 一个字,却比我们中国人印得深。"④

访日团显然没有实现吉野作造所企盼的中日学生之间的"提携"。其时,两国大学生中都出现了"激进化"的势头,这与坚守民本主义立场的吉野并不一致。上文谈到17日的演讲会,《民国日报》6月11日的介绍很中立,但该报同日副刊

---

① 康白情:《少年中国学会同志诸兄》(1921年2月2日),《少年中国》第3卷第2期,1921年9月1日,"会员通讯",第74页。
② 小野信爾:《五四运动在日本》,第204—205页。
③ 伯奇:《日本思想界的现状》,《少年世界》增刊日本号,1921年4月,第41—53页。
④ 李宗武:《最近日本考察底感想》,《少年世界》增刊日本号,1921年4月,第150页。

上刊载的一篇文章,却对中日学生之间的亲善表达了怀疑:"日本人底演说,除青皮学者(此日人所加底徽号)底吉野作造,不能有明了的表示以外,早坂二郎底演说,也很彻底。"①文章作者不明,石川祯浩认为和留日学生中的反日风潮有关②。确实,高一涵、徐彦之给胡适的信中都指出,留日学生中存在极端的反日倾向③。在此笔者要指出的是,该文记者的评论与当日演说现场的实际情形并不相符,准确地说,吉野与早坂的观点完全一致。那么,记者为什么要特地拿早坂二郎作比较呢?这与本文开头所提到的早坂二郎被捕事件有关。早坂被捕事件凸显了日本知识界在思想上的分化,一部分人开始倾向于"国际思想"——苏俄革命;这影响到了记者对日本知识界的看法。

五、结　语

1919 年 5 月 4 日爆发的"五四事件"震撼了日本舆论界。与绝大部分日本舆论的反应相反,吉野作造肯定中国学生抗议行动的正当性,认为面对"侵略主义"的日本,"和平主义"的日本应该与中国人民"提携"。1920 年 5 月 5 日,"五四事件"一周年之际,北大访日团一行五人抵达日本。为访日团顺利成行,吉野作造付出了相当大的努力,不仅请求昔日的学生李大钊予以帮助,委托日本学生前往中国与李大钊及中国大学生团体接触,最后还亲自秘密访问李大钊等人。吉野作造的所作所为,旨在警告日本人,如果日本不放弃帝国主义政策,"将会永远失去在中国发展的机会"。

但是,吉野作造的愿望与实际并不协调。一方面,虽然他在"五四事件"中的言论受到中国知识界普遍赞许,可是邀请北大师生访问日本一事,诚如李大钊所说,在两国纷争之际倡言"提携",显然不合时宜。另一方面,马克思主义者李大钊主张以苏俄为师,绝不可能赞同吉野作造以民本主义对"过激思想"的防范。除了往昔的师生情谊和期盼两国国民之间的亲善,二人的政治主张在本质上是对立的。因此,北大学生的访日行为毋宁说只具有象征意义,而访日团一行拜访河上肇等马克思主义者和社会主义团体,显然亦非吉野作造所乐见。

---

① 晋青:《中国学生团在日运动所获得的教训》,《民国日报》副刊《觉悟》1920 年 6 月 11 日,第 13—14 版。
② 石川祯浩:《吉野作造と一九二〇年の北京大学学生訪日団》,第 7 页。
③ 《徐彦之致胡适》(1920 年 5 月 9 日)、《高一涵致胡适》(1920 年 5 月 20 日),均见中国社会科学院近代史研究所中华民国史组编:《胡适来往书信选》上,第 91、94 页。

一般认为,吉野作造是新人会的精神领袖,但该会成员思想的"过激化"势不可挡。在第一次世界大战和"十月革命"的大背景下,苏俄革命对日本和中国青年具有极大的吸引力。根据平贞藏的说法,在新人会中,麻生久的影响力比吉野作造要大①。新人会的苏俄色彩浓重。《德谟克拉西》创刊后不时出现苏俄式词语——"到人民中去"(в народу)。浓重的苏俄色彩使得《德谟克拉西》不断遭到警方的检查和处分,先后改名为《先驱》《同胞》《人民》。在新人会成立十周年之际,赤松克麿承认成员普遍有"过激思想",虽然还不是"纯粹的马克思主义者"。

1920年5月17日,在东京神田青年会馆召开的欢迎北大学生访日团的集会上,现场给吉野作造演讲当翻译的是留学生殷汝耕,身临其境的早坂二郎对中、日文之间的同声传译颇感新鲜。3天后,早坂二郎因誊抄和散布苏俄"过激思想"的《反战之檄》而被捕,檄文赫然写着:反对战争、打倒Mikado(天皇)、世界无产者团结起来②。5月27日,送走北大学生访日团后,高一涵致信胡适:"自他们讲演之后,日本政府取缔新人物更加严厉——这几天新人会的早坂二郎已被检察所传问,早稻田大学教授木村(久一)和中央大学的学生信定(泷太郎)都收监了。"③此即本文开头所引《万朝报》报道的事件。从本文的上述考察可以清晰地感到,苏俄革命对中日两国青年的影响和共产主义悄然兴起的足音。

复盘与导读

每一次阅读都是一次探险。2019年,我有机会到位于京都的"国际日本文化研究中心"访学。该中心图书馆的藏书既专且丰,即使在开馆时间外,访问学者也能刷卡进馆阅读。4月的一天晚上,我在翻阅大正时代的报纸《万朝报》时,被一则日本警察逮捕散发宣扬"过激思想"小册子的早坂二郎记事所吸引。早坂是东京帝国大学的学生,此前曾被"吉博士"派往中国。凭直觉,"吉博士"是"吉野博士"之误。吉野博士即吉野作造,被视为"大正德谟克拉西"的象征,有关他

---

① 平记念事業会编:《平贞藏の生涯》,第71頁。
② 早坂二郎也是《大学评论》编辑。檄文为信定泷太郎得自早稻田大学教授木村久一,后者在下中弥三郎(平凡社社长)主持的新思想会上做过介绍。虽然早坂二郎和信定泷太郎最后获释,但该事件导致木村久一等三人被判实刑。参见太田雅夫:《解说 中央法律相谈所と〈中央法律新報〉》,《社会问题资料研究丛书》第2辑第1卷上《中央法律新報》,東京:東洋文化社1972年版,第9頁。
③ 《高一涵致胡适》(1920年5月27日),中国社会科学院近代史研究所中华民国史组编:《胡适来往书信选》上,第95页。

的研究很多。我立刻找来吉野日记查阅，找到一条关于早坂的记录，验证了我的推断不错。

研究日本历史的学者都知道，只要被日本学者研究过的日本历史问题，大都事无巨细，外人很难插足。抱着好奇心，我将有关吉野的研究著作和论文都找来翻阅，结果一无所获。早坂二郎是谁？吉野为何要派他到中国？我的"探险"由此开始。

"五四事件"爆发后，吉野是少有的对中国学生的抗议行动持同情态度的日本学者。他通过昔日的学生李大钊试图在北大学生和东京帝大学生之间建立联系，为此先后委托多名学生或已毕业的学生前往北京和上海，其中有宫崎滔天的儿子宫崎龙介——李汉俊在日本读"一高"时的同学。正是有了这样的铺垫，才有了"五四事件"一周年之际少年中国学会成员的访日之行。

吉野的表面意图似乎是通过两国学生之间的"提携"来增进民间友好，但从他与《晨报》记者陈溥贤（渊泉）的私下谈话看，绝非如此简单。吉野从中国青年学生的行动中看到了改变日本政治的动力，他向陈溥贤暗示，希望推动日本青年学生起来打倒日本"军阀"和"财阀"。这是以往的吉野研究从未注意到的问题。

吉野实现了他的目标，但没有达到目的。在同一时期，李大钊正和苏俄驻远东代表秘密来往，转向苏俄革命；吉野寄予厚望的日本学生团体"新人会"愈发"过激"，有人甚至还参与了日本共产党的创立活动。

至此，我的"探险"告一段落了。在这一过程中，我还发现了另外两个从未被研究过的重要问题，今后将会撰成文字发表。

五四前后时人对军阀现象之认识[*]

翁有为^{**}

摘要：五四前后，时人关注的重要政治焦点问题，就是军阀政治这一现实问题，因为军阀问题，已成为困扰那个时代发展的重要难题。在时人看来，军阀问题的表现：一是军阀干政弄权之乱导致国家纲纪、政治道德败坏；二是军阀各割据一方为霸导致中央与地方关系失衡；三是军阀内争、兵变之祸"甚于匪祸"；四是军阀"率兽食人"陷民生于绝境。根据这种观察，当时的思想界得出了对军阀的否定性认知结论。时人谓军阀"是一个不好的东西"，就是虽显朴实却颇具典型意味的结论。即使在今天看来，五四前后时人对军阀的认识虽不无形容和夸张的成分，但基本上是符合事实的。

关键词：五四；思想界；军阀问题；否定性认知

关于民初军阀问题，学界已有诸多丰硕翔实的研究[①]。据笔者由中国知网从1979年到2013年34年间以"军阀"为题的检索结果，共达683篇之多，不可谓少，主要涉及近代军阀人物、军阀战争、事件以及军阀特点等问题的研究，是对

---

* 原载《历史研究》2015年第6期。本书收录时略有修改。
** 翁有为，河南大学历史文化学院教授。
① 关于北洋军阀史的研究主要可见来新夏等著：《北洋军阀史》，天津：南开大学出版社2000年版；陈志让：《军绅政权——近代中国的军阀时期》，桂林：广西师范大学出版社2008年版；齐锡生：《中国的军阀政治(1916—1928)》，杨云若、萧延中译，北京：中国人民大学出版社1991年版；张玉法主编：《军阀政治》，《中国现代史论集》第5辑，台北：联经出版事业公司1980年版；徐勇：《近代中国军政关系与"军阀"话语研究》，北京：中华书局2009年版；等等。本文主要探讨当时思想界对军阀"行状"的认识问题，至于军阀产生的历史根源、时代特征与军阀特性、军阀概念的演变等相关问题，另撰有专文探讨。本文所称的"五四前后"，大致上是指1917年到1925年间(本文上限定在袁世凯死后大军阀、小军阀割据之出现，1917年李大钊从贬义上使用"军阀"一词，大致以1917年为上限。思想认识的历史如流水，很难抽刀断流，显然划分具有相对性。有专家认为，"五四"的下限一般在1923年，如此，则"前后"之"后"定于1925年应无不妥)。这一时期是思想发生大变革的时期，打倒军阀的思想也是在这一时期形成的。

军阀本身即"军阀史"的研究。但从思想史、思潮史的角度对五四前后时人关于军阀问题的认识与讨论作一考察,看时论是从哪些方面讨论和认识军阀现象这一问题的:他们讨论军阀所依据的主要思想资源是什么?他们对军阀问题的讨论和认识在今天看能否成立?他们对军阀问题的上述认识与五四时期的时代思潮有什么关系或具有什么样的时代特征?等等,这些问题学界尚缺乏系统、深入的研究。本文从"知识考古"思想梳理的角度,就上述问题作一学理上的专题探讨。军阀问题是五四前后思想界颇为关注的重大政治和社会问题。所谓重大政治和社会问题,是指军阀的存在乃成为国家统一和社会发展的严重障碍。因而,"军阀"这一特殊军事类群乃成为国人热议与讨论的对象。时人认识军阀,对军阀概而言之为"现在中国一般人的心中,都知道军阀是一个不好的东西"①,这类话语,是在对军阀之行事的具体观察和切身感受的基础上形成的否定性认知。这些对军阀的认知,对我们今天客观和理性地认识近代中国革命过程中的民初军阀问题以及反对军阀问题,均具有重要参考价值。

一、对军阀干政弄权之乱的认识

近代中国军阀现象的产生,有其深刻的社会和历史根源。在传统君主制时代,权臣或藩镇干政乱国往往是王朝统治后期乃至末期出现的特殊现象。民初的军阀干政乱政,则是新政权建立不久就出现的一种现象。此种现象,表面与中国古代王朝末期权臣专横或藩镇割据相似,但其产生的历史动因与以往有根本的不同,是多重复杂因素作用的结果:近代以来,中国受多个帝国主义列强支配;在政治上,虽然民国建立,但传统封建的政治势力仍然占据统治地位,以致民主制度有名无实;在经济上,中国仍处于自给自足的农业经济,没有形成国内的统一市场。种种因素使民国根基未稳即处于风雨飘摇之中,是"新"时代出现的"新"问题、"新"乱象。尤其是袁世凯死后,北洋军事集团群龙无首,各派系军阀如皖系、直系、奉系等先后各援引其背后的帝国主义为靠山干政乱国,给国家的统治秩序造成了严重的危机。而此时的中国,由于产业工人队伍人数的激增②,

---

① 环心:《革命军人与军阀的分别》,《共进》第86期,1925年7月。
② 据刘明逵的不完全统计,1913年中国产业工人有55万—60万人,到1919年前后,全国有产业工人约261万人,是1913年的4倍多。(刘明逵:《中国工人阶级历史状况》第1卷第1册,北京:中共中央党校出版社1985年版,第4,5页)工人阶级人数的发展,无疑为中国新的历史阶段的政治性运动和新思潮的兴起准备了重要的群体性力量。

新式教育的举办,新式出版传媒业的不断发展,新知识分子十分活跃,加之新文化运动的发动,使包括法国革命、俄国革命等革命思想在内的新思想、新思潮不断激发,使得当时人们的思想普遍处于与军阀现象相对立、相抗争的状态。时人根据对民初军阀这种"新"问题、"新"乱象的观察,提出了对这一问题的较为系统的认识和思考。

(一)对军阀干政乱国的观察与认识

按照近代国家制度的结构性要求,军权应受制于政权或党权,是为通例。但在民初乱象下,军权僭越其位,走上前台干政乱政。无论是天津督军团会议,还是皖系、直系两派在南征问题上的妥协与冲突,都说明军人才是国家政治决策的真正主角。时人揭露道:"今举国共痛恨于武人之干政矣,然干涉武人之干政,亦惟武人,调和武人者,亦惟武人,递相乘除,安有纪极?"①军事强人段祺瑞制造了为自己御用的新国会,后来曹锟的保派和吴佩孚的洛派更是内阁的操纵者。时人指出:"军人每挟其特殊之势力,侵入行政范围,居最高之权位,以蹂躏议院与宪法,立国之本摇,而一切之乱源,皆由此起。"②军人集团走上国家政治舞台的中心,按照其特殊的军事规则③干预国家政治管理活动,形成"特殊之势力"。"特殊之势力"凌驾于现代国家法政制度之上,国家运转遂脱离常轨,形成与政治法律规则格格不入的军人干政祸国之象。

时论多从社会道德和公共政治的立场出发,对军阀把持国家中枢、干政乱政的行为,持反对和批判的态度。第一次直奉战争结束之际,论者深感"政局随武力为转移"之患,抨击道:"自武人乱纪,中央政权,被征服于强权之下,一进一退,随武人之势力为转移。彼赳赳者,遂得傀儡中央,指挥政局。国家最高之行政权,卵翼于武人之肘腋,莫可如何,此今日中国之大患也。"④各派军人以私人武力为"进退"的后盾,"轮流"傀儡中央,背离了近代以来中国革命追求的建国路向,表现了"武人"为国家"大患"的突出景象。由具有特殊势力的军阀作为政府的后台,国家政权成为军阀进退的工具,国家政治表现出军事化的鲜明特色。

---

① 梁启超:《与〈国民公报〉记者问答纪》(1918年10月23日),《国民公报》1918年10月24日;夏晓虹辑:《〈饮冰室合集〉集外文》中册,北京:北京大学出版社2005年版,第722—723页。
② 乔山:《军阀政治评论》,《新群》第1卷第2号,1919年12月。
③ 所谓军事规则,是军事强权规则,亦即时人所称的"军阀政治"的规则。曾在北京政府内阁任过多届司法总长、多届陆军总长乃至国务总理的法学家张耀曾在1920年发表的《救国之惟一方案》一文中痛斥"兵祸"。他说:"政治何以全无轨道?兵也。以武力支配政局,以战争扩张地盘,故全国只有兵争,实无政争。"(杨琥编:《宪政救国之梦:张耀曾先生文存》,北京:法律出版社2004年版,第37页)
④ 陈冠雄:《奉直战云录》,北京:中华书局2007年版,第155页。

(二)对军阀与政客勾连变政、军阀谋夺大位的观察与认识

民初军阀是近代中国半殖民地半封建社会的产物,与军阀伴生的还有民初的政客。一方面,掌握军事权力的军阀,乐于利用某些政治势力为其施展政治野心服务;另一方面,由于革命过程的复杂性和艰巨性,使得民初一些政治势力转而依附强权以求荣。于是,形成了军阀与政客的不正常结合,导致国家政治扭曲发展。社会中正义的舆论遂起而揭露军阀的乱政阴谋。1920年直皖战争中皖系败北,皖系军阀及依附于皖系的安福系政客议员下台,时人遂撰写《安福祸国记》一书以记其丑行。尽管该书被后人认为"多有偏袒皖系军阀之处"[1],但该书序言仍表现了时人对军阀深恶痛绝的明确态度:"安福一小小俱乐部耳,何以能祸国?盖有酿成其祸者也。制造安福者军阀也。奔走军阀者安福也。无军阀即无安福……今倒安福者军阀也……非安福之易倒也,谓之军阀倒军阀可……若军阀倒军阀,祸犹未已也。"[2]此论虽不无"偏袒"政客之嫌,但就史实观之,军阀确是制造其御用政治组织、祸国事件、政治阴谋、政潮和战争的真正根源。

1923年直系军阀势力驱黎与贿选等事件,是军阀不顾政治规则的重大乱政乱国行为,议员刘楚湘愤而控诉道:"今岁政变,乃并全国四百兆人民之代表(指议员——引者注),与万恶之军阀万恶之政府同恶相济,悍然不顾国家之纪纲法律,蹂躏无遗,将中国数千年道德所涵养薰陶而成之廉耻大防扫除净尽。以暴力胁走元首(指驱黎——引者注)……以总统大位为交易货品[3],神圣议会为交易市场。至是而彼辈直将全国人心为之沦胥以尽。"[4]在作者看来,军阀以暴力手段公然破坏现代国家纲纪法律、胁走国家元首,以市场交易手段贿选总统,严重败坏了政风和人心,毒害至极,而必须予以批判以匡正世风和人心。

1924年冯玉祥联合胡景翼、孙岳,乘第二次直奉战争吴佩孚率军在山海关

---

[1] 南海胤子:《安福祸国记》,北京:中华书局2007年版,第3页,"整理说明"。
[2] 南海胤子:《安福祸国记》,第7—8页,"叙"。
[3] "以总统大位为交易货品"即曹锟贿选事件。曹锟贿选之际,北京政府铨叙局局长许宝蘅的日记所记颇可观:"今日议会选举总统,曹仲珊以四百八十余票当选……选以贿成,可叹。"(《许宝蘅日记》第3册,1923年10月5日,北京:中华书局2010年版,第971页)即使在北京政府内任官的他都对贿选持不赞成态度,可见曹氏当选的合法性基础显然是极其脆弱的。许宝蘅在曹锟宣誓就职总统之日在其日记中又记云:"八时半入公府……曹公十一时到国会宣誓并行庆祝宪法成立礼,以多年讨论未决之案一旦公布,将来正不知如何实行,庸妄误国,不从人民生计上着想,徒逞其卤莽灭裂之政策,讵有幸耶?"(《许宝蘅日记》第3册,1923年10月10日,第972页)许作为曹政府内中高级文官参加了曹的就任总统典礼过程,在日记中称曹锟为"曹公",显然对曹个人还是尊敬的,但他对曹所欲实行的政策却表示了很大的怀疑,发出了"徒逞其卤莽灭裂"的感叹和"讵有幸耶"的疑虑。
[4] 刘楚湘:《癸亥政变纪略》,北京:中华书局2007年版,第13页。

前线作战之际,率军回师北京发动政变,囚禁贿选总统曹锟。吴部在张作霖与冯胡孙部包抄夹击下大败。对于曹锟之败,时论认为其败是武力破坏"政治常轨"之举循环相沿而来,此例既开,曹锟自种恶因自食恶果:"当曹锟思篡黎元洪而夺总统也……全国人心愤法纪之毁坏,于是大哗。本报①当时亦曾笔诛而口伐之……以为此风一启,后患将不可堪言。且本报不特于驱黎一役有所驳斥,抑且其前亦曾于驱徐时早有预言,以为对于去者诚可快心,而来者必将作法自毙……政治常轨……断不容挟武力以为运用。今不幸武力与诡谋之例既开,前既有曹、吴之倒徐,后复有冯、王之倒黎,则当然有今日冯、胡、孙之倒曹。谓曹之有今日皆由自造,殆无不可。"②在舆论看来,曹吴之有今日,是"政治规矩"被"武力与诡谋"所取代之必然结局,曹氏非法谋取大位,虽能得计于一时,实则其败自取,由曹氏之败可反证"政治规矩"之重要。

军阀公然"暴力胁走元首""以总统大位为交易货品"之行事,即使从中国传统政治规则的角度看也破坏了中国政治道德的底线,足以"将中国数千年道德所涵养薰陶而成之廉耻大防扫除净尽"。不仅如此,近代革命者犯难冒死而从西方引入的新型法政制度及其道德规则,也遭到军阀的肆意践踏,而代之以原始状态"残暴野蛮"的"丛林"规则③,所以武人"傀儡中央"、军阀"制造安福""暴力胁走元首"和总统"贿选"等一系列丑剧、闹剧才得以公然上演。军人不择手段问鼎,表现出强烈的军事集团政治化特征。

(三)对军阀破坏法律的观察与认识

近代国家制度与传统国家制度相比,主要表现为以法治代替传统的人治(或曰"贤人政治")。时论已认识到,"法律是维持国家秩序,保护人民权利的准则……共和国家之所以为共和国家,其根据在于共和国家的法律"④。还有论者指出,在现代民主体制下,"军无所谓阀。军人者,直接受命令于参陆两部,间接受命令于总统,再间接受命令于神圣之宪法者也。军人之天职在服从,不惟议法定律军人无置喙之余地,即布令行政亦绝对不容军人之干预"⑤。这表明,时论对军人与现代国家法政"应然"关系的认识是十分清晰的,反映了时论对这一问

---

① 指《时事新报》。按:此部分系编者录自《时事新报》。
② 无聊子:《北京政变记》,北京:中华书局2007年版,第216—217页。
③ 可参见杨光斌《制度变迁与国家治理——中国政治发展研究》(北京:人民出版社2006年版)一书关于民国初年军阀政治的分析。
④ 寿康:《什么是军阀怎样倒军阀》,《孤军》第1卷第4—5期合刊,1923年1月。
⑤ 乔山:《军阀政治评论》,《新群》第1卷第2号,1919年12月。

题的认识水准。但这种认识并未获得军界人士尤其是军人首领的信服与认同。军人军权在握,"徒法不足以自行",移植于西方的法律制度,在民初并没有其得以健康成长的思想土壤和政治条件,特别是握有军政大权的一帮"赳赳武夫"的"知"与"行",均与现代法律的规制、要求格格不入。袁世凯死后,大小军阀走上国家政治的前台,肆意践踏法律和民主规则。

军阀"藐视法律","破坏一切国法"①。他们不顾法律约束,任意夺取地盘,任意扩兵,任意增加人民负担、掠夺人民财富,任意镇压工人运动和其他民主运动,确是无法无天。时人在观察军阀破坏法律的"实然"情形后愤慨地议论道:"事实上现在究竟怎样?一班豺狼似的军阀不是凭藉他们的武力,横行不法地在那儿乱闹么?保障国民权利的法律全被他们踩蹦了!"②中共领袖陈独秀也注意到军阀把持政权下的"法律无效"③问题。国家大权被时论称为"豺狼"的军阀控制,他们弄权作势,无视法律制度的存在,民初的法律无力把军阀的军权装在制度的"笼子里",军阀凭借手中的武力,将"保障人民权益的法律"全踩在脚下,法律的权威性在军阀强权面前荡然无存。法律无效,必然导致社会普遍失序。

军阀破坏的不仅仅是一般性的普通法,也包括被视为神圣不可侵犯的国家根本大法,导致了国家失去纲纪,陷入政治混乱之中。皖系掌权时段氏毁弃"临时约法",直系掌权时,曹氏先表示尊法,随即又毁法,后又匆忙抛出"贿选宪法",再到后来为争所谓正统,张作霖、吴佩孚又各拿民元约法与曹锟宪法为自己"说事",法只是他们玩弄权术的临时用具。孙中山曾痛斥军阀"毁坏约法,夺去人民所握之主权"④。时人更感叹:"国家根本大法,何等尊重,今乃玩于军阀股掌之上,其地位将居何等耶?"⑤军阀既能"横行不法"地"胡闹",即使最"神圣""尊重"的国家大法,也终逃脱不了成为他们"掌上玩物"的命运。法律、制度与权力呈现的竟是这样的颠倒关系,不能不令时论者质问:军阀为何敢于如此"踩蹦"法律?时人谓:"此多数武人者,或起自绿林,或出身仆役,目不识丁,知识暗昧。即间有系学生出身者,亦只略谙军学,而于民治主义之精神,毫不了解。彼等以为谋民主国家之统一,一若君主创业龙兴,可以武力统一也者……七八年来,国家来滔

---

①② 寿康:《什么是军阀怎样倒军阀》,《孤军》第1卷第4—5期合刊,1923年1月。
③ 陈独秀:《对于现在中国政治问题的我见》,《东方杂志》第19卷第15号,1922年6月;《陈独秀文章选编》中,北京:生活·读书·新知三联书店1984年版,第185页。
④ 孙中山:《在上海寰球中国学生会的演说》(1919年10月18日),《孙中山全集》第5卷,北京:中华书局2006年版,第139页。
⑤ 祖绳:《军阀目中之大法》,《东南论衡》第1卷第8期,1926年5月。

天没顶之祸,吾民处水深火热之中,皆军阀政治之赐也。"①时人的这一认识说出了部分道理。军阀的思想观念仍停留在传统中国"君主创业龙兴"时代,故一旦军权在握,既无现代治国之知识与智慧,亦无治国之经验与能力,因无知而无畏,一味迷信武力,践踏法律、毁坏国家纲纪,结果使现代法治治理蜕变为军阀的"武治",武力成为法政结构中的决定性因素。

上述对军阀在国家政治上干政弄权的认识和批判,已经触及国家统治的一个重大问题,即国家中央政柄纲纪失序的问题,古人所言"朝政崩坏,纲纪废弛,危亡之祸,不隧如发"②的险情乱状,重现于民国初年的政治生活中,成为时人所焦虑的关乎国家安危的时代性问题。由于新文化运动的启蒙,现代民主和法治意识在思想界乃至社会上已被广泛接受,成为时代的新思潮,因而当出现军阀蹂躏与破坏国家法律和政治规则现象时,时人往往是以民主和法治的观念对军阀的上述行为进行批判和认识的。无论是段祺瑞,还是曹锟、吴佩孚、张作霖,抑或是陆荣廷、唐继尧、张敬尧、王占元等大小军阀,一旦被民意视为军阀,即为"人民公敌"。即使北京政府体制内一些高、中级文官私下也不认同军阀之所为,军阀成为舆论的"众矢之的"③。从近代革命的时代要求看,这种对军阀的批判思想,与中国共产党成立后提出的"反对军阀主义"④和"打倒军阀"⑤的革命思想,也有某些相通之处。中共在刚成立之际,即把军阀现象提升到"军阀主义"的认识高度,显示了中共对军阀现象和军阀问题本质已有明确的把握,这一认识体现了中共对中国国情问题的深刻探索。此一认识成为中共以后探索中国革命道路的重要起点。

二、对军阀各割据一方为霸的认识

军阀之所以形成,一方面是因为帝国主义势力出于支配和控制中国的目的,各自在中国寻找有实力的军人为其代理人;另一方面是因为中国传统社会的宗法性、地缘性、业缘性和区域性传统经济仍然延续,拥有军事实力的封建势力仍

---

① 乔山:《军阀政治评论》,《新群》第1卷第2号,1919年12月。
② 《汉书》卷99上《王莽传》,北京:中华书局1962年版,第4055页。
③ 寿康:《反抗与合作》,《孤军》第2卷第3期,1924年4月。
④ 《中国共产党第一个决议》(1921年7月),《中共中央文件选集》第1册,北京:中共中央党校出版社1989年版,第8页。
⑤ 《中国共产党对于时局的主张》(1922年6月15日),《中共中央文件选集》第1册,第42页。

十分强大,新生的政治力量比较弱小,国家缺乏制约军权的强有力的政治中心力量,致使军事力量崛起并进而控制了国家政权。这些各成系统、逐渐对立的军事系统和军事集团,各为控制国家政权而展开不断的政治斗争和军事战争。这种军阀之间的纷争,导致国家陷入分裂状态。民国创建者孙中山痛心地指出:"现在民国的景象,还是在分裂之中,到处都有战事……没有一年可以得太平。""国家还是在变乱的时代,人民还是在水深火热之中。"他担忧地指出这样的图景:"大乱不已……祸患没有止境。"①在他看来,以革命志士的热血和生命创建的民国,不但没有带来幸福和太平,反而陷于战乱和分裂,使人民"在水深火热之中"。这种状况促使孙中山进一步思考如何从根本上解决军阀割据这一重大现实问题。而关心国家前途的时论作者,面对军阀割据与军阀称雄祸国的现实,也从其观察中做出各自的评判与分析。

(一)对军阀陷入分、合怪圈现象的认识

军阀纷争造成了国家分裂的现实,但有实力的军阀却仍企图进行"据国家为己有"的"武力统一",然而其结果,却仍使国家归于分裂的状态。这一不正常的症象,纠结着关心国是的人们的思虑。他们观察此分、合之象,以便寻求一解。根据时人乔山的观察,在"兵权分散,势成割据"的局面下,"则统一之日,即破裂之机",循环而往复。分、合怪圈现象形成,主要原因在于,一是"有一二雄心者",即拥有"特殊之势力"的大军阀;二是军阀间利益对立,各"挟其势力以互攻"②。分、合怪圈是军阀政治的重要特征,体现了军事权力私人化和碎片化的鲜明特色。军阀的所谓"统一",并非是事实上的统一。每一派的胜利都是暂时的,因其内部的利益竞争者必和另一派暂时失利者取得军事上的联合,新的纷争又随即开始。故而"统一"在军阀政治中,只是一个画饼充饥的幻象。

这种军阀间不断一派倒另一派、互攻、分合的乱象,也引起外媒时论的关注,如英文《京津泰晤士报》社论曾指出:"中国内乱之重要原因,凡中外人士及中外报纸皆异口同声谓,由于军阀之专横……其战乱之所以频仍者,不过因军阀之互相嫉忌、互欲发展野心而已……每次内乱之起因,皆为对于大军阀之反抗而彼联合以推倒大军阀者,无不宣言战胜以后当即恢复合法政府、而祛除军阀之专横与

---

① 孙中山:《在广州商团及警察联欢会的演说》(1924年1月14日),《孙中山全集》第9卷,北京:中华书局2006年版,第59页。孙此类意思在别的场合亦有表达,参见《孙中山全集》第9卷,第96—97页。
② 乔山:《军阀政治评论》,《新群》第1卷第2号,1919年12月。

干涉等类之口头禅……然胜利甫得,则战胜者即置其宣言于不顾,而殚精竭虑于巩固权势。"社论列举了皖段推倒张勋后把持政权、直曹奉张联合倒皖段、奉张势大为吴驱逐出关等战例,并言时下吴胜后"对于彼前此之宣言现已置诸脑后",预料不远将来"必得有第二次奉直战争发生"①。果如该社论所预料,1924年又爆发了第二次直奉战争。其实,由第一次直奉战争的发生和结局,而推断第二次直奉战争的发生,是当时社会舆论的共识。

(二)对军阀割据称雄、国家呈无政府状态现象的认识

不同军事集团间相互争战,造成了国家呈无政府状态、军阀各霸一方的局面。军阀在其统治区域内,实行的是军事专横统治。时人指出:"疆吏割据拥兵自逞……有力者……纷纷扩旅成师。要任疆吏,陈请任命部属督理军务,以总统增缀善后事宜四字而不慊。元首命吏到任,督军即晚自兼省长,扬言决不干政,而阴常掣肘。近更有驱逐省长,擅先派署然后电请任命者。"②地方疆吏恃其武力"自逞",割据一方,往往因派系或利害关系,藐视中央政府的权威和号令,无视中央政府之存在,中央与地方的原有正常关系,被彻底扭曲。时人指出:"民国以来,武人跋扈……满清时代专制魔王不过一个,民国以后,概括说来,简直所谓都督、督军,差不多没有一个不是皇帝,在同一时间,二十二省就有二十二个实质上的魔王。"③作者把违背国家纲纪的都督、督军此等军阀比喻为"魔王",十分形象,确非虚语;但把违背国家纲纪法则的军阀与清代治国理政的帝王视为同类,则不免"抬举"了军阀。当然从军阀权力之大、不受监督角度而言,各割据一方的地方都督、督军也确如皇帝一样,拥有武力的"地方",成了割据一方称王称霸的独立王国。陈独秀精辟地指出:"武人割据是中国唯一的乱源。"④陈的话不多,但一语中的,说明了中国战乱分合的根本原因,就在于军阀的割据;揭示出要消除分裂乱象,就必须解决军阀和军阀的割据问题。地方军阀割据问题,无疑是地方政权军事化和军事权力碎片化的重要体现。

---

① 《英报痛论中国军阀》,《申报》1922年9月19日,第7版。西方在华舆论在整体上无疑是西方势力在中国的一部分,与西方在中国的整体利益是一致的,但其对中国军阀的关系与认识与其军政界与外交界又不尽相同,表现出相对的独立性;西方在华舆论界在一定程度上往往也会受到中国国内舆论的影响,中国舆论对军阀问题讨论中普遍性的否定话语对西方在华舆论是有影响的。因此,外国舆论对中国军阀现象的批判之声在一定程度上也反映了当时的历史事实与逻辑。
② 徐忍寒:《辑余志感》,《申报》1922年10月10日,"国庆纪念增刊",第9版。
③ 寿康:《可怜的末路》,《孤军》第1卷第4—5期合刊,1923年1月。
④ 陈独秀:《对于现在中国政治问题的我见》,《东方杂志》第19卷第15号,1922年6月;《陈独秀文章选编》中,第188页。

周鲠生更是看到了军阀专横割据,与国家权力中心缺失的关系。他指出:"就民国全体言,则为无政府,因为事实上国中已无一权力的中心可以支配全国或其大部分。而就局部言,则为割据的专制;每一省或一地域之军队首领,事实上行使无限的威权,自成一个专制的君主。"①"无政府",本是"无政府主义"者提倡的一种绝对个人自由理想的空想性状态。而在周的笔下,则准确地指出当时中国纲纪失序、政局纷乱、国家权力中心不能有效支配地方的现实混乱状态,显示了他作为一名法政学者认识国情政情的敏锐、准确与过人之处。他在看到当时中国处于"无政府"状态的同时,又清醒地看到各地军阀"割据的专制"问题,前者的无政府状态和后者的专制状态是同一事物的两种不同表现。陈独秀也敏锐地看到了中国当时的"无政府状态"和"地方专权"②问题。孙中山对此问题的看法,与周鲠生也比较接近。他多次说过:"从前革命党推倒满清,只推翻清朝的一个皇帝。但是推翻那个大皇帝之后,便生出无数小皇帝来。像现在各省的督军、师长……都是小皇帝。"③"大皇帝推倒之后,便生出了无数小皇帝,这些小皇帝仍旧专制,比较从前的大皇帝还要暴虐无道。"④孙中山说的大皇帝"被推翻"后的问题,就是旧的政治中心被推翻后没有建立起新的政治中心,致使国家政治失序出现无政府状态的问题。要消除这些"暴虐无道"的"小皇帝"、制造"乱源"的"武人割据"和让国人蒙羞的"无政府"状态,就要重建能支配全国和地方的新的权力中心。

民初军阀的内乱、纷争和割据,造成了国家的一种特殊分裂状态。这是一种在保存和承认民国名义下的"割据性"分裂,是国家中心力量虚化、地方势力坐大、地方政权军事化的分裂。随着近代中国革命思想潮流与时代一起发展,迫切需要解决军阀的分裂割据问题。五四前后的一个重要思想表现,是民族主义思想的空前觉醒,其对外要求是国家独立,对内要求则是国家统一,尽快结束军阀的割据纷争状态。军阀割据的时代问题遭遇到了针对这一问题的时代思潮。上述对军阀割据和纷争现象的认识与批判,其立论的基础是国家统一思想,这正是五四时期民族主义思想要求的重要体现。中国共产党于1921年成立后,很快洞

---

① 周鲠生:《时局之根本的解决》,《太平洋》第4卷第2号,1923年9月。
② 陈独秀:《联省自治与中国政象》,《向导》第1期,1922年9月;《陈独秀文章选编》中,第204页。
③ 孙中山:《在广州商团及警察联欢会的演说》(1924年1月14日),《孙中山全集》第9卷,第59—60页。
④ 孙中山:《中国国民党第一次全国代表大会开幕词》(1924年1月20日),《孙中山全集》第9卷,第97页。

悉和把握了军阀割据的时代问题,于 1922 年 7 月就及时、郑重地提出了"消除内乱,打倒军阀""统一中国本部(东三省在内)为真正民主共和国"①等重大政治目标。这表明,中共自成立起,就鲜明地体现了其在挽救国家危局的近代革命中所具有的非凡的政治判断能力和卓越的政治担当意识。

三、对军阀内争、兵变之祸甚于匪祸的认识

民国成立之初,以袁世凯为首的北方官僚军事集团很快控制了国家的军政大权,他们扩张权势,藐视现代国家规则,和以孙中山为领袖的南方革命派集团在国家领导权问题上产生了严重矛盾。平心而论,是时的政治领导集团在其追求利益最大化之际,低估了自身面临的严重政治危机与后果②,其结果造成国家政治力量的严重内耗和国家政治秩序的严重危机,也造成了南北两大政治力量自身的严重危机。在此情况下,军阀集团乘虚崛起,控制了国家和地方各级政权。他们没有明确的治国理政的政治信念,没有长远的政治眼光和卓识,只追求短期利益,惯于采用武力作为解决问题的手段,遂使整个国家陷于不断战乱之中。代表民意的舆论,对于军阀间的各种内争和军阀武装的兵变,在猛烈抨击之际,往往又不乏冷静的分析,反映着国家乱局中芸芸众生的道义立场,思考着国家的现状和前途。

(一)对军阀内争及其原因的认识与分析

军阀为何内争不休?前述有关部分对此问题实已多有涉及,在此再稍作集中考察。时人观察指出,军阀内争,"约不外军阀之巩固地位与扩张地盘之二原因。甲军阀欲扩张其地盘,乙军阀必从而抵抗;乙军阀欲巩固其地位,甲军阀必从而撼动……一攘一夺,一拒一攻,利害相引者则联络之,利害相斥者则摈去之,因果相生,万象纷起"③。军阀要巩固其地位,必以扩充军队为资本;军事实力增强了,又势必扩充地盘,以争夺更高的地位和更多的军队,但其结果是导致不同派系的军阀间不断的战争。其原因无论是"巩固地位"抑或是"扩张地盘",均是"利害"问题,是由其个人之私利而引发的"不义之战"。还有论者认为,军阀之所以能连年混战不止,是因为军阀为当今中国的一种"特殊势力":"世界上无论何

---

① 《中国共产党第二次全国大会宣言》(1922 年 7 月),《中共中央文件选集》第 1 册,第 115 页。
② 袁世凯为首的北方官僚军事集团居于矛盾的主导地位,应负主要的历史责任。
③ 古蓣孙:《甲子内乱始末纪实》,北京:中华书局 2007 年版,第 3 页。

国有特殊势力之一阶级,则必为一国之乱源。中国之特殊势力在军阀,军阀之一物不铲除,则争此一物者必众,而战祸必不能免。"①在时人看来,军阀内争还有更重要的原因,那就是列强对中国的侵略和利益分割,论者平指出:"中国历次内战,表面观之,似为万恶军阀争城夺地,为其致乱之原因。然细察其内幕,实皆帝国主义者,以自国利害关系之故,时居于后台老板之地位。"②无疑,如前文已有所述及,帝国主义利益集团以其武力为后盾在中国建立了特殊政治和经济优势地位,各自根据其利益需要在相当程度上操纵着中国的各派军阀集团并引起其不断的内部纷争,时人对此有深切体认,孙中山也深有所悟,认为中国的内乱"实有造于列强"③,表明那个时代对军阀起因的认知。

在直皖战争未爆发之时,严复在与友人熊纯如的信札中,就谈到他对直皖两系内争的观察:"皖直两系相持势将决裂。日来京邑人心殊皇皇。赴津及避居他所者,据闻数十万矣,影响于商界民间生计者极巨。"④随后他给熊纯如的信札谈到对直皖两系内争时局的看法说:"直皖两系之争,日来已决……对于时局,终是悲观。所悲者一是大乱方始,二是中国人究竟无治军能力(弊法不改直是绝望),三是吾辈后日不知托足何所。"⑤严复对时局"悲观"的主要着眼点,除了叹"后日不知托足何所"外,应是对中国人治军能力的失望。严复对军阀内乱原因的认识是准确而深刻的,正是因为彼时中国管治军事集团的制度规则遭到破坏、中国政治领导层无力控制军人集团,形成了军阀乱政的"弊法",才导致了军阀内争和军阀内战。而在严复看来,国家一场"大乱"(军阀混战)已经开场,而且亦无能力制止这场大乱,体现了他对军阀统治方式所持的否定和绝望态度。严复所见甚确,正是直皖内争和内战,打开了中国军阀混战高潮阶段的大门。

(二)对战祸频次、规模及其性质的认识与分析

军阀战争的祸端一旦开启,战争的频率和规模随之都在发展,战祸在不断蔓延。1922年6月,中共就预测即将展开的战争:"奉直还正在战争……直若胜了,吴佩孚和曹锟或冯玉祥都又有战争……其他若甘肃、陕西、四川、湖南、安徽

---

① 默:《国庆与战》,《申报》1922年10月10日,第10版。
② 平:《内乱与外患》,《市声周报》第4卷第2期,1926年1月3日。(参见章伯锋主编:《北洋军阀1912—1928》第5卷,武汉:武汉出版社1990年版,第299页)
③ 《中国国民党第一次全国代表大会宣言》(1924年1月23日),《孙中山全集》第9卷,第115页。
④ 《严几道与熊纯如书札节抄》(六十九),《学衡》第20期,1923年8月。严复此信写于1920年,发表时严复已去世。
⑤ 《严几道与熊纯如书札节抄》(七十),《学衡》第20期,1923年8月。

内部争夺督军总司令之战争,都已危机四伏。军阀与战乱如形影不相离。"①第一次直奉战争的结局,是直胜奉败,而接下来还在上演着不断升级的混战。军阀间的不断混战,给共产国际代表马林极深的印象,他于1922年7月11日给共产国际执行委员会的报告中,谈到中国的"军阀混战"问题时说:"内战已是年轻的中华民国司空见惯的事了。"②中国共产党人和共产国际代表马林对军阀与战祸"如形影不相离""司空见惯"的观察与认识,是中共制定救国革命方略的重要依据。

1924年,直奉之间又进行了第二次更大规模的战争,以争夺政权和地盘。《甲子内乱始末纪实》一书系1924年直奉战争结束后不久即编撰而成。该书作者在自序中写道:"予何谓而作此书?痛军阀之害国也。夫国民纳税以养兵,而兵应尽力以卫民。乃中国之军阀,竟视兵如爪牙,以为掠夺地盘之利器;增赋加税,以重我民担负;暴强胁迫,害及商贾交通。既督理而掠一省地盘,复巡阅而掠数省地盘,犹不足更纵兵掠全国为己有。此掠而彼守……一掠一守,而战争因之而发生。"作者的认识,并非出于义愤的泛泛之谈,而是从军队的性质这一根本性问题的高度来分析军阀战祸的性质,也即本来由人民纳税而供养的军队,其职责无疑即为保卫国家领土主权之完整和人民生命财产之安全,但军人蜕变为"军阀"后,却"掠夺地盘"更欲"掠全国为己有",背叛了其应尽的职责,做害国、害民、害商、害社会的行径。这一言说,切中要害,使军阀存在的合法性基础,受到了舆论的严重打击。作者举直系盛极转而大败的事例,阐释军阀武力内战的恶果,说:"吴佩孚欲掠全国为己有者也……自将大兵剿奉张",直奉二系两方"皆为军阀之私斗,胜败虽分,其为民害一也……所苦者为双方供战利器之兵士,一则暴骨战场,永为无头之冤鬼;一则断肢折脛,终为天下之废人。战线之内,妇女被其淫杀,财产任其掳掠,扶老携幼散之四方……吾民徒惧亡国灭种之祸,而不知军阀之害无[更]甚于万倍也"③。在作者看来,军阀祸国的危险程度和性质,是比"亡国灭种"之祸尤"甚于万倍"的"人间祸孽",极言军阀存在的非正当性。1924

---

① 《中国共产党对于时局的主张》(1922年6月15日),《中共中央文件选集》第1册,第42页。
② 中共中央党史研究室第一研究部编:《共产国际、联共(布)与中国革命文献资料选辑(1917—1925)》,"共产国际、联共(布)与中国革命档案资料丛书"第2卷,北京:北京图书馆出版社1997年版,第226页。黄侃1922年的一首题为《凛凛岁云暮》的诗中有"休兵竢何年,四野森矛矜"句,亦透露了诗人对战事的担忧与对和平的期盼之情。《黄侃日记》上,1922年1月18日,北京:中华书局2007年版,第55页)
③ 古蓨孙:《甲子内乱始末纪实》,北京:中华书局2007年版,第1—2页。

年二次直奉战后,北方军事集团于 1925 年相互又发生多次争战。该书作者另撰一书《乙丑军阀变乱纪实》,以记其实,并在"总论"部分指陈:"旧军阀倒而新军阀继之……然而以前之阋墙,尚有派别之界限系统之可寻;今则派别混乱系统愈杂……无友敌,无人我,惟计利害。无是非,无道义……浸削浸伐,元气凋敝,几不足以图存……可知军阀祸国甚于洪水猛兽。"①随着军阀祸国害民的程度愈来愈烈,作者在此对军阀祸国现象的观察和描写也就更加深入,既让人们看到了军阀与战祸的共生关系,又看到军阀间"无友敌""无人我""无是非""无道义"的"丛林规则"及其对国家生存的严重危害,将其害比之为"甚于洪水猛兽",仍然是强调军阀存在的非正当性问题。

第二次直奉战争中奉系联合冯玉祥国民军消灭直系主要力量后,有时论评道:"民国十四年的历程中,自袁世凯皇帝驾崩以后……所谓大师者,此仆彼兴,究竟有多少?……他们生殖率的迅速,实在不亚于原生动物……军阀……细胞逐次增长到某程度有独立生存的本能时,于是离叛他的母体而独立了……死一个母体,因分裂细胞而可繁殖其族类,这也是自然率[律]的应用。"②作者以原生物的分裂与繁殖,来比喻军阀这一类群的扩张与战乱的频仍,也是喻示军阀这一邪恶物类的非正当性。还有论者直指军阀混战的丑恶性质:"何物军阀……循环报复……非为吾民福利而战,非为国家光荣而战,为少数人利禄而战,为拥护恶势力而战,其战也,不仅无价值之可言,论其罪恶,直打入阿鼻地狱犹有余辜!"③作者这里仍然是强调军阀之战的非合法性、非道义性,强调其"打入阿鼻地狱犹有余辜"的祸国殃民的极大罪恶。蒋梦麟曾谈到民国初年的军阀间的内战问题:"中华民国成立以后,十六年来(指至 1928 年张学良易帜前——引者注)中国政权一直掌握在军阀手里。内战一次接着一次发生……内战的结果,国力损耗,民生凋敝。"④蒋梦麟这里说的也是军阀战祸的频次、规模及其祸国家害人民的非正义性质。

(三) 对兵变之祸的认识与分析

军阀害国害民的另一表现,就是兵变频繁。兵变当然并不是军阀本人所乐见的行为,但却是军阀政治所无法避免的必然性现象。据时人统计,到 1922 年

---

① 古蘅孙:《乙丑军阀变乱纪实》,北京:中华书局 2007 年版,第 14—15 页。
② 昨非:《军阀与原生物》,《京报副刊》第 349 号,1925 年 12 月 5 日。
③ 崇慎:《中国之军阀亦知自丑乎?》,《自强》第 1 卷第 1 号,1925 年 12 月。
④ 蒋梦麟:《现代世界中的中国——蒋梦麟社会文谈》,上海:学林出版社 1997 年版,第 61 页。

止的民国以降的11年间,兵变竟有179次之多。具体说来,照年份计算,1912年28次,1913年4次,1914年13次,1915年3次,1916年24次,1917年17次,1918年8次,1919年7次,1920年19次,1921年11次,1922年45次。按省级行政区域计算,直隶兵变9次,奉天3次,吉林4次,黑龙江6次,山东15次,河南20次,江苏10次,安徽14次,江西11次,湖北27次,湖南11次,福建6次,广东8次,广西1次,云南2次,贵州1次,四川5次,陕西5次,甘肃1次,新疆1次,山西5次,京兆4次,绥远4次,川边2次,察哈尔3次,阿尔泰1次。省区之中,兵变次数最多者,要推湖北的27次。就原因统计,为欠饷或加饷而兵变者共38次,为解散者15次,为反对长官者22次,被匪煽惑者21次,因长官冲突而兵变者19次。其他原因不明者64次,这64次大概就是普通所谓"无故哗变,肆行抢劫"式的兵变了①。民国建立后,各地有兵变,甚至连国家中枢机构所在地的京兆都发生数次兵变。各年都有兵变,尤其是仅1922年1年,就有兵变45次之多。兵变的原因,看起来是欠饷、人事冲突或为土匪煽动,但实际上是由于军阀军队的私有性,军人缺乏忠于国家和保卫人民的观念,只有"有奶便是娘"的个人私利观念,所以军阀的军队一般凝聚力有限,一遇内部特殊情况(政治危机或财政危机)或外部压力与诱惑,极易哗变。兵变时往往对驻地烧杀抢掠,对社会的破坏力与军阀间战争并无二致。论者论及兵变给社会造成的巨大恐惧:"兵本来是凶器,兵而至于变,那就更凶了。兵变偶起一二次,或者还可忍受,民国不过十一年,兵变竟有一百七十九次之多,那真可谓凶之又凶了!……现在的中华民国难道还不是强盗世界么?丘八老爷们吃的是小百姓的饭,穿的是小百姓的衣,拿的是小百姓的钱……还要这样地变了又变,一次抢劫,二次焚掠,小百姓真好晦气啊!"②下层商民"小百姓"是兵变的主要受害者。频繁兵变,对商民"小百姓"的一次次抢劫,兵匪一家,加深了人们对当下沦为"强盗世界"的切身感受。在此"强盗世界",人们无以求生,最后必将把人们逼向险途以死求生。当时舆论认为:"今者人民与军阀将处于肉迫之境矣。"③人民与军阀处于对立地位,但人民手无寸铁,在人民没有被唤醒组织起来反抗军阀以前,只能被军阀压迫和掠夺。因此,人们极端畏惧军阀战争或兵变的破坏力。有论者于民国国庆节日发表感言道:"呜呼!吾人不幸生于斯世,躬逢其乱……军阀横行,残民攫利,

---

①② 寿康:《可怕的兵变》,《孤军》第1卷第4—5期合刊,1923年1月。
③ 冷:《二者必取其一》,《申报》1919年5月26日,第4版。

甚于盗贼。"①胡景翼早在1918年就认识到"兵祸更甚匪祸"的问题②。1925年蒋介石也观察到"人民畏兵甚于畏匪"现象③。国家失去了对军队的控制力，没有国家力量控制的军队，不但不是国家和社会的保卫力量，反而恰恰成为祸国殃民的破坏力量。

上述对军阀内战、兵变之祸的讨论与批判，主要是基于军阀"祸国"与"殃民"两个重要维度。"国"的角度既与五四时期民族主义的思想相联系，"民"的角度又与彼时社会舆论关注民间、关注普通人民的思想倾向相联系④。国家和人民养兵本为卫国保民，而军阀既不卫国又不保民，反而成了国家和人民的敌对力量，军队性质的蜕变和军阀合法性的根本消失才是上述讨论和批判的核心问题。正是基于此，一方面，旧的军阀遂为民族主义新潮流和人民思想新潮流所要冲决，成为随后而起的国共两党合作发动的"国民大革命"打倒的主要对象；另一方面，如何组建"能以力量为全民谋利益"、"能以力量防止国际的侵略"的、由革命政党领导的军事力量⑤，也就必在情势之中了。

四、对军阀"率兽食人"陷民生于绝境的认识

军阀集团之暴戾贪婪，对民生破坏之惨烈，在时人眼中是不争的事实，甚至使人有今不如昔之感。实则，中国古代社会经过长期的发展和经验总结，形成了一套完整的以"仁政""德主刑辅"为治理核心的理念和与之相适应的管理体系和制度。这在当时的历史条件下，是一套相当成熟、发达的文明治理规则系统，客观上也维护和促进了生产力的发展。基于这一理论和制度，统治者为维护其统治阶级的根本利益，往往在处理与社会大众的利益关系时，不得不采取特别谨慎的态度。而民国成立后，传统的治道及其道德规范因不符合新时代要求而被

---

① 钝根：《三十节感言》，《礼拜六》第130期，1921年10月8日。1921年国庆节即民国十年十月十日，时人称之为"三十节"，参见钝根之该文。
② 章谷宜整理：《胡景翼日记》，1919年1月18日，南京：江苏古籍出版社1993年版，第99页。
③ 参见陈志让：《军绅政权——近代中国的军阀时期》，第90页。
④ 可参见李大钊：《庶民的胜利》(1918年11月)；《青年与农村》(1919年2月20—23日)，《李大钊全集》第2卷，北京：人民出版社2006年版。
⑤ 《中国青年军人联合会成立大会记·廖仲恺先生代表中国国民党致词》，《中国军人》创刊号，1925年2月。中国青年军人联合会，是1925年2月1日，在中共黄埔军校特别支部和军校政治部主任周恩来领导下，由该校教员和学生中的中共党员为核心成立的，在当时国共合作的历史条件下，显示了中共建立一支党领导下的人民军队的建军思想。廖仲恺作为国民党左派代表，他的建军思想与中共的建军思想无疑是相近的。

批判和抛弃,新的现代化治道及其政治道德却没有真正树立起来,暴力统治成为决定性的因素,社会肌体的正常运行和日常生活遭到军阀政治的无情摧残。

(一)对军阀间不断战争致使社会经济陷入极度困窘状况的认识

战争无疑对社会经济的发展带有很大的破坏力,所以战争之事是国家中枢决策时不到国家危机时刻一般绝不会启动的。然而,军阀势力走上民国舞台后,军阀战争、战祸连绵不断,中国的社会经济深受战争之害。时论对此多有揭示。时人指出,军阀由"统一时代变为分裂相残,中间害了无数的百姓,消耗无数的金钱,卒使今天民穷财尽,国趋阽危"①。军阀间频繁的战争,不仅在政治上造成了国家的分裂和混乱,在经济上也导致了"民穷财尽",扼死了社会经济的生息,在论者看来这才是真正的危险。时人在民国国庆之日撰文指斥军阀道:"国人渐入于绝望之境,庆于何有?今国庆日又届矣,旷观国事,军阀专横,统一无期,财政紊乱,破产将至,政府自身岌岌焉,几不能维持。"②作者由军阀政治导致"破产将至"的情景的观察,进而得出了"国人渐入于绝望之境""政府自身岌岌焉"的结论,在国庆喜庆之日喻示国人,是该严肃思考军阀问题之时了。时人乔山指出:"军阀政治首领愈演愈多,乱源愈久愈众……国家财富,只有此数,安能任其无量数无穷期之挥霍乎?……频年兵战,库空如洗……夫国民负繁重之赋税,被兵匪之摧残,百业凋敝,生计日困。"他分析认为:"军阀政治之推演愈久,必至民穷财尽,国家灭亡。"③乔山通过对军阀政治导致的"无穷期之挥霍""库空如洗""百业凋敝"经济状况的洞悉和分析,得出的也是必至"国家灭亡"的看法。军阀之战对民生的破坏力甚至外媒也看得很清,认为军阀战争届时无论谁胜谁负,"惟战地人民将更蒙一次抢掠焚烧而已"④。军阀破坏的不仅是政治上国家的法律、制度和规则,更有经济上社会发展与存续的生机。

陈独秀也注意到中国军阀战乱对社会经济的破坏问题。他指出:"大小军阀把持中央及地方之政权、财权……财政紊乱而国家濒于破产,又以军阀互斗之故,战祸遍于全国,金融恐慌,运输停滞,工商业莫由发展。"⑤军阀的扰乱和混战既使国家财政"濒于破产",又使民间"工商业莫由发展",未来的前景不能不令人

---

① 思勤:《军阀小史》,《孤军》第 1 卷第 4—5 期合刊,1923 年 1 月。
② 怡:《民国十一年之上海观》,《申报》1922 年 10 月 10 日,"国庆纪念增刊",第 13 版。
③ 乔山:《军阀政治评论》,《新群》第 1 卷第 2 号,1919 年 12 月。
④ 《英报痛论中国军阀》,《申报》1922 年 9 月 19 日,第 7 版。
⑤ 陈独秀:《对于现在中国政治问题的我见》,《东方杂志》第 19 卷第 15 号,1922 年 6 月;《陈独秀文章选编》中,第 185 页。

忧虑。他又指出:"大小军阀各霸一方……因此中央财政枯竭,以内外债及中央政费无法应付之故,国家濒于破产;又以大小军阀在省外省内互争雄长之故,战祸蔓延,教育停顿,金融恐慌,百业凋敝,继此以往,国力民力日益削弱,必然要至灭亡的地步。"①在此,他同样强调的是军阀的破坏,致使"财政枯竭""百业凋敝"而"必然要至灭亡的地步"的后果。

　　李大钊和邓中夏等人也观察到军阀对社会经济摧残的状况。他们分析道:"军阀盘踞在各省,各省的财权、政权悉归于他们的掌握……教育经费被挪移了,实业经费被侵吞了,将各种为公共事业而用的财源都集中于养赡游民,和征夺地盘之用。战争的荼毒、勒索的淫威、兵匪的横行,将中国的工商业摧残殆尽,以致毫无发展的余地,只得苟且偷生。言念及此,我们真觉不寒而栗了。"②在李大钊等人看来,军阀对社会经济、对中国工商业的摧残,竟到"以致毫无发展的余地"程度。这一观察认知,使忧国忧民、探索救国救民真理的李大钊等人产生了强烈的心理震撼。

　　严复在与熊纯如的信札中谈到对军阀内讧内斗造成的经济困顿金融萧条状况也有切实的感受:"京师自军阀交哄之后,闾阎为所蹂躏,无处呼冤。金融停滞,商贾不行……钱商银行,大受其扰,因以破产停业,往往有之。""世事江河日下,民生困苦,日以益深。"③严复并非激进之人,时居京师,他对经济金融与民生社会的观察与上述其他论者的看法整体上是一致的。

　　(二)对军阀摧残社会肌体之程度,竟至"率兽食人""民不怕死而怕生"状况的认识

　　军阀在通过频繁的战争破坏社会经济发展、造成"民穷财尽"、"百业凋敝"、国家濒临险境的同时,另一方面通过强权和垄断等各种方式强取豪夺,攫取了国家和社会的大量财富,进一步加剧了下层社会经济的枯竭。

　　蔡元培对于军阀通过不正当手段攫取巨额财富,造成下层民众经济绝望的状况,有十分形象的揭露。他说:"至于猛兽,恰好作军阀的写照。孟氏引公明仪的话:'庖有肥肉,厩有肥马,民有饥色,野有饿莩,此率兽而食人也。'现在军阀的要人,都有几百万几千万的家产,奢侈的了不得,别种好好作工的人,穷的饿死;

---

①　陈独秀:《联省自治与中国政象》,《向导》第1期,1922年9月;《陈独秀文章选编》中,第201页。
②　李大钊等:《北京同人提案——为革命的德谟克拉西(民主主义)的提案》,《少年中国》第3卷第11期,1922年6月1日,收入《李大钊全集》第4卷,石家庄:河北教育出版社1999年版,第93—94页。
③　《严几道与熊纯如书札节抄》(七十二、七十三),《学衡》第20期,1923年8月。

这不是率兽食人的样子么?"①蔡元培的立场比较温和,但对军阀贪婪、奢侈和压榨民众无以为生的状况有强烈的谴责。

第二次直奉战争中直系内部倒戈反直的将领胡景翼和孙岳,联名发表的"有电"所诉军阀罪行,颇可体味。该电曰:"溯自辛亥革命告成,颠覆专政,创建共和,号称民国……奈何十三年来,适得厥反,而且祸福相寻,灾害并至,国无宁土,土无宁民。振古迄今,国家人民未有如斯之衰落憔悴者也。推其近因,无非执政者多贪权当国之徒,拥兵者以借势凌民为武……只闻某司令、某督军囊满腰肥。因为其剥削攫夺之资财,垄断市利,惟日不足。民益贫而官日富,民愈劳而官愈逸,甚至权力进展之地,自由之寸草不生,金钱纵横之尘,博爱之微光不露。无怪乎忘外侮,急内讧,怯公战,勇私斗,有若最近所谓讨逆之役,直可云发挥军阀之淫威极矣。乱拉车马,为城乡之一空,预征钱粮,贫富因而两窘。以致国民呻吟,叫号鞭笞之下催科之中者,不乐生而乐死,不怕死而怕生。诗云:'我生不辰',云:'不如无生',殆为今之人民咏焉。"②胡、孙二人本为清末革命党人,后因世事变迁而为隶属直系军事集团之将领,在第二次直奉战争中他们与冯玉祥联合发动北京政变,率部倒直,囚禁贿选总统曹锟,此电是胡、孙二人率部占领北京、囚禁曹锟之后所发。胡、孙因有辛亥革命经历,后又纳入军阀军队行列,因而他们对军阀战争的破坏性别有体会与反思,他们对军阀蹂躏民生之害的感受,也更为具体与深切,如其所言揭示了军阀"囊满腰肥""民益贫而官日富,民愈劳而官愈逸"的社会乱象,和战争状态下"为城乡之一空"、人民在军阀"叫号鞭笞"摧残之下"不乐生而乐死""不怕死而怕生"乃至云"不如无生"的生活绝望状态。胡孙

---

① 蔡元培:《洪水与猛兽》,《新青年》第7卷第5号,1920年4月,收入《蔡元培选集》,北京:中华书局1959年版,第114—115页。今人或谓军阀发展民族资本,而在当时的蔡元培看来,则是掠夺财富的吃人"禽兽"。有研究通过比较清末的盛宣怀与民初军阀积累财富的速度和规模,指出:"盛的遗产为1 160万两……1914年改两为元,规定库平银七钱二分一元,以此折算,盛的财产为1 611万元。这笔财产不可谓不巨,然而和北洋军阀相比却瞠乎其后。皖系军阀倪嗣冲1920年5月病重时,曾准备将其2 800万元财产分予侄妻妾。1924年贿选总统曹锟倒台,被囚禁时,曾列财产表一张交张作霖保护。据粗略计算,不包括土地,曹氏兄弟五人财产达6 000万元。盛宣怀从1873年任招商局会办起至1911年辛亥革命,从事具有全国性的经济活动近三十年,而北洋军阀整个统治时期才十七年,他们往往统治一省数年,积财便与盛不相上下。王占元的3 000万元主要是在督鄂六年中聚敛的,李厚基的1 000多万元是在督闽九年中聚敛的,陈光远督赣五年,财产由90万元增加到1 500万元。"(参见魏明:《论北洋军阀僚的私人资本主义经济活动》,《近代史研究》1985年第2期)胡景翼早在1918年就于日记中记云:"率兽食人,人心险恶,甚已至不可收拾。若再不绳之以法,吾恐中国之亡无日也。"(章谷宜整理:《胡景翼日记》,1918年10月3日,第4页)

② 《胡景翼孙岳有电》(10月25日),《益世报》1924年10月31日;章伯锋主编:《北洋军阀1912—1928》第4卷,武汉:武汉出版社1990年版,第994—995页;李凤权:《胡景翼传》,西安:陕西人民出版社1991年版,第143—144页。

"有电"所诉军阀言说的话语表达,生动而真切地反映了军阀战争的不合理性、残酷性和对社会肌体破坏性的惨烈程度。

(三)对如何结束军阀给中国造成的灾难的认识

如何结束军阀之祸?中国共产党人在建党后的第一次对于时局的宣言中就指出:"军阀不打倒,想他们不强索军费不扰乱中央及地方的财政秩叙[序]是不可能的;军阀不打倒,想他们不滥借外债做军费政费以增加列强在华势力是不可能的;军阀不打倒,想他们不横征暴敛想他们绥靖地方制止兵匪扰乱是不可能的;军阀不打倒,工商业怎能发展,教育怎能维持和振兴?"①中国共产党人明确地提出只有打倒军阀才能解决军阀祸乱、给中国社会发展找到出路的主张。而要解决军阀问题,就必须同时解决军阀背后的后援外国列强问题。陈独秀指出,军阀"是外国帝国主义者下面的臣仆"②。蔡和森在文章中论及军阀与外国列强相互利用的关系,指出军阀实质上只不过是外国列强的"驻华武官"③。中国共产党人认识到,帝国主义在中国存在一天,也就是"军阀与战争的惨痛存在一天"④。正是由于认识到"执政的军阀每每与国际帝国主义互相勾结"给中国造成的灾难⑤,所以中共二大通过了建立"民主的联合战线"决议,并提出了"打倒军阀""打倒国际帝国主义"⑥的双重目标,这两个目标是相互紧密联系的有机的统一。在对这一问题的探索的特定历史条件下,国共两党逐渐走到了一起,实现了建立"民主的联合战线"的战略目标,两党谋求合作对敌。在国共合作达成后召开的国民党第一次全国代表大会上,大会宣言中详细列举了军阀祸国殃民的行径:"军阀暴戾恣睢,自为刀俎,而以人民为鱼肉。"由于"军阀本身与人民利害相反,不足以自存,故凡为军阀者,莫不与列强之帝国主义发生关系……军阀即利用之结欢于列强,以求自固"。中国的政治、经济命脉遂由列强控制。不仅政治,中国的经济亦为列强"剥夺无余"。"自革命(指辛亥革命——引者注)失败以来,中等阶级频经激变,尤以困苦;小企业家渐趋破产,小手工业者渐致失业,沦为游氓,流为兵匪;农民无力以营本业,至以其土地廉价售人,生活日以昂,租税

---

① 《中国共产党对于时局的主张》(1922年6月15日),《中共中央文件选集》第1册,第44页。
② 陈独秀:《怎么打倒军阀》,《向导》第21期,1923年4月18日;《陈独秀文章选编》中,第249页。
③ 蔡和森:《外交团劝告裁兵》(1922年10月4日),《蔡和森文集》,北京:人民出版社1980年版,第133页。
④ 《中国共产党第三次对于时局宣言》(1924年9月10日),《中共中央文件选集》第1册,第293页。
⑤ 《中国共产党对于时局的主张》(1922年6月15日),《中共中央文件选集》第1册,第35页。
⑥ 《关于"民主的联合战线"的议决案》(1922年7月),《中国共产党第二次全国大会宣言》(1922年7月),《中共中央文件选集》第1册,第64—66、115—117页。

日以重。如此惨状，触目皆是，犹得不谓已濒绝境乎?"①军阀的内乱阻止了中国经济发展的生路,社会各阶层、群体均受困于军阀。当军阀"率兽食人"而使人民"不怕死而怕生",中国已处于求生不能、"濒临绝境"之际,反对军阀的力量也就聚集而起了。

以上所论主要是从社会经济角度来分析军阀之害的。社会经济问题是五四前后早期马克思主义者和建党后中共所极为重视的问题②,这种分析框架随着马克思主义的传播对当时思想界的影响,在时人的认知中是显而易见的;而且,这种社会经济的新的分析框架与孙中山先生原有的民生观念有相近之处,两种思想对军阀批判的交汇表明了国共两党在认识军阀问题上已产生了相当的共识。当时对军阀的认知和批判表明,经济民生问题是社会存在的必要物质基础,军阀的"率兽食人",使军阀与人民已处于生死敌对的关系,军阀的行为已严重威胁了人们赖以生存和发展的这个基础,不解决军阀问题,整个社会已无出路。鉴于此,国共两党作为批判军阀的主要救国革命力量,也就必然走到了一起。

五、军阀现象的再讨论

通过梳理五四前后思想界对军阀问题的讨论和认识,有下面两个问题需要我们进一步讨论。

（一）如何认识对军阀的批判观点

近年来,在对革命史观进行反思的过程中,出于对革命史观"遮蔽部分"的发掘,关于北洋军阀时期的历史较前受到了研究者的重视,对军阀的评价也突破了以往简单化、片面化的局限,军阀历史的多面性得到了彰显。这是值得肯定的。但是,当把军阀作为一个历史的整体进行考察与研究时,无论用不用革命史观进行研究,他们在近代中国历史发展进程中的破坏性质,是毋庸置疑的。应该说,对于当时社会舆论有关军阀问题的批判诸方面,如军阀破坏法律干政乱政、军阀称雄割据、军阀兵害如匪几项,严谨的历史学者不会有大的争议。按理,有此三

---

① 《中国国民党第一次全国代表大会宣言》(1924年1月23日),《孙中山全集》第9卷,第115页。
② 李大钊在1919年阐释他的唯物史观时说:"历史的唯物论者观察社会现象,以经济现象为最重要。"[李大钊:《我的马克思主义观》(1919年5月、11月),《李大钊全集》第3卷,北京:人民出版社2006年版,第20页]

项行为者,就足以使其失去统治的合法性依据。但今人多有从经济角度肯定军阀统治者,认为军阀对经济发展有推动或促进的一面。其实,考察目前肯定北洋军阀统治对经济发展有推动或促进作用的论者所举之史实、证据,主要是1912—1920年间的经济发展数据,而对于1920—1926年的经济状况则予以回避。实则,军阀混战主要是1920年到1926年间(1927年到1928年是北伐继续进行时期,战则有之,但不是"混"战了),其对社会经济的破坏性也主要体现在这一时期。当时社会舆论对军阀的批判也主要是在这个时期形成的。在军阀时期的非战争年代,社会当然还要发展,经济活动当然还要进行,但这种现象是人的一种经济本能的要求,黄侃所谓"颇怪良民偏耐死,平原不改田禾青"是也,并不能归之于军阀的推动,甚至北洋政府实行的有利于经济发展的政策,也不能与军阀的活动画等号(文化教育方面的发展情况也可作如是观)。因为,北洋政府的绝大多数内阁是文官组成的,这些文官与军阀虽有联系,但并不相同,文官在某种程度上代表着国家,军阀则代表了其某派系军阀的利益。致力于研究军阀问题的海外华人学者陈志让认为:"它(指军阀——引者注)造成中国政局的不安定,破坏和阻挠交通运输,摧残中国的教育,搅乱中国的货币制度。在它统治期间,中国新式工业的进步跟军—绅政权毫无正面的关系。"①他又说:"以每一个士兵每年需要一百二十元的饷为标准……从一九一二年到一九二八年,中国的军费最低在二十四亿元左右。如果中国能裁兵到五十万人,那么这十六年中可以节省军费十五亿四千万元,这已经就超出中国工业总资本额五亿五千二百七十万元。"②陈志让对军阀的研究是比较客观的。他的分析,与当时的有关资料和舆论也是吻合的。当时任职于北京政府陆军系统的徐永昌,在其日记中所记载的有关史料,有助于佐证和说明陈志让的分析与立论是符合基本史实的。徐永昌1920年在其日记中云:"参陆处统计,自本年六月以前,全国共百廿七万五千兵。若连合防营毅军暨诸不正式名称之军,合计全国为百廿师。其军费占岁入百分之七十五……现在中央月入仅六百万,而出款一千二百万。若此下去,即无战事,亦足亡国。故决定厉行裁兵,全国以五十师为度(复宣统初年景况)。"③徐的日记证明,当时北京政府确已决定裁军,且整编兵员总额全国以50个师为限。这说明,陈志让先生以裁兵到50万人计算是有根据的,只是由于军

---

①② 陈志让:《军绅政权——近代中国的军阀时期》,第183页。
③ 《徐永昌日记》第1册,1920年9月7日,台北:"中央研究院"近代史研究所,1990年,第490—491页。

阀对裁兵计划的干扰而未能真正实行。也正因为裁兵计划未能实行,恰恰说明了军阀政治对中国社会发展的阻碍。其实,问题还不仅仅是军人人数的费用,更在于这些军人并不是为了保卫国家利益而战,而是一场一场地为军阀个人利益对国家和社会发展进行无休止的破坏性的内战、混战,其破坏的负面经济总额,算起来就更大了。徐永昌1920年在其日记中记曰:"频年百万军人之血战为公者有几事?"①胡景翼更在日记中记云,大军"所至丘墟,一筋不存"②。因此,我们认为,当时社会舆论有关军阀对社会经济破坏已至"绝境""灭亡"地步的判断,虽不无宣传的成分,但并没有偏离军阀战争严重破坏生产力和经济发展的历史事实。除了经济方面外,也有论者从个别问题上对军阀进行肯定,如认为有的军阀某个时期做了些好事,某个军阀的人品尚有可圈可点之处,等等。笔者认为,只要所论符合历史事实,这种研究当然是必要的,也是很有价值的,丰富了我们对军阀的进一步认识。笔者也认为,不同的军阀个人其行为是复杂的,要具体问题具体分析,如对某些军阀在办教育方面所起的积极作用,甚至在某个时期对发展本地区经济所起的积极作用,是要给予充分肯定的,这是尊重历史事实。但是,就整体和主要方面来说,军阀在国家发展中的消极和破坏作用是无法否认的,如时人所提出的"军阀亡国论"所言,"实在我国军阀的行动,都是亡国的行动",计军阀亡国的行为有十二种:一是"破坏共和",二是"蹂躏国会",三是"压迫政府",四是"操纵行政",五是"把持外交",六是"摧残教育",七是"侵犯司法",八是"搅乱财政",九是"阻碍统一",十是"抑制民治",十一是"助长政争",十二是"增长内讧"。总之"我国的军阀,恰像和我们的国家有了十世冤仇一般,从四方八面进去干这亡国的功夫,五花十色,件件都齐,惟恐其亡之不速"③。这是时人对军阀整体性的认识,是一种历史的看法。

史家钱穆曾言:"我们学历史,更重要的,要了解在当时历史上的人,看他们对当时的事是怎样的看法?"他举例说,"如在汉代有一制度,汉朝人在那里批判这制度,他们这种批评才真是客观的"④。这是钱穆的治史经验之谈,说明历史上同时代的人对当时的制度或事件的认识,对于后人研究或认清此段历史具有十分重要的参考作用。就本文所研究军阀问题而言,时人对军阀的整体性否定

---

① 《徐永昌日记》第1册,1919年2月28日,第345页。徐当时在北京政府陆军系统任职,尚且如此认识,数百万军人频年进行无意义的战争造成的破坏力也就可想而知了。
② 章谷宜整理:《胡景翼日记》,1919年1月18日,第99页。
③ 鸣谦:《军阀亡国论》,《北京大学学生周刊》第6号,1920年2月8日。
④ 钱穆:《中国史学名著》,北京:生活·读书·新知三联书店2000年版,第148页。

和批判认识,无疑是真实的、客观的,是符合历史事实的。因此,从整体上对于军阀消极和破坏事实的认定,要尊重历史、尊重事实。因此,考诸当时的批判舆论,当时批判军阀的舆论载体既有政论性的,又有学术性的,既有高深的专业性的,还有通俗的直觉的,既有国共两党创办的,也有出于商业目的私人股份创办的,还有具有独立意识的知识分子社群创办的。这些报刊都在刊发着讨论和批判军阀的文字;当时批判军阀者,既有国、共两党的声音,又有自由知识分子的声音,还有比较保守的知识分子的声音,更有些是身份不明的社会人士,甚至有政府中高级官员乃至军阀个人,没有根据说国共之外的舆论载体及其声音是受了意识形态的"控制",但他们对军阀现象的上述批判却是一致的。这证明,反军阀是那个时代民意的共同要求,而最重要的是我们考诸军阀的祸国殃民之事实看,当时舆论对军阀批判的诸方面的观点无疑是成立的。

(二)如何认识对军阀讨论、批判所体现的时代特色

对军阀问题的讨论和批判,是在五四前后展开的。那么,这一讨论是否凸显了五四那个时代的特色?要回答这个问题,我们先要弄清五四的时代特色是什么。在一般人的认识里,五四时期的时代特色,就是"民主和科学"。民主与科学当然是凸显五四的时代特色的重要思想遗产,但事实上这一认识是并不全面的。如有的学者认为五四传统是"民族主义、革命、民主"①。如果考察五四时期的舆论,就颇能透视五四时期所体现的特色与趋向。1920年10月国庆节之日,有论者在《申报》撰文指出:"去年五四以后之运动,仅于去年收几微之效,而今年之国民则未见将其五四运动之精神主义而加以发展也。故今年之变动可谓军阀官僚之自决自动,而不得谓为国民自决自动之成功。"②尽管作者因1920年没有发生1919年那样的国民自决自动的运动而发出责难,而从思想史的角度看,这恰恰说明,五四的时代特色已经在1920年得到了体现。从思想史角度看,论者已意识到五四是国民自决自动的、与军阀势力相对立相斗争的一场运动。五四运动的这一认可,在同一天的《申报》上也有论者撰文阐释"民国九年之新产物、全国思想之集中点"问题,认为可分为:"其一,打破中央集权";"其二,铲除军阀专横";"其三,略采国民直接表示制";"其四,略采职业团体代表制"。其中,对于铲除军阀专横问题,论者指出,"军阀与民治绝对不能并存。军阀之思想与眼光,纯

---

① 参见欧阳哲生:《五四运动的历史诠释》,北京:北京大学出版社2012年版,第268—274页。
② 张默:《国庆与国民大会》,《申报》1920年10月10日,"国庆纪念增刊",第6版。

欲以一人控制群众,而民治主义根据公众之意思,发挥公众之才能,建立公众之幸福。是故,谋自治而不敢与军阀一决斗,不足谈自治。"①可见,反对军阀、倡导自治被认为是当时全国的新思潮。

实际上,《申报》远不是一个热心政治问题的报纸,更不是"激进"的报纸。在中共领袖人物邓中夏看来,它的"社论是模糊的,模棱的""其实是滑头"的,是一份"暗中常与各实力派相结托"的报纸②。即使被中共认为与各"实力派"有"结托"的《申报》社论都如此认为,此乃有力地说明批判军阀是那个时代的主流舆论。正是由于《申报》这一并不激进的"灰色"特点,笔者认为分析在《申报》上"军阀"这一词汇出现的频率情况,可能更有助于分析五四前后对军阀认识的思想发展状况。

据笔者检索统计,从1915年开始到1925年《申报》10年间每年"军阀"一词出现的频次情况及出现频次最高月、日的情况如下:1915年,"军阀"一词共出现3次,分布在一个月份内,3次均为6月份,其中最多者6月22日出现了2次,表明军阀问题刚刚引起个别注意。1916年,共出现2次,分布在2个月份间,其中9月1次,10月1次,关注军阀问题的总次数虽然减少了一次,但关注度在月份间却又有所扩大了。1917年,共14次,分布在4个月份间,仅6月就10次,其中最多者6月26日出现了4次,表明军阀问题的关注度不仅在月份间较前有了较大增长,在关注的个别点上也有了较为集中的倾向。1918年,共出现了59次,分布在11个月份间,月份中12月最多为15次,其中一日最多者12月12日出现了4次,表明军阀问题的关注度有了更大的进展,一个是年总量突然较前有了较大的跃升,比1915年增长了1867%,比1916年增长了2850%,比1917年增长了321%;另一个是月份的分布几乎遍及全年,仅4月份空缺,说明对军阀问题的关注已经成为一个较为普遍性的现象,可谓"山雨欲来风满楼",由于军阀和北京政府的紧密关联度,可以想见一年后当北京青年学子了解到中国外交交涉失败的消息时,爆发学生运动也就不感到意外了。而到1919年,"军阀"一词共出现了488次,分布在全年12个月份间,平均每月即出现40.6次之多,平均每日出现1.3次,其中日最多者5月26日出现了13次,而月份最多者7月出现了74次。7月份的这一情况可以说与6月份北京政府被迫表示顺从"舆情"罢

---

① 黄抱一:《省自治》,《申报》1920年10月10日,"国庆纪念增刊",第30版。
② 邓中夏:《上海的报纸》(1924年2月23日),《邓中夏文集》,北京:人民出版社1983年版,第73页。

免交通总长曹汝霖、驻日公使章宗祥、币制局总裁陆宗舆,五四运动取得顺从民意的结局有关,五四运动胜利的高涨情绪可以在《申报》7月份对军阀问题的批判和讨论中得到印证。顺着1919年的发展,1920年,"军阀"一词共出现了721次,分布在全年12个月份间,平均每月60次,平均每日出现2次,其中月份最多者8月出现了127次,日最多者10月10日出现了26次,在1919年的基础上又有了新的增长。1921年,共出现880次,分布在全年12个月份间,平均每月出现73次,平均每日2.4次,月最多者9月出现144次,日最多者9月4日出现19次。1922年,共出现1 597次,分布在全年12个月间,平均每月133次,平均每日出现4.4次,月最多者10月出现214次,日最多者9月19日出现34次。1922年比以前有较大增长的原因,一方面根植于前几年积累的丰厚民意基础,另一方面就时局看应与中共在1921年提出"反对军阀主义"①和1922年提出"打倒军阀"②的口号有关,尽管《申报》在邓中夏看来属于比较"滑头"的报纸,但不可能不受时代潮流的影响,故在《申报》上1922年关于"军阀"一词较前大增,正反映了这一时代特色。1923年,共出现2 160次,分布在全年12月份间,平均每月180次,每日6次,月最多者7月出现280次,日最多者2月21日出现34次。1923年是个高潮,以后几年稍减,1924年共出现1 522次,1925年共出现1 306次,大致恢复到1921年的状态。如果从思想史的角度分析,"军阀"词汇在《申报》上从1915年到1925年出现的频次情况,和五四新文化运动酝酿、发动和发展的状况,恰好是吻合的。如果从1917年起看关于军阀的舆论,与五四运动的关联就更为紧密。

  从某种程度上说,一方面军阀政治是五四运动发生的背景和原因,另一方面五四运动的爆发又推动了反军阀运动的兴起。反军阀思潮及其实践,无疑带有鲜明的五四时代特色。五四新文化运动的重要当事人钱玄同曾指出:"编'内除国贼'这句口号的人所谓'国贼',当是指军阀政蠹而言。军阀政蠹自然是国贼。"③可见,从五四运动"内除国贼"这句口号看,五四无疑是与反军阀有着密切的内在关联的。还有时人指出:五四运动对内"反对'军阀政府'""主张'国民自

---

① 《中国共产党第一个决议》(1921年7月),《中共中央文件选集》第1册,第8页。
② 《中国共产党对于时局的主张》(1922年6月15日);《关于"国际帝国主义与中国和中国共产党"的决议案》(1922年7月);《中国共产党第二次全国大会宣言》(1922年7月)。以上均引自《中共中央文件选集》第1册,第42、62、115页。
③ 钱玄同:《关于反抗帝国主义》,《语丝》第31期,1925年6月。

决'",即是受"德谟克拉西"这一"二十世纪的世界潮流"的影响①。时人清楚地看到了五四运动"反军阀政府"问题,表明了反军阀思潮具有的五四特色。蒋梦麟后来在《民国初年》一文中,在写"知识分子的觉醒"和"北京大学和学生运动"两个问题之前,先写了"军阀割据"这个问题,显然在蒋梦麟的思路中,军阀是五四运动的背景和原因。他更明确指出:"如果你丢一块石子在一池止水的中央,一圈又一圈的微波就会从中荡漾开来";"在静水中投下知识革命之石的是蔡孑民先生。"当时被邀请来北大讲学的"杜威引导中国青年……他的学说使学生对社会问题发生兴趣也是事实。这种情绪对后来的反军阀运动却有很大的贡献"。北京大学的革新在全国影响极大,"北大发起任何运动,进步的报纸、杂志和政党无不纷起响应。国民革命的势力,就在这种氛围中日渐扩展,同时中国共产党也在这环境中渐具雏形"。到1928年北伐军抵达北京,"开始于北京,随后遍及全国各阶层的革命运动,已先为这次国民革命军的新胜利奠定了心理的基础"②。尽管蒋梦麟以上所说的某些看法不无可议之处,如关于杜威的学说是否对青年学生的情绪起到反军阀的作用、中共是否仅因在北京大学这一环境中即"渐具雏形",但就其整体所论宗旨,在于说明北京大学与五四新文化运动的关系、五四运动与反军阀的关系、反军阀与国民革命运动及北伐战争的关系,其所论大体符合史实,说明了反军阀思潮及其运动是五四时代的重要内容和重要特征。其实,学界所论的五四的革命与民族主义(或曰爱国主义)的时代特色也恰恰体现在反军阀问题上。在当时的中国,除了军阀自身外,各种政治势力都把军阀作为革命和打倒的对象。打倒军阀成为五四前后那个时代的潮流和要求,反军阀思潮无疑成为五四时代的重要特色,具体即体现在民族主义的觉醒、民主和民治观念的昌盛、社会革命思想的盛行之中等等,这些思想也都是反军阀革命话语的重要思想资源。现代军阀话语虽在民初③已由日本输入,而"军阀"概念的流行和"反军阀"革命话语的广泛传播,则是乘五四潮流之势而成为时代的主导性强势话语,因之蒋梦麟说开始于北京的五四运动在全国的扩展,是北伐战争胜利的"心理基础",应是就五四的反军阀时代特色而言的。

---

① 仲九:《五四运动的回顾》,《建设》第1卷第3号,1919年3月。
② 蒋梦麟:《现代世界中的中国——蒋梦麟社会文谈》,上海:学林出版社1997年版,第67—68、77—78、79、82页。
③ 黄远生于1913年在一篇文章中在现代语义上曾使用"军阀"一词,但基本上为中性用语。(见翁有为:《"军阀"概念在近代中国的引入及其意义》,《近现代河南与中国研究》第2辑,郑州:河南人民出版社2014年版,第108页注释)

六、结　　语

综合全文,可以得出如下几点简短认识。

第一,根据时人对军阀问题的批判,可以归纳和总结如下几点,大约不失其文本原意:一是军阀破坏法律、干政弄权之乱,军阀政治在国家政治上导致了严重失序,是指国家纲纪、政治道德出了大问题;二是军阀各割据一方称霸,军阀政治导致地方势力坐大、地方政权军事化、地方政权割据化,国家中心势力虚化或分裂,是指国家权力中心及中央与地方关系出了大问题;三是军阀内争、兵变之祸,军阀军队因频繁的内乱和兵变给社会造成了极大的破坏和恐惧,是指本应专职为国家和社会保卫力量的军队职能和性质出了大问题;四是军阀"率兽食人",国家和社会生机已濒临绝境,是指军阀政治及严重的战乱已使社会肌体和广大民生出了大问题①。时人以军阀问题为对象,从国家安危存亡的高度,对关乎国家纲纪与军政关系、国家中心权力与地方关系、军队职能与性质、军民关系与社会民生等具有递进连环考量的重大问题进行了观察和思考,集中体现了时人的忧国之心与谋国之思。根据这种观察,时人得出了对军阀的否定性认知态度,而其所集中蕴含的核心是"反军阀"和"打倒军阀"的思想。尤需说明的是,在"反军阀"和"打倒军阀"的革命思想之动员与传播中,年轻的中共发挥了主导性的作用②。以今日观之,综上所论,时人对军阀的批判观点是客观的、符合历史实际的,是经得起时间考验的,这是对军阀批判认识的历史内容之"真";同时,这种对军阀的批判认识,又是惕惕于国家前途命运的爱国担当意识的勃发,是在中国近代革命的困境中民族生命新陈代谢活力的释放,是对军阀批判认识的历史性质之"善"。正是以时人对军阀批判认识的"真实性"为反军阀话语传播的基础,以对军阀批判认识的"向善性"为反军阀话语传播的方向,尤经"新青年群体"的引导,挟"欧风俄雨"和"五四新文化运动"的"春雷",反军阀话语短短几年内形成了以万钧之势所向披靡的时代思潮。这种思潮为中共成立后的国共合作所主导的以"打倒军阀"为重要目标的国民革命运动的勃兴乃至北伐战争的胜利,奠定了

---

① 其实,时人对军阀批判的内容除上述四个方面外,还有关于"军阀卖国"等项内容。因为该项所涉内容相当复杂,限于篇幅,笔者认为此四个方面为时人批判军阀的最主要内容,而且相对完整与独立,故集中研讨,其他未列入本文研究范围,由另文详述。

② 可详见翁有为:《二十世纪二十年代初中共与其他政治力量关于军阀问题"解决"方略之考察》,《中共党史研究》2012年第5期。

广泛而坚实的思想基础。

第二,时人对军阀的四个主要方面的批判,作为一种历史性的时代思想,有颇值得深思和警示之处,主要就是时人所深思和焦虑的,军阀之所以能干政弄权、割据称雄一方、"兵祸甚于匪祸"乃至"率兽食人",主要在于国家缺少为国谋忠为民谋利的强大政治中心力量,在于法律无力将祸国殃民的军阀强权装进制度的笼子里。历史是一面镜子,这一历史强烈地揭示和昭示了,经历了过去长期受困于内忧外患的中国,形成为国谋忠为民谋利的强大的政治中心力量,和建立能把权力关进制度笼子的法治系统权威,对国家的长治久安,对人民的福祉,是多么的珍贵、重要和必要。

第三,本文所讨论的时人对军阀上述四个问题的批判,体现了时人在军阀问题成为时代难题的历史条件下,对国家现状、命运和前途的深切关注与系统性的思考,真切表达了时人的焦虑、思想和感情。这种思考、焦虑、思想和感情,就是那个时代的人对民族国家的情感史,对军阀行为的思想反抗史,是以这种情感史为基础形成的反军阀思想史、思潮史。如果从更宽广的历史角度看,它还是以国民革命为背景的反军阀斗争的民众思想革命史。就此而言,五四前后对军阀批判的思想和社会思潮,是近代以来中国人民追求革命、探索中华民族复兴道路思想的一个组成部分,是一份珍贵的思想遗产,是值得进一步认真加以系统总结和研究的。

 复盘与导读

一、前人研究基础、本文的问题意识与研究方法

关于民初军阀问题,前人长期以来已经进行了非常充分、翔实的研究,这些研究,主要是对军阀人物、军阀战争及其历史事件和军阀特点等问题的研究,即对"军阀史"本事的研究。这方面的代表性成果,著作类除陶菊隐于 1957 年至 1959 年在生活·读书·新知三联书店连续出版的脍炙人口的 8 册《北洋军阀统治时期史话》,改革开放后又由多个出版社多次再版外,来新夏也出版过多个版本的北洋军阀史著作,如他 1957 年由湖北人民出版社出版的《北洋军阀史略》,改革开放后由湖北人民出版社、上海人民出版社、南开大学出版社、湖南人民出版社、东方出版中心等出版的《北洋军阀史稿》及《北洋军阀史》等专著。海

外华人学者陈志让和齐锡生分别撰有《军绅政权——近代中国的军阀时期》(生活·读书·新知三联书店1980年版)和《中国的军阀政治》(杨云若、萧延中译,中国人民大学出版社1991年版)。张玉法编有《军阀政治》一书,是其《中国现代史论集》系列的第5辑,是20世纪80年代以前海内外主要研究军阀问题的成果汇集(台北联经出版事业公司1980年版)。李新和彭明对军阀问题均撰有专题论文,主要从宏观角度讨论军阀的属性和特点[参见李新:《军阀论》,《史学月刊》1985年第1期;《论军阀的分化及结局》,《历史研究》1990年第1期。彭明:《北洋军阀(研究纲要)》,《教学与研究》1980年第5期;《北洋军阀(研究纲要)(续)》,《教学与研究》1980年第6期]。以上这些成果可谓主要是对"军阀本事"的研究。国内学者徐勇的《近代中国军政关系与"军阀话语"研究》,则一方面研究"军阀本事",同时开始向"'军阀'话语"问题转移,对军阀的定义和概念等问题进行了考察。这一时期,国内学界黄兴涛等学者运用概念和话语分析的方法研究中国近代历史问题。本文主要不是"军阀本事"即军阀史的研究,而是以民初时人的认知即当时对军阀的各种舆论作为研究对象,具体考察时人的认知主要聚焦在军阀现象和问题的哪些方面?聚焦这些现象和问题说明了什么?时人讨论军阀所依据的主要思想资源是什么?他们对军阀的讨论和认识在今天看能否成立?等等。在研究方法上,则将概念史与思想史研究相结合,借鉴知识考古学的方法,融通概念史、阐释史与实证史学的研究理路,对众说各执一词的军阀问题予以扎实严谨的学术梳理与考辨,力求做一实事求是的考察、分析与概括,以还军阀问题本来面目。

二、研究框架设计与主要内容

本文的研究时段大致在民初的1917年到1925年间。这一时段既与五四运动从酝酿到高潮至逐步回落的历程大致吻合,也与北洋大军阀、小军阀相继登场到逐步退出历史舞台的历史周期基本一致,是我们选择考察时人对五四前后军阀现象的观察与认知的一个基本依据。根据问题意识,全文共分五个主体部分,前四个部分每一部分梳理考察军阀的一种表现后,即运用历史学、法学、政治学和经济学等学科的知识和理论针对性地分析其危害及解决之策。第一部分,通过对时人关于"军阀干政弄权之乱的认识"问题条分缕析地梳理和考察,指出是国家法律、纲纪和政治道德出了大问题;第二部分,通过对时人关于"军阀各割据一方为霸的认识"问题具体而微的考察和透视,指出是国家权力中心及中央与地方关系出了大问题;第三部分,通过对时人关于"军阀内争、兵变之祸的认识"问题分层爬梳与考察,指出是本应专职为国家和社会保卫力量的军队职能和性质出了大问题;第四部分,通过对时人关于"军阀'率兽食人'陷民生于绝境的认识"问题的层层梳理与剖析,指出是军阀之乱使社会肌体和广大民生出了大问题。通过以上四个方面的梳理、考察和分析,坐实了军阀的整体形象和性质。在此基础上,在第五部分两个问题深入一层进一步申论,在第一问题"如何认识时人对军阀的批判观点"中,针对目前学界对军阀评价存在矫枉过正的某些认识,通过对相关研究成果和时人日记等资料的分析,进一步夯实了时人对军阀的"批判性"认知"无疑是真实的、客观的,是符合历史事实的"以及"当时舆论对军阀批判的诸方面的观点无疑是成立的"这两个结论;在第二个问题"如何认识时人对军阀讨论、批判所体现的时代特色"中,通过对当时看来"并不激进的'灰色'"报纸《申报》相关刊文内容的分析和"军阀"概念词汇频率统计的分析及五四新潮人物相关言论的考辨和分析,得出了"反军阀思潮及其实践,无疑带有五四时代特色"的认知,进而表征时人"反军阀"认识的思想资源,恰恰来自五四时代"民族主义的觉醒、民主和民治观念的昌盛、社会革命思想的盛行"等。

三、基本观点和认识

通过本文研究,笔者形成三点认识:第一,反军阀话语经"新青年群体"的引导短短几年内形成了以万钧之势所向披靡的时代思潮。这种思潮为中共成立后的国共合作所主导的以"打倒军阀"为重要目标的国民革命运动的勃兴乃至北伐战争的胜利,奠定了广泛而坚实的思想基础;第二,历史作为一面镜子,时人对军阀批判及其严酷教训的揭示,表明一个健康的现代国家必须形成为国谋忠为民谋利的强大的政治中心力量,和能够把权力关进制度笼子里的法治系统权威;第三,本文所讨论的时人对军阀四个问题的批判,真切地表达了时人关于国家现状、命运和前途的焦虑、思想和感情,这就是那个时代的时人对民族国家的情感史,对军阀行为的思想反抗史;更是以国民革命为背景的反军阀斗争史和民众思想革命史。

通过以上研究,在前人军阀问题研究的基础上,本文的研究对象、问题意识、研究方法、研究思路和基本观点,与前人的研究有了明显的区隔和不同,形成了新的研究体系和研究观点,从而达到了学术创新的要求。

第四章 从人物看中国与世界

论郭嵩焘*

熊月之**

傲慢疏慵不失真,唯馀老态托传神。
流传百代千龄后,定识人间有此人。①

郭嵩焘是一个悲剧人物。他虽然是中国第一个驻外公使,又身为进士,学识出众,官至二品,为政清廉,但一生却是在如涛似浪的骂声中度过的。他晚年写的这首《戏书小象》,无限感慨。他深信,时代的风涛,将会荡涤世人泼洒在他身上的污秽,历史会证明他是个见识卓越的人。

其实,用不着"百代千龄",就在郭嵩焘死后不满百年的今天,我们重翻《养知书屋遗集》,检索郭氏生平的主要言行,探究他被人诟骂的原因,已经可以大致地看出他思想中那些为俗世尘土所封埋的熠熠光彩,并能由此洞见当时社会蒙昧、麻木状况之一斑了。

一

郭嵩焘,湖南湘阴人。1818年出生在一个地主家庭里,乳名龄儿,学名先杞,后改名嵩焘,字伯琛,号筠仙,一作云仙、筠轩,因曾居住玉池山,所以别署玉池山农,晚年更号玉池老人。他的书房标名"养知书屋",学者又称他养知先生。

郭嵩焘11岁开始读书,19岁乡试中举,以后参加会试,四次名落孙山,第五

---

* 原载《近代史研究》1981年第4期。本书收录时略有修改。
** 熊月之,上海社会科学院研究员。
① 《戏书小像》,《养知书屋诗集》第十五卷。

次,1847年,考中进士。从1853年起,他开始了官宦生涯,历任翰林院编修,苏松粮储道,两淮盐运使,广东巡抚。1866年罢官回乡,闲居八年,主讲长沙城南书院和思贤讲舍。1875年重登仕途,先后任福建按察使、兵部左侍郎、礼部左侍郎。1876年奉命出使英国,翌年授为兵部侍郎。1878年兼任驻法公使,次年卸任回国,弃职居家。1891年病逝。著有《养知书屋遗集》《使西纪程》《罪言存略》《湘阴县图志》《礼记质疑》《史记札记》等二十来种。

郭嵩焘一生政历主要有两件,一件是参与镇压太平天国农民起义,一件是出任驻英公使。

在镇压太平天国农民起义的过程中,郭嵩焘虽然不像曾、左、李那样领兵挂帅,"战功"赫赫,但却不失为一个举足轻重的人物。他是创设湘军的预谋者。1853年初,太平军蔽江东下,直捣南京,清政府诏命曾国藩创办地方团练,参加镇压。曾推托母丧守制,不肯出山。郭嵩焘便三番五次地登门劝说,要他不拘旧礼,"墨绖从戎",终于说服了曾国藩,创设了湘军。郭嵩焘自己在曾国藩幕府多年,成了湘军中定计决策的人物。是他在1853年七月与罗泽南等人率领湘军赴赣,进攻太平军,首创了湘军出省打仗的纪录;是他东奔西走,多方罗掘,解决湘军的兵饷问题;是他首先提出治水师、制战船、买洋炮的恶毒建议,致使太平军因此失去水上优势。

就这件大事来说,郭嵩焘是镇压太平军的顽敌,是腐朽清朝的守护士。如果他因此遭到世人的咒骂、攻击,那完全应该。可是,事实不是这样,他这件事在当时受到的是赞扬,而备受攻击的却是出任驻英公使以及与之有关的事情。这一件事,他先后受到四次较大的攻击。

第一次,乐意担任驻英公使。1875年春,英国翻译官马嘉理持清朝总理衙门护照,前往云南,迎接取道缅甸来华的英国武装探路队,在腾越厅蛮允地方被人杀死,探路队亦被逐回缅甸。事件发生后,英帝国主义一面以武力威胁,提出广泛的侵略要求,一面责令清政府速派"一二品实任大员"亲往英国赔礼道歉。这一不光彩的使命,便落到了当时担任福建按察使的郭嵩焘身上。他后来又被明定为常驻英国公使。

此前,中国向无派遣驻外使臣的先例,虽然从1866年以来,中国多次派出使团访问欧美等国,英法等国的代表和曾国藩、李鸿章等人多次提出派遣驻外公使的问题,中英、中法的《天津条约》也都有两国互派公使的条文,但只见外使进,不见中使出,直到1875年,中国还没有向外国派出过公使。什么原因呢?有经费问题,人才问题,而最重要的是人心问题。当时的封建士大夫们,固守着"夷夏之辨"的老皇历,视西方各国为不通文化的"夷狄"之邦,认为"彼等之风俗,不过淫乱与机诈,而彼等之所尚,不过魔道与恶毒"①。甚至认为"今世正士,谁善外交","我之使彼,形同寄生,情类质子,供其驱策,随其嚬笑,徒重辱国而已"②。把与洋人打交道视为奇耻大辱,谁也"不屑为"③。因此,朝廷宣布郭嵩焘为赴英使臣以后,很多好心的朋友、同僚纷纷前来规劝他推却此事,以保全声名。然而,年近六十、体弱多病的郭嵩焘却出人意外地乐意受命了。他说:"数万里路程,避而不任,更有艰巨,谁与任之!"④并且声称"西洋之通使,专为修好",担任驻外使臣,道远任重,不是耻辱,而是光荣。这个不同凡响的议论一出,舆论哗然,讥笑、侮骂铺天盖地而来,"湖南人至耻为伍",斥其不修高洁之行。京师的文人,茶余饭后,都把这事当作笑料,还特地编了一副讥刺的对联:

出乎其类,拔乎其萃,不容于尧舜之世;
未能事人,焉能事鬼,何必去父母之邦。⑤

对联不胫而走,连远在湖南的王闿运也听到了,特地在日记里记了下来,可见它是怎样地迎合了士大夫的心理!甚至慈禧太后也承认,郭嵩焘"拼却声名,替国家办事"⑥。担任外交使臣,竟然要"拼却声名",这对昏昧否塞的社会是一个多么尖锐的讽刺!

第二次,弹劾岑毓英。因英国公使威妥玛要求中国使臣俟滇案办妥之后,再赴英道歉,郭嵩焘出使延期。他于1875年底被委任为署兵部侍郎,在总理衙门行走,办理对外交涉。他一上任,就上了一折,参劾云南巡抚岑毓英,认为岑在马嘉理案中,负有不可推卸的责任,要求将岑"交部严加议处,以为恃虚骄之气而不务沉心观理、考察详情、以贻累国家者戒"⑦。为此,郭嵩焘又遭到了严重的攻击。

---

① 倭仁语,引自马士:《中华帝国对外关系史》第二卷第 206 页。
② 李慈铭:《越缦堂日记、桃花圣解庵日记》戊集,第 16 页。
③ 《至黎纯斋》,《养知书屋文集》(以下简称《文集》)第十三卷。
④ 郭嵩焘:《玉池老人自叙》。
⑤ 王闿运:《湘绮楼日记》第五册。
⑥ 《曾惠敏公遗集·使西日记》。
⑦ 《请将滇抚岑毓英交部议处疏》,《郭侍郎奏疏》第十二卷。

滇案的发生、处理以及由之引起的严重后果，岑毓英确有直接的责任。马嘉理初到云南时，岑毓英热情款待，"饬属妥护"，添兵护送出境。马嘉理偕柏郎探路队折回滇境时，岑却又指使部属李珍国在半途伏兵截杀，并逐回柏郎。事件发生后，引起外交涉讼。岑毓英先是掩盖事实真相，根本不向朝廷报告马嘉理被杀之事，继而推卸责任，承认马嘉理被杀，但系"野人"所为。当威妥玛明确指出戕杀马嘉理时有一个指挥的副将姓李时，岑推说其部属"无副将李姓"，又说李珍国深明大体，"必不致妄生事端"①，直到威妥玛宣称已获得李布置截杀的信件时，他才承认李珍国预为布置的事实，但又强调李"无非为保全疆土起见"，"不过欲以虚声恐吓洋人，阻其通商，并无戕害之意"②。岑毓英不但对英人隐瞒，对朝廷也隐瞒事实真相。在钦差大臣李瀚章、薛焕以及威妥玛观察员格维纳到达云南，对滇案进行调查时，岑事先就已将"人犯供证"准备齐全，统一了口径③。审案时，案犯只供李珍国为主谋，不提岑毓英。谁知威妥玛此时已通过查询"留养"在英国驻缅甸新街领事处的李珍国眷属，以及格维纳在云南的广泛调查，摸清了岑毓英在滇案主演的角色④。所以他断然否定李瀚章等人关于滇案指使者主要为李珍国的结论，指控岑是幕后策划人，坚持要岑到京对质。岑毓英当然不敢对质。清政府也不同意滇案提京，最后只得以缔结失利惨重的、被外国人称为"其重要性仅次于1842及1858年的条约"的《中英烟台条约》为了结。

马嘉理赴滇迎接英国探路队，其目的是为英帝国主义侵略我云南探明道路。对这一侵犯国家主权的行为予以反对，本是天经地义的。但岑毓英却是在马嘉理持有总理衙门护照的情况下，先是热情款待，护送出境，然后伏兵围杀，事后又极力掩饰，欺骗朝廷，造成外交上的极大被动，致使国家遭受重大的损失。这即使是出于义愤，也是无知误国。郭嵩焘在案件了结之前就指责岑毓英"恃虚骄之气"而"贻累国家"是有道理的。郭嵩焘认为，朝廷如果主动处理岑毓英，这样就表明国家重视外交，可以"藉以稍平洋人之气"，取得外交上的主动，岑也不至于因此受挫太重，反之，拖到最后，在洋人威胁下再来处理，失利必然更多⑤。这个意见，在滇案尚在交涉的时候，不失为一个争取主动的上策。

但是，郭嵩焘的意见很不符合当时一般士大夫的心理。参折一传出来，他们

---

① 《滇督岑毓英奏查核威妥玛所指戕杀马嘉理凶犯据实核奏折》，《清季外交史料》第一卷。
② 《滇督岑毓英奏英员马嘉理在缅滇交界被戕一案现在拿办情形折》，《清季外交史料》第一卷。
③ 李鸿章：《复丁稚璜宫保》，《朋僚函稿》第十六卷。
④ 李鸿章：《复刘荫渠制军》，《朋僚函稿》第十六卷。
⑤ 《郭侍郎奏疏》第十二卷，第3页。

就立刻咆哮起来,"汉奸""贰臣"骂个没完。甚至连比较热心洋务的老同乡、两江总督刘坤一也认为:"筠仙首参岑彦卿宫保,以徇英使之意,内外均不以为然。此公行将引退,未审何面目以归湖南,更何以对天下后世? 真是咄咄怪事!"①在人们眼中,郭嵩焘已和汉奸卖国贼并无二致了。

无面目"以归湖南",这话倒给刘坤一说中了。湖南士人均视郭嵩焘为桑梓败类,乃至把一些不搭界的坏事也推在他的头上。就在弹劾岑毓英的数月之后,湖南举行乡试,考生会于长沙,忽然听到谣传:有一些外国传教士来湘传教了。考生们不假思索,就认定系郭嵩焘引来,一怒之下,便要去砸郭的住宅,并且扬言放火烧屋。郭嵩焘万般无奈,只得向恭亲王奕䜣告状。奕䜣札饬湘抚王文韶查问,王不敢触犯众怒,不查不问,不了了之②。

第三次,撰写《使西纪程》(又名《英轺纪程》)。郭嵩焘出使英国,途经中国香港、新加坡、锡兰等地时,因有当地英国驻官接待,得以游览各地名胜古迹、要塞地区,并参观了学校、官署、监狱等,对各地的政教、军备、民俗等有所了解。他把这些见闻参以自己的感想逐日详记下来,写成《使西纪程》一书,到伦敦后寄回总理衙门,希望能为开阔国内人们的眼界起点作用。不料,这又惹来一场轩然大波。根源在于《使西纪程》中有一些逆耳之言,刺痛了士大夫们的神经。这些逆耳之言,大致可以分为两种:

一种是对西方的赞赏。例如:书中称赞英国人彬彬有礼,并非蛮夷之类;英国在香港办的教育,"规条整齐严肃,而所见宏远,犹得古人陶养人才之遗意";"西洋立国二千年,政教修明,具有本末";"英国谋国之利,上下一心,宜其沛然以兴也";英国城市夜景,"灯烛辉煌,光明如昼","车马滔滔,气成烟雾,阛阓之盛,宫室之美,殆无复加矣"等。

另一种是对中国的批评。例如:书中批评中国官僚,不明时势,不晓外情,只知一味主战反和,"无故悬一和字,以为劫持朝廷之资,佟口张目以自快,其议论至有谓'宁可覆亡国家,不可言和者'",这些都是负气自矜的"妄人"。书中指出时异势易,中国再不可"高谈阔论,而虚骄以自张大",要研究、学习西方治国之道,"诚得其道,则相辅以致富强,由此而保国千年亦可也,不得其道,其祸亦反是。"

---

① 《复左中堂》,《刘坤一遗集·书牍》第六卷。
② 见王闿运:《湘绮楼日记》第五册。

当然,对西方的赞扬与对中国的批评往往是交织在一起的。而这些,都是封建士大夫所万万不能容忍的。他们虽然经过几十年来欧风美雨的飘打,但千百年来的天朝自大的观念仍然根深蒂固,一"闻西洋好处则大怒,一闻诟诃则喜,谓夷狄应尔"①。郭嵩焘不但赋予西方那么多溢美之词,而且直斥这些人为"气矜妄人",他们当然目眦尽裂,群起攻击了。《使西纪程》经总理衙门一印出来,士大夫就像油锅里撒了一把盐,立刻炸开了。李慈铭在《越缦堂日记》里记道:

(《使西纪程》)记道里所见,极意夸饰,大率谓其法度修明,仁义兼全,富强未艾,寰海归心……迨此书出,而通商衙门为之刊行,凡有血气者无不切齿……嵩焘之为此言,诚不知是何肺肝,而为之刻者又何心也。②

大学士李鸿藻"大为不平,逢人诋毁"③。王闿运连连摇头,谓"殆已中洋毒,无可采者"④。翰林院编修何金寿专奏一本,大叫"大清无此臣子","疏劾郭筠仙有二心于英国,欲中国臣事之"⑤。讨伐之声,遍于朝野。清政府诏命立即销毁《使西纪程》字版,禁止印行。

第四次,披着洋人衣服等几件小事。这次风波,发生在驻英使馆内,发难人是副使刘锡鸿。他抓住郭嵩焘披着洋人衣服等几件小事,逢人就讲,到处宣传,说郭嵩焘有失天朝威严,沾染"夷狄"习气,甚至当着使馆人员的面大骂:"我生平不记人过,即有触犯,我亦忘却,唯此京师所同指目为汉奸之人,我必不能容。"⑥他连珠炮似的揭发郭嵩焘的"汉奸罪行":

一、游甲敦(按:英国地名)炮台,披洋人衣,即令冻死,亦不当披。一、见巴西国王,擅自起立,堂堂天朝,何至为小国主致敬。一、柏金宫殿(按:今译白金汉宫)听音乐,屡取阅音乐单,仿效洋人所为。⑦

郭嵩焘本来就已声名不佳,经刘锡鸿这么一骂,更加威信全无了,不光副使

---

① 《复姚彦嘉》,《文集》第十一卷。
② 《越缦堂日记、桃花圣解庵日记》,已集第二集。
③ 李鸿章:《朋僚函稿》第十七卷第 29 页。
④⑤ 王闿运:《湘绮楼日记》第六册。
⑥⑦ 转见郭廷以编:《郭嵩焘先生年谱》第 675 页。

和一些参赞不买他的账,就是使馆一般差役人员,也"于嵩焘交派事件,玩视常多"①,不听差遣了。

四次攻击,内容不一样,但中心是一个,即如何看待当时的西方和中国。当时中西情况是这样的,一方面,英美诸国早已完成工业革命,是政治、经济、文化等方面的都十分发达的资本主义强国,而中国较他们落后了一二百年,基本上还是在封建自然经济的基地上踏步;另一方面,英美等国,逞凶黩武,侵略中国,清廷腐败无能,挨欺受侮。先进的文明与无耻的侵略联系在一起,落后的制度与正义的反抗联系在一起。在这样的情况下,郭嵩焘认为英美不是夷狄之邦,而是"政教修明"的国家,对待他们的侵略,要讲求应付之方,扫除"虚骄之气"。这无疑是适应时代需要的正确主张。至于顽固派那些令人喷饭的攻击,除了表明了他们的麻木无知外,更从反面证明了,变革这样的社会是何等的迫切,证明郭嵩焘提出的正是时代的紧急课题。

出使前后的短短三四年里,连起四次风波,郭嵩焘招架不住了。呜呼,苍天,莫非"举世皆清我独浊,众人皆醒我独醉?"他不信。但是,"鬼嗥于室,狐啸于梁,自非万分蹇运,何以遇此?"郭嵩焘长吁短叹,百思不得其解,"只好竭力求退"②。1879年初,年逾花甲的郭嵩焘,怀着无限的愤懑,卸任东返,托病归乡。据说他"乘小轮回湘,湘人见而大哗,谓郭沾染洋人习气,大集明伦堂,声罪致讨,并焚其轮。郭噤不敢问"③。郭嵩焘拼了声名出去,臭了声名回来。从此以后,这位在当时最有世界眼光的中国第一位驻外公使退出了官场,蛰居书屋,青灯作伴,黄卷相陪,在辱骂、苦闷和疾病的折磨中,度过了自己的晚年。

然而,骂声并没有随着生命的终结而平息。1891年郭嵩焘死后,直隶总督李鸿章上奏表彰其学业政绩,吁请朝廷"特旨赐谥",并"请旨宣付国史馆立传"④。为一位前任二品大员请谥立传,本是例行公事,何况说话人又是内外倚重的李鸿章呢!然而这次却出了意外,请折被断然驳回:"郭嵩焘出使外洋,所著书籍,颇滋物议,所请着不准行。"⑤更有甚者,在郭嵩焘入土将近十年的时候,还

---

① 张德彝:《随使日记》,第56页。
② 郭嵩焘:《与沈宝桢书》,见黄濬:《花随人圣庵摭忆》,第162页。
③ 裘毓:《清代轶闻》第二卷。
④ 《李文忠公全集·奏稿》第七二卷。
⑤ 《清实录·德宗实录》第二九九卷,第17页。

有人旧账重提。1900年6月18日,正值义和团运动激荡磅礴的时候,刑部郎中左绍佐向慈禧太后建言:"请斩郭嵩焘、丁日昌尸,以谢天下。"① 大有鞭尸三百的势头。郭嵩焘若非早死十年,难免要成为顽固派刀下之鬼。

二

郭嵩焘敏锐的世界眼光,是由他激进的思想决定的。

他活了73岁,其中近三分之一的时间是在鸦片战争以前密闭的封建古国里度过的。那时,他像一般士大夫一样,只知秦汉唐宋,不知英美普法,以为世界上只有藩属,没有与国,中国天下第一。1841年,他二十出头,血气方刚,"自谓忠义之气,不可遏抑"②,怀着却敌卫国的壮志,以幕僚身份,来到硝烟弥漫的浙江海防前线,参加抗英战争,"愤然言战守机宜"③,并且亲冒矢石,临阵杀敌。但是战争出人意外地失败了。

形势的急转直下,时代的疾速更替,给郭嵩焘的思想以很大的刺激。一方面,他要报仇雪耻,立志"试扶利剑屠长鲸"④;另一方面,他尝到了西方船炮的厉害,动摇了天朝自大的观念。雪耻的雄心,迷信的冲破,唤起了思想的觉醒。他从此开始留心起外国的情况来,也渐渐地明白战争的失败,不只是因为船炮不如人,更主要的是朝廷"措置失宜"⑤,"国家致弊之由,在以例文相涂饰,而事皆内溃,非宽之失,颟顸之失也"⑥。他深深地感到,长此以往,浑浑噩噩,国家的命运是不堪设想的。他大声地呼喊起来。

他在1859年就上书指出:今世筹划"制御远夷之道",首要一条是"疏通夷情",鸦片战争以来,"英夷鸱张于南,俄夷桀骜于北,中国情形虚实,皆所周知,无复顾忌",可是中国对于外国,"通市二百余年,交兵议款又二十年,始终无一人通知夷情,熟知其语言文字者"。他认为这是很不正常的,从历史上来说,甚至是一种倒退,因为康熙时候,还派人与俄国互习文字,设法"知其情伪"。他提出了一项建议:令广东、上海和恰克图、库伦等地选派通悉外国语言的人,"资送入京,命理藩院岁廪银数千两,给之薪米,使转相传授,亦可以推考诸夷嗜好忌讳,以施

---

① 李希圣:《庚子国变记》,《义和团运动》第一册,第15页。
②③ 《罪言存略小引》,《文集》第三卷。
④ 《养知书屋诗集》第四卷,第4页。
⑤ 《罪言存略小引》,《文集》第三卷。
⑥ 《上陈尚书》,《文集》第九卷。

控制之略"①。这是近代最早提出建立外语学校的建议,比冯桂芬在《校邠庐抗议》中提出的设翻译公所的建议早两年,而且是在《北京条约》签订以前,外使驻京等问题尚未落实的情况下提出来的,更说明他的见识之远。

郭嵩焘认为,光了解外国还不够,必须学习外国。他十分推崇魏源"师夷之长技以制夷"的思想,称之"卓绝天下"②。他是洋务运动最早的热烈提倡者之一。早在1853年,他就提出"购备夷炮"的主张,不过那时主要是为了"制"太平军。1859年,他又提出在天津设局,"如法仿造"西洋战船,这一回是为了"制夷",说这是"数十年守御之计"③。

为了发展洋务运动,他顶着士大夫的嘲笑,逢人便讲办洋务的重要性。他出使后说过:"曩在京师,吴江相国相戒不谈洋务,而鄙人之谈如故。至谤讟剌讥遍于士大夫,汹汹然不可向迩,鄙人之谈如故。诚见洋祸已成,与中国交涉往来亦遂为一定之局,冀幸多得一人通晓洋务,即可少生一衅端。"④

为了发展洋务运动,他猛烈地批驳了顽固派的种种谬说。他批评那些顽固派是"甘心承人之害,以使朘吾之脂膏,而挟全力自塞其利源,蒙不知其何心也"⑤。他列举了造铁路、办电报、开矿挖煤诸事的各种益处,批驳了所谓"洋人机器所至,有害地方风水"的无知妄语,指出"其说大谬"⑥。他不无远见地说,如果不立即行动起来,"数十年后,洋人所至,逐渐兴修,其势足以相制,其利又足以啖奸豪滋事者,役使之以为用,则使权利一归于洋人,而中国无以自立"⑦。

为了发展洋务运动,他拼了声名,出任公使,人被骂,官被罢。他和洋务运动提倡者的关系多很密切,与曾国藩、左宗棠是儿女亲家,与李鸿章是同科进士,至交朋友,与沈宝桢、丁日昌、冯桂芬等人也都不错。还在1862年,李鸿章就称赞说:"当世所识英豪,于洋务相近而知政体者,以筠仙为最"⑧。

但是,郭嵩焘与一般洋务派的思想又不完全一样。这主要表现在以下三个方面:

第一,批评单学军事方面,提倡全面学习。1877年,郭嵩焘在给李鸿章的一

---

①③ 转见《郭嵩焘先生年谱》,第133页。
② 《书〈海国图志〉后》,《文集》第七卷。
④ 《复姚彦嘉》,《文集》第十一卷。
⑤⑥⑦ 《伦敦致李伯相》,《文集》第十一卷。
⑧ 《上曾相》,《朋僚函稿》第一卷。

封信里写道：学西方，不单军事方面，更重要的是教育、冶矿采煤、铁路电报等方面，"盖兵者末也，各种创制皆立国之本也"，如果没有诸如采矿、制造、医学、教育等方面的发展，纵使学得西方兵法，那好比"殚千金以学屠龙，技成无所用"①。他直言指出，中国单从军事方面入手，是"强"不了国的。当时清政府正派三十多名青年学生留学欧洲，研究西洋兵法。郭嵩焘建议他们"改习相度煤铁及炼冶诸法，及兴修铁路，及电学，以求实用"，并主张各省多派留学生研究实业②。

郭嵩焘这一思想，早在出国以前就已经明确了。1875年他就认为，单学西方船炮，不可能使国家富强：

> 诚使竭中国之力，造一铁甲船及各兵船，布置海口，遂可以操中国之胜算，而杜海外之觊觎，亦何惮而不为之？……天下国家之大，犹人之身也，强者力负千钧而弱者不能，强者日行百里而弱者不能，则姑疏通百脉之气，宣导六府之滞，使其神日舒而力亦日有增长，自可渐进于强。若骤立之法程以课其负千钧行百里，如是以求自强，适恐足以自敝。③

洋务派思想的核心就是制造西方坚船利炮，维护封建统治。郭嵩焘不以为然，认为像洋务派那样干下去，不能自强，反而"自敝"，明显地表现了他与李鸿章等人的思想分歧。

第二，不满官督商办，主张商民自办。郭嵩焘是最早批评洋务派官督商办政策的人物之一。1875年他就认为官督商办不如：商民自办好，"商人与，官积不相信，多怀疑不敢应，固不如使商人自制之情得而理顺也"④。他向朝廷建议："造船制器，当师洋人之所利以利民，其法在令沿海商人广开机器局。"⑤他认为这样做，有利于商民和国家，有利于海防的巩固，也有利于对外交涉。他强调说："方今之急，无时无地不宜自强，而行之必有其本，施之必有其方……求富与强之所在，而导民以从之，因民之利而为，之制，斯利国之方也。"⑥另外，郭嵩焘还提出了轮船由商人自己管理的建议，其法是"宜略仿宋、元遗制，设市舶司领之，而稍变通其法……其市舶司由商人公举"⑦。

这些批评和建议，是很有见地的。我们知道，19世纪70年代初期开始出现

---

①② 《伦敦致李伯相》，《文集》第十一卷。
③④⑤⑥⑦ 《福建按察使郭嵩焘条议海防事宜》，《洋务运动》第一册。

的洋务派官督商办的民用企业,在一开始就带有很大的封建性,政府派出总办监督,企业的用人、理财和经营大权,都掌握在这些官员手中。他们把封建衙门的一套搬到企业管理中来,援用亲信,排斥异己,挥霍公款,侵吞商股。到头来,商人投资不获利,甚至因此而破产,这就严重地挫伤了商民投资的积极性,阻碍了民族资本主义的发展。郭嵩焘认为商民自办取代官督商办是"情得而理顺"的必然趋势,并把发展商人自办企业看作是"利国之方",这在一定程度上反映了那些实力不太雄厚,力谋摆脱封建制度的牢笼,从而自由发展的民族资本的要求。他对洋务运动深刻而有预见性的批评,启发和影响了王韬、马建忠、薛福成等资产阶级改良派。他的关于市舶司由"商人公举"、三年一换的主张,则已经多少含有一点资产阶级民权思想的味道。

第三,认为政教为本,主张取法西方政治制度。郭嵩焘多次说过:"西洋立国,有本有末,其本在朝廷政教,其末在商贾,造船制器,相辅以益其强,又末中之一节也。"①"政教之及人,本也;防边,末也。"②其《使西纪程》亦曰:"西洋立国,自有本末,诚得其道,则相辅以致富强,由此而保国千年可也,不得其道,其祸亦反是。"以后他还多次说过这类话:"无其本而言富强,只益其侵耗而已。"

洋务派的思想核心是"中学为体,西学为用",学习西方科学技术,维护封建统治。改良派思想的主要一点,是变封建专制政体为君主立宪政体。要不要改变封建专制,是洋务派与改良派的分水岭。郭嵩焘看到了"通民情"是西方立国之本,并认识到要想富强,"必先立其本",表明他在这个关键问题上,与洋务派有很大分歧。但是,"通民情",一语毕竟还嫌含混,为什么要"通民情",怎样"通民情",他都没有详说。他不像王韬、郑观应那样热烈赞颂"君民一体,上下一心"的资产阶级君主立宪政体,更没有像他们对封建专制进行很多尖锐的批判。这又表现出他与改良派思想的距离。

总的说来,郭嵩焘批评洋务"新政"是徒袭西方之"末",批评官督商办,要求为发展资本主义开辟道路,要求从政治上进行改革,这些都是代表时代前进方向的进步呼声,也是19世纪70年代末80年代初出现的资产阶级改良思想的基本内容。从这点上我们可以说,郭嵩焘是资产阶级改良派的先驱。梁启超把他与魏源等人并称为中国讲求西学的先驱,并认为他是洋务运动时期"最能了解西

---

①② 《福建按察使郭嵩焘条议海防事宜》,《洋务运动》第一册。

学"的人①,不是没有道理的。

三

在近代中国,提倡改革的人,少有不挨骂的。但像郭嵩焘这样遭受那么多次如涛似浪的恶骂,还是少有的。究其原因,除了社会黑暗,思想激进之外,与郭嵩焘个性也有一定的关系。

第一,敢于直言。当时士大夫中不乏有识之士,也不乏敢言之人,但既有见识又敢直言的人却是微乎其微的。有个很典型的例子:1859年初,正值《天津条约》签订之后,清政府力图挽回损失,令僧格林沁驻防天津,准备英军再来,即行发炮轰击的时候,京师一片主战声。一天,郭嵩焘到兵部尚书陈孚恩处,恰逢一批官僚在那里议论时政,个个摩拳擦掌,"一意主战"。郭嵩焘插言说:"洋务一办便了,必与言战,终无了期。"闻者默然。客散,陈把郭拉到僻静之处,低声地说:"适言洋务不战易了,一战便不能了,其言至有理,我能会其意,然不可公言之,以招人指摘。"②这里更值得深思的,倒不在于主战主和孰是孰非的问题,而在于,包括兵部尚书在内的封建官僚们,在国家面临生死存亡问题的关键时刻,竟然为了迎合皇上的心理,不愿或不敢把自己的真实意见坦率地讲出来。难怪在历次战争中,皇上一主和,朝廷上下就一片"羁縻"声,皇上一主战,朝廷上下又一片"痛剿"声。这对于那些无知无识的庸官俗吏姑作别论,对于像陈孚恩这样并非没有见识,在某种程度上看到了事情发展的趋势,但又违心地附和时论的人,实在应该课以渎职罪。但无情的事实是:附和时论无过,直言"招人指摘"。敢说直话,成了导致郭嵩焘悲剧的一个原因。他弹劾岑毓英,写《使西纪程》而挨骂,都是因为不顾时忌,说了老实话。

第二,不畏人言。郭嵩焘在认定自己的主意之后,敢说敢为,不为人言所动。他曾在给友人的信中谈过:"谤毁遍天下,而吾心泰然。自谓考诸三王而不谬,俟诸百世圣人而不惑,于悠悠之毁誉何有哉!"③正因为不畏人言,他才漠视众人讥笑,不听友人劝说,毅然出任公使的。也正为不畏人言,他才能在一次又一次遭攻击之后,依旧敢说敢为。不难设想,他如果把自己的声名看得高于一切,那么

---

① 《戊戌政变记》,第130页。
② 郭嵩焘:《玉池老人自叙》。
③ 《郭筠仙手札》,《中和月刊》第一卷第十二期。

最多蒙受一次攻击之后,就会藏锋敛迹,也不会有以后那么多风波了。他说过:"生世不过百年,百年以后,此身与言者之口俱尽,功名无显于时,道德无闻于身,谁复能举其名姓者?区区一时之毁誉,其犹飘风,须臾变灭,良亦无足计耳。"①这正是他不畏人言的内心想法。

当然,敢于直言,不畏人言的特点并不是孤立地存在的,而是由郭嵩焘立志改革的爱国思想所支配的,正如他自己所说:"其所以犯骂讥笑侮而不悔者,求有益国家也,非无端自取其声名而毁灭之以为快也。"②

第三,地位较高。与地主阶级改革派和资产阶级早期改良派相比,郭嵩焘的社会地位是比较高的,龚自珍、魏源、冯桂芬和王韬、郑观应、马建忠等,都不是像郭嵩焘这样位至巡抚、侍郎的二品大官。地位高,影响大,声名也容易臭。同样是在19世纪70年代,郑观应在《易言》中提出"仿泰西良法",改革国家制度,就没有惹什么祸,而郭嵩焘说要取法西方"通民情"的立国之本,就被人们斥为汉奸言论。冯桂芬与郭嵩焘是同时代人,思想主张、对外眼光都差不多,但他的结局就不像郭那么惨。林则徐的地位比郭更高些,但他是开风气之先的人,思想不像后来人们那么明确系统,对外又坚决主战,所以生前死后的命运都要比郭好得多。

见识过人,敢于直言,不畏人言,地位较高,这几点构成了郭嵩焘特有的个性。"木秀于林,风必摧之;堆出于岸,流必湍之",适逢愚昧麻木的封建末世,这些特点就构成了郭嵩焘被人攻击的原因,造成了他的奇特的悲剧结局。

1878年,慈禧太后曾答应曾纪泽要保全郭嵩焘的声名③,但最终并没有兑现,这是为什么?顽固派能发起那么多次的攻击,而且每次都得到那么广泛的舆论支持,又是为什么?究其最终原因,既不是慈禧太后心肠忒毒,也不是顽固派的手段太狠,而是因为中国长期以来,经济落后,政治腐败,闭关自守,夜郎自大,形成了一种巨大的历史惰力。它像一块硕大无朋的顽石,风雨不动,不仅死死地封压住改革的幼芽,而且无情地抵挡住了向它冲击的浪花。

一幕悲剧,就是一面镜子,它逼真地反映了近代中国的落后、蒙昧和麻木的状态。它清楚地告诉人们,千年的封建旧习是一种可怕的力量,是窒息革新思想、虐杀先进人物、阻碍社会前进的凶恶敌人,在中国这块土地上要进行进步的

---

① 《致沈幼丹制军》,《文集》第十一卷。
② 《郭筠仙手札》,《中和月刊》第一卷第十二期。
③ 《曾惠敏公遗集·使西日记》。

改革,就得与这些旧习进行顽强的斗争。

复盘与导读

《论郭嵩焘》是笔者在华东师大做研究生时写的一篇论文,也是笔者硕士论文中的主体部分,发表于《近代史研究》1981年第4期。

1978年10月,笔者考入华东师大历史系,跟随陈旭麓先生攻读硕士研究生,1981年10月毕业。其时,正值全国改革开放洪波涌起,校园内春风浩荡,生机勃勃。对"文革"的反思,对新中国成立以来若干重大历史问题的反思,既刺激也促进了对近代史上诸多问题的反思与研究。《论郭嵩焘》便是在这样的背景下写成的。其时,郭嵩焘日记、郭嵩焘全集等主体性资料,都还没有整理出版。我在力所能及的范围内,包括到国家档案馆,查阅了与郭嵩焘相关的资料,写成此文。现在看来,无论是资料占有,还是论述通透方面,有待改进的地方均所在多有。但在当时,这是"文革"以后,第一篇比较全面论述郭嵩焘生平与思想的论文,也是对郭嵩焘历史地位进行重新评价、具有拨乱反正意味的第一篇论文。

论文聚焦于郭嵩焘的悲剧,包括悲剧内涵、形成原因与时代意义。论文分三个部分,第一部分,略述郭氏生平,叙述悲剧的形成及其内涵;第二部分,分析悲剧形成的思想因素;第三部分,分析悲剧形成的个性因素。从全球联系眼光看,从较长历史时段看,郭嵩焘都是思想深邃、目光敏锐、见识超前、敢于为国家利益为民族前途强毅奋斗的仁智勇三德兼备之杰出人才,是富有担当精神的稀见民族精英。但正是这样稀见的民族精英,却得到了稀见的人生悲剧。他生前被骂为"汉奸",顶着骂名出使欧洲,出使任期未满便因遭到弹劾而提前免职,出使归来连老家也不敢回,赋闲终身,死后多年,还差点被人掘墓鞭尸。郭嵩焘的悲剧,是时代的悲剧,也是民族的悲剧。文章结语指出:"一幕悲剧,就是一面镜子,它逼真地反映了近代中国的落后、蒙昧和麻木的状态。它清楚地告诉人们,千年的封建旧习是一种可怕的力量,是窒息革新思想、虐杀先进人物、阻碍社会前进的凶恶敌人,在中国这块土地上要进行进步的改革,就得与这些旧习进行顽强的斗争。"

论文有感而发,以情统文,夹叙夹议,一气呵成。开头即点出全文关键词"悲剧",然后层层递进,逐级展开,最后总结全文的旨趣,与篇首呼应。结语简短有力,点到为止。

亲历、见证与记忆：庚子事变中的几个"小人物"*

戴海斌**

摘要： 本文论及的庚子事变的三个"小人物"——金四喜、郑殿方、傅景涛，无一例外具有教民身份，属于社会边缘群体，亲历与见证了事变，也因缘际会，被推至历史前台。他们在义和团运动期间一度托庇于使馆，然后不同程度地介入战争状态下隐秘渠道的信息传递过程，对于战时交涉、使馆解围各自发挥了作用。他们的行动一度跨越了国别界限，特定时代的极端环境下这些看似"例外"的个人选择，显示了"社会机制的失灵"。这些"小人物"有过非常的行动，但始终无法自我表述，关于他们的历史记录，几乎全部出自他者。由各色"记忆"拼合而成的某一"形象"，可以验证特定时代重心所在，同时折射不同人群的观念立场。追寻"小人物"的线索，很可能找到打开"大历史"门户的锁钥。

关键词： 庚子事变；小人物；教民；信息传递；历史形象

小　引

近代是一个"变"的时代，学术风尚与研究方法论屡经迁易，"重事轻人"是一个趋势。迄于今日，日益倚重社会科学方法、突出"问题本位"的史学研究，已渐不以人物为当然主角，更有甚者竟全然不见"人"的踪影，遂有学者感叹历史书写

---

* 原载《近代史研究》2022年第4期。本书收录时略有修改。本文曾提交"19—20世纪之交的中国与世界：义和团运动120周年国际学术讨论会"（2021年10月，济南），承与会学者匡正赐教，志此申谢。

** 戴海斌，复旦大学历史学系教授。

中"人的消失",同时检讨"一个矛盾现象"——一般民众渴盼读到有"人"的历史,专业史学界则反其道而行,认为愈没有"人"的历史,层次愈高,人名太多的历史是"软"的历史,反之才是"硬"的历史,只好把"人"的历史交给通俗传记作家或文史工作者①。何以愈提倡"微观视角",愈强调"眼光向下",愈关注"失语人群",反而愈不见独立灵动的个体,愈难寻人物的声音面目,只有大而化之的概念、结构横行其道,我们看到的大多是"无名的个体"? 到底是西方理论水土不服,②,还是今人常言"民史"不过叶公好龙? 这非吾辈所欲置喙,也非本文能够处理的问题③,不过,有一个显见的刚性制约条件,饶是任何研究者都无法回避的。柯文(Paul A. Cohen)引用一位西方传记作家的话,形容撰写人物研究的过程:"拖网装满鱼后,传记作者把网拉上来,进行挑选和分类,不好的扔掉,好的贮存起来,最后切成鱼片出售。"他想说明,"完全恢复人们经历的过去的本来面目是不可能的",原因之一,即在任何历史环境中,"只有一部分人的经历被记录下来,传至后世"④。

有许许多多中国人、外国人参加或亲历了庚子事变,但只有一小部分人(其中的多数人无名无姓)的言行被记录下来。1900年夏被围困在北京使馆区的数百名外国人中,有不少人写过信函、日记和书籍,详述他们的亲身经历。柯文已然意识到这些记载"至多是对亲身经历的概述、描绘和有水分的重塑,而不能全面和准确地再现过去",《历史三调》批判性地利用这些记载,重现使馆被围时期普通人的种种"经历",挖掘当时人的"感觉",以及那种"不同于历史意识的个人意识",令人印象深刻⑤。在华基督教(尤其是天主教)经此一役,也留下大量有关教民基层团体受损记录清单,以及诸如《义勇列传》一类表彰遇害教士、教民生

---

① 王汎森:《人的消失?!——兼论20世纪史学中"非个人性历史力量"》,收入《思想是生活的一种方式:中国近代思想史的再思考》,北京:北京大学出版社2018年版,第315页。无独有偶,更早前罗志田教授已然发出"人的隐去"的叹息,其言更多针对"学术史"中的"学人"而言,但对广义的现代史学仍具适用性。参看《经典淡出以后:20世纪中国史学转变与延续》,北京:生活·读书·新知三联书店2013年版,"导言"。

② 这里有关微观史学(microhistory)本身旨趣,西方史家在深描人物或讲述故事时,不仅因为它的"典型性"或"戏剧性",而更想揭示其背后的"社会结构";何以易地而处,史学研究在"叙事"和"结构"上往往双重损失,此恐非理论本身所能任其咎。关于"微观史"的理论检讨,参看[英]彼得·伯克:《历史学与社会理论(第二版)》,姚朋等译,上海:上海人民出版社2010年版,第41—45、178—179页。

③ 笔者关于"人物研究"的初步看法,以及针对近代"精英人物"和"中等人物"的部分研究性论文,参详拙著《晚清人物丛考》初编、二编,北京:生活·读书·新知三联书店2018年版。

④ [美]柯文著:《历史三调:作为事件、经历和神话的义和团》,杜继东译,南京:江苏人民出版社2000年版,第46页。

⑤ 重点参看《历史三调:作为事件、经历和神话的义和团》第二部分"作为经历的义和团"。

平事迹的传记著作(重点是"致命"人物之传略)。除教会内部视角支配的"教难"叙事外,当代学者也可以利用教会系统的资料,分析地方教民基层团体的构成与活动,以及日常/非日常状态下的民教关系,进而揭示"义和团运动敌视天主教及其信徒的真实性质"①。

中文史料方面,也有类似局限。轰轰烈烈的义和团运动过后,留下文字记载的几乎无一例外都不是义和团,甚至,都是义和团的敌人。翦伯赞为《中国近代史资料丛刊·义和团》作序,谈到今世存留的义和团运动著述:"这些书的作者,大抵都是官僚、绅士、教徒,也有帝国主义分子,他们对义和团都怀着最大的敌意,在他们的著作中,对义和团都极尽诋毁、诬蔑、诽谤乃至咒骂之能事……虽然如此,从这些著作中仍然可以看出义和团虽然笨拙但是顽强而英勇的反帝国主义的斗争,可以看出清代统治者在最初怎样欺骗、利用农民,到后来又怎样懦怯动摇以至无耻地出卖农民,投降帝国主义。同时,也可以看出帝国主义强盗怎样白昼杀人、当街放火,以及公开地奸淫、掳抢和偷盗等等的罪行。"②如果暂时抛开这一段话里面因囿于时代而附带的政治说教气味,取其史料解说的视点,那么,对待出于"士人"阶层的绝大多数文本,均可作如是观。诸如杨典诰《庚子大事记》、仲芳氏《庚子记事》、王大点《王大点庚子日记》等中下层人物所作日记、笔记,显示了较为"普通"的历史内容,已有学者利用这些材料,刻画"介于侵略/反抗之间"的灰色空间当中老百姓的生存状态和心态③。

作为特定历史背景下的一项"文化工程",山东、山西、河北、天津、北京等地学者在20世纪50至70年代,对"义和团运动的真正参加者和支持者"展开广泛的调查访问,抢救性地记录了数百万字的口述资料,并写出详细的调查报告,成为研究义和团运动史不可多得的珍贵资料。当然,不可否认的是,这些口述资料所针对的是"歪曲事实真相、诋毁义和团运动"的记载④,它们的作者、记录者以

---

① [法]巴斯蒂:《义和团运动期间直隶省的天主教教民》,收入苏位智、刘天路主编:《义和团运动一百年周年国际学术讨论会论文集》上册,济南:山东大学出版社2002年版,第464—496页;程歗、谈火生:《灵魂与肉体:1900年极端情境下乡土教民的信仰状态——以直隶为中心的考察》,《文史哲》2003年第1期,第136—143页;陈方中:《义和团时期的教友与教友点——以直隶为研究范围》,《辅仁历史学报》第27期,2011年9月,第51—95页。

② 中国史学会主编:《中国近代史资料丛刊·义和团》第1册,上海:上海人民出版社2000年版,翦伯赞序,第2页。

③ 张鸣:《世纪末的看客》,《直截了当的独白》,北京:生活·读书·新知三联书店2003年版,第31—34页;胡成:《殖民暴力与顺民旗下的灰色生存》,《读书》2004年第3期。

④ 南开大学历史系:《天津义和团调查》,天津:天津古籍出版社1990年版,"序",第1页。

及编辑整理者,已经历过去(或有能力转述过去),而且了解故事结局,所提供的并非完全是杂乱无章、方向不明的材料,借用柯文的话说,他们口述的"经历",多少已经"事件"化,甚至在某些特定的年代中已经"神话"化了。如果不将"重建真实"作为研究的唯一目标,那么,如何更有技巧、更具深度地利用前述海量的口述资料,仍然是一个开放性的科学课题。

本文论述的几个"小人物",恰好都有名有姓,而且在历史与史料中都留下了印记。这里所谓的"小",大约有身份普通、地位不高的含义,但并不取芸芸众生、微不足道、不重要、非典型之类的意思。据说,微观史家一般不关注"典型性",相反,对于有些人,挑选特殊案例进行研究,恰恰因为它是"例外",显示了"社会机制的失灵"①。本文更想讨论的,是这些"小人物"与大历史的交集。1900年6月至8月的围攻使馆之役是庚子事变的高潮②,在使馆被围的近两个月时间中,有过数次迹象显著的停战,甚至在超过一半的时间中清政府和使馆区之间持续进行往来交涉③。当时被困在使馆区内,亲历和见证了时战时和、亦战亦和的"奇怪战争"一幕的,除了各国外交官、海关税务司职员及外国传教士以外,还有两千多名中国教民(包括天主教和新教),他们身受外国人庇护,充当了战地劳工、勤杂工、通讯员,"生活在炮火连天、辛苦劳作、勉强温饱和一些宗教安慰之中,贡献于守卫使馆和向外求援的'事业'"④。本文依次出场的三位主角金四喜、郑殿方、傅景涛,都是身处其中的一分子,他们在义和团运动期间一度托庇于使馆,然后不同程度地介入到战争状态下隐秘渠道的信息传递过程,对于战时交涉、使馆解围各自发挥了作用⑤。本文拟搜辑零散残破的"记忆"碎片,拼合出这些"小人

---

① [英]彼得·伯克:《历史学与社会理论(第二版)》,第44页。
② 代表性研究参看李德征、丁凤麟:《论义和团时期的围攻使馆事件》,《文史哲》1981年第1期;林华国《庚子围攻使馆事件考》,《历史研究》1991年第3期;邱涛、郑匡民:《庚子肃王府之战》,《近代史研究》2014年第3期。
③ 关于清政府围攻使馆的政治因素以及所谓"假进攻,真保护"问题辨析,前揭林华国论文最见深度,近年围绕总署战时交涉,学界有集中讨论,参看孔祥吉:《奕劻在义和团运动中的庐山真面目》,《近代史研究》2011年第5期;戴海斌:《也说义和团运动中的奕劻》,《近代史研究》2013年第1期;董佳贝:《庚子之役中总理衙门交涉补证》,《史林》2016年第5期;刘芳:《庚子围困期间清政府与外国使馆的交涉考察》,《燕园史学》第10辑,北京:东方出版社2016年版,第71—90页。
④ 据郑鑫估计,整个使馆区域内中国教民人数在2 300人左右,他从"微观角度"对围困期间中国教民的组织、生活、使馆防卫做了细致梳理,注意到"中国教民的工作帮助了使馆的防守",而'中国人'和'教民'的双重身份也使他们不得不面对感情的冲突和痛苦,他们的思想状态正是当时中国社会形态的最好精神注脚"。参看《庚子使馆被围期间的中国教民》,《北京史学》2020年秋季刊(第12辑),北京:社会科学文献出版社2021年版,第201—236页。
⑤ 笔者目力所及,发现一些近代通史著作已注意战时清政府利用"金四喜"向使馆区送信,以其行动作为"清政府表面上对外宣战,暗中却进行投降活动"或"围而不攻或暗中保护"的例证。参看吴(转下页)

物"形象的基本轮廓,还原他们作为"信使"的故事,进而观察这些看似微小的个体,如何在自觉或不自觉中影响到更为宏观的历史进程,以及在不同类型史料文本中,各自位置与形象又是如何形成的。

一、金 四 喜

光绪二十六年五月二十三日(1900年6月19日),下午5时,总理衙门将12份内容相同的照会送达各国驻京使馆及海关总税务司,照内引据"各水师提督遽有占据炮台之说","显系各国有意失和,首先开衅",要求各国公使及家眷、僚属人等在二十四小时内"速即起行,前赴天津"①。次日(6月20日)上午,德国公使克林德(Klemens Freiherr von Ketteler)在前赴总理衙门途中被神机营霆字枪队章京恩海杀死。下午4时,武卫后军董福祥部与武卫中军荣禄部,开始进攻东交民巷各国使馆,后义和团一部也加入进攻。

五月二十五日(6月21日),清廷以光绪帝名义发布宣战诏书②。诏书采用"内阁奉上谕"形式,对象为清朝内部臣民,内有"与其苟且图存,贻羞万古,孰若大张挞伐,一决雌雄"等为后世传扬之语,文辞有如传统的"讨贼檄文",但它不是外交照会,内容也不合外交惯例,通篇没有具体指明向何国宣战,也没有说明交战范围,与西方国家"宣战"的国际法程式不同。

六月十八日(7月14日),即联军占领天津同一日,清政府尚未得到津城陷落的确信,但已知战场形势危急,对使馆的进攻开始趋缓,当日总理衙门也恢复与使馆区的联系。一份以"总理各国事务奕劻"领衔署名的、致外国公使的照会被人带入使馆区,内容如下:

(接上页)雁南主编:《中国近代史纲》上册,福州:福建人民出版社1982年版,第373页注释1;马勇:《中国近代通史》第四卷《从戊戌维新到义和团(1895—1900)》,南京:江苏人民出版社2009年版,第455—456页。前揭刘芳、郑鑫论文简要论及"金四喜"在"公使馆与清廷重新对话""中国官方和使馆的通信恢复"过程中的作用。拙文《〈乱中日记残稿〉是否为"信史"?——兼谈〈袁京卿日记〉的史料价值》,利用袁昶日记对"金四喜"身份亦有考证。参见《晚清人物丛考》初编,第275—276页。郑鑫论文专节讨论了中国教民的对外通信,利用鹿完天日记提及"一名叫郑殿芳的中国教民"向天津求援,但谓其行动未果,"一路上他都遭到怀疑,因此很快返回"(《庚子使馆被围期间的中国教民》,《北京史学》第12辑,第225页),不确。关于"傅景涛",仅见顾卫民著作"庚子教难"一节提及,以之说明京中传教士和教民不仅"直接参与"军事行动,且从事"传递情报和消息"工作。参见《基督教与近代中国社会》,上海:上海人民出版社1996年版,第336页。

① 《照会》,光绪二十六年五月二十三日,故宫博物院明清档案部编:《义和团档案史料》上册,北京:中华书局1959年版,第152页。

② 《上谕》,光绪二十六年五月二十五日,《义和团档案史料》上册,第162—163页。

迳启者：旬日兵团交哄，彼此消息无闻，殊深悬系。日前曾悬旗相告，以通消息，惟不意洋兵仍复攻击，置之不理。昨由营获住教民金四喜一名，讯知各国贵大臣等起居无恙，不胜欣幸之至。惟变生意外，续来洋兵早被拳民阻回，若仍照前约保送贵大臣等出都，津沽一带团民甚多，深恐疏虞。今请贵大臣等先携宝眷，率领参赞、翻译各员分起出馆，本爵大臣等检派妥实兵弁严密防护，暂寓总署，嗣后再作归计，以全始终睦谊。惟出馆时万不可带持枪洋兵一人，免致兵民疑忌，变生不测。贵大臣等如肯相信，以明日午刻为限，令原人将复文交到，以便预定保护出馆日期。此乃本爵大臣于万难设法之中筹此一线全交之路，若过时不复，则亦爱莫能助矣。①

按此件归入"洋务档"，原文未具日期②。查原档，末有注云："见面带上，带下存堂，次日堂改后，照缮信函一件寄窦纳乐，由堂交。"③"堂"，应指总理衙门大臣。"见面带上"，即觐见时带上，可确知此照会前一日已经慈禧太后批准。照会以保护为名，敦促各国公使和家眷、其他外交人员等分批离开使馆，"分起出馆""暂寓总署"。承诺委派可靠军队严加护送，并特别提醒"出馆时万不可带持枪洋兵一人"；以第二日午时为限，希望各国公使能将回信送达，以确定保护他们离开使馆的具体日期。尤有意味的是，照会中出现了一个中国人名字——"金四喜"，而且，可以确认他的身份是教民，也是打破此前对抗僵局、将照会带入使馆区的第一位信使。

复按《荣相国事实记略》，内记庚子年事，也出现了"金四喜"其人：

后又盘获教民金四喜一名，身带求救信函，系由英馆所遣。问其可能回馆否？曰：能。荣相不避奇险，密陈于两宫之前，并以利害动之。上意颇回。荣相即授意于金四喜，令其致意英使窦纳乐商办和局。④

---

① 《总理各国事务奕劻等致各国使臣照会》，光绪二十六年六月，《义和团档案史料》上册，第325—326页。按此照会致英国公使窦纳乐，非各国公使。照会所拟题名不甚确。

② 参见编者按语："原档不具日期，列于六月二十日奕劻复某公使函之前。"参见《义和团档案史料》上册，第326页。

③ 《总理各国事务大臣奕劻等为请贵大臣等暂寓总署预定出馆日期事致各国使臣照会》，《庚子事变清宫档案汇编》第2册，第518—519页。编者将此件系于"光绪二十六年六月二十二日"，误。

④ 佚名：《荣相国事实纪略》，《近代史资料》1984年第1期（总第56号），第42—43页。作者姓名不详，当系荣禄幕僚所记，如编者指出"尽管是作竭力推崇荣禄剿团媚外之所谓功绩，但所记一些事实仍可以作为已刊资料的补充"。

是文出于荣禄幕僚之手,所记当有所本。可知金四喜为在使馆区内避难的教民,受英国公使馆派遣,携"求救信函"冒险外出,为荣禄部下营兵捕获,荣禄遂将计就计,说服慈禧,命其人返回使馆,联络英国公使窦纳乐(Claude M. MacDonald)"商办和局"。总署大臣袁昶六月十六日(7月12日)记:"昨夕我军在外玉河桥水门盘获吃教旗弁一名,为窦纳乐送信与英水师提督,云七日内必绝命,望援甚急云云。"①荣禄在六月二十二日(7月18日)致叔父、四川总督奎俊私函中透露:

> 侄现仍竭力保护各使臣无伤,尚可作将来转圜余地,否则长驱直入,势将灭国矣。岂不恸哉!幸各使尚未死。<u>昨好容易拿住一汉奸,令其送信,以通消息</u>。总算[以]拳民攻击为词,好在各使亦怕到极处,求救不得,得着侄信,感激万分,即请不必开枪炮。现在已阻住不相攻(月之十八日事也)。②

按袁昶所谓之"吃教旗弁",荣禄所谓之"汉奸",均指金四喜。后者言及"送信"情节,即六月十八日事,可确证当日进入使馆信使确为荣禄所派。有意思的是,荣禄称被"拿住"的金四喜为"汉奸",却不妨碍利用他出入使馆,"以通消息"。

关于金四喜"身带求救信函"一节,亦可印证于荣禄嗣子良揆所撰"纪事",内中提及"五国使臣联名与外界通消息之书片":

> 二十六年拳匪起于畿南,文忠公即以剿办为请,因格于群议,未蒙报可。及该匪党阑入京师,围攻使馆,中外震骇。……公孤掌难鸣,蒿目时艰,知难回挽,已立志待殉矣。忧心君国,衷怀不能一时安。会武卫军偶获间谍名金四喜者,已问斩矣。临刑时其发落下字片一纸,审之知为驻京英、俄、德、法、美五国使臣联名与外界通消息者。监刑人当令停缓,并将其事禀报董福祥(原注:武卫后军统帅)。董福祥上报于文忠公。公立命将其人提至案前亲讯之,得其实情,贷以不死,而善遣之,并密命此人向各

---

① 戴海斌整理:《袁昶庚子日记二种》,上海:上海古籍出版社2020年版,第14页。按此段出于《袁京卿日记》,并参《历代日记丛抄》第159册,北京:学苑出版社2006版,第432—433页。
② 《致奎俊札(一)》(光绪二十六年六月二十二日),杜春和等编:《荣禄存札》,济南:齐鲁书社1986年版,第405页。

使臣通讯。①

"文忠公",即荣禄,身后赐谥"文忠"。据上可知,金四喜原从使馆携出求援函件,系由英、俄、德、法、美五国公使联名签署,因为极偶然地被清军发现,金四喜本人也被刀下留人,荣禄顺势而为,借用其人"回挽时艰"。在良揆笔下,金四喜带出之"书片",成为表彰乃父"忧心君国"之衷怀的紧要证据,故而断言"此书片可为拳乱和议中之最要关键,设文忠公未获此书片,即无由与各使臣互通意见,而慰问各使臣之上谕亦无由颁下,各国联军到都后,地方糜烂之程度亦不堪想象矣"②。

我们再来看使馆一面的说法。英国公使窦纳乐在外交报告中记述此事:

> 第一封信是一名罗马天主教徒于 7 月 14 日带来的。他于 10 日被派去送信前往天津。他报告说,他遭到逮捕,被押至义和拳神坛,而且挨了打(关于挨打一事,他提示了证据),他所带的信件被发现后从他身上夺走了;然后,他被引至荣禄的官邸,在那里受到很好的待遇,经过三天的拘留之后,终于被派回来,携带一封信给我本人,要在第二天拿到对该信的复函,像他进来的时候那样,从水门出去。跟他一起派来了一个形迹可疑的人,该教徒说,他认为那个人是一名奸细。③

---

① 按此文"据中国社会科学院近代史研究所图书资料室所藏抄件录",末署"中华民国二十五年八月岁次长白良揆谨识",知作于 1936 年 8 月。良揆并言"余近时翻捡文忠公旧箧,偶得此书片,知为拳乱过程中重要证箧,急另保藏之。又恐日久无人悉其颠末,漫不经意,一任湮灭,遂嘱照像者将其前后两面印若干份,并记其原委事实,分赠朋侪之留心史事者"。(《光绪庚子年拳匪扰乱中北京五国使臣联名与外界通消息之书片纪事》,《荣禄存札》,第 422—423 页)抄录公使联名之"书片"其时尚存,并摄影录副,惟今未发现。据袁昶日记庚子六月十六日条:"窦(纳乐)函系展如(赵舒翘)传翻译马廷亮写出,函内称洋人仅毙三十七人,伤者倍之,希水师提督速派兵三四队来,方可得力,现坚守俄、英、美、法、德五馆以待云云。"(《袁京卿日记》,《袁昶庚子日记二种》,第 14 页)可推知该函内容大貌。

② 《光绪庚子年拳匪扰乱中北京五国使臣联名与外界通消息之书片纪事》,《荣禄存札》,第 423 页。

③ 《窦纳乐爵士致索尔兹伯理侯爵函》(1900 年 9 月 20 日),《英国蓝皮书有关义和团运动资料选译》,中华书局 1980 年版,第 101 页。时在使馆区内的普特南·威尔(Bertram Lenox Simpson)1900 年 7 月 17 日记:"当三日以前,即十四日,予等以重价雇一中国人,命其送信至天津,此人虽受雇,甚为恐惧,战栗而去,尚未出北京城即已被执,为荣禄所留,数日后仍回至使馆,带有庆王同总理衙门大臣之信。"参看[英]普特南·威尔:《庚子使馆被围记》,冷汰、陈诒先译,上海:上海书店出版社 2000 年版,第 100 页。日本参谋本部编纂《明治三十三年清国事变战史》卷四载其事:"当日(7 月 14 日)英国公使馆先前派往天津的密使在清兵的保护下归来,带回庆亲王等给英国公使馆的书信……"参见路遥主编:《义和团运动文献资料汇编·日译文卷(日本参谋本部文件)》,济南:山东大学出版社 2012 年版,第 392 页。

亲历、见证与记忆：庚子事变中的几个"小人物"

报告未注明人名，此处"罗马天主教徒"，即金四喜。亲历使馆之围的明恩溥(Arthur H. Smith)记："14日，星期六。吃晚饭的时候，有消息说四天前窦纳乐爵士派出去的一名信使回来了，他是南堂的一名看守人。他们在哈德门外抓住了他，把他身上携带的信(上面只有极少信息)取走，打了他八十大板，然后把他送到了皇城内的大本营。他在这里遇到了他认识的一个人，被拘禁了四天以后，带着一封署名为'庆亲王等'的信件回来了。"①此处更加明确地指认，这位教徒原为在南堂(宣武门天主堂)服务的看门役人。他奉窦纳乐派遣，于7月10日送信出城，目的是赴天津求援，但很快被捕。逮捕者是武卫中军官兵，抑或义和团民，存有异说，但可确认的是，金四喜随身携带的求援信被发现搜走，他本人被押初期也遭受了严酷刑罚②。被送到荣禄官邸讯问后，荣禄发现了金四喜的利用价值，四天后，即7月14日，命他携带照会重返使馆。窦纳乐提到同行而来"一个形迹可疑的人"，很可能是荣禄派来监视行动的。对于金四喜是否可信，窦纳乐经过考量，作出了评估：

  关于这个老教徒的品德，法国神父们说了些坏话。他丝毫没有表示不愿意拿走我们的复信；我们猜测，他答应向敌人提供关于我们的阵地和物资的情报，从而得到了敌人的友好接待。他于15日中午从水门被送出去，在一小时内那个和他一起来的人跟着出去。③

按，此处"老教徒"，按字面解释，金四喜年岁较大，似是一老人；但在教内用语中，"老教徒是信仰虔诚，几代信仰的教徒"④。六月十九日(7月15日)，金四喜从使馆区带出回信。窦纳乐并未接受总理衙门努力表现出的友善，对待照会的态度疑信参半⑤，由他本人签署的复照断然拒绝了出馆移居的建议，进而提

---

① ［美］明恩溥：《动乱中的中国》(*China in Convulsion*,1901)，《义和团运动文献资料汇编·英译文卷(上)》，济南：山东大学出版社2012年版，第311—312页。
② 伯希和(Paul Pelliot)1900年7月14日记："下午，英国公使馆来了一个南堂的教徒，他本是被派往天津的。他称被中国军队抓到了，并被中国人毒打(泰来雅医生看到他由于被老虎钳挤压大腿，而导致睾丸粉碎，身上布满淤痕)，他随后被带到自称是荣禄的大官面前，后者交给他一封写给英国公使的信，要他送达并要求他将回信带回来，不论回信的内容是什么都保证他的生命。"参看萧菁译：《伯希和北京日记》，桂林：广西师范大学出版社2017年版，第138页。
③ 《窦纳乐爵士致索尔兹伯理侯爵函》(1900年9月20日)，《英国蓝皮书有关义和团运动资料选译》，第102页。
④ 此承台湾辅仁大学历史学系陈方中教授提示。
⑤ 据伯希和观察："窦纳乐爵士在晚上的时候才向他的同行们提到这件事。……而窦纳乐爵士的理由是这封信只是写给他本人的。该信并不是公函的形式，没有附上任何名片，文字风格也倾向于文学化而非公函，其中的问候有些反常。"《伯希和北京日记》，第100页。

出：中国政府应该下禁令阻止义和团向使馆开枪进攻；如果希望开始谈判的话，应派一名值得信赖的官员打着白旗前来①。翌日（7月16日），金四喜再度进入使馆区，窦纳乐记述这一幕：

> 那名带信给"庆亲王及其他大臣"的老中国信差，一只手高举着一面很大的白旗，另一只手持着一封后来证明是对我们那封信的十分友好的复函，从北御河桥沿着河边严肃地向使馆走来。敌人——无论是他们在这时候对他所携带的那封信中的友好语气感到惋惜，或者是他们希望加速他们的那名信差的行动——巧妙地越过他的头部发了一炮，幸亏没有对他造成任何伤害。②

由金四喜带入的总理衙门照会中，解释了邀请各使"携眷出馆暂寓总署"的原委，表示"中国保护之力，诚恐顾此失彼，是以拟请归并总署，庶可用全力专顾一处"，针对使馆遭受攻击问题，许诺"中国自应加派队伍，严禁团民不得再向各国使馆放枪攻击"，"仍尽力弹压保护"③。这一奕劻领衔署名的照会，被窦纳乐认为"十分友好"。同一天，金四喜还带入美国政府致驻华公使康格（E. H. Conger）的一份密码电报，据窦纳乐记：

> 那名老中国信差除了带来庆亲王的正式信件之外，还带来了华盛顿国务院给康格先生的一份密码电报。该信差说，他是从总理衙门得到这份密码电报的。这份电报的到来，在被围困的人们中间引起了很大的激动，因为这是它自6月18日以来我们从外界得到的第一件消息。

康格的密码复电，随即交回总理衙门发出，并及时达到华盛顿，进而引发西

---

① 美国公使夫人萨拉·康格（Sarah Pike Conger）《致侄儿》（1900年7月18日）："今天（7月15日），公使们的答复被送出去了。他们拒绝了前往总理衙门的邀请，并指出我们的队伍没有发出任何进攻，我们只是为了在清军的进攻中保护自己的生命与财产才还击。回信总结道，如果清政府希望和谈的话，就该派出一名可靠的官员送来白旗。这封信由窦纳乐爵士签名。"［美］萨拉·康格：《北京信札——特别是关于慈禧太后和中国妇女》，南京：南京出版社2006年版，第111页。
② 《窦纳乐爵士致兰士敦侯爵函的附件：关于北京自1900年6月20日至8月14日所发生的事件的报告》（1900年12月24日），《英国蓝皮书有关义和团运动资料选译》，第304—305页。
③ 《总理各国事务奕劻等复某公使函》，光绪二十六年六月二十日，《义和团档案史料》上册，第326页。

亲历、见证与记忆：庚子事变中的几个"小人物"

方世界的轰动以及更大的猜疑，"公众不愿意相信它，因为他们显然是完全确信各国使馆已被摧毁，而且被围困者遭到了屠杀"①。

当日(7月16日)，清军停止了对使馆区的进攻。窦纳乐战事日志记："'庆亲王及其他大臣'的来信，是对我在前一天所写的那封信的一件复函，它实际上开始了某种形式的武装休战，这种休战一直延续到援军到达前十天或十二天。"②二十一日(7月17日)，直隶总督裕禄发自北仓的奏报证实天津陷落的消息。二十二日(7月18日)，根据荣禄的命令，总署章京文瑞进入使馆区，"奉命慰问，并申明极力保护"。二十三日(7月19日)，总署再度照会，要求使馆人员为安全起见"暂避天津"，并拟派队沿途保护。二十四日(7月20日)后，总署还向使馆多次送去西瓜、菜蔬、白面，以表慰问。关于使馆撤津的交涉一直持续，直至北京城陷前夕，仍未有结果。

上述事情是在荣禄与奕劻的配合下实现的，当然，前提是慈禧太后不加反对。戊戌以后，慈禧以荣禄主内政、军务，以奕劻主外交、商务，两相制衡，符合其一贯的驭下手法。庚子事变期间，通过改组总理衙门③、新设督办军务处④等一系列动作，慈禧抬升端郡王载漪等人的政治势力，奕劻、荣禄的影响力一度式微，不过，今人不宜夸大这一权势转移的程度。围攻使馆无疑是慈禧太后亲自决策的，唯列强一直以保护使馆为出兵主要借口，清廷也将使馆安危视作和战关键，企图将其控制在自己手中，以为斡旋砝码，战时交涉贯穿了慈禧以此进行讨价还价的企图，慈禧太后预感战事不利，暂停攻击使馆，已明显有和的打算，而原本相

---

① 窦纳乐对此评论道："对这份电报的真实性是不容怀疑的，因为它所用的密码只有康格先生和国务院才掌握。"(《英国蓝皮书有关义和团运动资料选译》，第305页)关于中美电讯恢复进程及后续反响，参详拙文《庚子事变时期中美关系若干问题补正》，《史学月刊》2011年第9期。
② 《关于北京自1900年6月20日至8月14日所发生的事件的报告》(1900年12月24日)，《英国蓝皮书有关义和团运动资料选译》，第305页。
③ 五月十四日(6月10日)，清廷下达了两道谕旨：廖寿恒退出总理衙门；端郡王载漪管理总理衙门，启秀、溥兴、那桐为总署大臣。二次改组了对外"软弱"的总理衙门，载漪正式登上政治舞台，故通常被解释为保守派大获全胜的标志性事件。惟翌日清廷续颁一旨："军机大臣面奉谕旨：昨派端郡王载漪管理总理各国事务衙门。该郡王差务繁重，未能常川进署。如该衙门遇有紧要事件，仍著随时会商。"(《著载漪随时会商总署紧要事件上谕》，光绪二十六年五月十五日，《义和团档案史料续编》上册，中华书局1990年版，第597页)前旨有载漪"管理"字样，明显是对奕劻的警诫；后旨对两者权限又有所平衡，强调"紧要事件"须"随时会商"，可见载漪尚未独揽大权。经此改组，奕劻依旧保留处理总署日常事务的地位，不过，整个总理衙门毕竟要注意载漪的脸色了。
④ 五月二十二日军机大臣奉面谕："京师现办军务，著派徐桐、崇绮与奕劻、载漪并军机大臣会商一切事宜。"(《著徐桐等与奕劻载漪并军机大臣会商一切事宜事上谕》，光绪二十六年五月二十二日，《义和团档案史料续编》上册，第604页)据此谕，徐、崇、庆、端联合军机处"会商"办事，且地位超越于军机大臣，制衡荣禄的权力。谕内"军务"一词，非指对义和团的军务，而是对各国联军的军务。

对失势的奕劻、荣禄一派也在特定情势下有所表现。故一些外国人一度相信荣禄和庆亲王曾在北京发起过一次"反革命"①。

尽管载漪奉旨"管理"总理衙门,但奕劻以领班大臣,仍处理总署日常事务。围困时期清政府与使馆之间有着持续的信件往来,部分"较正式的信件"采用了总理衙门的通常惯用形式,附有全体大臣名片,而一部分"重要的信件"均写给英使窦纳乐,署名"庆亲王及其他大臣"或"庆亲王及其同僚",窦纳乐的回信也写给庆亲王。窦纳乐据此认为"不同的格式和语气意味着这些信件可能来自不同派别的人们","没有理由认为庆亲王对我们所收到的信件应负特别责任"②。

荣禄当时是军机大臣,非总理衙门大臣③。但由上述,我们看到在总署恢复与使馆联络,及后续通信中,荣禄的作用绝对不容忽视,甚至比奕劻的作用似更大一些。据良揆所记,在金四喜"去后复来,陈述各使臣情愿照办此意"之后,"公(荣禄)于次早力疾入朝,不计自身利害(原注:当时有主正论者,权要即斥为汉奸,生命异常危险,公已类濒于危矣),恳切面奏,感动天听,故有慰问各国使臣、保护侨民之上谕,嗣并由此人输送挤接各使馆粮米、瓜果等食品,中外感情略见和善"④。当时直接负责与中方对话的窦纳乐亦有如下判断:"根据所有那些同我们保持联系的人所作的说明,荣禄现在是中国政府中掌权的人物。"⑤

教民金四喜在为使馆送信时,为荣禄部所执,经慈禧太后批准后,重返使馆,带入照会,战时交涉由此重启。一个被拘问罪的"汉奸",误打误撞,不自觉充当了转圜战局的棋子,也见证了当日中外交涉怪诞、扭曲的一面。据说金四喜答应

---

① [美]马士:《中华帝国对外关系史》第3卷,张汇文等译,上海:上海书店出版社2000年版,第273页。
② 《窦纳乐爵士致索尔兹伯理侯爵函》(1900年9月20日),《英国蓝皮书有关义和团运动资料选译》,第99—100页。
③ 以光绪二十六年五月十四日划线,此前总署王大臣共10人:奕劻、王文韶、廖寿恒、徐用仪、崇礼、赵舒翘、吴廷芬、许景澄、袁昶、联元;此后,廖寿恒退出,载漪管理总理衙门,启秀、溥兴、那桐为总署大臣。按《总署大臣年表》光绪二十六年项下,列有大学士荣禄名。(钱实甫编:《清代职官年表》第4册,中华书局1980年版,第3025页)查光绪二十年十一月十九日荣禄以步军统领在总署行走,至二十四年四月二十七日署理直隶总督,戊戌政变期间内召,八月十三日"著在军机大臣上行走",继命以大学士管理兵部,并节制北洋各军,未见有入值总署明文。复按光绪二十六年五月十四日《总理各国事务衙门大臣奕劻等奏为代递俄使对于义和团意见折》,折尾具名10人,亦无荣禄。(中国第一历史档案馆编:《庚子事变清宫档案汇编》第1册,第82页)其若为总署大臣,此类全体具折必须列名;若因病请假,须在名下注"假"字。据目前掌握的材料,笔者认为二十四年八月后,荣禄已不再在总署兼差,但权力则覆盖之,这对其作用于总署战时交涉具有重要意义。
④ 《光绪庚子年拳匪扰乱中北京五国使臣联名与外界通消息之书片纪事》,《荣禄存札》,第423页。
⑤ 《窦纳乐爵士致索尔兹伯理侯爵函》(1900年9月20日),《英国蓝皮书有关义和团运动资料选译》,第105页。关于庆、荣关系及对战时外交影响,笔者有初步讨论,参拙文《也说义和团运动中的奕劻》,《近代史研究》2013年第1期。

送信,是因为得到了荣禄"保证他的性命"的许诺。但我们无从得知他的最终结局。窦纳乐后来记道:

若干天以来我们没有听到关于那个老教徒的任何消息,他曾经是我们递送信件的第一个媒介。因此,我于[7月]21日写信询问他的情况究竟怎样,说明他带走的最后那封信是一封要求允许将水果和冰块送进来的信。①

二、郑殿方

使馆被围困初期,信息闭塞,为了与外部取得联系,多次派出信使,但均无果而终。窦纳乐记载:"最初,我们的信差被我们从内城城墙上放下去,或通过城墙下面的御河水门走出去。就我们所知,他们没有任何人顺利地穿过我们周围的严密封锁线。"②在这种情况,任何穿透封锁线、从外部传入的消息,对围城中人都是巨大的精神刺激。事后,赫德(Robert Hart)记载了在他记忆中两次意义非凡的"信使"到来:

大概在7月16[14]日,有一个信使回来了,他出去时曾被抓住并被押送到中国统帅荣禄跟前,然后被遣返使馆,带回了一封非正式的来自"庆亲王等"的短笺。这样,公使们开始和总理衙门大臣信件往还。……18日那天,竟然从天津来了一名信使,带来消息说一支33 000人的部队几天之内就将从天津出发。我们认为这个消息当然也会传到北京当局,这可能与他们改变态度有关。③

前一次,即前述金四喜带入总理衙门照会,记忆时间稍误;后一次所记"天津

---

① 《窦纳乐爵士致索尔兹伯理侯爵函》(1900年9月20日),《英国蓝皮书有关义和团运动资料选译》,第108页
② 《关于北京自1900年6月20日至8月14日所发生的事件的报告》(1900年12月24日),《英国蓝皮书有关义和团运动资料选译》,第286页。
③ [英]赫德:《这些从秦国来——中国问题论集》,叶凤美译,天津:天津古籍出版社2005年版,第22页。

信使",传来联军占领天津城,并将向北京发出援军的消息,这一重大信息被赫德理解为清政府对外态度转变的关键。

使馆解围后,日本驻北京特命全权公使西德二郎致外务大臣青木周藏报告,也强调了信息匮乏的困境,表示"对于围城中之人,最欲知者乃援军之消息,然困于重围之中,得援军之消息乃至难之事。公使及指挥官百般苦心,频频向天津派出密使而无归来者"①。同一报告,总结了围困时期三次至关重要的"密使通信":

> 在此期间,<u>7月18日,我6月29日派遣之密使带回天津郑领事及森海军中佐之回信</u>。此乃开战以来最早得到之音信。通过此信,得知占领大沽天津、福岛少将之军队到达天津、第五师团出动等确切消息,不仅我国人,外国人亦萌生再生之希望。随后,<u>我7月22日派出之密使26日到津,29日携带回信从当地出发,8月1日归来</u>。由此收到前信以来断绝两周之天津音信,得知第五师团准备两三日内向北京进军之好消息。此后数日没有军队终于从天津出发之报,故无从知道援军之所在。加之持续两个月之围城,粮食、弹药已告缺乏,不得不倡行节食,更使忧虑加重。正在此时,收到福岛少将在进军北京途中从一称为南蔡村之地发出之来信(<u>我8月6日派出之密使带回</u>),得知北仓之胜仗及预定13、14日到达北京之确切消息。此报一传至日人及外国人中,引起近乎狂欢之喜悦。在不断迁延之中,几乎绝望之围城中人第一次看到地平线上之曙光。

据上述报告,7月18日、8月1日、8月6日三次密使从天津向北京使馆区带回消息,均为"日本密使"所为。西德二郎强调说:"在两个月有余之围城期间,带来天津援军行动确切消息者仅此三次通信。此外虽有致其他外国公使及指挥官之短信,但均内容含糊,不免有隔靴搔痒之感。上述三信带来之消息明确详细,且因为系日本密使带来,博得外国人普遍赞扬,实令人自豪。"②其中7月18

---

① 围困中人达到极限程度,西德二郎甚至表示:"人们陷入幻想之中,闻土人之爆竹,误以为援军之炮声;见烟火电光,相信是援军之信号光亮;或见野鸽,误为援军之信鸽。凡此种种,令人苦闷。"参见《驻清国西公使致青木外交大臣函·援军抵达后之概况报告》(明治三十三年8月29日),《义和团运动文献资料汇编·日译文卷(日本外交文书)》,第457页。
② 《驻清国西公使致青木外交大臣函·援军抵达后之概况报告》(明治三十三年8月29日),《义和团运动文献资料汇编·日译文卷(日本外交文书)》,第457—458页。

日密使带来者,是西德二郎认为"开战以来最早得到之音信",也即赫德所述改变"北京当局"态度的信息,自然意义重大。

同年7月25日,西德二郎致函青木外相,报告为解除使馆之围、打通京津联系而派出"密使"的详细情况:

> 眼下,本官与各国公使于协同之余,唯静待乃在进京途中的援军。焦灼中,本官于6月29日自北京派出的密使,于本月18日由天津返回,并带回郑领事及海军中佐森的书函。由此,始获知援军迟迟未到的原因以及京津电信中断以来的天津状况。又得知我国派出的军队已有三四千人抵达天津,且第五师团亦在被遣之列。若该师团能于本月20日左右抵达清国,北京重围当可于本月内得到解除。本官将此消息迅速传达给陷于重围中的中外人士,闻此消息者无不欢天喜地,有如绝处逢生。目前,虽然我方之兵粮弹药几近断绝,然无论如何不会放弃与清军对峙的决心。是以,众人在做好充足准备的情况下,日日等待援军的到来。①

使馆被围约十日后,即6月29日,该密使从北京出发,至7月18日,携驻天津领事郑永昌、日本海军中佐森的密信返回,这些信件带来联军占领天津、福岛安正少将所率日本临时派遣队到达天津、第五师团出动等确切消息,这给已处在弹尽粮绝境地的使馆人员极大鼓舞,西德二郎甚至期待"北京重围当可于本月内得到解除"。

关于这位天津信使,窦纳乐外交报告也有记录:

> 7月18日,柴[五郎]大佐派出去的一名信差从天津回来,带来该处日军司令部人员的一封信。这封信中包含的消息说,联军已占领天津城,并且正在组织一支援军,……将于7月20日或20日前后动身前往北京。这个通知在钟楼上张贴出来。它是我们从天津获得的第一个消息,受到了被围困的人们的热烈欢迎,虽然有许多人感到失望,因为援军还没有在前来北京的途中。事实上,这封信远远不是令人抱有希望的。它谈及联军所遭受的

---

① 《驻清国西公使致青木外务大臣函·为报告被困北京经过事机密第四四号》(明治三十三年7月25日),《义和团运动文献资料汇编·日译文卷(日本外交文书)》,第45页。西德二郎发函,并参[日]佐原笃介、浙西沤隐辑:《拳事杂记·公使密信》,《丛刊·义和团》第一册,第255页。

重大损失,而且还说到完全缺乏运输工具。①

可以证实这一信使原由日本公使馆派出,他从天津带回的密信,也是使馆被围后"从天津获得的第一个消息",尽管鼓舞人心,窦纳乐对天津援军能否迅速赴京,并不抱乐观态度。

从上述外交文书中,我们大致可以勾勒密使行动的概貌,但无从得知密使姓名与背景。日本参谋本部编纂《明治三十三年清国事变战史》提供了更多细节。其书卷二第十一章"天津陷落后至第五师团抵津时情况及一般观察",专辟"西公使通信"一节:

> 在此之前,西公使派出的密使郑殿方12日到达天津车站的我防线,此密使6月29日携带该公使给郑领事的如下书信:"当地的形势非常紧迫,清国官兵等全力发射大炮破裂弹,包围、攻击各国公使馆,昼夜不止。各国护卫士兵、侨民及公使馆员等死守抵抗,但寡不敌众,非常疲劳,弹药缺乏,危在旦夕,眼看要遭屠杀惨祸。希望紧急援军的成功,且迅速将此情况通报给帝国政府。"②

由此可知密使名字叫做"郑殿方"。6月29日由京出发,7月12日抵津,15日离津,18日返京。除带回郑永昌领事致西公使回信外③,福岛安正少将也有函件,托此密使交达柴五郎④。

特别值得注意的是,郑永昌在天津领事馆接见郑殿方时,作了详细的调查文

---

① 《关于北京自1900年6月20日至8月14日所发生的事件的报告》(1900年12月24日),《英国蓝皮书有关义和团运动资料选译》,第308页。按,柴大佐,柴五郎,时为北京公使馆武官。

② 《明治三十三年清国事变战史》卷二,《义和团运动文献资料汇编·日译文卷(日本参谋本部文件)》,第141页。

③ 函录下:"天皇陛下圣心深为北京之危境所扰。又已派遣大军,数日内将与联军一起前往北京。我 军队到达以前,切望尽力忍耐。联军到达时,难以预测阁下不遭遇清国人所为之意外危 险,此点尚望阁下注意。"《特派清国加藤公使、驻天津郑领事致青木外务大臣函·致西公使书翰之内容之报告》(明治三十三年7月14日天津发),《义和团运动文献资料汇编·日译文卷(日本外交文书)》,第418页。

④ 函录下:"6月17日,大沽炮台落入联军之手,26日西摩中将率领的救援军返回天津。29日,本军官率领的临时派遣队进入天津。7月13日,攻略天津城,第五师团全部于20日前到 达天津,马上大举踏上救援北京的路途,请保重。"《明治三十三年清国事变战史》卷二,《义和团运动文献资料汇编·日译文卷(日本参谋本部文件)》,第141页。同书卷四记"密使携福岛少将通报归来","当日(7月18日),日本公使馆先前派往天津的密使(密使6月29日自北京出发,7月12日抵达 天津)归来,带来福岛少将及森海军中佐的通报"。参见《义和团运动文献资料汇编·日译文卷(日本参谋本部文件)》,第392页。

书,给我们留下珍贵的一手资料。7月12日记录:"此日上午,携带北京西公使致本官密信之支那人郑殿方,被车站附近我卫兵送到本馆。密使之要旨已以电报报告之,在此将记录对该人之询问概要制成另页调查书,以供阅览。"①通过领事和郑殿方的一番问答,这位"日本密使"形象也清晰起来:

领事问:你之姓名及年龄?

密使答:郑殿方,年三十一岁。

问:住处?

答:住北京汇文书院后之小街。

问:职业?

答:衡器制造业。

问:如何被日本公使馆雇用的?

答:非为公使馆所雇,乃在肃亲王府避难之耶稣教徒。

问:此次携西公使致本官之密信从北京到此地,因受何人托付?

答:受日本公使馆书记官楢原[陈政]之托付而来。

问:大约何时出发,取何路而来?

答:清历六月四日(西历7月1日)出北京齐化门,下通州,取水路,六月九日(西历7月5日)到达天津城外红桥。

问:到达红桥后至今日如何度过?

答:六月十日(西历7月6日),由天津城北门入,出东门,渡白河,过盐坨,欲入本租界,但为清兵所阻,不能通行。六月十一日(西历7月7日),由北门出南门,几乎到紫竹林附近,为清兵所阻,未达到目的。六月十二日(西历7月8日),由北门出西门,因该处门外亦有清兵,不能通行。不得已,在红桥滞留三日。本日(西历7月12日)转道,出三岔河口水师营望海楼旁,过河东,达老龙头车站附近,遇日本兵,送到此处。②

除了向天津领事说明由津来京经过外,关于北京使馆区战况,包括使馆人员

---

① 《驻天津郑领事致青木外务大臣函·任职地战斗情报续报》(明治三十三年7月12日)《义和团运动文献资料汇编·日译文卷(日本外交文书)》,第415页。

② 《来自北京公使馆之密使询问调查书》(明治三十三年7月12日),《义和团运动文献资料汇编·日译文卷(日本外交文书)》,第415—416页。

死伤、粮食供应、围攻清军数量、北京至天津沿途军备、义和团动向等等,郑殿方均作了详细汇报。郑氏本人为基督教徒,原来紧挨使馆区的肃王府服劳役,据他说,"该亲王府有众多耶稣教徒避难,自己亦其中之一人",后为日本公使馆书记官楢原陈政①招募,前往天津送信。

汇文书院教习鹿完天当时逃入使馆区,率领中国教徒从事使馆区防御工作,撰有《庚子北京事变纪略》,其中有关"教民队"的记载颇详切②。五月二十九日(6月20日)记:

> 杉君又至仆处,搔首叹曰:"救兵不至,危在旦夕,莫若选一教民,许以重金,令赴天津大营求救如何?"仆曰:"善。"即派小儿庆五出而往觅,得本会教民郑殿芳[方]。仆曰:"子往天津求救,甘心乎?"曰:"甘心。"仆曰:"此行若败,于本总办无干,成则谢尔千金焉。"郑曰:"否否。置此紧急,余甘心愿往,成败皆听主命,何暇计及重金哉?"仆曰:"壮哉忠仆!此耶稣之真门徒也。"③

按"杉君",杉儿太郎,京师同文馆东文教习,参加日本义勇队。鹿完天因杉儿太郎建议,寻觅教民赴津求援。据郑殿方自述"住北京汇文书院后之小街",鹿完天属美以美会(The Methodist Episcopal Church),为汇文书院教习,郑殿方很可能也是美以美会教徒,二人应是熟识。郑殿方自告奋勇,欣然愿往,且以信义为本,不图钱财,鹿完天誉之为"耶稣之真门徒"。五月三十日(6月21日)续记:"即命仆子庆五送郑殿芳[方]见杉君,草告急函,藏诸履,即时送之出界。"④此处只记郑殿方携"告急函"出行,而未及他通过杉儿太郎,与日本公使馆接触的内

---

① 楢原陈政(1862—1900),一名井上陈政,1882年来华,游历多省,收集中国情况,纂有《禹域通纂》《支那内治要论》《支那历史》等。马关议和期间任日方通译官。1895年,以一等通译官赴任北京公使馆,后升任二等书记官。1900年7月23日,在使馆围困中罹难。東亜同文会编:《対支回顧録》下卷,原書房1968年版,"楢原陳政",第244—247页。

② 鹿完天,美以美会教士,庚子年任汇文书院教习,义和团入京后,避入孝顺胡同亚斯利堂,及该堂被围,又与基督教友多人逃入使馆区。"是书所记,即作者在围困中的使馆区内之所见所闻及其自身之经历,起自庚子五月初三日,迄于同年七月二十日。是书虽出于教徒之手,但其中亦暴露外国基督教徒加于其中国同道之压迫与虐待。"有光绪二十七年刻本。参看翦伯赞:《义和团书目解题》,《丛刊·义和团》第4册,第558页。

③ 鹿完天:《庚子北京事变纪略》,《丛刊·义和团》第二册,第407—408页。按鹿氏记载中,"郑殿方"均作"郑殿芳"。

④ 鹿完天:《庚子北京事变纪略》,《丛刊·义和团》第二册,第408页。

容。至六月二十二日(7月18日),鹿完天记:

> 先是五月底,有本会教民郑殿芳[方],告奋勇为义,甘愿赴天津送信。……初八日(7月4日)到津,见中兵围困紫竹林,攻打多日,未分胜败,伊即往来中兵营中,窥其虚实,切记于心。于十六日(7月12日)用白布缠首,乘机窜入外国界内。日兵执之,讯其来由,送至领事官处交信后,备言一切,日官方了然于心。日官并出地图,伊指画详明,并言津地何处人多,何处人少,何处有人,何处无人。日官一一计毕云:"若非子来,吾仍不敢妄动。"即于十八日(7月14日)早,用大炸炮攻入城内,伤人无数,津城遂陷。伊询:"中外教友何在?"日官答云:"他们都平安住在大沽。"……十九日(7月15日),日官即写回信,令伊速回,并赠洋钱二百圆。伊云:"我为义来,非为财来也。领十元以作路费可耳。"日官奇之。伊出津,至北仓,有中兵把守,沿途一带皆有拳匪,但不似先前凶猛光景。至京城内外,见中兵甚多,拳匪亦甚猛。至交界,即随卖瓜人进入,呈递回书。①

此处记郑殿方千方百计潜入天津租界的经过,颇多生动情节,谓带去京津沿线军事消息,从而促使联军攻陷天津城,则嫌夸大。不过,此类出入,在鹿完天笔下,并非重点。其全篇突出郑殿方的"教友"身份,表彰其"我为义来,非为财来也"的高尚品格,在基督教信仰光芒笼罩下,完成了一个中国教徒勇敢献身、实现救赎的故事②。7月18日,郑殿方送来天津援军消息,鹿完天记:"是夜,欢声满地,歌诗赞美,颂扬主恩,相继不绝。统计此数十日内,此日为第一快活日也。仆援笔记毕,伏地感谢。"③

美以美会传教士宝复礼(Frederick Alfred Brown)赞美中国教民在北京被围困期间所表现出的"卓越能力和对信仰的忠贞不贰","在传教士的指挥下,他

---

① 鹿完天:《庚子北京事变纪略》,《丛刊·义和团》第二册,第422页。
② 送信教民的"舍财取义"叙事亦见于明恩溥著作:"7月18日派出到天津的张姓山东教徒今天回来了,带回了福岛将军给日本公使西德二郎的一封信。……曾经向最后一名信使许诺过,完成使命可以得到一大笔报酬。现在他已经成功地完成了任务,但他说他不在乎金钱,不会要这笔钱,他只想尽可能快地再带一些信件回去。他解释说,他冒着生命危险做这事,只是为了行善事,不是为了得到个人好处。日本人和其他一些人觉得,他似乎是一个行为非常古怪的人。"[美]明恩溥:《动乱中的中国》,《义和团文件资料汇编·英译文卷(上)》,第166页。一般外国人眼中的"古怪行为",作为传教士的明恩溥明显给予了"了解之同情"。
③ 鹿完天:《庚子北京事变纪略》,《丛刊·义和团》第二册,第422—423页。

们在使馆周围修建了防御工事,承担起了全部的体力劳动,还像侦察兵一样给沿海传递消息,和援军一起解救被困的人们"。他从基督教文化的优越感出发,强调了宗教使得基督教徒在"做事态度"上与异教徒有所区别:

> 答案就是,义和团和非基督教徒们贪嗜的只是外国人的血,而真正的基督教徒则是怀着感恩之心勇敢地完成着自己的职责,他们是仁爱之人。许多中国的基督教徒为了保护无助绝望的人们而献出了自己的生命。为了保卫来自遥远国度的异乡人,他们作出了巨大牺牲,最终不辱使命。①

三、傅景涛

进入七月,一度缓和的中外局势,重新趋向紧张。初一日(7月26日),原四川总督、巡阅长江水师大臣李秉衡入觐,奉旨受命"帮办武卫军事务"。初三日(7月28日),总署大臣许景澄、袁昶被处死;同日,两江总督刘坤一、湖广总督张之洞等十三人会奏"请授李鸿章全权折"抵京,留中不发。据窦纳乐战时日志,"[7月]29日是明确恢复敌对行动的日期"②。当天甘军在北御河桥上新筑工事,恢复了对使馆区有规律的射击,使馆卫队亦用大炮反击。此次开火也为各使拖延离京提供了理由。十二日(8月6日),总理衙门对使馆卫队的一次猛烈反击提出照会抗议,至此,使馆内外"声势汹汹,俨同临阵",继续"商办护送暂避之事"已无可能③。十三日,李秉衡出京督师,李鸿章授旨为全权大臣,命"即日电商各国外部,先行停战"④。这仍是慈禧太后的两手,以李秉衡主战,若有小胜,则以李鸿章议和。

就在这一天(8月7日),团练大臣载勋上折,奏闻"教民自首呈递机密要件",内称:

---

① [英]宝复礼:《北京使馆被围日记》,《义和团运动文献资料汇编·英译文卷(下)》,第280页。
② 《窦纳乐爵士致索尔兹伯理侯爵函》(1900年9月20日),《英国蓝皮书有关义和团运动资料选译》,第111页。
③ 《总理各国事务奕劻等致英国公使窦纳乐函》,光绪二十六年七月十二日,《义和团档案史料》上册,第445页。
④ 《军机处寄直隶总督李鸿章电旨》,光绪二十六年七月十三日,《义和团档案史料》上册,第445—446页。

亲历、见证与记忆：庚子事变中的几个"小人物"

> 本月初十日据海淀清梵寺团民解到自行投首教民傅景涛一名，手持雨伞一柄，称有机密要件诉告。奴才等当将该教民详加盘诘，据称，雨伞柄内藏有密信十三张。劈验属实。其所出东西洋文字无从辨识，当即行知总理各国事务衙门令通晓洋文章京前来译汉。内有英文还音倭语一件，义大利国使臣电码一件，美国公使电码一件，俄国道胜银行电码一件，共四件，未能译出。谨将译出洋信九件及钞录该教民供词，一并恭呈慈览。①

按，庄亲王载勋于五月二十五日（6月21日）被授为步军统领，负责筹备京师城守事宜；二十七日（6月23日），与刚毅、载澜、英年等奉命会同办理义和团务，统率京师及天津一带义和团民。庄王府内设有拳坛，"为各团总汇之所"，以资联络而便调遣，新团投到者，"责令详查，分别收录"②。七月初十日（8月4日），一个名叫"傅景涛"的自首教民被海淀分坛的义和团民解送至总坛，经讯问，知其人自使馆区潜出，而随身携带多通外文"机密要件"。今存傅景涛供词，提供了其人大致的身份背景：

> 年二十五岁，宛平县民，原籍山东德州人，德胜门外关厢居住。我父亲傅绍荣，在马店聚合店写账生理。我于前年春间经大学堂总教习丁韪良劝入耶苏教，记名并未领喜。至今年五月十八日，各处教堂被焚，我遂逃至孝顺胡同居住。二十四日被洋人掳入交民巷英国使馆，时刻思逃，无路可去。

傅景涛为北京本地人，通过丁韪良（William A. P. Martin）的关系入基督教，后者为美国基督教长老会（Presbyterian church）传教士，1898—1900年间任京师大学堂总教习。义和团运动发生后，教民处境危殆，傅景涛自称"被洋人掳入交民巷英国使馆"，实际上应该是随众躲入英国公使馆避难。关于所携"各国洋信"的由来，他交代说：

> 今于七月初一日，洋人欲与天津送信，我即告洋人愿去。当有英国公使窦姓与美国办事人都春圃，交我雨伞一把，告知伞把内藏有各国洋信十三

---

① 《团练大臣载勋等折》，光绪二十六年七月十三日，《义和团档案史料》上册，第446—447页。
② 《载勋等奏陈布置义和团务大概情形折》，光绪二十六年六月初四日，《义和团档案史料续编》上册，第707—708页。

张。于次日从占据肃王府日本国人用洋元二十块买通武卫中军勇丁二名，将我带出，送至东单牌楼北边。我遂混出朝阳门外，至清河营我家坟地藏匿，二日后，又赴我表兄赵文奎家隐藏。初九日，经我表兄劝我出口外逃命。我说现有外国紧要信件，不如自己出首，将信交出，以赎我罪。遂至常兴庄坎字团内报明，经该团将我解至海淀清梵寺团内，又将我解送到府的。今蒙审讯，我实被诱入教，并未领喜，亦非愿与送信，不过藉此脱身。

此处透露，这些"洋信"的目的地是天津租界。"英国公使窦姓"，英国公使窦纳乐，也是使馆区军事防御总指挥；"都春圃"，Elwood Gardner Tewksbury，美国公理会（Congregational Church）传教士①，使馆围困时期，负责北京东交民巷华籍教民的给养，故被称作"美国办事人"。送津密信采用了一种很别致的隐蔽方式，即藏入普通雨伞内，交中国人携带。据傅景涛自供，他是主动报名，愿往天津送信，七月初一日（7月26日）受命，次日（7月27日）通过买通武卫中军兵丁，从肃王府一侧封锁线潜出使馆区，出朝阳门，一路往东北方向，在"清河营老家坟地"②、"表兄赵文奎家"藏匿多日。至初九日（8月6日），向附近义和团"自行投首"，经常兴庄坎字团③、海淀清梵寺团层层递解，押送至庄王府总坛"审讯"。

傅景涛自述自首动机，是通过交出"外国紧要信件"，来为自己"赎罪"。从原来自告奋勇、赴津求援，到后来主动自首、泄露情报，短短十天时间内，傅景涛经历了怎样的思想斗争，或遭遇了怎样的现实困境，今人不易悬揣。总之，他做了一个自认为有利于己的选择，对过往经历，自我辩解说"实被诱入教，并未领喜[洗]，亦非愿与送信，不过藉此脱身"。为彻底"赎罪"起见，他也反过来向清朝方面交代了很多有关使馆区的内部情况：

> 至现在英国馆内，军器甚多，粮食有武卫中军勇丁及中御河桥粮店二处与他接济。自我出来那日，粮食还可以够半月食的。各国公使均谋死守，以待救兵，好为内应，其实并无要回国的心，他们说没粮食的话是故意缓中国攻打。每日仍有中国大员遣人送信。惟六月二十间有许景澄大人派人送信

---

① 1887年哈佛大学毕业来华，在北京传教。1896年任北协和大学物理和化学教授。1911—1937年任上海中国主日学合会（China Sunday School Union）总干事。校订卫廉士编《汉英字典》。参看《近代来华外国人名辞典》，北京：中国社会科学出版社1981年版，第473页。
② 按"清河营"，清河营村，今属北京市朝阳区来广营乡，在北京东北方向。
③ 常兴庄位于今北京市昌平区小汤山镇。

一封,是我眼见的。以后又有人送信,我不知道姓名,听他们说也都是中国官员。至他们商议甚么事,我不知道。现在洋人男女尚有一千余名,教民还有二千余名,平日就是挖壕堆垒,造作枪子、火药,预备将来作内应的打算,实在没有要回国的心。我所说的俱是实情。只求饶我一死,就是恩典。所供是实。①

傅景涛从亲历者的角度,所述使馆区内中外人员现状、战事守备以及粮食供应方面的细节信息,包括对被围者的心态描述,都很有价值。尤其提到"每日仍有中国大员遣人送信",可以印证使馆围攻战暂时停火后,中外交涉活跃的一面,唯傅氏自称亲眼所见的"六月二十间有许景澄大人派人送信一封"一事,未见于他处记载,颇值得留意。按当时进入使馆区送信者,除了荣禄所派之金四喜外,只有总理衙门章京文瑞以官方身份,多次入馆,"告以奉命慰问,并申明极力保护",所奉之命,亦直接来自荣禄②。又,作为总理衙门大臣的许景澄与袁昶已于七月初三日(7月28日)被清廷一道正法,罪名则为"莠言乱政、语多离间"③。身为统率京津义和团大臣的载勋,为端王载漪的政治盟友,在和战立场上,与许、袁对立,对后者之死,亦与有责焉④,故不能排除载勋借投首教民自供,词连许景

---

① 以上三段引文均见《团练大臣载勋等折·附:供词》,光绪二十六年七月十三日,《义和团档案史料》上册,第447页。此供原件见《督办城守事务载勋等奏呈自行投守教民傅景涛供词》,《庚子事变清宫档案汇编·八国联军侵华卷二》第2册,第750—751页。

② 六月十八日,金四喜带回窦纳乐复照,二十二日文瑞奉命携白旗进入使馆区,然官小言轻,使馆方面认为"那位章京没有提出具有任何重要意义的消息"。(《英国蓝皮书有关义和团运动资料选译》,第106页)之所以派出文瑞,据《荣相国事实纪略》:"金四喜回告荣相云,窦钦差闻言甚为欢悦,请即选派通达时务之员,前往使馆会晤,均以白旗为号。荣相即查传总署文员,均匿不见面,惟有章京文瑞愿往,遂令其往谒英使致通和好。"此事系由荣禄发端,大致不差,惟谓"查传总署文员,均匿不见面"有小误。事实上派出文瑞前,荣禄曾面询袁昶等人。据袁昶日记:"(荣相)命往东交民巷慰问各公使。予辞以战乎停,初次慰宣,问答关系甚重,为后来张本,不敢独任,且恐主战诸公诉不受洋人贻出与议和,贷各使一死。弹射丛至,人言可畏。相亦谓然。商榷久之,乃派文章京前往。"(《袁昶庚子日记二种》,第21页)袁昶不愿受差的原因,主要在时局不明朗的情况下,贸然前往具有风险。《高枬日记》六月二十四日记"前日叫袁爽秋持白旗往使署,袁以未奉上谕辞,乃命文瑞往"(《庚子记事》,北京:中华书局1978年版,第158页)可为旁证。

③ 《上谕》,光绪二十六年七月初三日,《义和团档案史料》上册,第392页。按恽毓鼎谓"袁太常诋拳匪最力,致书庆亲王奕劻,请其劝载漪勿为祸首……书为载漪所得,遽上闻。谕旨所谓离间,指此也"。(《崇陵传信录》,《丛刊·义和团》第1册,第51页)在关于许、袁被杀原因的诸多说法中,郭则澐以为"是说较可信"。参见龙顾山人:《庚子诗鉴》,《义和团史料》上册,北京:中国社会科学出版社1982年版,第63页。

④ 载勋于七月初一、二、三日,连续获召见,见《军机杂件档·召见单》(孔祥吉:《奕劻在义和团运动中的庐山真面目》,《近代史研究》2011年第5期),后与载漪同被指为"祸首",他在慈禧面前对许、袁有所攻击,是完全可能的。

澄,而对政治敌人落井下石的可能。

至于傅景涛带出、而为清朝查获的各国外文"密信",原有十三张,经通晓洋文的总理衙门章京翻译,译出九件,另有"英文还音倭语一件,意大利国使臣电码一件,美国公使电码一件,俄国道胜银行电码一件"等四件未能译出。七月十三日载勋折原藏军机处"录副折包",《义和团档案史料》收入此折,附录"译件"七件,分别为:① 日本公使馆致"天津日本领事衙门"信;② "奥国代理使臣德塔绅特致驻津领事官喀勒哩斯信"(署"西七月二十五号由北京寄");③ "美使致天津美国领事电";④ "美国使署寄天津海关税务司德禄转交上海领事"信;⑤ "比利时国使馆致驻津比国领事信";⑥ 俄使寄"弼君威勒青"信(署"西七月二十五日伯某寄字)";⑦ "法国使臣毕盛致法国领事官杜士兰电报"(署"西七月二十五号")①。

四、简单的结语

本文论及的三个"小人物"都是中国人,但无一例外具有教民身份——金四喜系天主教徒,郑殿方和傅景涛可能分别为基督新教美以美会和长老会教徒——属于当时社会相对边缘的群体,因为庚子事变的发生,这些原本不起眼的边缘人因缘际会,被推至历史前台。他们不像经常出现在清末教案中的那些恃教为符、抗官蔑法、横行乡里、耀武扬威的"奸民"与"无赖",也不单纯为被拳民寻仇报复、战战兢兢、毫无反手之力的"二毛子"。他们是庚子事变的亲历者,见证了今人眼中具有重大意义的历史事件,甚至不同程度地参与到这些事件中,在战争状态下使馆内外的信息传递过程,"中国教民的通信任务"成为推进战时交涉、帮助使馆解围的关键因素,一定程度上影响了历史进程的走向。他们的行动,一度跨越了国别界限,其中个别人所标榜"我为义来"的行为逻辑,在他者看来甚至近于"古怪"。此类做法的驱动力,无论来自外人压迫、政

---

① 以上2—7件的原档影印件,见《译奥国代理使臣德塔绅特为使馆被焚事致驻津领事馆喀勒哩斯信函》《美使为各使馆情况并盼联军进攻事致天津美国领事电》《美国使署为请国家发兵事致上海美领事函》《译比利时国使馆为使馆被焚比人逃入京城均各无恙并请转告家属事致驻津比国领事信》《俄使为在京属员均平安健壮事转致彼得堡户部大臣电》《法使臣毕盛为使馆教堂均被焚毁并告外部电报已收到等事致驻津法领事官杜士兰电》,《庚子事变清宫档案汇编·八国联军侵华卷二》第2册,609—612页。另有署名"拉格斯德览"请转达伦敦一电,为《义和团档案史料》未收,按其词意,应为同时译出之件。参看《拉格斯德览为告北京署员及家属均平安等事致伦敦电》,《庚子事变清宫档案汇编·八国联军侵华卷二》第2册,第621页。

治拉拢、金钱诱惑、宗教信仰,抑或仅为单纯自保,在特定时代的极端环境下看似"例外"的个人选择,其实显示了"社会机制的失灵"。事后,中国籍教士鹿完天为庚子事变中的教民行为辩护说:"是役也,仆等中国人也,以中国人敌中国兵,是叛也,然试思数月以来,朝廷迭降谕旨,皆以殷殷然保护教民,遣散拳匪为急务。仰见我皇太后、皇上爱民之心,情见乎词。此次祸起,定属邪教,非国家之不仁。……不得已,乃与各国官民筑垒共守。百余日,昼夜环伺,精神疲倦,肠胃饥渴,死者白骨暴露,生者黄颜疲瘠。当此时也,际斯境也,易地以思,谁能遣此。仆等不过相与同心努力,冀免一死而已,岂甘心叛乱,敌我王师哉?"① 此中所谓的"不得已"及其背后的"中国人"认同,正显示了同时代沉默的大多数人的精神世界一隅。

这些"小人物"曾有过非常的行动,但始终无法自我表述。形成于特定环境下的"自述""供词",或可以反映陈述者的基本身份信息,但很难说是完全实录,据此分析其人心理动机,则更多风险。目前关于"小人物"的历史记录,几乎全部出自他者。荣禄视金四喜为"汉奸",大有不屑之情态,但出于现实所需,仍然威逼利诱,收为己用,使得后者成为清朝主和一派转圜时局的工具人;在窦纳乐眼中,这位"老教徒"的品性尽管不无可疑,但作为"我们递送信件的第一个媒介"的作用,置于战时政策考量显然地位更为优先。同一郑殿方,在日本外交官的公文报告中,被定位为成功钻出包围圈、获取外部情报的"日本密使",因此勇敢高效的行动"博得外国人普遍赞扬",也为日本在列强竞争中加分②;在美以美教士鹿完天看来,却是一个舍生取义的忠实信徒,他的行为动力被解释为源于信仰,"成败皆听主命",符合经典的义勇殉教叙事。同为"耶稣教"中一员的傅景涛,一度自告奋勇,携带"洋信"赴津,但辗转数日,幡然变计,决心"将信交出,以赎我罪",遂径向义和团"自行投首",并极力洗刷"入教"动机。完全还原"小人物"的行为动机、真实思想,大概已是今人不可能完成的任务。不过,由各色"记忆"拼合而成的某一"形象",却可以验证特定时代重心所在,同时折射不同人群的观念立场。追寻"小人物"的线索,很可能找到打开"大历史"门户的锁钥。

---

① 鹿完天:《庚子北京事变纪略》,《丛刊·义和团》第二册,第431—432页。
② 除"郑殿方"而外,目前可以确定姓名的"日本密使",至少还有"张德胜"(董福祥部下李姓营官下属步兵)、"赵文起"(英国福公司雇工)、"张文成"(直隶总督处日本语翻译)等人。日本方面动用多种渠道,广泛招募信使、密探,打通京津情报线路,进而影响战争局势,与他国相较,有相当特殊的地方,从信息传播及国际关系史角度,均有讨论价值。惟此问题牵涉较广,拟另文专论。

复盘与导读

中国史学一向强调以"人"为主,传统史书首重纪传一体,旨在"以人系事""因事见人"。近世新史学的提倡者对"二十四史"有强烈的批判,如梁启超那一句"二十四史非史也,二十四姓之家谱而已"脍炙人口,流传甚广,但梁氏本人实仍重视精英人物的历史(史学)位置,其心目中的"理想专传","其对象虽止一人,而目的不在一人","是以一个伟大人物对于时代有特殊关系者为中心,将周围关系事实归纳其中,横的竖的,网罗无遗"(《中国历史研究法补编·人的专史》)。他所撰写的多部中外人物传记,无一例外均以关系到一代时局者为主人公,如《李鸿章传》(一名《中国四十年来大事记》)之作,即因"四十年来,中国大事,几无一不与李鸿章有关系,故为李鸿章作传,不可不以作近世史之笔力行之"。

近代是一个"变"的时代,随着天下的崩散和国家(以及社会)的兴起,逐渐形成以国家为基本历史叙述单位的趋势,个体的人也日渐从历史叙述中淡出。总体而言,"重事轻人"是一个趋势。迄于今日,日益倚重社会科学方法、突出"问题本位"的史学研究,已渐不以人物为当然主角,更有甚者竟全然不见"人"的踪影,遂有学者感叹历史书写中"人的消失"或"隐去",而呼唤"把隐去的'人'召回历史""回归以人为主体的历史"。(罗志田《学人的隐去与回归》;王汎森《人的消失?!——兼论20世纪史学中"非个人性历史力量"》)近年来,将日常生活细节与普通个体放在历史学的"显微镜"下研究的微观史学,成为历史学家与历史爱好者偏爱的题材。国内学界借用西方理论与方法,尝试"追踪看起来不重要的资料,发现不为人知的历史",展开了中国微观历史写作的多方面探索。[王笛主编《新史学(第十六卷)——历史的尘埃:微观历史专辑》]大历史背后的"小人物"在宏大叙事之外,得到越来越多的关注。一位作者由此而发的追问撼动人心——"关心弱者、为边缘人发声,不正是当下历史学人的重要责任吗?"(罗新《漫长的余生:一个北魏宫女和她的一生》)

不过,本文写作初衷并非出于理论爱好。在晚清政治史领域,已有一种牢固而确乎行之有效的以捕捉人物风貌描画时代、以还原人物关系探察问题的传统或风气,对笔者的研究取向产生了深刻影响。此前积累的研究,很大一部分侧重于人物专题,旨在深化对于政治上层人物如李鸿章、张之洞、奕劻、荣禄、李秉衡

亲历、见证与记忆：庚子事变中的几个"小人物"

等人的理解，也注意挖掘袁昶、刘鹗、寿富、张佩纶、张元济、郑观应、王闿运、钱恂、陈三立、陶森甲、沈瑜庆等"中等人物"（从较宽泛的角度，取其地位介于达官显贵与草根平民之间、知识阅历上往往具备传统与新学双重训练之意）的历史意义，考辨这些人物之于晚清变局节点的关系及作用，强调史料批判与综合利用，由人及事、及世，以期达到知人论世之目的（详参拙著《晚清人物丛考》初编、二编，生活·读书·新知三联书店 2018 年版）。本文则想讨论 1900 年因庚子事变而留下名姓的几个"小人物"。这里所谓的"小"，大约有身份普通、地位不高的含义，但并不取芸芸众生、微不足道、不重要、非典型之类的意思。本文的目的，也不只是为"弱者""边缘人"画像或发声，而更想讨论这些"小人物"与"大历史"的交集。

1900 年夏清军和义和团围攻东交民巷使馆区之役是庚子事变的高潮，在使馆被围的近两个月时间中，有过数次迹象显著的停战，甚至在超过一半的时间中清政府和使馆区之间持续进行往来交涉。当时被困在使馆区内，亲历和见证了时战时和、亦战亦和的"奇怪战争"一幕的，除了各国外交官、海关税务司职员及外国传教士以外，还有两千多名中国教民（包括天主教和新教），他们身受外国人庇护，充当了战地劳工、勤杂工、通讯员，"生活在炮火连天、辛苦劳作、勉强温饱和一些宗教安慰之中，贡献于守卫使馆和向外求援的'事业'"。本文依次出场的三位主角金四喜、郑殿方、傅景涛，都是身处其中的一分子，他们在义和团运动期间一度托庇于使馆，然后不同程度地介入战争状态下隐秘渠道的信息传递过程，对于战时交涉、使馆解围各自发挥了作用。

本文论及的三个"小人物"都是中国人，但无一例外具有教民身份，属于当时社会相对边缘的群体，因为庚子事变的发生，这些原本不起眼的边缘人因缘际会，被推至历史前台。他们是庚子事变的亲历者，见证了今人眼中具有重大意义的历史事件，甚至不同程度地参与到这些事件中，在战争状态下使馆内外的信息传递过程，"中国教民的通信任务"成为推进战时交涉、帮助使馆解围的关键因素，一定程度上影响了历史进程的走向。他们的行动，一度跨越了国别界限，此类做法的驱动力，无论来自外人压迫、政治拉拢、金钱诱惑、宗教信仰，抑或仅为单纯自保，在特定时代的极端环境下看似"例外"的个人选择，其实显示了"社会机制的失灵"。

这些"小人物"曾有过非常的行动，但始终无法自我表述。文章搜集各种零散残破的"记忆"碎片，拼合出这些"小人物"形象的基本轮廓，还原他们作为"信使"的故事,进而观察这些看似微小的个体,如何在自觉或不自觉中影响到更为宏观的历史进程,以及在不同类型史料文本中,各自位置与形象又是如何形成的。完全还原"小人物"的行为动机、真实思想,大概已是今人不可能完成的任务。不过,由各色"记忆"拼合而成的某一"形象",却可以验证特定时代重心所在,同时折射不同人群的观念立场。追寻"小人物"的线索,很可能找到打开"大历史"门户的锁钥。

何天炯与同盟会东京本部[*]

李长莉[**]

摘要：何天炯是1905—1911年同盟会东京本部存续期间，唯一一位与本部相伴始终、一直任职并坚守的重要干部。通过追踪何天炯的足迹，能够揭示中国同盟会的这一重要组织机构——"东京本部"的组织、活动及其作用。何天炯是同盟会创建与发展的参与者，是革命后方基地的守护人，对于同盟会东京本部在生存条件恶劣、内部派系纷争及组织涣散之下维持生存作出了独特贡献，特别是对平衡孙黄两派关系、调和内部矛盾、弥补领袖缺失、维护组织团结发挥了一定作用。何天炯的活动也反映出，东京本部虽后期组织趋于涣散，但仍作为同盟会革命活动的一个后方基地，对于维系革命组织、聚合革命队伍、支援武装起义发挥着无可替代的作用，而以往辛亥革命史记述中对东京本部的作用有所忽视与贬低。

关键词：何天炯；同盟会；东京本部；辛亥革命

一、引　言

辛亥革命是在中国同盟会主导下，众多志士仁人协同奋斗、历经挫折、前赴后继而终获成功的"群体革命"。虽然具体革命进程呈现出多个群体、多个派别、多个地域以及个人的分头活动，但中国同盟会自1905年在日本东京成立后，就一直作为反清革命的一个全国性组织，为众多革命志士所共同拥戴，感召聚合了

---

[*] 原载《近代史研究》2012年第3期。本书收录时略有修改。本文承蒙何天炯后人何莲史、何达英、何需提供家藏资料，特此致谢。本文修改时承博士研究生刘静协助查找、提供部分史料，在此一并致谢。

[**] 李长莉，中国社会科学院近代史研究所研究员。

成千上万同盟会员,组织了十余次武装起义,最终汇集成波澜壮阔的辛亥革命。同盟会可以说是孕育辛亥革命的母体。但以往对辛亥革命的历史记述,大多以显要人物和重要事件为中心,对于同盟会组织本身的记述,主要集中在其创建、组织起义及内部派系斗争方面,而对于其组织结构、干部情况、组织功能及其前后变化等记述不多,特别是作为该组织的一个重要机构——同盟会东京本部(又称总部,武昌起义前一直设于日本东京),以往研究只对其前期创建及后期内部分裂有所记述,对其他情况则记述不多,迄今未见有专门论述其组织活动情况的论文及著作①。一些涉及东京本部组织(特别是后期)的评价往往不高,甚至有研究者断言:"至于'本部',同盟会在这一组织上的领导,是一项彻底的失败"②,对同盟会东京本部的组织领导功能基本否定。由这些评价看,同盟会东京本部组织(特别是后期),对于辛亥革命似乎没有发挥什么作用,即使有作用也似乎是微不足道的。

事实果真如此吗?自同盟会成立至武昌起义爆发,东京本部作为同盟会的一个组织机构一直存在,在许多同盟会员留下的言论中皆有说及。那么,东京本部情况究竟如何?其组织活动和主要干部情况怎样?对于辛亥革命是否发挥了作用?这些是关乎同盟会组织与辛亥革命关系的重要问题,值得深究。

追寻同盟会东京本部的轨迹,一位与东京本部相伴始终的主要干部——何天炯进入我们的视野。何天炯在以往的辛亥革命史书上偶见其名,所记多为1905年同盟会初建时他任本部会计,其他事迹则记述甚少。虽然此后20年间他一直追随孙中山从事革命活动,在生前已被国民党人尊为"民党巨子""革命元老",但他始终没有位居显要,加之去世较早,个人资料留存不多,特别是他在辛亥革命时期主要在同盟会东京本部活动,而东京本部不为后世史家所重,因而在史书上罕见其踪迹,研究文章更寥寥无几,而且都未涉及何天炯与同盟会东京本部的相关问题③。

何天炯在同盟会成立后,便一直在日本东京本部担任主要干部,直至辛亥武

---

① 关于同盟会组织的专著有郑宪著,陈孟坚译《同盟会:其领导、组织及财务》(台北:近代中国出版社1985年版),其中对东京本部情况稍有涉及,但多为负面,且评价偏低。
② 郑宪:《同盟会:其领导、组织与财务》,第149页。
③ 笔者所见,迄今仅有两篇有关何天炯的专题研究论文:一篇是杨天石、狭间直树《何天炯与孙中山——宫崎滔天家藏书札研究》(《历史研究》1987年第5期);另一篇是段云章《声应气求的"盟鸥"——黄兴与何天炯》(萧致治主编领袖与群伦——黄兴与各方人物》,武汉大学出版社1991年版)。此外还有李廷江《日本财界与辛亥革命》(北京:中国社会科学出版社1994年版)一书中,记述了武昌起义后何天炯受黄兴和孙中山委派赴日寻求财政援助的一些活动。

昌起义爆发后他奉黄兴之命回国,东京本部也因之撤销。在同盟会东京本部存续 6 年多时间里,何天炯是唯一一位一直职守本部的主要干部,因而也是东京本部许多事务的参与者、亲历者和见证人。因此,追溯何天炯在同盟会东京本部的活动足迹,可以作为我们了解同盟会东京本部组织状况及其作用的一条重要线索。

二、同盟会东京本部前期:创建与发展的参与者

中国同盟会自 1905 年 7 月在日本东京筹备成立,至 1907 年 3—4 月间孙中山、黄兴相继离日南下,是同盟会创建发展的前期阶段。这一时期,孙、黄常驻东京,直接领导党务活动,同盟会得以创建并获得迅速发展,形成革命中心。下面我们通过追踪何天炯的足迹,了解在此期间他是如何走入同盟会,成为本部干部,又参与了哪些工作、发挥了什么作用。

(一)参与创建同盟会

何天炯(1877—1925),字晓柳,生于广东嘉应州(今梅州市)兴宁县一个客籍农家,"家世耕读",其父是武秀才。他自少好读书,曾习武,本有望走科举入仕之途,但值庚子国变,举国震动,他与同学愤激于国事,"感时发愤",遂萌生赴日留学、求知救国之志。1903 年,时年 26 岁的何天炯在亲族资助下,毅然剪掉发辫,告别父母妻子,与同学刘维焘、饶景华东渡日本求学[①]。他后来写有诗句"壮岁家居苦落魄,慨然断发走扶桑"[②],即此写照。当时剪辫是背叛清朝的大逆行为,何天炯这种惊世骇俗的举动轰动州县,开本邑风气之先,也表明他叛清救亡的志向。

何天炯到日本东京后,初入正则预备学校,后入明治大学攻读社会科学。这时正值国内各地有志青年开始纷纷赴日留学,他们组织团体、创办刊物、集会演说,形成倾向改良与倾向革命两大群体。何天炯置身其间,思想更倾向于反清革命。他在长诗《日本行》中,记述赴日后思想变化并倾向革命的心路历程:"扶桑之邦日日新,映入脑髓回中肠。惭愧宗邦文物祖,竞争不适如秕糠。百孔千疮老

---

① 何天炯:《山居一年半》(1924 年),《建国》(广州)第 14 期(1928 年),第 37 页。
② 何天炯:《日本行》(原诗未注日期,约作于 1904—1906 年间),何承天辑,凌菊身校:《无赫斋诗草》,1937 年自印本,第 5 页。

帝国,中有魑魅为虎伥。虎伥不灭政府傲,志士颈血和脑浆。一朝慷慨学生队,意气上触星寒芒。"①在学业之余,他积极参加留日学生的爱国活动。1904年,南洋潮汕籍华侨集资兴建潮汕铁路,为中国第一条商办铁路,但日本人通过注资、承包筑路工程等,企图夺取路权,激起当地绅民反对。留日学生也起而响应,抵制日本侵权,何天炯以潮汕乡人积极参加这一活动。据他自述:这年冬天,"留学乡人以潮汕铁路事,举余回国调查"。此次回乡,他也把留学救亡的热潮传达给家乡亲友,并带同堂兄弟何天瀚、何铁群赴日留学。何天炯自称:"居家不及一月,偕堂兄公博(何天瀚)等复渡日京。"在他们兄弟影响下,该县相随赴日留学的青年有十多人。何天炯后来说:"我兄弟育此家庭,好古敏求,日有新知,遂倡留学,为邑人范。"②

何天炯留日后不久,即与具有革命思想的留学生黄兴、宋教仁、张继以及日本志士宫崎滔天、萱野长知等交往,开始从事反清革命活动。据萱野长知说,在1905年7月孙中山来日本之前,"黄兴已经与宋教仁、张继、何天炯、程家柽等相识,并隐然被推为彼等之首领,可谓一部之代表"③。据宫崎滔天夫人回忆,1905年初她携儿女搬到东京住后,何天炯及黄兴、胡汉民、汪精卫、张继、宋教仁等常来往其家,他们还曾托宫崎滔天介绍到其友人开的枪械制造厂去研究制造手枪④。

1905年春夏间,何天炯还参与创办宣传爱国主义的杂志《二十世纪之支那》。该刊由宋教仁会同陈天华、程家柽等联合几省留日学生集资创办,何天炯(笔名卫种)也为记者之一⑤。该刊于6月3日发行第一期,采用黄帝纪年,首篇即为何天炯以笔名"卫种"撰写的洋洋五千言发刊词《二十世纪之支那初言》。文中宣称该刊奉行"爱国主义",指出:"列强之殖民于我土地者已星罗棋布",我国面临亡国五大危局,已成"累卵之支那","吾人"认为"拯救之方策"是教育国民:"吾人将以正确可行之论,输入国民之脑,使其有独立自强之性,而一去其旧

---

① 何天炯:《日本行》(约作于1904—1906年间),《无赫斋诗草》,第5—6页。
② 何天炯:《山居一年半》(1924年),《建国》(广州)第14期(1928年),第37页。
③ [日]萱野长知:《中华民国革命秘籍》,东京:帝国地方行政学会1940年版,第84页。
④ [日]宫崎槌子:《亡夫滔天回顾录》,[日]宫崎龙介、小野川秀美合编:《宫崎滔天全集》第5卷,东京:平凡社1976年版,第511页。
⑤ 据《宋教仁日记》1905年7月4日记:"至光荣馆,晤何卫种,谈良久。何君,广东人,亦《二十世纪之支那》记者也。"(长沙:湖南人民出版社1980年版,第82页)该刊其他编辑人员均非广东人,更无何姓广东人。日记整理者注为"何天瀚,字卫种"。误,天瀚字公博,且所述其事多误,从该刊第1期"卫种"所撰发刊辞内容多有外国知识来看,也不大可能出自刚于1905年初来日本的何天瀚之手,另有后述相关史实佐证,"卫种"应为何天炯之笔名。

染之污,与世界最文明之国民,有同一程度","然后对于内足以组织完全之国家,对于外足以御列强之吞噬","因而得以建设新国家,使我二十世纪之支那,进而为世界第一强国!"[①]文中有强烈的反抗列强侵略、救亡图存的民族主义倾向,但所提出的救亡方策,只是"教育国民"这一肤浅而软弱的层次,并未明确提出反清革命,其原因或出于公开言论的隐晦,或亦有何天炯等对救亡道路的迷茫。

就在该刊发行不久的7月19日,著名革命者孙中山由欧洲来到日本,各省留日学生纷纷慕名拜访,何天炯也在其列。7月30日,孙中山、黄兴等在东京召集各省留日学生代表70余人秘密举行成立同盟会筹备会议,何天炯由早就追随孙中山的广东同乡冯自由通知到会参加。他倾心拥护孙中山的革命主张,当场与参加会议诸人履行手续,加入同盟会,形成同盟会最早的基干群体。随后在他的引介或影响下,堂兄何天瀚及与他一起赴日留学的同乡同学刘维焘、饶景华也相继加入同盟会[②]。8月20日,孙、黄又召集各省代表百余人举行中国同盟会正式成立大会,何天炯也参加。会上选举组织机构干部,何天瀚被任命为司法部判事,刘维焘被任命为本部会计,但因他往而未就职,继任者也离日,何天炯遂担任会计。后何天瀚、何天炯兄弟又先后担任同盟会广东支部长[③]。

同盟会各省支部长的主要职责是发展会员并主持入盟仪式。在何天炯兄弟的影响、引介与主持下,兴宁籍同乡留日学生在当年及次年即有14人相继入会(1905年为11人,1906年3人)。在这一年半时间,他们主持接收入会的广东籍会员有112人,而这期间在东京入盟的17省登记在册者共860人中,广东籍入会人数仅次于湖南和四川而位居第三,其中兴宁籍14人入会,在广东籍会员中占1/10强,也是人数较多的县[④]。何天炯兄弟对乡籍青年的倡导与引介,为同盟会初期革命力量的召集与壮大作出了贡献。

(二)本部职任与党务工作

同盟会以孙中山为总理,本部设于日本东京,初仿三权分立原则设庶务部、

---

① 罗家伦主编:《二十世纪之支那》第1期,台北:中国国民党中央委员会党史史料编纂委员会1983年再版,第2、4、8页。
② 据《中国同盟会成立初期(乙巳丙午两年)之会员名册》(罗家伦主编:《革命文献》第2辑,中国国民党中央委员会党史史料编纂委员会1958年再版,第56—59页)。此3人入盟日期为:何天瀚8月6日,刘维焘8月18日,饶景华12月4日。
③ 田桐:《同盟会成立记》,罗家伦主编:《革命文献》第2辑,第3页;冯自由:《记中国同盟会》,《革命逸史》第2集,北京:中华书局1981年版,第137、140—141页。
④ 据《中国同盟会成立初期(乙巳丙午两年)之会员名册》统计,见罗家伦主编《革命文献》第2辑,第53—59页。

评议部和司法部,后两部因无事权及人员流动而一年间无形取消,仅有庶务部为日常党务机构。庶务总干事由黄兴首任,总理不在时代行总理职务,下属有秘书不定额及会计一人。由于其他同志皆往来各地活动,实际职任互有代理,唯有会计何天炯甚少离日外出,他成为常驻东京本部处理日常党务的主要干部。

同盟会成立时,还决定由《二十世纪之支那》杂志改办《民报》作为机关报。关于《民报》编辑人员,以往史书多以撰稿人论,对其职员构成则未见其详,更无提及何天炯参与其事者。而据当时监视革命党活动的日方密探报告,该刊的职员编制为:编辑兼发行人为张继,记者依次为张继(兼)、何天炯、田桐、宋教仁,翻译为程家柽[①]。实际担任主编者,前期为胡汉民,1906年7月第6期后为章炳麟。据与民报社诸人多有交往的萱野长知说:"民报之主笔,如文豪章炳麟,其下有胡汉民、何天炯、宋教仁、白逾桓、汪兆铭等,汇集当时革命党之铮铮伙伴。"[②]何天炯还曾任报社庶务干事[③],主持报社日常工作。同盟会本部"以民报社为事务所……所有党事皆在编辑部治理"[④],民报社与同盟会本部为合一办公机关,党务、报务往往不分。孙中山、黄兴、何天炯等皆住在民报社附近,来往便利。孙中山和黄兴虽常驻东京,但他们或忙于党务,或奔波各地,本部的日常事务派专人主持,何天炯也曾为本部"专任主持者"[⑤]。

同盟会成立后,在孙中山、黄兴领导下,开始进行发展组织、舆论宣传、训练人员、策划起义等一系列革命活动。随着这些活动的展开,同盟会的影响日大,发展很快,入会人数增多。到1906年,在日本的中国留学生有1万多人,同盟会员即有一两千人,此外尚有国内及海外华侨会员数千[⑥]。同盟会达到兴旺时期,党务也颇为繁杂。民报社是本部和《民报》主要干部的日常工作场所,也是各处革命同志往来接洽、聚集联络、开会议事等的活动场所。由于何天炯兼任本部与

---

① 《民報編輯兼發行人》,日本亚洲历史资料中心:外務省外交史料館藏,外務省記錄,政治門·宣傳類·諸外國·民報関係雜纂(1906年1月2日至1908年12月14日),B03040825000/B/1/3/2/024/1/0227。
② 萱野长知:《中华民国革命秘籍》,第385页。
③ 冯自由:《记中国同盟会》,《革命逸史》第2集,第143页。
④ 田桐:《同盟会成立记》,罗家伦主编:《革命文献》第2辑,第4页。
⑤ 田桐:《同盟会成立记》,罗家伦主编:《革命文献》第2辑,第4页;江介散人:《革命闲话》,《太平杂志》第1号(1929年10月1日),引自汤志钧编《章太炎年谱长编》上册,北京:中华书局1979年版,第210页。
⑥ 孙中山《致张永福函》(1906年10月16日)中说,离开日本3个月间,"会员增多千余人"(广东省社会科学院历史研究室、中国社会科学院近代史研究所中华民国史研究室、中山大学历史系孙中山研究室编:《孙中山全集》第1卷,北京:中华书局2006年版,第295页)。还有一些军事学校学生为黄兴单独掌握的秘密会员。另据萱野长知《中华民国革命秘籍》记同盟会员有上万人(第82页)。

《民报》事务较多,他除了在学校上课之外,经常在民报社处理日常事务,如他后来所说:"往在东京,读书革命,并行不悖。"①

同在本部及《民报》任职的宋教仁也常在民报社,他在这时期的日记中多处记与何天炯在民报社交往情况。如1906年日本新年元旦,宋教仁记这天与何天炯、张继、田桐聚餐"小饮",又同赴宫崎滔天家贺年。他们4人因同任《民报》记者,日常一起工作,情谊深厚。3月1日又记,因张继即将离日赴南洋,宋教仁下午7时"至民报社与张溥泉(张继)饯行,偕何小(晓)柳、前田氏同至凤乐园晚餐"。次日又记,因张继当日启程离东京,与何天炯、张继同赴写真馆照相留念。这年12月14日又记:"下午,偕宫崎氏及其夫人至民报社坐良久,又至何小柳寓。四时,又至孙逸仙寓,与何小柳行象棋良久。时逸仙适自外归,又坐良久,晚餐后始回。"②虽然宋教仁没有记这天为什么几人先后相聚,一起去孙中山寓所,谈论何事,但从他与何天炯一起陪同宫崎滔天夫妇到孙中山寓所,边下象棋边等候孙中山自外归来的情形,可知他们之间日常来往的密切关系。

何天炯任本部会计,管理财务是其职责所在。本部无固定经费,只有入盟会员缴纳的"入会捐"及临时摊派分捐的少量公款,此外还有一些临时捐款。由于留学生大多贫穷,官费生稍有补贴,自费生需自筹生活费,故实际交纳会费不多,数额有限,《民报》也主要靠捐款维持。本部干部皆为留日学生,因而普遍贫穷,即使孙中山也无正常收入而生活清贫。如有临时需要,何天炯需设法筹措,有时他只能拿出自己的钱救急。如1907年初宋教仁任庶务总干事期间,某日他接到一位同盟会员从长崎发来急信,谓其应黄兴之约归国参加起义,但因无钱买回国船票,遂向本部请求汇钱,"祈速电汇二十五元至"。宋教仁在日记中记道:他接信后"遂至孙逸仙寓言其事,逸仙无金,乃向何小柳借得三十元"③。于此可见同盟会机关及诸人的穷困窘迫状况。

何天炯富于文才、忠诚醇厚、性情温和、工作认真,在同盟会同志中口碑甚好。当时住在宫崎家的宫崎滔天外甥,常见来往其家的同盟会诸人,他回忆诸人"对于何天炯有温和亲切而长于理财的定评"④。与同盟会诸人密切交往的日籍会员萱野长知也赞许他谓:"何晓柳君有诗文之才,头脑明晰,理论整然,重信义、

---

① 何天炯:《山居一年半》(1924年)续,《建国》(广州)第15期(1928年),第28页。
② 《宋教仁日记》(1906年1月1日、3月1日、3月2日、12月14日),第113、146、148、310页。"前田氏"指在民报社料理诸人日常生活的宫崎滔天妻姐前田卓子。
③ 《宋教仁日记》(1907年2月4日),第332页。
④ [日]筑地宜雄:《宫崎滔天》,宫崎龙介、小野川秀美合编:《宫崎滔天全集》第5卷,第488页。

厚友情,所谓有血有泪之男儿也。"①何天炯的工作和为人得到同盟会上下同志的信任,因而数年如一,始终其事。

(三) 参与组织活动

何天炯还积极参加同盟会组织的活动,特别是当孙中山和黄兴不在东京或不便参与之时,他积极发挥骨干作用。据已知资料,这一时期何天炯参与的活动主要有:

1. 反对日本查禁《二十世纪之支那》

《二十世纪之支那》杂志于 1905 年 6 月发行第 1 期后,在 8 月 20 日同盟会正式成立大会上,黄兴提议由于该刊"同人半皆已入本(同盟)会,今该社员愿将此杂志提入本会作为机关报"②,得到大家赞同。8 月 27 日该刊第 2 期印出,但因刊登《日本政客之经营中国谈》一文,揭露日本侵略中国东北阴谋,触怒了日本当局而遭到查禁③。据日本探员报告,该刊被查禁后,该刊相关人员程家柽、田桐、张继、宋教仁、何天炯、鲁鱼等鼓动留学生进行抗议,并"乘机提出'日本非文明国'以煽动学生"④。这次活动可以说是同盟会成立后,东京本部人员发起的第一次反日活动。由于这次活动,何天炯等原属《二十世纪之支那》社而后加入同盟会的"革命派",因"煽动学生"反日而引起日本当局注意。

2. 抗议日本取缔留学生运动的"重要煽动者"

1905 年 11 月 2 日,日本文部省颁布《清国留学生取缔规则》,引起留日学生抗议。各校留学生举行集会,组织敢死会等,并于 12 月 5 日实行联合罢课,有的留学生提出集体退学返国,掀起声势浩大的抗议运动。当时孙中山和黄兴已去越南、广西等地进行活动,不在东京,何天炯与同盟会本部干部积极参加这次抗议运动。以往史书记述为同盟会干部就返国与否分为两派,主返国一派以宋教仁、胡瑛、秋瑾等为主⑤。但据日本探员 12 月间报告称,这次运动中最活跃的"煽动者"除"敢死会"等留学生组织外,"还有一派为革命派,领头者为安徽省休宁县人程家柽。在其领导下活动者为田桐、张继、宋教仁、何天炯、张昉、鲁鱼、黄

---

① [日]久保田文次编:《萱野长知·孙文关系史料集》,[日]高知市民图书馆发行 2001 年版,第 121 页。
② 《宋教仁日记》(1905 年 8 月 20 日),第 99 页。
③ 《宋教仁日记》(1905 年 8 月 27—28 日),第 100—101 页。
④ 《清国留学生同盟休校の件》(1905 年 9 月至 12 月),日本亚洲历史资料中心:防卫省防卫研究所藏,陆军省大日记·日露战役·大本营·日露战役,C06041182800,第 1513 页。
⑤ 参看金冲及、胡绳武:《辛亥革命史稿》第 2 卷,上海:上海人民出版社 1985 年版,第 60 页。

华盛……他们此次参与留学生联合罢课"。报告中说这些"革命派"的理想是："颠覆支那之恶劣政府；建设共和政体……主张日本支那两国之国民的联合。"(实即《民报》刊出的该刊宗旨)并说："他们皆为孙逸仙崇拜者，企图值此之际将留学生诱至上海，见时机而举事，闻有以此进行煽动胁迫。"这份报告在最后列出这次反取缔运动的"重要煽动者"，首列上述"革命派"程家柽、宋教仁、何天炯等8人之名，其次才是敢死会6人及湖南省同乡会1人①。可见在日方看来，何天炯等同盟会"革命派"人物对于"煽动"这次运动起着首要作用。后来因孙中山指示为避免被清政府一网打尽而不赞成留学生集体返国，他们才放弃返国主张。这一资料使我们得以了解程家柽、何天炯、宋教仁等同盟会骨干人员在这次抗议取缔运动中的角色和作用，以及他们曾策划留学生返国在上海举行起义的活动。他们这几位"孙逸仙崇拜者"的"革命派"，被日本当局列为此次鼓动留学生反日运动居于首位的"重要煽动者"，加以重点注意，这对于此后日本政府与革命党人的关系不无影响。

3. 发起举办欢迎章炳麟大会

1906年6月29日，章炳麟因"《苏报》案"被拘后获释出狱，旋即被同盟会人员迎赴日本。鉴于章炳麟作为革命宣传家的巨大声望，同盟会拟邀请其主编《民报》。此时，孙中山和黄兴赴南洋联络华侨，不在东京，何天炯和田桐约集20余人发起于7月15日举行留学生欢迎章炳麟大会。据日本探员报告称："清国留学生何天炯、田桐等二十名发起人，本日上午九点在神田锦辉馆召开欢迎章炳麟大会，到会留学生约一千六百人，征收会费十铢。(我国人……宫崎虎藏、萱野长知等四人列席)。首由发起人之一何天炯致开会词，其后来宾章炳麟及宫崎虎藏等相继演说，下午一时散会。"②这是同盟会和《民报》干部发起组织的一次大型留学生集会，在留学生中产生较大影响，何天炯是此次活动的主要发起人之一。此后章炳麟接任《民报》主编，成为实际主持者。

4. 弥合孙、黄矛盾，维护内部团结

同盟会是几个革命团体的联合组织，主要有孙中山为首、广东人为主的兴中会，黄兴为首、两湖人为主的华兴会，以及陶成章等江浙人为主的光复会，此后这

---

① 《清国留学生同盟休校の件》(1905年9月至12月)，日本亚洲历史资料中心：防卫省防卫研究所藏，陆军省大日记·日露战役·大本营·日露战役，C06041182800，第1512—1514、1523—1524页。
② 《清国人章炳麟欢迎会》(1906年7月15日)，日本亚洲历史资料中心：外务省外交史料馆藏，外务省记录，政治門·諸外国内類彙·亜細亜項·各国内政関係雑纂·支那ノ部·革命党関係(亡命者ヲ含ム)，第2卷，B03050065500/B/1/6/1/048，乙秘第516号。宫崎滔天本名宫崎寅藏，又称宫崎虎藏。

三个派系一直存在,并时有矛盾。何天炯与黄兴、宋教仁等同为留日学生,早就相识并共同从事革命活动,同盟会成立后何天炯又自然成为粤系人员,加之对总理孙中山的服膺与尊重,因而与孙中山一派关系也较近,他因而处于孙中山与黄兴两大派之间的微妙地位。同时,他性情温和,为人宽厚,友人评价他"举止安闲,性敦厚,庭帏之内笃孝友,于平居无疾言遽色……心平气和,廓然有容"①。同志称他"恂恂儒雅,与人和易,人皆乐亲之"②。他与人多友好相处,无分畛域,尤其厌恶分帮结派、彼此争斗。与同盟会诸人多有接触的宫崎滔天的外甥也说他,"不擅争斗及政争"③。因而他在同盟会核心集团中成为调和派系矛盾、维护内部团结的角色。

何天炯在同盟会领袖孙中山和黄兴身边工作,孙、黄分别为两大派首领,想法和性格又有所不同,并各有一批忠诚拥护的派系人马,因而难免发生矛盾。黄兴对孙中山虽多予尊重和忍让,但也有矛盾尖锐以致爆发冲突的时候。两人第一次公开冲突是在1907年2月,因对新国旗设计方案意见不一,孙、黄发生激烈争执。孙中山对黄兴态度过于强横,引起黄兴不满,甚至有意要退出同盟会。宋教仁在日记中记道:2月28日,至民报社,黄兴等人在,黄兴"忽言欲退会断绝关系",因孙中山不接受黄兴修改国旗的意见,固执己见,"并出不逊之言,故庆午(黄兴)怒而退会。时诸人均在,皆劝之"。宋教仁也与黄兴有同感,认为孙中山"素日不能开诚布公,虚心坦怀以待人,作事近于专制跋扈,有令人难堪处故也"。由此他认为孙、黄"两者感情万难调和,且无益耳,遂不劝止之"。他还认为,同盟会"自成立以来,会员多疑心疑德,余久厌之,今又如是,则将来之不能有所为,或亦意中事,不如早自为计……遂决明日即向逸仙辞职"④。于是,宋教仁在次日即面见孙中山,不顾孙的挽留,坚持辞掉了任职未满两个月的同盟会庶务总干事,这应当也是他对孙中山表达不满的一种姿态。

在这场风波几天后的3月4日,孙中山即因日本政府驱逐而带粤系骨干胡汉民、汪精卫等离开日本南下,孙、黄关系也由此埋下阴影。但何天炯并未因这场风波而疏离黄派,他继续与黄、宋二人保持亲密交往,并多有安慰、劝解。3天后的3月7日,宋教仁"至民报社,遂邀何小柳、前田氏往大森池上观梅",途中又

---

① 刘子芬:《革命志士何晓柳传》,上海《民国日报》,1925年10月20日,副刊《觉悟》。
② 何天炯:《山居一年半》(1924年),"记者按语",《建国》(广州)第14期(1928年),第33页。
③ 筑地宜雄:《宫崎滔天》,宫崎龙介、小野川秀美编:《宫崎滔天全集》第5卷,第488页。
④ 《宋教仁日记》(1907年2月28日),第342—343页。

遇到黄兴及几位日本友人,遂同去观梅①。另据黄兴的儿子黄一欧回忆此次观梅之游,黄兴即兴画了一幅梅花,送给一直在民报社照料诸人生活的前田卓子,"何晓柳还在上面题了几句话"②。何天炯和黄兴二人合作的这幅题诗画,表达了对前田及宫崎一家全力支持中国革命的感谢与赞赏,也是何天炯在黄兴与孙中山已生嫌隙而对同盟会隐生疏离情绪时,给予他革命同志之间的友情安慰③。宋教仁在几天后又"至何小柳寓,坐谈良久"④,与他倾心交谈。虽然所谈内容未记,但对于已萌生疏离孙中山而"早自为计"意念,并已决定到东北活动起义的宋教仁,何天炯的友谊与安慰,应具有化解其疏离情绪与抚慰的作用。

由同盟会创建初期何天炯的上述活动可见,他以一个具有爱国救亡思想并倾向革命的热血青年而加入同盟会,又作为本部干部而积极参与组织活动,特别是辅助领袖,调和内部矛盾,对于同盟会的创建与发展作出了贡献。

三、同盟会东京本部后期:
后方基地的守护人

1907年3月初,孙中山同胡汉民、汪精卫等离开日本,转赴越南、南洋等地进行革命活动。黄兴也于同年4月南下,旋归不久又于6月离日赴香港、南亚等地,组织武装起义。随着革命领袖及一些骨干相继离开日本,同盟会活动重心也从前期的发展组织转向后期组织武装起义,会员纷纷回国参加起义,东京本部组织功能减弱,组织形式也逐渐松懈。1907年至1908年间同盟会在国内各地举行多次武装起义,但均遭失败,1908年10月《民报》又被封,1907年夏与1909年秋冬陶成章、章炳麟等两次发起反孙中山风潮,孙中山对东京本部表示摈弃态度,这些都加剧了东京本部组织涣散、人心疏离。对于这一时期同盟会东京本部情况,一般史书除了记述内部纷争之外,其他情况所述甚少,以往史家的一般评

---

① 《宋教仁日记》(1907年3月7日),第345页。
② 《辛亥革命杂忆》,湖南省政协文史资料研究委员会藏稿。引自毛注青:《黄兴年谱》,长沙:湖南人民出版社1980年版,第72页。
③ 据《宫崎滔天年谱稿》,宫崎滔天也于3月9日在凤乐园宴请黄兴,陪席者有章炳麟、宋教仁、张继,皆为对孙中山不满者,亦为调和黄兴与孙中山因国旗问题而产生的矛盾。见宫崎龙介、小野川秀美编:《宫崎滔天全集》第5卷,第688页。
④ 《宋教仁日记》(1907年3月14日),第347页。

价或说"东京同盟会严重混乱"①,或言"本部工作基本上处于瘫痪状态"②,甚至说:"本部因缺少职员和经费,早已实际停止了它的生存。"③似乎东京本部后期已经无所作为,基本停止活动,对于革命事业已没有什么作用。情况是否果真如此?下面我们追循何天炯的足迹,对此作一探究。

孙中山和黄兴离日后,东京本部专任干部便只有刘揆一和何天炯二人④。刘揆一任庶务总干事,其间1908年夏至1910年初,黄兴回到东京主持党务。何天炯则一直作为会计兼秘书协助他们工作,实则为他们的副手,因而革命党人有说他当时"任本部庶务部副部长"⑤。直至1911年武昌起义爆发后,何天炯奉黄兴之命回国,东京本部随之撤销。在此期间何天炯主要活动如下:

(一)守护本部与党务活动

刘揆一是湖南人,1903年与黄兴、宋教仁在长沙创建华兴会。在1905年黄兴率华兴会与孙中山兴中会合组同盟会时,他因不主张合并而未加入同盟会,直至1907年1月才由孙中山主盟入会,并在孙、黄即将离开日本前的3月1日接替宋教仁担任同盟会庶务总干事⑥。因之,刘揆一在同盟会员中威望不高,章炳麟说他"望浅,众意不属"。此时因其他同盟会骨干多已离日,资深的宋教仁虽在东京,但意志消沉,章炳麟记其"贫甚,常郁郁,醉而卧地狂歌,又数向民报社佣婢乞贷"⑦。在这种情况下,比刘揆一年长一岁的何天炯作为粤系老干部,在本部协助其工作,对本部领导力有稳定及强固作用,也有维系孙黄、粤湘及新旧会员之间团结的功能。正是在他们的共同努力下,东京本部在此后约4年时间里,在经费缺乏、内部纷争、组织涣散、人员流动的艰难境况下,仍维持着一定的组织活动。

日本东京既是同盟会本部的所在地,也是同盟会主要力量留日学生的聚集地,本部前期经常召开各省支部长联席会议与会员保持组织联系,但1907年后

---

① 李新主编:《中华民国史》第1编,《中华民国的创立》下,北京:中华书局1981年版,第130—131页;另参看金冲及、胡绳武《辛亥革命史稿》第2卷相关内容,该书对东京本部情况有所介绍。

② 周聿峩、陈红民:《胡汉民评传》,广州:广东人民出版社1989年版,第59页。

③ 郑宪:《同盟会:其领导、组织与财务》,第117、149页。

④ 金冲及、胡绳武《辛亥革命史稿》(第2卷,第19—20页)中也略记同盟会本部后期干部情况,谓:"本部的机构其实是比较简单的(最后只剩下了代理庶务刘揆一和会计何天炯两人。)"

⑤ 何天炯:《山居一年半》(1924年),"记者按语",《建国》(广州)第14期(1928年),第33页。

⑥ 《宋教仁日记》(1905年7月29日、1907年1月7日),第91、320页;饶怀民编:《刘揆一年表》,《刘揆一集》,长沙:湖南人民出版社2008年版,第297页。

⑦ 章炳麟:《太炎先生自订年谱》,《近代史资料》1957年第1期,第121—122页。

这一制度逐渐松懈。当时也在东京的吴玉章后来回忆1907—1908年间的状况说："这时日本的同盟会组织也很涣散，孙中山、黄兴等领导人都不常在日本，宋教仁又没有威信，真是群龙无首，一盘散沙。"为了维持同盟会的凝聚力，何天炯与吴玉章等曾联络在日各省人员，维持组织活动，他们"经常联系，不断集会，这样差不多每省都有人参加，无形中形成了一个各省同盟会负责人员的联席会议，维系着同盟会的组织于不散，坚持着革命工作的进行"①。虽然这种活动不知维持了多久，但他们的这种努力毕竟使东京本部与在日各省会员维系了一定的组织联系。至1908年夏黄兴在钦廉、河口起义失败后回到日本，直接领导东京本部工作，本部党务活动遂又有起色，如成立大森体育会训练起义人才等。

《民报》作为同盟会机关报，是革命宣传的重要喉舌，素为众人所重。1908年10月，因清政府施压日本政府封禁《民报》，何天炯协助黄兴、章炳麟等应对抗争。据日本探员11月9日密报，何天炯对某人说："各省同乡会发行杂志，皆论革命之必要，为何只禁止民报发行？"②表达对日本政府压制革命党的抗议。12月12日，东京地方裁判所判决《民报》编辑及发行人章炳麟罚金。据日本探员次日报告："本日午后二时，黄兴在其小石川区寓所，与章（炳麟）及宋教仁、何天炯、鲁复等九人开会商议，决定不服《民报》事件之裁判而提起上诉，如胜诉无罪则仍在日本发行《民报》。"③于此可见黄兴、何天炯等本部干部对《民报》被封一事的应对。

《民报》被封禁后，民报社撤销，同盟会本部也失去办公场所，黄兴遂召集各省干部商议重建本部办公机关。据参与其事的谭人凤说：黄兴"邀各省分会长商议，月费沿照昔日会务报务办法，按各省在东同志摊捐，由各会长汇缴，比多赞成，遂于水道町赁一屋，名曰'勤学舍'"④。"勤学舍"用来办公兼住宿，黄兴和何天炯应常住此，并邀会员汤增璧、林文、方汉城同居。据汤增璧回忆："克强先生自钦廉举义失败后，走日本东京赁屋于小石川区，署其门曰勤学舍，实即同盟会本部，邀余与广尘（林文）及方汉城同居。"时在东京的谭人凤、宋教仁等也常来勤学舍议事谈论。何天炯对于宋教仁这时期意志消沉、主张革命渐进有所不满，据

---

① 《吴玉章回忆录》，北京：中国青年出版社1978年版，第48页。
② 《清国革命党员ノ言动》（1908年11月9日），日本亚洲历史资料中心：外务省外交史料馆藏，外务省记录，政治门·宣传类·诸外国·民报关系雑纂，B03040825000/B/1/3/2/024，乙秘第1208号。
③ 《章炳麟ノ裁判ニ就テ》（1908年12月13日），日本亚洲历史资料中心：外务省外交史料馆藏，外务省记录，政治门·宣传类·诸外国·民报关系雑纂，B03040825000/B/1/3/2/024，乙秘第1527号。
④ 谭人凤：《石叟牌词叙录》，《近代史资料》1956年第3期，第40页。

汤增璧说:"时余居勤学舍,渔父(宋教仁)每来谈,林文、何天炯辈似不甚与惬洽,以其过于沉静,且主革命渐进故也。"①在同守勤学舍期间,黄兴曾书写一幅陆游《塞上曲》字幅赠与何天炯,其中诗句有如:"秋风猎猎汉旗黄""将军许国不怀归""老矣犹思万里行,翩然上马始身轻"等,从中可以感受到他们在勤学舍日常活动情景,以及相互激励、满腔豪情、随时准备奔赴战场的精神风貌。这张字幅被何天炯一直珍藏在身边,后虽辗转各地也未丢失,辛亥革命后带回故里藏之家中②。勤学舍自1908年冬设立,约半年后由于会员不再缴捐资,黄兴只得借高利贷而勉力维持,终至1909年冬解散,仅维持约一年③。此后东京本部再无正式办公场所,本部同志聚会议事,常假各人住所、旅舍餐馆以及宫崎滔天等日本友人寓所等地,如1910年何天炯寓居的新丰旅社就是同盟会本部人员集会之一处。

1910年1月黄兴离开日本南下主持起义,东京本部再度因领袖离去及失去办公场所,加上经费困难,党务益形松懈。尤其是2月广州新军起义失败后,东京本部人心更形涣散,谭人凤记述说:"时在东同志概灰心,党事已无人过问。宋钝初(教仁)亦拟避人避世,遁迹烟霞。"④居正也说,此时"总理在北美,克强在南洋,东京本部几无人主持,形势颇形涣散"⑤。此后1年间可以说是东京本部最为涣散和低落时期,但刘揆一、何天炯两位任职干部的坚守,标志着东京本部组织的存在,东京本部仍然是维系在日同盟会员的无形中心。据冯自由回忆:1910年至1911年"二年间,东京同盟会本部之重要职员,仍为刘揆一、何天炯诸人"⑥。

广州新军起义失败后一年间,因起义屡败、内部纷争、组织涣散、人员牺牲与离散,在东京的一些同盟会员对革命失去信心而消沉。何天炯也为革命遭受挫折而伤感,为同志多有牺牲而痛心,他感叹:"同盟会友或病死或被杀者日有所

---

① 伯夔(汤增璧):《同盟感旧录》,《建国月刊》第9卷第5期(1933年11月),第2—3页。
② 字幅后署"晓柳吾兄正字,戊申(1908年)孟夏弟兴书于勤学舍"。该字幅后由何天炯之孙何达英于1982年捐献于兴宁图书馆收藏。
③ 谭人凤:《石叟牌词叙录》,《近代史资料》1956年第3期,第40页。另黄兴1909年11月7日致孙中山函中有"勤学舍自六月解散矣",见刘泱泱编:《黄兴集》(一),长沙:湖南人民出版社2008年版,第22页。
④ 谭人凤:《石叟牌词叙录》,《近代史资料》1956年第3期,第42页。
⑤ 居正:《辛亥札记》,罗福惠、萧怡编:《居正文集》上册,武汉:华中师范大学出版社1989年版,第11页。
⑥ 冯自由:《记中国同盟会》,冯自由《革命逸史》第2辑,第147页。

闻,伤哉。"①对于同志纷争、内部分裂,他既感痛心又感无奈,诗作中有"明知口舌难收效,聊当干戈警蠢痴"之句②。对于一些人的逃避消沉行为他感到悲哀与鄙视。如一位曾积极在留学生刊物《鹃声》上撰稿的人,这时却逃避出家作了和尚,何天炯作诗《闻某君逃而为僧怆然赋此》,说此人曾经"锷锷词锋辟万人",如今却"欲向空山老此身"③。还有人回国参加清廷招考留学毕业生而得到官职,何天炯则鄙斥清廷这种收买行为:"马骨岂招天下士,羊头真烂部曹居。"他表明自己"才如诸葛功名淡,贫似苏卿骨肉疏",虽然既有才学又贫穷,但他决不会放弃革命而去考取清廷的官职④。面对革命前途暗淡、个人生活贫困、本部同志冷落、组织内部分裂,以及他人的迷惘与动摇,何天炯仍然对革命抱持坚定信念。他在致好友林文的诗中表示对起义屡败并不灰心,而认为"成败似奕〔弈〕棋"。他自吐胸襟道:"心中浩气在,穷困则安之。或问今后事,吾唯守初心。"⑤表达了自己坚守革命初衷的志愿。他在 1910 年秋作《东京秋思》长诗抒发自己这时的思绪,虽因革命屡遭挫折而感到"回头时局不胜悲",感叹自己"七载江湖尚枕戈""日把诗篇慰寂寥",面对贫穷孤寂,甚至冷落与嘲笑,他并未灰心气馁,仍然坚守革命职志:"新丰旅客今犹昔,破帽簪花独浩歌";"补天有愿坚如石,休笑今生作事痴"⑥。

同盟会东京本部还有一项职责是保存机要文件。清亡以前,同盟会一直是地下秘密组织,各地会员签字的入盟书按定章须交存于东京本部,此外还有名册、章程、决议等,都是关系会员生命安全及组织机密的重要文件。这些文件原由本部秘书胡汉民掌管,1907 年 3 月他随孙中山离开日本南下前,辞去本部秘书之职,并将这些文件移交何天炯保管⑦。此后何天炯实为会计兼秘书,他自述与刘揆一"在同盟会本部共掌机密"⑧。这些秘密文件最后也是由何天炯处置的。关于他如何处置这些文件有两种说法:一是据谭人凤回忆,1911 年春,何天

---

① 何天炯:《江村秋感》,《无赫斋诗草》,第 14 页。
② 何天炯:《自题》(1910 年),《无赫斋诗草》,第 1 页。
③ 何天炯:《无赫斋诗草》,第 18 页。
④ 何天炯:《东京秋思》(1910 年秋),《无赫斋诗草》,第 2 页。
⑤ 何天炯:《寄林广尘》(1910 年),《无赫斋诗草》,第 20 页。
⑥ 何天炯:《东京秋思》(1910 年秋),《无赫斋诗草》,第 2 页。何天炯当时住在新丰旅社,故自称"新丰旅客"。
⑦ 《胡汉民自传》,罗家伦主编:《革命文献》第 3 辑,中国国民党中央委员会党史史料编纂委员会 1958 年版,第 21 页。
⑧ 何天炯:《挽刘君道一》,《无赫斋诗草》,第 16 页。

炯奉黄兴之召离东京到香港参加广州"三二九"起义,黄兴"嘱其带同盟会秘书文件及誓约证书归毁"①。另据冯自由说,同盟会文件被刘揆一存放于某日本银行保管库中,武昌起义后,"揆一匆匆返国,以保管库钥匙交何天炯保管,未几天炯亦返国,遂毅然将各盟书全部毁灭,仅保存立党初期、丁未(民前五、六、七年)三年会员人名册一本,至[另外]四年之人名册,则已散失无存,诚属憾事"②。这两种说法所言何天炯销毁文件之事相同,但起因与时间则不一。总之,最后撤离东京本部的何天炯销毁了大部分文件,只将一本钢笔抄录的 1905 年、1906 年两年同盟会入会人员名册及同盟会章程抄本等少量文件带回国内,后携归故里家中保存。这是他作为同盟会东京本部最后负责人对机要文件的最后处置,也为后人留下了同盟会初期的珍贵史料。

(二)保持与孙中山联系,维系组织团结

孙中山带同粤系骨干胡汉民、汪精卫离日南下后,东京本部干部及核心骨干大致分为三派:一是两湖系刘揆一、谭人凤、宋教仁等,黄兴也常来往,他们掌握本部的主导权;一是江浙系章炳麟、陶成章等,掌握《民报》,也有一定的活动能量。此外便是何天炯,他为粤人,自然属于孙中山的粤系,同时又与两湖系人员关系较近,且不大参与同盟会内部的派系纷争,他还与同盟会外围的日籍会员宫崎滔天、萱野长知等关系密切,他们皆与孙中山关系近。故何天炯实为处于孙黄两系之间、又不参与派系纠葛的人物。陶成章、章炳麟等于 1907 年夏、1909 年秋冬两次发起反孙风潮,孙中山对他们取决绝态度,加之两湖系人对孙也有不满,故而孙迁延对于东京本部采取疏离甚至摈弃态度,有些事务甚至直接托付宫崎滔天、萱野长知等。在这种复杂的派系关系中,何天炯以粤系老会员及黄兴老友的特殊身份,一方面支持黄兴等抵制陶成章等人的反孙风潮,协助黄兴和刘揆一主持本部党务;一方面与孙中山保持联系,在孙与东京之间起一定的平衡作用。他在孙中山与东京本部关系疏离的情势下,仍然经常给在海外的孙中山写信报告本部党务,请示工作,保持与孙南方组织的联系,体现了对同盟会总理孙中山的尊重与认可,也反映出何天炯作为本部主要干部,从组织大局着眼而尽力避免内部分裂,极力维系组织团结。

---

① 谭人凤:《石叟牌词叙录》,《近代史资料》1956 年第 3 期,第 45 页。
② 冯自由:《中国同盟会最初三年会员人名册》,《革命逸史》第 5 集,第 64 页。笔者注:实际保存为乙巳(1905)、丙午(1906)两年名册。后此名册由何天炯次子何承天于 1939 年交国民党中央史料编纂委员会收存,后收入《革命文献》第 2 辑刊出。其家藏《同盟会章程》抄本,由何达英 1982 年捐献于兴宁县文史普查办公室收存。

何天炯与同盟会东京本部

1907年夏，革命党人在广东惠州七女湖发动起义失败，陶成章、章炳麟、张继等发起第一次反孙风潮，此后孙中山与东京本部开始疏离。这年冬间，由于东京本部人员原为惠州起义而购运的枪械滞留神户，向日本商人的借款也到期，被催逼还债，势将诉诸法庭。何天炯一方面与日商接洽，"勉强羁縻之，使稍缓以待命"，一方面与林文先后写信给在南方的孙中山，请示由孙寄款还是卖掉枪械以还债。孙中山在接到来信后，即给具体办理此事的萱野长知写信，告知何天炯等的来信内容，并嘱其"将此械卖却，为办济债务之用"①。这年冬，何天炯还与林文经中国香港赴新加坡，与孙中山及南洋分会联络②。

由于何天炯与孙中山保持联系，有时也会引起黄兴的顾忌甚至产生误解。如1908年2月，广东发生中国水师捕获日军火走私船"二辰丸"事件，广州、香港商民掀起抵制日货运动。日本商人为避免损失，转托孙中山望协助平息，孙中山为争取日商的资金援助而表示愿意设法③。东京的宫崎滔天与孙中山联系，并与何天炯等一起排解平息抵制日货④。但何天炯的做法引起广东、香港同志的误解与不满。据日探报告，1909年3月黄兴对某人说："同志何天炯曾经极力反对广东的排斥日货运动，并尽力镇抚之。自那时以来，失去了国内同志之信任，今实已处于孤立可怜之境。"黄兴以至怀疑何天炯会因此而对革命事业产生动摇。他接着说："因而其(何天炯)由革命运动而实现自己报负之志终至于无望，予预言彼或有一变而为满州〔洲〕政府之人以伸展其才能之日。"⑤但后来的事实证明，何天炯虽一直未得到什么权势"以伸展其才能"，但对革命事业始终忠诚不渝。后黄兴、何天炯仍然并肩从事革命活动，黄兴也对孙中山取包容和维护态度，他与何天炯力求维系同盟会团结的初衷是一致的，所以他对何天炯一时的猜疑误解也随之消解。由此也可见何天炯在东京本部处于孙、黄派系矛盾之间，其处境有诸多委屈与艰难。

1909年秋冬，陶成章、章炳麟等发起第二次更大的倒孙风潮，以同盟会东京

---

① 《致萱野长知函》(1908年1月3日)，《孙中山全集》第1卷，第357—358页。
② 何天炯《忆羊城》(1907年冬)自注："丁酉〔未〕冬约广尘(林文)同旅新洲(新加坡)，舟过香江。"《无赫斋诗草》，第12页。
③ 参见陈锡祺主编：《孙中山年谱长编》上册，北京：中华书局1991年版，第426—427页。
④ 《宫崎滔天年谱稿》，宫崎龙介、小野川秀美合编：《宫崎滔天全集》第5卷，第691页；参看段云章：《孙文与日本史事编年》，广州：广东人民出版社1996年版，第172页。
⑤ 《清国革命党员ノ谈》(1909年3月25日)，日本亚洲历史资料中心：日本外务省外交史料馆藏，外務省記録，政治門・諸外国内政類・亜細亜項・各国内政関係雑纂・支那ノ部・革命党関係(亡命者ヲ含ム)，第3卷，B03050066800/B/1/6/1/049/441137，乙秘第963号。

本部名义向南洋等地散发"孙文罪状传单",提出开除其总理之名,宣称"与中山已不两立"①,并于1910年2月间另组光复会,公开与孙中山和同盟会决裂。孙中山也对东京本部公开表示摈弃态度。1910年夏,孙曾一度潜往东京,当面对宋教仁、谭人凤表示:"同盟会已取消矣,有力者尽可独树一帜"。谭人凤直言相驳:"同盟会由全国志士结合组织,何得一人言取消?"②谭、宋等本就不满于孙中山专重在南方举事,不顾及东京本部,此次对孙更感失望,遂决计以东京人员自行组织行动。他们召集东京各省骨干数十人"开会讨论革命进行方针",何天炯也参加会议③。会上议决在长江流域发动起义,并决定组建"中部同盟会",仍"奉东京本部为主,与南方分会分头进行"④。这是东京本部人员自行发起策划在长江一带发动起义的一次重要会议,标志着同盟会起义活动在南方之外形成另一个重心。会后众人即分头行动,有的回国进行筹款、联络、组织实施。谭人凤到香港向黄兴汇报,得到黄兴首肯。何天炯则仍然驻守东京本部,作为后方基地。后因诸人参与广州"三二九"起义,同盟会中部总会延至1911年7月底才在上海正式成立,成为策动武昌起义和长江一带革命的重要机关。

在东京本部发生上述变故并与孙中山疏离期间,何天炯仍然与孙中山保持联系,维系着同盟会的组织关系。如新近面世的这一时期孙中山给何天炯的两封信即提供了例证⑤。一封信写于1910年11月3日,此时孙在南洋槟榔屿,正在筹划大起义。此前何天炯给孙中山去信,告知宫崎滔天和自己的穷困之状,以及自己出资垫付党事公款之用(很可能是购买枪械),请孙给资补助。孙在复信中感慨道:"吾党以穷一字致生出许多恶感于同志之中……然弟现亦陷于穷境,有爱莫能助之叹。"他说何天炯"未受命而自出钱买物以备党用","兄之所办此事本为尽心党务,见事做事实无错处之可言","弟如力所能达,必代兄还之,惟刻下尚难言其期也"。他接着谈到党内贫穷状况与举行起义的关系:"党中固向无公款,兄所知也。况往岁滇桂之役,尚累河内同志之商店数家代党担负银行债二万

---

① 陶成章:《致王若愚书》(1909年9月24日),汤志钧编:《陶成章集》,北京:中华书局1986年版,第163页。
② 谭人凤:《石叟牌词叙录》,《近代史资料》总第10号(1956年第3期),第42页。
③ 《邹永成回忆录》,《近代史资料》1956年第3期,第93页,记到会百余人;中央党史史料编纂委员会:《宋教仁》,黄季陆主编:《革命人物志》第2集,台北:中国国民党中央委员会党史史料编纂委员会1969年版,第336页。
④ 邹鲁:《中国同盟会总章》,中国史学会主编:《辛亥革命》(二),上海:上海人民出版社1957年版,第45页。
⑤ 《孙中山致何天炯信札册》,中国西泠印社拍卖有限公司官方网站,http://www.xlysauc.com,2011年7月18日春季拍卖场:"近现代名人手迹暨纪念辛亥革命专场"。

许元,弟一人名下向西贡银行贷款万元为军用,至今亦无从归还。则东京亦有党中欠债,此不独无公款而且有公债。弟往外洋议筹大款,卒亦无成,从此吾党人必有更穷于今日之时也。为此之故,吾党不得不冒险再图速举大事也。革命党条条俱死路,只有发难与虏争死一条为吾人之生路。"末尾还抱怨东京本部:"惜乎东京同志涣散,不能共同协助也。"就在写此信10天后的11月13日,孙中山在槟榔屿(时称"庇能")召集黄兴、胡汉民、赵声等同盟会各路骨干举行会议,史称"庇能会议",议定集同盟会全部精锐力量,发动最后一次"破釜沉舟"①式的大起义,首在广州大举,长江各省举兵响应,继图全国。会后诸人分头布置,东京本部得到指令后也组织人员回国或南下参加起义,此即后来的广州"三二九之役"("黄花岗之役")。从这封信中也透露出孙中山筹划此次"大举"的一个内部原因,即革命党人由于穷困而生存艰难,因而"不得不冒险再图速举大事","革命党条条俱死路,只有发难与虏争死一条为吾人之生路"。这反映了已经走上武装起义道路而生存陷于困境的革命党,唯有不断进行革命举义而没有其他生路的执着与无奈。这也是孙中山一次次持续不懈发动武装起义的一个内在原因,是他对何天炯讲的内部人的内情话。

另一封信是1911年4月1日孙中山在加拿大写给何天炯的。此时正值广州起义前夕,孙由欧美而至加拿大,一路为起义筹款。虽然大款直汇香港,但孙中山手中也稍有余资。信中说此前接何天炯来信,告知宫崎滔天贫病求其资济,以及何天炯垫付经手为党事"买物"之款等事,孙中山回信说:"所嘱资济宫崎贫病一事……兹在加拿大途次稍能设法,即寄二百元去横滨……交百元与宫崎君,并交百元与足下,为补贴前时经手图买物之亏。"②孙在信中还谈了在加拿大的活动情况:"弟近到加地,颇蒙华侨之欢迎,大约筹十数万之小款当有把握",这笔款是给香港筹备广州起义之用,"现在港中同志催款已急"。信中还关心日本留学界动向:"近见华文报纸载东京学界因俄国之侵迫大动公愤,开会反对清政府之媚俄,并提倡组织国民军等事。此事究竟如何,有无影响,主动者为如何人,请足下详以示我。并所有日本一切紧要新闻都望时时示知。俾得周知东方近况。"信末对东京同志也表问候:"各同志统祈问好。"可见孙中山希望何天炯常常告知

---

① 孙中山:《在槟榔屿中国同盟会骨干会议的讲话》《致李源水函》,《孙中山全集》第1卷,第494、496页。
② 同日孙中山也给宫崎滔天写信告知"奉寄日银百圆"之事,其他内容则很简略。见《孙中山全集》第1卷,第514页。

日本情况,他与何天炯的通信对东京有关同志也是公开的。

这些信件表明,即使在陶成章、章炳麟等与孙中山决裂,孙对东京本部明示摈弃态度的状况下,何天炯仍与孙保持着联系。就事而论,孙中山离日南下以后,确有专注南方而忽略东京本部的缺失,筹款也不再资助本部,以致东京本部经费缺乏甚至欠债,东京本部人员对其有所不满亦属常情。但是作为东京本部主要干部的何天炯,在此矛盾纠葛之中仍能与孙中山保持联系,力图弥补孙中山与东京本部之间的裂痕,勉力维系东京本部与孙中山南方组织之间的联系。同时也反映了孙中山对于东京本部人员并非一体看待,他对直接攻击自己的陶、章决绝,对明显不满自己的谭、宋等冷淡对待,而对何却常有联系,并通过何了解日本及东京本部情况。

何天炯与孙中山保持着这种组织联系,与黄兴来往于东京本部和南方之间的活动相辅相成,使得东京本部与孙中山主导的南方组织这两处同盟会核心组织之间,虽然有矛盾纠葛,但仍维系着一定的组织联系。正是由于这种组织联系,才使得同盟会各派力量仍能够联手协作,相继组织发动广州"三二九起义"、武昌起义等,彼此呼应,最后汇聚成辛亥革命大潮。可以想象,如果没有同盟会这样一个虽然松散且矛盾重重,但始终维系一体的革命组织,辛亥革命能否成功当属疑问。其中何天炯作为身处孙、黄两派之间的东京本部主要干部,对于维护同盟会组织团结,弥补革命领袖的缺失及内部分裂倾向,皆多有补救。

(三)购运枪械与参加起义

同盟会组织的武装起义多发生在1907年以后,孙中山、黄兴等离日南下,以中国香港、东南亚、南洋为基地,在两广、云南等地发动数次起义。以往的历史记述多偏重起义事件本身,而很少提及同盟会东京本部对于武装起义的作用。由身在东京本部的何天炯与起义相关的活动,我们可以了解一些东京本部与武装起义的关系。

1907年以后同盟会进入发动武装起义阶段,主要由黄兴、胡汉民等在南方直接策划组织起义,东京本部则由原来的革命指挥中心转变为起义的后方基地,主要是联络输送起义人员及购运枪械。东京本部由于是同盟会员最为集中及国内外各地会员来往周转汇聚之地,所以承担着联络、接应、调配、输送起义人员的职能,何天炯也参与了这些接应事务。如1910年春广州新军起义失败后,参与领导策划起义的赵声来日本东京暂住。何天炯钦佩赵声的军事才能及奋勇争先的革命气魄,在送其赴中国香港、南洋准备再举时作诗送别:"睥睨风云志未酬,劳劳孤客又登舟",称赞他"似此人材终复楚,本来吾道是同仇"①,表达了对赵声的期许和赞赏。

东京本部为武装起义承担的最为重要的职能是购运枪械。同盟会起义方式皆为组织人员武装起义,枪械武器是关键,而枪械在国内属禁运品,日本因距离近,且交通方便,既有本部的组织和人员,又有一批同情中国革命的日本志士相助,因而日本成为国内各地起义所需枪械的主要供应地,这主要由东京本部人员及宫崎滔天、萱野长知等日本友人负责购运。由于何天炯与宫崎滔天、萱野长知等日本同志交往密切,且日语娴熟,便于与日商打交道,因而他多承担这方面事务。这也是黄兴南下时对他的委托,据谭人凤说:"何晓柳前由黄(兴)委托驻东办外交涉。"②

除前述1907年夏广东惠州起义,何天炯与萱野长知等负责购运军械外,当年夏秋,在孙中山和黄兴组织发动广西钦廉、防城起义期间,武器也由东京本部购办。据刘揆一说,孙中山"先派萱野长知带款回日本,会合揆一、何天炯等,筹备军械"。萱野长知也说,他奉孙中山之命回日本购运军火,东京同盟会本部人员通过宫崎滔天接洽日本军火商,购买了村田式快枪2 000支、每支配子弹600发,并准备秘密输送。但后因章炳麟等发起反孙风潮,认为所购枪械陈旧不适用而加以阻挠,"购械未能如期运输",这次起义因之而失败③。此后同盟会发动的1907年12月广西镇南关起义、1908年3月钦廉上思起义、4月云南河口起义等,刘揆一与何天炯等皆"在日本运器械、筹军饷",并分派同志"回国联合求响应"④。宫崎滔天夫人后来也回忆说,1908年后同盟会在各地发动几次起义,多向东京本部要求购运枪械。她特别提到何天炯筹划购买枪械,常为缺乏经费所苦。同盟会通过宫崎夫人之弟向日本枪械商购买枪械,但缺款支付,宫崎家虽然此时生活非常贫困,以致房租已拖欠近两年,但宫崎夫人还是让其弟拿出家藏古董变卖支付钱款,何天炯也拿出自己的钱支付购械款⑤。

---

① 何天炯:《送赵伯生〔先〕南归香港》(1910年),《无赫斋诗草》,第14—15页。赵声字伯先,何天炯家乡客家话"先"与"生"音近。
② 谭人凤:《石叟牌词叙录》,《近代史资料》1956年第3期,第45页。
③ 刘揆一:《黄兴传记》,中国史学会主编:《辛亥革命》(四),第289页;萱野长知:《中华民国革命秘籍》,第107—110页。
④ 朱德裳:《刘揆一》(1912年6月),饶怀民编:《刘揆一集》,第260页。另参看宋教仁:《程家柽革命大事略》,陈旭麓主编《宋教仁集》下册,北京:中华书局2011年版,第440页。
⑤ 宫崎槌子:《亡夫滔天回顾录》、《槌子夫人歌(抄)》,宫崎龙介、小野川秀美编:《宫崎滔天全集》第5卷,第514、528页。

1911年广州"三二九"之役的军械武器,也主要是东京本部组织购买运送的。"庇能会议"之后,孙中山便到海外各地募款,黄兴于1911年1月到香港,主持成立了起义统一领导机构"统筹部",下设"储备课"负责购运军械。据当时住在东京宫崎滔天家并参与运送军械的黄兴之子黄一欧回忆,由于在香港本地买军火困难,英国殖民当局查得很严,而对来港的外国船只不检查行李,故"为筹备起义而购买武器,主要来源靠日本",所以,"香港统筹部成立后,东京同盟会本部的活动顿见活跃"①。刘揆一、何天炯等东京本部人员,大多通过宫崎滔天介绍日本军火商购买武器,然后组织秘密运送至香港,前后至少运送了5批军火至香港②。

　　广州"三二九"之役发动之际,何天炯等东京本部人员也奉黄兴之招秘密来到香港参加起义。当时任起义统筹部秘书课长的胡汉民说:"其时(东京)本部重要同志悉来港。"③当时参与组织工作的谭人凤记:"何晓柳前由黄(兴)委托驻东办外交涉,后欲其代招卫队……故亦招至。"④此时黄兴派刘揆一回国筹备长江一带响应起义⑤,又招何天炯来港参战,可见东京本部也是全力投入。正如参与其事的邹鲁所言,此役"集各省革命党之精英,与彼虏为最后之一搏"⑥。

　　何天炯行前对此次缜密筹备的大起义充满胜利信心,同时也作了流血牺牲的准备。他在秘密离日赴港前,与前来东京新桥车站送行的日本友人挥泪作别,并满怀豪情地写诗言志道:"别泪新桥似灞桥,东风杨柳客魂消。谁人识到南行意?月满征袍雪满刀。"⑦何天炯到港后,被分派负责招募敢死队"选锋"。胡汉民回忆,"选锋""由伯先(赵声)、克强(黄兴)、林时塽(林文)、熊克武、何天炯……分任召集,而以同志中之敢死善战者为合选,计四百余人"⑧,后扩大到800人。何天炯为购买武器和招募敢死队,还变卖了一直珍藏在身边的发妻给他的玉镯和金钗⑨。但起义举行时,何天炯所属香港部队因故推迟,待出发赶赴广州时,

---

① 黄一欧:《黄花岗起义亲历记》,全国政协文史资料委员会编:《辛亥革命亲历记》,北京:中国文史出版社2001年版,第283—284页。
② 王子骞:《辛亥广州之役前党人在日本购运军火的经过》,全国政协文史资料研究委员会编《辛亥革命回忆录》第1集,北京:文史资料出版社1962年版,第530—531页。
③ 《胡汉民自传》,罗家伦主编:《革命文献》第3辑,第37页。
④ 谭人凤:《石叟牌词叙录》,《近代史资料》1956年第3期,第45页。
⑤ 饶怀民编:《刘揆一年表》,《刘揆一集》,长沙:湖南人民出版社2008年版,第298页。
⑥ 邹鲁:《中国同盟会》,中国史学会主编:《辛亥革命》(二),第45页。
⑦ 何天炯:《寄汤山居停主人》(1911年),《无赫斋诗草》,第24—25页。
⑧ 《胡汉民自传》,罗家伦主编:《革命文献》第3辑,第36页。
⑨ 何需:《罗浮仙蝶记》上,第31页。

已知事败而返。胡汉民后来评价何天炯在此役中的表现谓："君致力其间,不以艰苦懈,勇迈之质,若天授者然。"①

此役死难烈士中,有林文等何天炯的亲密友人及多位东京人员,他在给宫崎滔天的信中写道:"东京田野方所住之同志,共死五人,深可伤也。"他虽然为起义失败而悲,为同志牺牲而痛,但他并没有对革命丧失信心,也没有消极退缩。他在信中说:"此回事虽失败,然不失名誉,故将来对外洋同志,仍可筹款。"②不久何天炯即赴越南联络华侨并筹款③。亲自主持此次起义的黄兴,因同志未能协同,率队孤军奋战而败,遂极度悲愤失望,至起意个人去搞暗杀,经众人劝乃止。何天炯于是年中秋由越南潜回香港的船上,曾写一首《水调歌头》抒发思亲思国之念,内云:"遥睇天边一雁,便泪沾衣欲泻……神州如可复,何事不团圆。"他回香港后将这首词送与黄兴共勉,自注云:"广州事败后,余等伏处香江,克强悲观尤甚,日以诗词自遣。或日余由河南〔内〕归,示以此词,克强吟罢,怃然泪涔涔下曰:我辈遂至此乎?"④对于此时深陷悲观绝望中的黄兴而言,老战友何天炯以革命终将成功,"神州可复"而终会与亲人团圆相勉励,无疑是一种贴心的慰藉与鼓励。

广州起义虽然失败,但原来策划响应的两湖、江浙等地同盟会员仍在积极筹备举事。数月之后,武昌起义爆发,黄兴闻讯即由香港赶赴武汉前线指挥作战,并召集同盟会各地干部前来参战。这年在日本的中国留学生有2 000余人,武昌起义爆发后,即有840人回国参加革命,其中东京同盟会本部有140人⑤。由于作战急需军械军饷,故黄兴于11月5日指示何天炯与日本有关方面联系,寻求饷械援助⑥。11月15日何天炯与宫崎滔天由东京出发回国,奔赴上海、武汉前线⑦。同盟会东京本部自1905年8月20日正式设立,至此最后留守干部何天炯撤离,历时6年3个月方告终结。此后同盟会本部随黄兴和孙中山回国而转

---

① 胡汉民:《何天炯墓志铭》,黄季陆主编:《革命人物志》第1集,第491页。
② 何天炯1911年5月19日致宫崎滔天信,原件藏于宫崎家。引自苏人(杨天石):《何天炯谈"三·二九"起义》,《团结报》1988年3月29日,后收入《杨天石近代史文存》,北京:中国人民大学出版社2007年版。
③ 何天炯:《辛亥八月十五夜由河南〔内〕潜归香港舟中望月有怀》(1911年秋),《无赫斋诗草》,第23页。
④ 何天炯:《无赫斋诗草》,第11页。
⑤ 段云章:《孙文与日本史事编年》,第227页。
⑥ 〔日〕小川平吉文书研究会编:《小川平吉关系文书》2,第397页。见段云章:《孙文与日本史事编年》,第205页。
⑦ 《宫崎滔天年谱稿》,宫崎龙介、小野川秀美编:《宫崎滔天全集》第5卷,第701页。

移到国内,直至1912年8月同盟会与其他政党合组国民党,同盟会之名最终取消。

综观同盟会后期,孙中山主导的南方组织与东京本部为两处最重要的组织机构。南方组织在筹款、策划组织及指挥武装起义方面发挥了重要职能,堪称"前线指挥部"与"大本营",但因地点和人员移动不定,因而缺乏稳定性。而东京本部虽然组织涣散,未能发挥"本部"所应有的指挥中枢职能,且多为分散和个人活动,但以根基深厚、组织延续、地点稳定、人员集中等特点,在联系各派力量、调派起义人员、购运枪械等方面起着辅助起义的作用,可以说是这一时期同盟会革命活动的"后方基地",何天炯则是坚守这一后方基地的守护人。

四、余　论

何天炯回国后一直追随孙中山从事革命活动,直至1925年在孙中山去世三个多月后也病逝于广州,终年49岁。他在生命的最后几年,还做了一件对于同盟会颇有意义的事,即撰写《革命史衡》一书,以亲历者而记述及反省同盟会历史。

何天炯作为唯一一位始终驻守同盟会东京本部,与同盟会本部相伴始终的主要干部,一直置身于同盟会核心集团之中,参与各种重要事务,掌管组织文件,与核心人物关系密切,因而对于同盟会本部走过的足迹最为清楚。冯自由曾说:"东京同盟会本部经过,以刘揆一、何天炯二君知之最详,而党册盟书则概存何君手。"[①]同时,何天炯又身处孙、黄两大派系之间,不大参与派系纷争,因而能够比较理性、客观,甚少派别色彩地看待核心人物的是非,评判事情的曲直,所以,他是记述同盟会历史的最佳人选,他自己也有这样的责任感。1922年夏陈炯明事变后何天炯避居家乡,终得闲暇,开始着手撰写革命历史。他在革命几经曲折而处于低潮,革命党人多年追求的民主宪政理想屡遭挫折而前途渺茫之际,本着反省革命道路、总结经验教训的宗旨写史,所以他定名为《革命史衡》。"衡"者,权衡、称量、反省而评定也,而非仅止于实录。他拟定的这本书分上下两篇,上篇为"同盟会时期",下篇为"中华革命党时期"。他在居乡一年半时间里,基本写完了上篇即同盟会时期的初稿。1924年夏,他又应孙中山之召赴广州任职,行前他

---

① 冯自由:《中华民国开国前革命史》"本书大意",桂林:广西师范大学出版社2011年版,第2页。

曾赋诗一首,其中"回首廿年前后事,空怜幽愤有文章"①之句,即是他居乡著书心情的写照。到广州后他在工作之余仍然继续撰述,曾向诸革命老友发信征求资料。冯自由曾说到此情形谓:"民十三(1924年)何(天炯)君有《革命史衡》之编纂,求助于著者,并以无赫斋主名义致函诸老友,征求革命事实。"②何天炯于1924年7月致函《广州民国日报》,请代为刊发一则征集革命史料的启事,该报加按语以《征求革命事实》为题发表,按语中说:"民党巨子何天炯,现正编纂《革命史衡》一书,其上编已将脱稿,内容极富,犹恐尚多遗漏,昨复发函征求革命事实。"何天炯在"本书体裁概要"里说明写史的主旨谓:"本主人认为民国前途与本党有非常关系,故于纪载详实外,对于已往之成败得失反复咏叹,屈子离骚,贾生痛哭,庶几闻者足戒之列。"可见他撰写此书的重点在于对以往革命事业的"成败得失"进行反省,这与只重记述翔实的一般史书不同,也与当时一些旨在树碑立传或歌功颂德的历史记述不同。

何天炯《革命史衡》上篇"同盟会时期"的内容,共分以下14个小题:一、同盟会之成立;二、同盟会之组织;三、同盟会宣传机关之民报;四、同盟会内地发展之计划;五、同盟会时代之军事进行;六、同盟会全盛时期;七、同盟会风潮时期;八、同盟会与日本外交;九、同盟会与日本民党;十、同盟会与俄国虚无党;十一、同盟会与清肃王;十二、同盟会秘密文件之处置;十三、同盟会发愤之最后战争:(甲)辛亥三月廿九日之役;(乙)武汉之役。十四、同盟会结束之批评③。这14个小题几乎包括了以东京本部为主的同盟会组织直至辛亥革命历经6年余的所有重要方面,而且"内容极富",应当篇幅不小。何天炯以他的亲历亲闻详述之,加以对"成败得失反复咏叹",特别是记录一些他亲手处理、亲身参与的史事,都是同盟会东京本部最为直接、真实的历史记述。而最后一节"同盟会结束之批评",则是作为一个同盟会元老,对于同盟会历史的反省与批评,更是难得的经验总结和教训剖析。这些内容都应是其他人难以企及而最具权威性的记述,因而弥足珍贵。但可惜的是,这本极富价值的同盟会史书稿,今天已寻无踪迹。如果这部书稿将来有重见天日的一天,相信会大大弥补同盟会本部历史记述的欠缺。

当我们不囿于以往专注"名人""要人"的述史模式,而追踪历史实态,发现何

---

① 何天炯:《甲子夏间将之广州自题山居一年半》(1924年),《无赫斋诗草》,第29页。
② 冯自由:《中华民国开国前革命史》"本书大意",第2页。
③ 《征求革命事实》,1924年7月19日《广州民国日报》第6版。

天炯这样一位在同盟会革命活动中处于幕后、辅佐及派系之间的人物,作为唯一一位与同盟会东京本部相伴始终的重要干部,是同盟会创建与发展的参与者、革命后方基地的守护人,为同盟会本部机关在外部生存条件恶劣及内部派系纷争的艰难境况下维持生存发挥了独特作用。特别是他对平衡同盟会内部孙黄两派关系、调和派系矛盾、弥补领袖缺失、维系东京本部与孙中山及南方组织的联系、进而维护同盟会整体组织的团结作出了独特贡献。但他的这些贡献,在以往"中心观"历史记述中被遮蔽,他也几乎被历史遗忘。

同时,当我们超越专注显要人物和重要事件的"中心观"认识框架,从整体史与群体史的视角观照同盟会与辛亥革命,通过追踪何天炯伴随同盟会东京本部相始终的活动足迹,可以看到同盟会东京本部延续6年余的曲折历程。虽然东京本部在后期由于领袖及活动重心外移,组织不健全,以及内部派系纷争,因而组织涣散,未能如前期那样发挥全局性组织指挥职能,但由于东京本部一直有刘揆一、何天炯作为本部干部而坚守,并为众多同盟会员所认可,作为同盟会这个庞大而松散的革命组织的一个基地,对维系革命组织、聚合革命队伍、支援武装起义发挥着无可替代的作用。以往史书偏重以孙中山为中心的南方组织及起义活动而忽视东京本部的作用,认为东京本部后期组织"基本上处于瘫痪状态",本部对于同盟会组织上的领导"是一项彻底的失败"等定评,与东京本部的实际情况有偏离,对其作用也有所贬低。由本文的梳理可知,同盟会东京本部是辛亥革命运动中一个重要组织机构,本部的忠诚守护人何天炯是为辛亥革命这一"群体革命"作出特有贡献的一分子。

 复盘与导读

承蒙上海大学廖大伟教授引荐,请我就拙文《何天炯与同盟会东京本部》谈些写作心得,与同好同学交流切磋,就此请教。

何天炯是以往辛亥革命史记述中很少出现的一个"小人物",我为什么注意到他呢?多年前我看到一些何天炯家乡广东兴宁介绍他的事迹的资料,了解到他早年赴日本留学、参加同盟会,是追随孙中山20余年的辛亥革命元老。当时我因研究重心不在辛亥革命,而且在辛亥革命史一般阅读中也很少看到这个名字,所以并未想到去研究他,只是此后开始留意搜集有关他的资料。国内有关他的资料不多,我就寻着他的活动足迹,留意搜集中国台湾地区和日本的相关资料。在陆续积累资料的过程中,感到有些内容是以往辛亥革命史记述中未见或不清晰的新史实。如1907年孙中山、黄兴等离开日本南下组织发动起义后,同盟会东京本部冷落下来,以往历史记述中有的说"处于瘫痪状态",有的说其组织领导"彻底的失败",总体评价是已基本丧失作为同盟会组织机构的功能。而何天炯是唯一一位职守同盟会东京本部相始终的干部,从他的活动中可以看到一些与这些评价不一样的新史实。因此,2011年中国史学会举办纪念辛亥革命一百周年学术研讨会征文,我便集中时间进一步搜集、补充资料,特别是日文资料,撰写了这篇论文参加会议交流,后经修改后发表。这篇文章通过追踪以往不为人注意的一个"小人物"何天炯,在职守东京同盟会本部六年间的活动,揭示了一些以往不为人了解的新史实,使我们对同盟会东京本部的活动及其价值的认知得以深化甚至有所矫正。

通过撰写这篇论文,我有以下几点体会。

首先,在旧研究领域如何从新视角发现新选题。辛亥革命史是众多学界前辈已经研究几十年、已有丰硕研究成果、有相当成熟的基本认识的旧领域,要想有所创新,即使有一点点推进都十分困难,所以一般后辈研究者不敢轻易涉足。但是,如果从新的视角出发,又能发现新的史料、对于重要问题揭示出具有价值的新史实和新认知,就能在已有研究成果基础上有所推进、有所深入、有所创新。比如以往研究辛亥革命史大多循着"精英中心"路径,眼睛集中在大人物、大事件,当然这是构成历史的主干。但如果转换一下视角,依"群体史"路径,从一些在重要事件中具有一定特殊角色和作用的"小人物"身上,如本文的何天炯,由于他是唯一一位与同盟会东京本部相始终的干部,通过考察他与同盟会相关的活动,就可以发现一些对于同盟会及辛亥革命的多面、细节、深层的史实补充,可以使我们对重要事件的认知更加全面、立体、深入,因而也能体现研究创新的价值。

其次,做历史研究的人要永远长着一双发现史料的眼睛和想问题的脑袋。一个成熟的研究选题可能是一个长期孕育、慢慢生长成熟的过程,可能有一些最初看着不起眼的资料,就像一粒种子,过眼入心,以后慢慢收集、积累资料,伴随着辨识、思考,资料越积越多,可能慢慢就显示出它的价值和意义。就像一粒种子埋进土里,慢慢生根、发芽、抽枝、生长,最后长成枝繁叶茂的大树并开花结果。研究论题可以是长期积累、逐渐成熟的。我在发表这篇论文后的七年时间里,广泛收集海内外资料特别是日本方面的资料,与日本学者合作于2018年出版了《何天炯集》(李长莉、[日]久保田文次、[日]宫崎黄石编,中国社会科学出版社),这是迄今关于何天炯最全的海内外资料的汇编,为进一步研究何天炯奠定了资料基础。

最后,对一个问题的研究应当是一个成系列的研究,尽量做到全面、完整、彻底,才能研究深、研究透,因此可能是需要较长时间的长期性研究。撰写一篇专题论文只是这一系列、完整研究的一个节点,如同一串项链的一粒珠子,还需要继续进行各个重要专题的持续研究。如这篇文章可以说是我做何天炯研究的一个起点,可称开笔或试笔之作。此后迄今已有十余年了,在此期间由于我的研究重心仍然在其他领域,只是因参加相关学术会议等机会抽出一些时间做何天炯相关研究,陆续又发表了《从何天炯致宫崎滔天信函看孙中山第二次广东建政时期对日关系》(《近代史研究》2020年第1期)、《1914年革命党人对孙中山与黄兴分裂的反应新证——宫崎滔天家藏题字幅释读》(《河北学刊》2022年第2期)等专题论文。后续研究还有待我完成现有研究工作后,集中一段时间对何天炯做全面性研究。现在我也在随时留意搜集与此相关的各种资料,这是我的一个研究计划和心愿,希望能早日完成。

一九二四年孙中山北上的"本事"与"叙述"
——以主流报纸舆论为中心*

杨 瑞**

摘要：1924年孙中山北上，攸关全国政治格局重组及其个人政治形象的再建构。回到历史现场，发现孙中山北上的事实本身及其本意，与南北不同政派和报纸舆论的观察、解读虽有部分吻合，但更多地呈现出来的是背离与错位。本应清晰确定的"本事"，经由不同政派和报纸舆论演绎重塑后，变为众说纷纭、游移不定甚而真假莫辨的罗生门式"叙述"。通过爬梳相关史料，并以此历史事件为中枢尽可能地排比各相关方史事，正向寻绎"本事"转换为"叙述"的逻辑，反向回溯"叙述"还原"本事"，探源两者间的内在关联，不失为解读孙中山北上本意以及南北内外政治互动与演化的有效锁钥，从而得以揭示不同政派围绕新政治体系重建各种错综复杂的事实联系和内外影响。

关键词：孙中山北上；"本事"与"叙述"；报纸舆论；南北问题

1924年的北京政变以及随后之孙中山北上，激起中国政治与舆论的千层浪，南北各政派空前密集互动，一时函电往来交乘，与政治的区隔化、细分化对应形成多个影响较大的舆论中心。海内外学界对孙中山此次北上的原因、经过以及与各种政治力量关系的研究成果斐然[①]，但对于这一事件所引发的连锁新闻

---

* 原载《历史研究》2018年第5期。本书收录时略有修改。
** 杨瑞，河北师范大学历史文化学院教授。
① 海内外的相关研究成果主要有：刘曼容《1924年孙中山北上与日本的关系》(《历史研究》1991年第4期)、《1924年孙中山北上的几个问题》(《近代史研究》1993年第3期)、《1924年孙中山北上的原因探析》(《北京社会科学》1999年第4期)、《孙中山北上与其实行"中央革命"的设想》(《广东社会科（转下页）

舆论效应及其背后政治运作,着眼整体历史通贯地辨正"本事"与"叙述"之间的关系,仍有较大的扩充余地。历史事件本身作为事实是正在发生或已经发生,且为确定的历史过程,而历史事件发生的过程同时是历史叙述和历史知识生产的过程,甚至两者呈现一种此消彼长的状态。进言之,"叙述"向世人传递了看上去确定的历史知识而变得愈加清晰,"本事"则由于受众多历史叙述的干扰和影响渐显模糊,甚至捉摸不定,史家要想回到"本事",则需要拨开纷繁歧乱"叙述"的重重迷雾。新闻舆论作为一种外部观察和评判,除去客观条件差异性之外,其政治立场和倾向性等主观性因素,深度影响着对历史事件的描述和表述,甚至形成具有某种不确定性的多元化历史叙述,于是"叙述"与"本事"之间产生了一定的距离和张力,但它本身即为构成整体历史的一部分,也是复原"本事"难以绕开的必要因素。孙中山北上是一个连续的事实发生和演进的过程,在南北主流报纸中产生一连串的新闻舆论效应,后者既是对前者的适时观察、描述和反应,同时也是对前者不断地进行建构和重构的过程,在试图澄清事实或形塑社会舆论的同时,往往不可避免地夹杂着价值判断,这都给后来人重新认识它带来无限的复杂性。

基于此,本文通过纷繁史实努力回到历史现场,围绕孙中山北上这一中枢历史事件,贯通并比勘前后左右内外相关史事,以期在整体历史中爬梳其故实,依时展现不同政派与新闻舆论互动与角力的历史演化,以及南北政争大幕下政治与社会的各种复杂面相,深层揭示孙中山北上本意。

一、南与北:迎孙、阻孙与拒孙

1924年10月22日,时为直系阵营的冯玉祥联合胡景翼、孙岳发动反直武装政变,史称"北京政变"。对于这场被称为"中国正遭遇即将迈上统一路途之重大时机"①"中国统一之大枢纽"②的政治大变动,南北各方的认知与评断却相差

(接上页)学》1990年第2期),廖永武《欢迎孙中山北上与国民会议运动》(《天津师大学报》1985年第1期),吴元康《段祺瑞对待孙中山先生北上的态度》(《安徽史学》1996年第4期),桑兵《解读孙中山大亚洲主义演讲的真意》(《社会科学战线》2015年第1期),李杨《鲍罗廷与孙中山北上》(《广东社会科学》2016年第1期)等。

① 《致泽村幸夫电》(1924年11月12日),广东省社会科学院历史研究所等编:《孙中山全集》第11卷,北京:中华书局1986年版,第310页。

② 惠风:《我对于北京政变的观察》,《香港华字日报》1924年10月25日,第1张第2版。

甚远,这些均不同程度地成为影响孙中山晚年北上这一历史事件的关联性因素,不可不细察深究。

事变后的冯氏对自身行为评估与外部评论判若两途,而且前后也大不相同。10月23日,冯在日记中记述其对外谈话称:"此次班师回京,完全为国民请命,绝无私意。"①冯氏此番及其以后一系列谈话,实际上均含有较为明显的自我辩白和粉饰成分。同日,冯玉祥、胡景翼、孙岳等联名发表全国和平通电,宣称:"至一切政治善后问题,应请全国贤达急起直追,会商补救之方,共开更新之局。所谓多难兴邦,或即在是。"②同时,还抛出了以"委员制"改造国家政体的新方案,段祺瑞、孙中山、唐继尧、卢永祥等9人均在此列。诸如此类公开宣讲陈义甚高,冠冕堂皇,其私密记载亦无明显破绽,然而综观全国不同舆论中心风向,京师内外有别,褒贬格外分明。

京师的主流新闻舆论几乎是跟着冯玉祥的定调同声相应。《京报》记者邵飘萍几乎全文转录了23日下午冯的谈话:"对曹总统并无恶感,对吴子玉(佩孚)亦保全私交,唯万不得已,为民请命,为国救亡,绝对无其他目的。"③其他报纸则迫于生存考虑,在发表时事评论时,也都颇为曲隐。作为研究系报纸的《晨报》,在政变两天后发表社论表明:"本报在此武力高压之下,固亦不能畅所欲言,然记载战事之消息,要必加入种种暗示,冀读者于字里行间,想见其万一。"④无独有偶,日系报纸《顺天时报》于政变前一日,其发行工作突遭警方查扣,被迫紧急重申所谓"言论自由主义"与"公平中立"新闻立场,在随后发表的社论中一方面批评此次战争乃"朋党之私斗";另一方面颂美"冯将军毅然而起"的停战义举以及冯军"军规严厉"⑤。可见,京师的政治立场,与取向各异的报纸对于同一"本事"的叙述方式和风格惊人一致,几乎同趋于在溢美声中婉转地表达弦外之音。

相反,北京以外报纸舆论的叙述,转呈另外一种趋同现象,即毁多誉少,贬斥胜于颂扬。天津罗马天主教会报纸《天津益世报》基于教派敌对缘故,斥责冯玉祥是"张勋第二"⑥。同为日系的《盛京时报》谓其"朝秦暮楚,首鼠两端之将何以

---

① 中国第二历史档案馆编:《冯玉祥日记》第1册,南京:江苏古籍出版社1992年版,第636页。
② 《冯玉祥等主张和平之通电》,《晨报》1924年10月24日,第2版。
③ 《冯检阅使与本社邵君谈话》,《京报》1924年10月24日,第2版。
④ 《时局与本报之地位》,《晨报》1924年10月24日,第2版。
⑤ 《冯使之强制停战》,《顺天时报》1924年10月24日,第2版。
⑥ 《某政治家之谭话》,《天津益世报》1924年11月1日,第1张第3版。

自解",且"以基督信徒,突有此不信之行,彼潘周夏超,又奚责焉"①。长江流域齐燮元、孙传芳等直系将领大骂冯玉祥为"逆贼","反骨外张,祸心内藏,豕突京邑,鼠跳中央,胁夺兵权,矫发伪令"②。很快,上海成为全国"讨冯"的最强舆论中心。《民国日报》附刊《评论之评论》和《觉悟》等,是当时最早发表中共"讨冯"言论的报纸之一,批评"中国唯一的救国者"其实质"亦是一位军阀"③;"倒了吴佩孚,撑了曹锟,继起还是一个军阀"④;甚而认为"基督将军为北京政府之独裁者",意味着"基督教人格救国"破产⑤。与之相呼应,中共机关报《向导》也发表了系列时评,称"此次北京政变,显然是英美帝国主义者抛弃了一个旧工具——吴佩孚,另换上一个新工具——冯玉祥,这个新工具比旧工具更柔顺从服一点,更得中国的所谓'舆论'赞助一点"⑥;"英美帝国主义的宠儿冯玉祥,在吴佩孚不利的形势下,跑回北京,主持停战,代替帝国主义者执行前此预定之计划"⑦。就连同属研究系的《时事新报》,却与《晨报》取向大相径庭:"以冯此次人格上之损失,实百倍于驱黎时之逼宫。"⑧报纸《字林西报》亦言,冯"败坏道德,必难号召"⑨。综合而观,京师舆论走向确实受到冯氏集团的干预或暗示,而中共所言冯玉祥甘为英、美帝国主义的"马前卒",则成为国民党左派反对孙中山北上的重要理据之一。

陈炯明、孙中山对"北京政变"的不同态度,在岭南政治分裂下报纸舆论中得以充分体现。与陈炯明关系密切的《香港华字日报》的立场和观点,主要围绕私德与权斗展开解读,认为此次政变纯属"冯吴之私斗",冯玉祥的动机只在报复吴佩孚,并谓其"历史上安有反覆无常而可与谈天下事者,竖子不足与谋"⑩。

孙中山及国民党内部的研判,则根据冯玉祥自身言行和态度的变化而动态调整。冯玉祥刚开始时将此次政变定位为"只为改良政治,而非革命",国民党机

---

① 顽:《力与理》,《盛京时报》1924年10月26日,第1版。
② 《直系八将领联名通电讨冯》,《大公报》(长沙)1924年10月30日,第1张第2版。
③ 大雷:《北京之政变》,《民国日报附刊·评论之评论》第32期,1924年10月26日,第1页。
④ 玄庐:《军阀倒和倒军阀》(上),《民国日报》1924年10月30日,第1张第3版。
⑤ 《社评》,《民国日报附刊·觉悟》第11期,1924年10月28日,第2页。
⑥ 独秀:《北京政变与中国人民》,《向导》第89期,1924年10月29日,第733页。
⑦ 和森:《北京政变之内幕及其结果》,《向导》第89期,1924年10月29日,第734页。
⑧ 《政变罪言》,《时事新报》1924年10月26日,第1张第2版。
⑨ 参见《西报讥冯玉祥诡谋》,《时事新报》1924年10月28日,第1张第4版。
⑩ 惠风:《国民党速起自救》,《香港华字日报》1924年11月5日,第1张第2版。

关报《广州民国日报》则认为其"换汤不换药之革命",无异于暗指冯玉祥亦是"军阀"之为①。但在10月27日,孙中山在全国"讨冯"声中首次公开"挺冯"并表态北上,谓:"冯焕章、王孝伯、胡笠僧、孙禹行诸先生鉴,义旗聿举,大憝肃清。诸兄功在国家,同深庆慰,建设之计,急须决定,拟即日北上,与诸兄晤商。"②同日,他还致电段祺瑞表示"拟即日北上晤商一切"③。孙中山此举实际上是着眼全局试图通过远交近攻来整合全国政治的筹划:近则争取滇、湘、桂系对付陈炯明,稳固广东革命大本营,合组"建国联军"从事北伐;远则借助"合纵"术着意向广东以外发展,外结皖奉浙派系并擘划西北军事合作。因此,争取冯玉祥为其中重要一环。10月28日,张作霖亦表态即刻入关会商善后,并传其"拥段助冯"拟向山海关下总攻令。31日,久居天津的段祺瑞态度谦恭地表示:"时机初转,百废待兴,洵如来教,应加擘划。公元功照耀,政想宏深,命驾北来,登高发响,此天下之所想望,尤南北合力统一之先声。"④稍后,段、张、冯联名表示愿奉孙中山为"大元帅"并主持国政,段为"副元帅兼总司令"。另据《大阪每日新闻》载:孙中山对联奉结果不无乐观地表示"余与张段间之意见,现已大致相同,余当与段张提携,解决国是"⑤。故孙中山表示俟北伐军入赣后约十日左右赴京:"文已移驻韶关,宣告邦人,出师入赣,期与浙、奉义军一致讨贼。"⑥

基于孙、冯关系迅速拉近,冯玉祥的态度也随之发生改变,他在南方多头政治格局中,最终选定联合孙中山;与北方反直阵营各方,更倾向于段祺瑞,对武力强大的张作霖则心存芥蒂:"凭我与胡、孙声望太小……段芝泉到京后,我即飘然远引。……我确信中山出,不能如陈迴[炯]明之仇斗。"⑦冯氏有意将结盟对象收缩于孙、段和张三方,显然有意借重三角同盟扩充一己影响,争做重新洗牌中国政局的要角。但具体原委却殊异,联合孙中山之深意在于重塑其"革命者"的政治形象,并借力平衡北方各实力派,以改善其弱势地位。10月29日,他在答《英文导报》主笔柯乐文时,将此前"改良政治"定调改为"革命行动"说,"吾今所

---

① 孚木:《曹吴倒后革命政府之责任》,《广州民国日报》1924年10月27日,第6版。
② 《孙文行将北来》,《天津益世报》1924年11月4日,第1张第3版。
③ 《致段祺瑞》(1924年10月27日),广东省社会科学院历史研究所等编:《孙中山全集》第11卷,第251页。
④ 《大元帅与段芝泉往还电》,《民国日报》1924年11月8日,第1张第2版。
⑤ 参见《孙文与日记者之谈话》,《晨报》1924年11月8日,第3版。
⑥ 《复段祺瑞电》(1924年9月19日),广东省社会科学院历史研究所等编:《孙中山全集》第11卷,第82页。
⑦ 中国第二历史档案馆编:《冯玉祥日记》第1册,第648—649页。

革者,乃军权万能之命,非革政治之命"①。冯玉祥以此论证其政变行为的合法性,亦因此被指明结孙中山,暗交共产党,是"赤化"前奏。但其促孙北上的初衷未变,10月23日至11月13日(孙中山北上之日),冯玉祥单独或以联衔形式发电函9次,胡景翼、孙岳各1次;单独发函8次(包括1次复函)。可见,冯氏系"迎孙"舆论的始作俑者,在其大力营造和运动下,南北形成一股促孙北上的社会舆论。

11月初,冯玉祥亲自致函孙中山:"先生(乃)党国伟人,革命先进,务祈即日北上,指导一切",并派马伯援往广州迎接②。他又自谦说自己乃武人"不谙政治",而孙中山作为"国家元勋,爱国情切,宏谟硕画,佩仰凫深,万乞发抒谠论,俾国内人士知所遵从"③。11月3日,冯玉祥、胡景翼、孙岳等16人,联衔邀孙北上,辞情恳切而恭敬地表示"此后一切建国方略,仍赖先生指示"④。汪精卫阅后表示:"这几句简单明瞭(了)的说话,革命党人的真面目,完全显出,可见这一次驱逐曹吴,完全是为扫除革命进行的障碍物。"⑤冯玉祥的表态,对孙中山的决策起了至关重要的作用,同日《广州民国日报》首次正式以国民党中央机关报名义对外宣布"大元帅已决定在此星期内北上"。11月4日,孙中山亦称"数日之后即轻装北上"⑥,并阐明"根本之图,尤在速谋统一,以从事建设"⑦。冯玉祥真正打动孙中山的是,5日他将清室宣统帝逐出皇宫、取消帝号的行动⑧。是日,孙中山电复加拉罕:"拟将粤事清理后,两三日内即可北上。"⑨10日,孙中山发表《北

---

① 《冯玉祥之革命新解》,《时事新报》1924年11月8日,第1张第3版。
② 《冯玉祥致孙中山函》(1924年11月初),桑兵主编:《各方致孙中山函电汇编》第9卷,北京:社会科学文献出版社2012年版,第164页。
③ 《冯玉祥、王承斌等致孙中山电》(1924年11月1日),桑兵主编:《各方致孙中山函电汇编》第9卷,第164页。
④ 《孙文允清理粤事后北来》,《顺天时报》1924年11月5日,第3版。
⑤ 精卫:《一封努力革命的电报》,《广州民国日报》1924年11月8日,第6版。
⑥ 《复冯玉祥等电》(1924年11月4日),广东省社会科学院历史研究所等编:《孙中山全集》第11卷,第277页。
⑦ 《肃清余孽绥靖地方通令》(1924年11月4日),广东省社会科学院历史研究所等编:《孙中山全集》第11卷,第278页。
⑧ 清帝出宫当天,对政变"还不曾说过话"的胡适致书王正廷、冯玉祥陈述反对意见:"堂堂的民国,欺人之弱,乘人之丧,以强暴行之,这真是民国史上的一件最不名誉的事。"[《致王正廷》(稿),耿云志、欧阳哲生编:《胡适书信集》上册,北京:北京大学出版社1996年版,第345页]顾颉刚记道:"此事手段太辣,予心甚不忍。开会之际,众人称快,予独凄然。"(《顾颉刚日记》卷1,1924年11月6日,北京:中华书局2011年版,第550页)日系报纸转述英文京津泰晤士报社论,评论此等行为是"民国共和史上,可谓为最可醒醍之事件",可见冯氏"背信弃义乃常习行为"。(《清室与冯玉祥》,《顺天时报》1924年11月12日,第3版)
⑨ 《孙文决定北上》,《晨报》1924年11月5日,第2版。

上宣言》宣布其北上要旨：一是"推倒军阀，尤在推倒军阀赖以生存之帝国主义"；二是"召集国民会议，以谋中国之统一于建设"。他将本来作为泛称使用的"军阀"概念，确指为袁世凯、曹锟、吴佩孚等"北洋派"人物，且皆为"帝国主义之傀儡"①。孙中山有意将其他军阀忽略不计，意在最大程度地扩充盟友圈，共同解决直系及其背后的英帝国主义这一主要矛盾，在策略上表现出打通南北政治的灵活和务实。因此，他将冯玉祥抬升为革命同道，将"政变"定性为"革命"，且为实行"中央革命的头一步"，由此，孙、冯之间在价值和事实上形成政治契合。

"迎孙"舆论兴起之时，源于不同政派分歧的各种"倒孙""阻孙"与"拒孙"舆论竞相传开、相互交织。《香港华字日报》是"倒孙""阻孙"南方舆论中心的重要营造者。其宣传主要集中在以下三点：其一，针对"商团事件"，责斥孙中山为乱杀无辜的"屠城"行径，要把广州市做"共产主义的试验场"，"孙文底残暴淫威，有过于专制国底皇帝。这种□不是革命党人应取的手段。我敢说世界底革命党人，都会嗤之以鼻，别要把革命党三字玷污了"②。其二，孙中山北上是奉加拉罕之命，充当向北方宣传"赤化"的急先锋，苏俄为其补贴宣传费和印刷宣传品。其三，斥责孙中山为野心家，"素好称孤道寡，以民国皇帝自居"，试图以"建国政府元首"掌控北京政府。基于此，断言孙与冯、段皆无合作可能③。

北方"倒孙"舆论中心主要集中于京津地区，尤以《天津益世报》为代表，其矛头直指孙中山炮击广州城一事。认其以"欲假三民主义之名，而造成共产主义之实"④；"纵兵焚掠广州，劫杀市民，为千古以来凶至暴极者所不敢为"，无异于清朝"嘉定屠城""扬州十日"的民族屠杀⑤。其后，又接连揭露其祸粤罪恶"真相"：10月15日，"庄严灿烂之广州城厢，竟被孙文所部之匪军，开炮轰击，纵火焚烧，刹那之间，数十万市民，不死于弹，即葬于火，数千万财产，非被抢于兵，即被劫于匪，此广州市空前未有之浩劫"⑥。《晨报》随即刊发中华全国商会联合会"痛诋"孙中山的不平之鸣。以上两报口头标榜客观报道，实则充满了敌意、臆测和歪曲，其真实用心在于转移世人视线、阻止孙中山北上。《顺天时报》殊途而同

---

① 《北上宣言》(1924年11月10日)，广东省社会科学院历史研究所等编：《孙中山全集》第11卷，第294—295页。
② 何民魂：《自杀底孙文》，《香港华字日报》1924年10月24日，第1张第2版。
③ 《孙文北上与广州政局之变化》，《香港华字日报》1924年11月4日，第1张第3版；《孙文北上之将来》，《香港华字日报》1924年11月5日，第1张第3版。
④ 典：《年来粤中》(二)，《天津益世报》1924年10月25日，第2张第6版。
⑤ 典：《呜呼，孙文之今昔》，《天津益世报》1924年10月27日，第2张第6版。
⑥ 椎心：《孙文屠杀广州市民详记》，《天津益世报》1924年11月2日，第2张第7版。

归,以新闻语言竭力渲染,挑动国民党内斗,分化中俄结盟,并根据政见异同将国民党划分为截然对立的两派:一派系"反共产"派,以张继、冯自由、居正、谢持等为中心,居党员多数,极端赞成北上,主张维持三角同盟以与直系相抗;另一派系"共产"派,以胡汉民、汪精卫、廖仲恺等为首,居党员少数,极端反对北上,排斥三角同盟,主张联合工农学各界发动国民大革命,鲍罗廷为此派背后总指挥。胡汉民、汪精卫、廖仲恺、谭平山、戴季陶、邹鲁等人视"北上"为"投降军阀"而大加反对。孙中山对此洞若观火:"盖今日革命,非学俄国不可。而汉民已失此信仰,当然不应加入,于事乃为有济;若必加入,反多妨碍,而两失其用,此固不容客气也。精卫本亦非俄派之革命,不加入亦可。我党今后之革命,非以俄为师,断无成就。而汉民、精卫恐皆不能降心相从。"①孙中山重申了北上非但"并非有妥协之意味",甚而对扩张党务意义重大②。

  与此同时,这些媒介也在精心构筑"拥段"的新闻舆论,以抵消"迎孙"舆论的社会效应,甚至造成寄希望于段祺瑞出山收拾局面的全国性声势,反映了他们以段代孙的政治心理倾向。冯玉祥视段祺瑞为"背后有力人物"而主动示好,入京后即遣张伯烈赴津迎接;王承斌派李竟荣赴津;张作霖亦遣鲍贵卿至津促段③。冯、段暗通款曲,均不排除打通京津政治、问鼎中央权力的想法。10月31日,张作霖、卢永祥等通电推段祺瑞为联军统帅④。11月4日,山西督军阎锡山、察哈尔都统张锡元、绥远都统马福祥联衔发表"拥段"通电。同日,全国青年同志社发表通电请段入京,以大元帅身份主持国政。至11月7日,除闽、苏、浙三省外,东三省、川、云、贵、湘、粤、皖、晋、直、沪均表态"拥段"。段派中坚姚震、陆宗舆、丁士源等多方奔走活动,表明"拥段"的新闻舆论是由段派人物与拥段媒介默契并合力造成。段祺瑞本人故作扭捏之态,以"不能急遽入京,实属别有苦衷"加以婉拒。《华北明星报》解读其为伺机而动:"盖段必俟国民表示愿望与要求之后,始可允许出任领袖。"⑤段祺瑞所谓"苦衷"不过托辞,从其屡屡盛赞孙、冯为"今日

---

  ① 《致蒋中正函》(1924年10月9日),广东省社会科学院历史研究所等编:《孙中山全集》第11卷,第145页。但另有认为,胡汉民乃"别有用心","一面装出孙中山的股肱心腹的样子,参加国共两党联合战线的工作,暗通右派搞反共反俄的活动"。参见《包惠僧回忆录》,北京:人民出版社1983年版,第136页。
  ② 《批巴达维亚同志电》(1924年11月1日),广东省社会科学院历史研究所等编:《孙中山全集》第11卷,第263页。
  ③ 另有云:奉天决定若段出山,东三省即取消独立,服从中央;否则仍固持保境安民主义,中央与东三省严为区分,不为混同。参见《段祺瑞明日入京》,《晨报》1924年11月4日,第2版。
  ④ 《张卢等一致拥段》,《民国日报》1924年11月1日,第2张第5版。
  ⑤ 《段祺瑞来京尚有待》,《晨报》1924年11月7日,第3版。

中国之砥柱"言辞①,不难推测其最为顾忌者恐为孙、冯联手。至此,全国形成"迎孙"与"拥段"两大新闻舆论格调,它不仅系由政治人物与新闻媒介合力营造出来的,亦为南北交相互动、相激相荡,政治与舆论相互塑造所产生的政治、文化现象。

二、内与外：自上海绕道日本

11月8日,粤电讯称：孙中山13日由粤起程,14日自港乘"春洋丸"号赴沪。10日,孙中山致电冯玉祥亲自予以证实②。交通工具方面,他先乘"永丰"舰至香港,再转乘"春洋丸"号赴沪,澄清了外界盛传的乘坐俄国瓦洛斯兵舰不实传闻。但关于孙中山北上其他方面的传闻大量爆出,纷繁歧乱,且互有抵牾。

11月17日,孙中山抵达上海。在面对现场沸腾的欢迎人群时,他表现得"极为乐观",甚至畅想"余前者唱道〔倡导〕之和平统一,今殆可以实现矣！"③这与政变后一般社会民众畅想和平指日可待的心境颇为相通。但关于孙中山此次北上的动机,南北舆论众说纷纭。《晨报》将其北上动机主要解读为权力之争：一是希望各方拥其为首领,推行委员制;二是乘机攫取一部分势力,再利用冯玉祥等实力派与段祺瑞、张作霖对峙④。《天津日报》亦认为他是为分享反直派的战功而来的,但南北如冰炭绝难相容,"历来北方人物最惧南方空气,无论奉派孙段两氏及冯玉祥派,与共同反对之吴佩孚,似颇一致。时至今日,则素为私利结合之团体,势必各自为谋、互相争权。况南北思想,绝难相容,勉强联络,不过一时之暂合耳"⑤。《盛京时报》也持类似的观点,表示粤人欲以孙中山行总统职权⑥;转而又言,孙中山论实力不及张作霖、冯玉祥,声望不如段祺瑞,"如复抱政治野心,及理想偏见,与各大势力家相争衡,而失败之机,即肇目前"⑦。《天津益世报》《大公报》都发表了相关的评论,但两者观点迥异。前者对孙中山北上不时地泼冷水,始则称其"北来之勇气,已锐减于前",继而言其为人"向不肯居人下,

---

① 《段祺瑞盛赞孙文冯玉祥》,《京报》1924年11月7日,第3版。
② 《孙文定十三日北上》,《晨报》1924年11月11日,第2版。
③ 《孙中山抵沪记》,《申报》1924年11月18日,第3张第9版。
④ 《孙文对于时局之真意》,《晨报》1924年11月12日,第2版。
⑤ 《东报对中国时局之悲观》,《申报》1924年11月10日,第2张第6版。
⑥ 《粤人请孙中山行总统职权》,《盛京时报》1924年11月11日,第1版。
⑦ 乡福：《孙中山北上》,《盛京时报》1924年11月12日,第1版。

而时时以中山先生自命者也,其多年相从之部属,有时且不能忍受,若气贯长虹之时髦,安能静坐以听其讲演三民主义、五权宪法之大议论。中山之为人所不肯容,中山亦自知之"①。认为孙中山无论是在党内地位还是自身实力,能否北来还是悬念。后者则认为,此次政变成功为三角同盟的胜利,故孙中山北上与段祺瑞、张作霖、冯玉祥共谋大局是情理中事,并研判其不会因左派阻挠而中止行程②。

就南方报纸而言,《申报》以独立报人立场发表了评论,认为孙中山作为国民党领袖,其"意见不足以代表南方"③。《字林西报》分析认为,位处长江流域的各督是决定南北关系的重要砝码,"倘段与长江各督结合,则天津方面将无中山之位置,因中山仍为长江各督所反对也,是故孙氏苟于此际北上,将有被人冷淡之危险"④。事实上,齐燮元、萧耀南、孙传芳、刘镇华、杜锡珪、周荫人、蔡成勋、马联甲、李济臣、李炳之等长江各督军,于孙中山动身前即联合发表"拥段"通电,但以"保障各旧人地位"为前提⑤。此中多少寓意孙中山北上不合时宜,抑或明知不可为而为之。

孙中山抵沪后,虽表示"一两日即来津",但并未见行动,也引起了南北各种臆测。《字林西报》称孙中山在北方时局未定以前不会北上。《晨报》早先也持同样的观点,称京津国民党员焦易堂等劝孙中山"暂缓北来"⑥;但在 20 日很快转引了东方社的消息,率先爆料孙在北上之前拟赴日本与该国朝野交换意见⑦。关于孙中山在北上之前为什么绕道日本,是时舆论主要持两种看法:一种是上海至天津舱位已满说,以《申报》等南方舆论为代表。称孙中山一行是"临时决定",在日至多停留 3 天⑧。中美社转引东交民巷消息,对此报道也表示认同。另一种是"避险"说,主要集中在北方的新闻媒体。《晨报》转引电通社消息:孙中山为避不测危险,改乘日轮到门司,再由此换轮赴津⑨。《顺天时报》也报道,孙为"旅途中之安全计",而转道关东赴津⑩。《天津益世报》《香港华字日报》则

---

① 泽民:《北京人眼中之天津会议》,《天津益世报》1924 年 11 月 18 日,第 1 张第 3 版。
② 《孙中山北上问题》,《大公报》1924 年 11 月 15 日,第 1 张第 4 版。
③ 《中国收拾时局之难点》,《申报》1924 年 11 月 13 日,第 2 张第 5 版。
④ 参见《孙中山抵沪记》,《申报》1924 年 11 月 18 日,第 3 张第 9 版。
⑤ 《长江各督为有条件的拥段》,《顺天时报》1924 年 11 月 12 日,第 2 版。
⑥ 《孙文过沪几被刺》,《晨报》1924 年 11 月 19 日,第 2 版。
⑦ 《各方推段与孙文行止》,《晨报》1924 年 11 月 20 日,第 2 版。
⑧ 《孙中山昨晨离沪》,《申报》1924 年 11 月 23 日,第 4 张第 13 版。
⑨ 《孙文将先赴日》,《晨报》1924 年 11 月 21 日,第 2 版。
⑩ 《孙中山决定由沪赴日》,《顺天时报》1924 年 11 月 21 日,第 2 版。

从另外的角度对此次事件进行了解读,认为孙中山此次绕道日本"带有关系重大之意义"①;与"京事欲得日人助力"、借款问题以及观望形势有关②;意在借日本以自重③。

事实上,孙中山在绕道日本北上的问题上是明修栈道暗度陈仓,表面上对外界各种传闻予以否认,暗中却在布置相关事宜。但对孙中山起决定性作用的是,南北关系突生重大变故。在局势前景一片黯淡的情况下,他被迫进行了"策略性"调整,由"通南北"快速调整为"通内外",以期通过"通内外"促使"南北通"。

11月15日,正是在孙中山北上的途中,张作霖、卢永祥、冯玉祥、胡景翼、孙岳在未事先知会南方的情况下,突然以"非暂定一总揽权责之名称,不足以支变局"为由,公推段祺瑞为"中华民国临时执政"④。舆论瞬间哗然,《顺天时报》亦认为其在技术和程序上大有漏洞:"夫以五六名少数人之推举,固不可谓国民之公意,尤以吴氏一派长江一大势力不能加入其中,至为遗憾。"⑤但又宣称"舍段祺瑞外,更无适任之人"⑥。《晨报》转引路透社分析,冯玉祥对孙中山只是怀有一种"欲借孙为重"心理;段、张二氏表面上礼遇,内心实视其"无甚重轻"⑦。该报认为段、张、孙皆为自身利益考虑,所以,三角同盟本因利益而为一时结合,也必随共同之敌消失而解散。并揭内幕说:孙中山出发前曾密议四案,以备择一而行:一是以孙中山任临时总统,段祺瑞为总理;二是暂采委员制,置委员7人,孙中山任委员长,委员人选以国民党人物为主干;三是暂组摄政内阁,由段祺瑞组阁;四是召集国民大会,议定宪法,并选出正式总统⑧。此类传言,无形中加深了北方对孙中山北上意图的疑虑;这也是内心纠结的段祺瑞面对执政大位,不惜失信于人而半推半就的深层原因。故而,段祺瑞入京与孙中山绕道日本在时间上基本重合,很难说是机缘巧合。

其实早在11月10日,冯玉祥、张作霖同一天抵达天津,段、张、冯齐聚津门。至此,京津政局也由原来的曹(锟)吴(佩孚)包办变为冯、张之争。故《顺天时报》

---

① 《孙中山北来之行程》,《天津益世报》1924年11月30日,第1张第4版。
② 《孙文北上之经过及其态度》,《香港华字日报》1924年11月25日,第1张第3版。
③ 《孙文亦唱中日携手》,《香港华字日报》1924年12月11日,第4张第12版。
④ 《张作霖等人通电》(1924年11月15日),中国第二历史档案馆:《中华民国史档案资料汇编》第3辑《政治(二)》,南京:江苏古籍出版社1991年版,第1477页。
⑤ 《段氏执政应普及全国》,《顺天时报》1924年11月18日,第2版。
⑥ 《对于中国时局之东论》,《顺天时报》1924年11月22日,第3版。
⑦ 《天津会议之形形色色》,《晨报》1924年11月19日,第2版。
⑧ 《孙文派之一种梦想》,《晨报》1924年11月20日,第2版。

预测冯、张将发生"地盘与权力"纷争,且"以地盘分割为第一难关"①。冯玉祥意欲联合孙中山以反制大兵压境的张作霖;张则视冯为心腹大患,想方设法将其势力逐出京畿地区。而段祺瑞处于冯、张之间,其以"拥段"、承认其"政治领袖"地位且负统一大任为条件而支持张作霖;张则希望将段推上执政宝座,自己"挟天子以令诸侯"幕后操控政局,直系、安福系以及国民党等各派均唯其马首是瞻,孙中山仅陈述其意见而不领实权。可见,张作霖、段祺瑞主要意图在于形成以其二人为主导的新的国家权力架构。因此,冯、张始而貌合神离,终而冰炭不能相容。11日,冯玉祥致函范熙壬,赞成"根本改革,实行联省自治"②。12日,冯在国民党、耶稣教会的支持下组织救国联合会,其下设立"和平统一委员会",推段祺瑞为临时总统,孙中山为和平统一委员会会长;还容纳孙中山根本改革政治意见,协议联合拥孙中山为首领,废除总统制,实行委员制。以上诸多主张及措施,均被段祺瑞等人视为冯玉祥的政治野心乖张,尤为忌惮的是冯、孙联手,"预料孙文到京后,西南势力当随之侵入北方,而国民党及民党一派之潜势力,尤足与段张两大势力相颉颃"③。13日,《顺天时报》又传出段、张、冯等人在曹家花园讨论军事问题。但14日随即澄清:冯未在受邀之列,又谓冯、张二人意见"大相背谬",致使感情"未克十分融洽"④。

张作霖与冯玉祥之间出现不睦,既因彼此猜忌,也因利益冲突。但直系齐燮元等暗中挑拨,加之《顺天时报》《晨报》等媒体背后力量从中搅局,使得坊间谣言四起,甚至传闻冯玉祥和王承斌性命堪忧、冯玉祥已遭刺客暗杀等。王承斌为求自保,遂辞去直隶省长并交出一切兵权,在段祺瑞的会意下,奉系李景林、张宗昌取而代之,分别出任直隶省长和督理,天津由此变为奉系势力范围。《顺天时报》认为此事是双方"权势争夺之兆"⑤。《大公报》则表示,张作霖与冯玉祥之间不睦纯属吴佩孚余孽挑拨捏造,实则二人甚愿互相提携,共同维持大局⑥。事实并非如此。王承斌退避后,段祺瑞、张作霖就合谋将冯玉祥遣往热河任职,冯则以荐李景林镇热而解套;此计不成,段祺瑞、张作霖遂以附议冯玉祥速行解决长江问题,欲使其巡阅苏皖赣,如冯不就范,则让其前往汉口。段、张委以冯玉祥空头

---

① 《天津会议殊未可乐观》,《顺天时报》1924年11月13日,第2版。
② 《冯玉祥赞成根本改革》,《顺天时报》1924年11月11日,第2版。
③ 《冯使组织救国联合会》《主张根本改革之孙中山》,《顺天时报》1924年11月12日,第2版。
④ 《曹园会议冯使未列席》,《顺天时报》1924年11月14日,第2版。
⑤ 《权势争夺之兆》,《顺天时报》1924年11月14日,第2版。
⑥ 《冯氏态度之一斑》,《大公报》1924年11月19日,第1张第4版。

衔督鄂,又借"国民军"改编的机会,将其降格为第一军军长。至此,段、张"削藩"的计划大功告成,冯玉祥宣告出局,其联合孙中山拥兵自立的计划彻底破产。权力的天平遽然倾斜。这样,反直阵营内部分裂,打破了政变后京畿地区暂时形成的三头互为牵制的平衡格局,使孙中山失去了一枚制衡段祺瑞、张作霖的有力棋子,南北竞争棋局胜负已显露端倪。

段祺瑞、张作霖联手将冯玉祥的气势打压下去后,立即着手掌控长江局势。为促成双头执政格局而扫除障碍,孤立吴佩孚、分化肢解长江直系集团,段、张合谋上演了一场政治"双簧戏",以釜底抽薪之势收复了长江各督。张作霖以攻城为上、武力威慑在前,宣称:"余等拟暂持冷静,倘彼等诚意拥戴合肥,余亦无用兵之必要,否则为促成统一起见,亦不得不忍痛求一解决。"① 段祺瑞则攻心为上、摇动橄榄枝倡言和平于后,以调停人之姿劝谏长江各方"勿再拥吴以免大局再归决裂",并劝张作霖暂勿派兵南下②。段、张招数初见成效,孙传芳、周荫人、齐燮元、萧耀南、刘镇华、杜锡珪、蔡成勋、王普、李济臣、李炳芝等通电"拥段"。段祺瑞不仅在形式上稳住长江局势,也将张作霖、冯玉祥武力扩张化为无形,南北媾和局面初步形成,其政治声望亦随之大幅提升,成为多方博弈中最大的赢家。至19日,郑士琦、阎锡山、孙传芳、唐继尧、陈炯明、陆洪涛、高世读、周荫人、王汝勤、张锡元、米振标、马福祥、王芝祥、刘镇华、夏超等,均表拥护段祺瑞任临时执政③。

以上南北政局新态势与孙中山北上错综牵连,是时北上不仅于策略上不宜,亦无补于时局解决,转道日本小则可避"联冯制段"之嫌,不至身陷京津各派权力斗争的旋涡;同时用实际行动向朝野及国际社会宣示其志在救国解民,绝非角逐权力,树立国民党系掌握这一关键命门的唯一政党形象。这也体现了他由外而内解决中国整体问题的新思路,绕道日本宣传其大亚洲主义的主张,对日本政府施加压力,迫其和苏俄一道支持中国废除不平等条约,退出奴役中国的帝国主义阵营④;在此基础上,从而根本解决南北问题,最终实现国家的和平和统一。

三、进与退:寄居津门之南北争衡

11月22日,段祺瑞爽约孙中山提前入京,实为先入为主把握政治上的主

---

① 《张作霖之最近谈话》,《京报》1924年11月16日,第3版。
② 《段祺瑞与十省联盟》,《晨报》1924年11月17日,第2版。
③ 《霁雨在望之临时执政》,《顺天时报》1924年11月20日,第2版。
④ 桑兵:《解读孙中山大亚洲主义演讲的真意》,《社会科学战线》2015年第1期。

动。在此期间,《顺天时报》也在为段祺瑞重掌政权加紧造势。首先,为段"即行入京"编造合法性理由,称其实有"不得已苦衷",并以"免致中枢虚悬"与应对长江变局为辞①。其次,登载段祺瑞入京后的首次谈话,肯定此次政变乃"继辛亥革命未竟之功,前途责任之重大,与辛亥革命(相比)有过之无不及"重大意义;段祺瑞"以退隐之身,转入纷纭之局",作为国民一分子"不得已而出山牺牲"②。随即,又刊发社论为段祺瑞歌功颂德:"吾人熏香净笔,谨表祝意,此盖国民之声也……芝老出山,可谓负真正之兴望也",一是"道德品格兼全,正似暗夜之烽炬";二是"识略抱负,俱副众望,其才干亦足以击楫破浪,脱生民于苦海"③。

段祺瑞进京后,迅速抛出了事关国家机构及人事改革的"二院十三部"方案:军务院,卢永祥为院长,下设陆军部、海军部、航空部、参谋部;政务院,王揖唐为院长,下设外交部、内务部、财政部、司法部、农商部、教育部、交通部、烟酒部、税务部,并厘定各部人选名单。11月24日上午,段祺瑞正式就任中华民国临时执政,社会各界舆论对此褒贬相差悬殊。《顺天时报》刊文庆贺:"吾人际此良辰,闻此吉讯,不胜为国家庆,又为合肥贺焉。抑(或)合肥此次出山,实出于举国一致之拥戴。盖公性淡寡欲,爱人以德,遇事常以国利民福为先,不以私人荣达为虑,是以无论南北党派,皆钦仰之而拥戴之也。"④旅居上海的章太炎独树反段旗帜,认为段祺瑞"以地则皆非合法政府,以人则皆为民国罪魁",所谓"其所任用者,犹是安福余孽;其所包庇者,犹是曹吴同恶",其实不出"北洋派"之天下,无异于"君主世袭"⑤。远在杭州的康有为不仅斥冯玉祥为大盗民贼,亦指责段祺瑞纵容冯玉祥以武力劫掠清宫宝藏,谓其"反覆纵横,高下在手,狼子野心,犹尚不足,乃觊觎皇室之宝藏,明目张胆而劫之。……今公等纵之,令国民受其荼毒,为可痛也"⑥。

与此同时,段祺瑞为了换取退居郑州的吴佩孚的支持,营造所谓的南北和平氛围,联合张作霖,试图迫使冯玉祥宣布下野。11月25日,张作霖入京,充当段

---

① 《段执政昨日下午抵京》,《顺天时报》1924年11月23日,第2版。
② 《段氏入京后第一次谈话》,《顺天时报》1924年11月23日,第2版。
③ 《欢迎段芝泉入京》,《顺天时报》1924年11月23日,第2版。
④ 《谨贺段执政就职》,《顺天时报》1924年11月24日,第2版。
⑤ 《章炳麟发牢骚》,《晨报》1924年12月4日,第2版。
⑥ 《致段祺瑞书》(1924年11月),姜义华、张荣华编校:《康有为全集》第11集,北京:中国人民大学出版社2007年版,第358页。

318

的护法大使,对冯玉祥造成巨大压力。诚如《顺天时报》所言:"张作霖之入京也,不独驱逐宿敌吴氏,完全除去旧怨,亦且而为全国第一等之武力者。……今夫段氏已就执政之任……不得不为最有力之援助者,厥为张氏一人耳。其他虽有冯玉祥、卢永祥、孙逸仙诸氏,而能左右段氏者,则以张氏意思为最多。"①值此形势,冯玉祥决意以退为进,为取信舆论先后六次递交辞呈,整日避居西山着僧衣以明志;同时借"废督裁兵"名义,加强武装准备,谋划对段祺瑞等派系实施反戈一击。因此,康有为认为冯"伪托下野,实入山中,夜夜练兵,与加拉罕谋袭京师,屠张雨帅及公(段祺瑞——引者注)"②。

《顺天时报》在助段祺瑞、张作霖入京的同时,对北上途中的孙中山却不断施以舆论干扰。它声称孙中山在日稍驻,即便来京也仅以私人名义提出一种意见及计划,决不加入元老会议;个人方面仅希望当局予以一种名义借此下台,以便出洋游历③。进而评论此举颇不足取:"中国之忧患,在内而不在于外,若果不能治内,以巩固基础,是终不能避外国之瓜分扰乱;若果能竭力于内治,则国力充实,外侮外患,自然消灭于无形。……然其口吻,既不注意于国内之祸根……且仅以此等思想为出发点,以谋国事,则敢断言其必无成功之望。"④意指孙中山由外而内地解决国内问题的方案"走入理想"化而实难行通,有意引导中国社会视线转向国内问题而非对外废约。11月22日,孙科出面澄清,并计划当日从长崎出发,赴京帮助段、张"建设第一次真正之德谟克拉西(即民主)的政府",同时为清除段、张等疑虑,重申国民党并无"赤化中国"主张⑤。

随着孙中山抵达日期日益临近,京津主流社会舆论的风向在国民党动员下悄然发生转向。旅京国民党及民治主义同志会、民生周刊社、法政学报社、政治经济学会、励志笃行社、大中公学、鄂光学社等社会团体,天津各公团及旅津国民党人士大力营造欢迎气氛。天津《大公报》称孙中山为"中国唯一有主义之大革命家,能破坏而又有方法以建设者"⑥。11月29日,天津社会各界召开筹备会,确定了"孙中山先生万岁""国民会议万岁""国民革命万岁"等欢迎

---

① 《欢迎张将军》,《顺天时报》1924年11月25日,第2版。
② 《致段祺瑞电》(1924年12月13日),姜义华、张荣华编校:《康有为全集》第11集,第363页。
③ 《孙中山二十二日已赴日本》,《顺天时报》1924年11月24日,第2版。
④ 《中山少川二先生》,《顺天时报》1924年11月29日,第2版。
⑤ 《孙科与外报记者之谈话》,《顺天时报》1924年11月25日,第3版。
⑥ 《天津市民筹备欢迎孙中山先生》,《大公报》1924年11月24日,第2张第6版。

口号①。《顺天时报》配发"欢迎孙中山"时评,尊其为"建造民国元勋"②。《天津益世报》发表社论一改往日"倒孙"论调:"夫人民之所以热烈欢迎者,非震于其名位之高,非慑于其权威之大,实为其为革命巨子也,为其为共和元勋也,为其抱有改革不良政治之宏愿也,为其具有制造平民国家之魄力也,为其有周历各国之经验,能淹贯中外之治体也。故欢迎之意,不类于官场之具文,而出于人民之心理。"③

孙中山此次北上,对京津政治也产生了巨大影响。12月2日,张作霖在孙中山抵达前夕突然返津。其非同寻常举动,恐非表面声言筹备欢迎孙中山事宜那么简单。《顺天时报》认为,段祺瑞、张作霖"盖置孙氏于局外而欲树立时局收拾之计,结果必招孙氏一派之不满,难收举国一致之效";张作霖逞战胜之威入京,招致了国民党及冯氏集团的恶感,坊间有传孙、冯联手策动二次政变与"驱张"计划,张选择此时出京"不可谓其非贤明之策"④。3日,张作霖返津后,以提升迎接规格而示好孙中山,同时为塑造其礼遇民国开国元勋的开明形象,派奉系军队在塘沽至天津沿站护卫⑤。可见其用心叵测!

南方派系中,对孙中山入京不乏怀疑甚至敌视者。譬如康有为,在此期间曾两度致电段祺瑞,力陈孙中山、冯玉祥不可共事,对段祺瑞与孙中山、冯玉祥之间的关系极尽挑唆之能事。其谓:"今欢迎者,乃为焚居广州之孙文,奸民所恶树之风声,以此教导国民,岂非欲以全中国为第二广州耶。如此和平,敢欺国民,颠倒奇骇,晦冥失日。是则基督教之博爱,宜钉十字之架,释迦之慈悲,宜下阿鼻之狱,宜天下皆为惨祸会议也。今之居高位者,最能伪诈。夫孙文日言民权,而乃奸独裁专制;日言民权,而乃日为屠伯杀子。南孙北行,厉行俄化,言行反绳。公乃聚猁貐大风于一堂,引毒蛇猛虎为同榻,天下惊惧,善良饮泣,更为公与雨亭忧之。"⑥12月13日,他在指责孙中山之余又为段祺瑞出谋划策:"吾昔与公虽有意

---

① 《欢迎中山筹备会开会记》,《天津益世报》1924年12月1日,第3张第10版。
② 《欢迎孙中山》,《顺天时报》1924年12月4日,第3版。
③ 《为孙中山进一言》,《天津益世报》1924年12月5日,第1张第2版。
④ 《张雨亭之出京》,《顺天时报》1924年12月4日,第2版。
⑤ 《本埠特讯》,《天津益世报》1924年12月4日,第13张第3版。
⑥ 《康南海之与段合肥论政》,《天津益世报》1924年12月4日,第2张第7版。此电乃康有为1924年11月《致段祺瑞书》(姜义华、张荣华编校:《康有为全集》第11集,第358—359页)之修改稿;其一,前者抬头为"北京段芝泉先生鉴",后者为"天津段督办芝泉先生鉴",可知此电系在前电基础上修改并于段入京后发出;其二,内容改动和增幅较大,如新增了斥孙内容,措辞用语较前更为犀利狠辣,前电固为清室鸣不平,实在挑动段张与冯关系,后电则重在离间段张与孙冯关系。

见,今为中国舍公莫济。若公有危,国立散亡。公即避天津,合雨帅明讨贼,令长江诸联盟以为捍障。吴子玉才武忠义,宜起为练兵总监,为公保卫,调和张、吴,同心讨贼,以救中国,泣血陈辞,代转雨帅。"①《晨报》甚至一度放出风声,说康有为将亲自北上发难②。

在北京亦是如此。12月4日上午驻京英、美、日、法、意等国公使团,紧急会商应对废除不平等条约、"中国政府之赤化"问题之对策。《顺天时报》明为欢迎,暗含贬斥,告诫受众"宜以一理想家而欢迎之,并宜使其以一理想家而膺指导国民之重任也。若欲以为实行家而使之当行政之局,实误谬之甚者也",同时正告孙中山不宜将其政治理想与"俄国共产主义者取一致之行动,或倚俄国共产政府之后援"③。《晨报》凸显孙中山对日本"大表好感",暗指其有"媚日"嫌疑,并借渲染"大亚细亚主义",称"亚细亚民族,不可不排除不道理之欧美人势力,盖是项势力一经排除,则中国问题自然解决",明治日本"由锁国解放吸收欧美之文化结果,反陷于欧美祸",日本"目下无见好英美人之必要",而应以"速归于亚细亚主义,而尤以承认俄国为其第一步";从而挑起欧美人"仇孙恶俄"的心理④。

12月5日,《晨报》称孙中山因疲劳过度得胃肠病,须行静养,定于8日入京⑤。此消息一出,再次引起南北舆论哗然。《香港华字日报》认为孙中山是受外界环境刺激的"真病","京津人士皆以孙文主张共产,发生疑虑,而外人既制止学生欢迎,复暗阻孙氏入京。孙文此行,已呈不利景象。孙之病其或以此乎,其或以此而发生猛烈之激刺,乃不得不病乎"⑥。复又揭秘:孙氏因宣传"过激主义"而引起外交团抗议,修改不平等条约因此而搁置,故段祺瑞从中作梗不欲孙中山入京,并以不宣传共产为交换条件,以履行此前双方达成的孙中山任大总统出洋游历、段祺瑞任副总统摄行大总统职⑦。而《顺天时报》转引了中美社分析,认为是"托病",原因有二:一是对于时局情形尚未明了;二是国民党"内讧"所致,汪精卫、卢师谛随侍孙中山参与枢机,卢师谛素以稳健派自居,汪精卫受共产

---

① 《致段祺瑞电》(1924年12月13日),姜义华、张荣华编校:《康有为全集》第11集,第363页。
② 《康有为即北上》,《晨报》1924年12月8日,第3版。
③ 《孙中山入京及其欢迎之理由》,《顺天时报》1924年12月7日,第2版。
④ 《孙文之谈话》,《晨报》1924年12月6日,第3版。
⑤ 《孙文缓期来京》,《晨报》1924年12月6日,第2版。
⑥ 碧藏:《异哉,孙文之病》,《香港华字日报》1924年12月9日,第1张第2版。
⑦ 《孙文到津情形及今后竞争总统之计划》,《香港华字日报》1924年12月11日,第1张第3版。

派包围并与鲍罗廷、谭平山共同策划牵制孙中山的北上政略;京沪国民党的纯粹分子试图联合卢师谛,遏制共产派行径,两派之争当是牵制因素①。天津《大公报》亦持此论。是时,"赤化"问题也在北方各政派及北方舆论中持续发酵,连国外亦盛传广州将宣布为苏维埃共和国。出于消除各方疑虑,孙中山亲自致函张作霖表明"中俄邦交之亲睦,余固虽切实希望,然对于共产主义,则绝对不能赞成"②;并委托汪精卫出面辟谣,重申"不实行共产主义"。汪精卫转述说,亲俄为一事,共产又为一事,不能以其亲俄,即目为共产③。

政治人物讳疾忌医本为常态心理,孙中山再三托病,病体应是自身难以克服的阻力之一。12月13日,日本驻天津总领事吉田描述道:"予察其容颜,髭毛之色,颓然衰老,远不如昔年所见之壮盛时矣。"④5天后,许世英电称孙中山病已愈,定22日来京;但随后又传出改为23日上午11时,且称孙对"中国之将来"既不抱悲观亦不乐观⑤。而《香港华字日报》仍坚持内外阻挠说,称孙中山再留津一星期,如无入京机会,即行返沪⑥;甚至传出孙中山已决定中止入京⑦。种种说辞扑朔迷离,真假难辨。

应该说,孙中山此次托病,与段祺瑞推行的所谓"革命行为"也大有关联。12月14日,段祺瑞打着"革曹锟之命"旗号连颁三令:一是1923年10月曹锟颁布之宪法无效;二是1912年所颁《临时约法》失效;三是取消陷于"自然消灭状态"之国会参众两院。《顺天时报》称段祺瑞欲推行"迭克推多政制"(Dictator,独裁者),以建立"无限制专制政制之政府"⑧。孙中山对段祺瑞颠覆法统举动大感惊骇,孙科代父陈词:"苟段氏以其地位为合法,不得人民同意,而将国会与约法取消,则将来如再有军阀,起而另组新政府,亦可任意将现在之政府取消,自造制度,且亦认为合法之举矣,故吾人断不可忽视。盖此种举动,将造成未来之纠纷,苟人皆起而效尤,焉有止境。"⑨段祺瑞无视法律上程序正义原则,在政治上是对现代民主价值和制度的根本挑战,孙中山难以接受,因而托病有意迫段让步。

---

① 《孙中山延期来京原因》,《顺天时报》1924年12月8日,第2版。
② 《孙中山反对共产主义》,《顺天时报》1924年12月13日,第2版。
③ 《孙中山与共产主义》,《顺天时报》1924年12月18日,第2版。
④ 《津日领目中之孙文》,《京报》1924年12月14日,第3版。
⑤ 《孙文改期来京》,《晨报》1924年12月21日,第2版。
⑥ 《本报特电》,《香港华字日报》1924年12月19日,第1张第2版。
⑦ 《本报特电》,《香港华字日报》1924年12月24日,第1张第2版。
⑧ 《执政府表示革命行为》,《顺天时报》1924年12月15日,第2版。
⑨ 《孙科之谈话》,《晨报》1924年12月20日,第3版。

《晨报》由此认为孙中山、段祺瑞貌合神离,唯表面上"极力敷衍"①。《香港华字日报》则打着"主权在民"的幌子,表面上秉持正义,实则暗中挑拨孙、段二人之间的关系,声称"尤恐恶例一开,今后战胜者皆得藉武力以蹂躏国家之根本大法"②。《顺天时报》亦谓:"盖中山方面与北京方面之关系,极为不良,是以中山暂行留津,以静观江西与长江方面之变化,再定行止。"③

四、死而后已:最后履京的遗恨

12月31日,孙中山忽然扶病入京,震动京师内外。是日下午3时,各团体代表在中央公园水榭召开欢迎筹备会,准备动用两架飞机空投传单10万份;"青天白日"小红旗20万面;各种欢迎传单147种共计256万张,到车站欢迎人群计有10万人之众④。这种盛况空前的迎接场面,既是国民党多方运动的结果,亦反映了京师基层社会冀望孙中山扭转国家乱局的热切心理。

与此形成鲜明对照的是,南北报纸舆论仍不断制造并传布"非孙"言论。《晨报》发表感想:"回溯民国元年孙入都之日,不觉瞬逾十稔,此过去岁月中人事之变迁者何限,即孙自身前后亦颇有歧异之处……然以标榜所谓三民主义之党魁,比年以来对于与此主义绝不相容之军阀,居然有互相利用、互相勾结之事实,甚且其自身亦成为军阀化,以较元年以革命首功资格入都之时,其变化之甚乃如此,此则深足惋惜者也。"⑤认为孙中山晋京是为分享反直同盟胜利功劳,希望以徐谦、李烈钧、吕公望为鲁、赣、浙三省省长,与段祺瑞、张作霖朋分地盘⑥。此前《香港华字日报》也发表了类似报道,称孙中山志在总统之位,北上意在联合冯玉祥举事,"目光决非在段也,冯玉祥之避居西山……而孙又恰有养病西山之说,司马之心,路人皆见矣"⑦。

此两报还不时爆出国民党内斗猛料,借以抹黑孙中山及国民党的形象。譬

---

① 《孙文何为不来》,《晨报》1924年12月23日,第2版。
② 惠风:《善后会议与取消约法问题》,《香港华字日报》1924年12月22日,第1张第2版。
③ 《孙中山有中止入都之势》,《顺天时报》1924年12月25日,第3版。
④ 《孙文今日午间来京》,《晨报》1924年12月31日,第2版。
⑤ 德言:《告孙文》,《晨报》1924年12月31日,第2版。
⑥ 《欲以朋分地盘谋统一》,《晨报》1924年12月31日,第2版。
⑦ 碧藏:《孙文入京矣》,《香港华字日报》1925年1月3日,第1张第2版。

如,传居京国民党组织"各省区旅京国民党护党同志办事处",天津发生汪精卫被殴事件;又传"海内外同志卫党同盟会"成立,该团体要求剥夺汪精卫包办国民党党务大权,并向孙中山上书历数共产派罪行:① 反对义师北伐;② 离间友军好感;③ 密充军阀鹰犬;④ 攻击总理北上;⑤ 火烧广州商场;⑥ 侵吞工会捐款。并要求一律撤换国民党中执委及各执行部共产党籍职员,本党一切大小事权不许外国人干预①。《晨报》还针对"海内外同志卫党同盟会"历数共产派几条所谓的罪行逐一进行了分析:关于第一、二条,"国民党一向行为,是凭恃武力,是勾结军阀",共产派反对理由充足;第三条,共产派、国民党都"免不了做军阀鹰犬";第四条,其言"若是表面宣传三民主义,而里面还是和军阀勾结,争督军省长,那末共产派反对他来,是有道理的,我们也就只能以政客的军阀视他的";第五条,"国民党员尽诿为共产派所为,怕说不(过)去";第六条,共产派如有此类情况则为"共产主义之羞",并以反讽口气评论若国民党亦"有此丑行,那更是罪大恶极"②。该报还对孙中山所主张的"中日提携"和"王道的大亚细亚主义"进行了批评,认为其居心叵测,"国民党既然揭橥反帝国主义,既然认为欧美各国都是帝国主义的巢窟,没有合作的余地,何以对于民主主义远逊欧美的日本,欧战后反动加甚,天天想慕意大利、西班牙的日本,帝国主义比较各国有加无减的日本,认为可以提携";甚至指责"主张反帝国主义的国民党,到了日本,竟和一般帝国主义色彩最浓厚的'浪人派'去谋亲善;更可怪的,是大亚细亚主义,本是前十八年前我们游学日本即已听见过的长阀(陆军阀)、萨阀(海军阀)和桐花会(保皇党)人们的主张,今日浪人派持之特甚"③。

孙中山入京后,国民会议与善后会议之争上升为南北政治角力的主轴,亦是南北各大报纸关注的焦点。段祺瑞入京前发表通电明确表示依次召集善后会议与国民会议④。然而,段祺瑞主导拟定排斥各人民团体之《善后会议条例》,与孙中山《北上宣言》勾画大相径庭,故孙声言"其基础非由人民之地位以为决定,则与往年之督军团会议又奚择"⑤。《大公报》在孙中山赴京前发表署名文章,指出"善后会议为国民会议必经之途径……第先开善后会议,则善后会议一日不能终

---

① 《国民党中反共产派决推倒共产派》,《晨报》1925年1月14日,第3版。
② 勉:《国民党与共产派》(上),《晨报》1925年1月14日,第2版。
③ 勉:《国民党与共产派》(中),《晨报》1925年1月15日,第2版。
④ 《段祺瑞就任临时执政并发表国是主张通电》(1924年11月21日),中国第二历史档案馆编:《中华民国史档案资料汇编》第3辑《政治(二)》,第1478页。
⑤ 《国民党与国民会议》,《晨报》1924年12月25日,第3版。

局,即国民会议一日不能产生"①,此论是否有意为段派政见张目尚待确证。

不过,孙中山在入京前夕早已加紧布置国民党在全国范围内发起国民会议促成会,自南至北开展国民会议运动;其一入京,北京各界国民会议促成会于1925年1月3日成立。11日,经其授意对外宣布此次入京目的:对内催促国民会议早日召集;对外则废除不平等条约②。就此,全国出现了关于集权与分权两种截然不同的路径与取向,相应形成了两个对立争锋的系统,既关系孙、段以及南北关系走向,亦牵扯国家统一与分治之间的协调。

客观而言,孙中山本人起初对善后会议"从未与闻"态度,表明其不予认可;此后则变为可做适度调和,并非全然反对。1月17日,他发表《为反对包办善后会议事致段祺瑞电》,表明国民党所争并非名义,如能在构成分子之上吸收实业团体、教育会、学生联合会以及农工商会代表,自无反对理由。段派为控制社会舆论走向并借此离间国民党内关系,断章取义对外宣称孙中山并不反对善后会议。事实上,国民党内根本反对并拒绝加入者不在少数,宣称孙中山此来"唯在促成国民会议"③;吴稚晖认为,善后会议实质是对国民会议之"包办",与国民党"解决根本纠纷,一个最后的希望"的期许大相悖逆④。另有主张与其消极反对,毋宁加入以为牵制段派⑤。内部分歧毕竟易于协调,问题的关键则在于孙中山、段祺瑞二人立场能否妥协并达成一致。18日,善后会议筹备处以《善后会议条例》早经公布且有代表来京为由,拒绝了孙中山的意见⑥。段祺瑞的强硬回拒,对孙中山病情的加剧无疑是一个不小的刺激⑦。孙中山随即联合天津、张家口、保定等地国民会议促成会,予以回击。

段祺瑞抗拒国民党主导召开国民会议,固然与其疑惧对方有"赤化"嫌疑相关,但实质是维系其个人集权惯性思维作祟,故其表面赞成实则反对,并设法阻挠或破坏。1月22日晚,许世英在答复记者时表示,对孙中山建议"大多数主张为相当之容纳",但对详情秘而不宣。实际方案是:聘请各团体代表为专门委

---

① 丹荣:《欢送孙中山先生赠言》,《大公报》1924年12月31日,第1张第3版。
② 《孙中山到京目的》,《北京日报》1925年1月12日,第2版。
③ 《孙中山今日抵京》,《北京日报》1924年12月31日,第2版。
④ 《国民党不加入善后会议》(1924年11月),《吴稚晖全集》卷6,北京:九州出版社2013年版,第552页。
⑤ 《善后会议与孙文》,《晨报》1925年1月19日,第2版。
⑥ 《昨日执政府之特别会议》,《晨报》1925年1月22日,第2版。
⑦ 有认为孙中山病情加重并病逝于京,与其"劳累过度,刺激过深,陷于进退维谷的境地"有关。参见《包惠僧回忆录》,第168页。

员,包括各省议会议长、各省教育会会长、各省城总商会会长、各省农会会长各1人,京、津、沪、汉总商会会长各1人。此案一出,立即遭致南北各方及舆论抨击。《晨报》批评其参会分子几全为"钦派"的,而且武人几占3/4以上,不能不让人产生"绝望的"和"反对的"态度①。胡汉民等人谓"反对善后会议主张,系革命政府之唯一政策"②。汪精卫也表示,孙中山的让步"已可谓到极点了",然而临时执政"只罗致一些未完全的职业团体代表来做什么专门委员,且有发言权,无表决权,和上海工部局的华人顾问一样。主权在民的意味消失无余。大元帅北行……至此便又受了一大挫折了"③。

孙中山面对段祺瑞的虚与委蛇与操弄权术,内心感到无比的失望而愤懑,但已处风烛残年,他也是有心抗争却无力回天。1月31日,当汪精卫等至病榻前报告段派复电时,他只说了"任凭他"三字④。下午1时,在汪精卫、吴稚晖主导下,在京国民党党员360余人决定向中央执行委员会建议,凡是来京党员代表一致不准加入善后会议,以为抵制⑤。但由于内部派系分化加重,汪、吴的权威未能有效约束党员个体行动,与其政见不同者纷纷出席,这对孙中山的病情而言无疑是雪上加霜。3月12日上午9时30分,壮志未酬的孙中山在内外交困中溘然长逝,意味着他此次北上之行的终结,其所向往的国家和平统一新政治构想亦未能实现,这成为他最后履京最大的遗恨。

尝谓臧否人物盖棺而论定。孙中山的死则不然,全国各新闻报纸仍余波回荡,久久不绝,并且呈现南北正反两极化叙述。南方上海《民国日报》《广州民国日报》等国民党系报纸努力建构"革命元勋"光辉形象;北方以《晨报》为代表,凭吊之余评估其一生功过,谓其为提倡"种族革命之急先锋",为反袁行"彻底之革命";后则"倾向武力、迷信武力"与"利用武力",直至"军阀化";以"共产主义"为利用手段亦与此等同,但迫于外力压迫与军阀心理,遂不惜以本党名义宣言反对,"不意所谓主义者,乃竟随时随地而可以任意变更如此"⑥。

综上可以看出,关于对孙中山北上及其逝后报道和评论的舆论乱象,不仅折射出清季民初全国各大报纸舆论的并立争锋与多元格局,也是南北分治、华洋两

---

① 渊泉:《善后会议开了》,《晨报》1925年2月1日,第2版。
② 《段祺瑞善于对付孙文》,《晨报》1925年1月31日,第2版。
③ 《孙大元帅北上入京之经过》,《汪精卫全集》第3册,上海:三民公司1929年版,第33—34页。
④ 《孙中山之病状》,《北京日报》1925年2月2日,第2版。
⑤ 《国民党昨日开会》,《晨报》1925年2月1日,第2版。
⑥ 《悼孙文氏》,《晨报》1925年3月13日,第2版。

隔独特政治、社会和文化现象的反照。也正是在这种国内外局势发生大转折之际,孙中山试图打通南北内外政治:对内打倒军阀,以国民会议为中心构建新政治体系,从根本上解决中国和平与统一的整体问题;对外废除不平等条约,打倒帝国主义以拔除内乱根源,近则实现中国独立自主的民族国家梦,终极目标则指向亚洲和平、天下为公的大同至境,体现了民族主义与世界主义在其身上熔为一炉的思想特质。然而,政治上的不统一,必定造成新闻与舆论的分裂。在这一时期,正是由于国家权力的缺位而造成对新闻管控的缺失,一度标榜为新闻独立、代表社会良心发声的一些报纸媒体,不幸充当了不同政治派别的代言人或成为彼此角力的工具,甚至助纣为虐。孙中山的本意经南北各政治派别及报纸舆论重构后,却变成了任意涂抹解读的光怪陆离的叙述,远远偏离了其思想内核和精神主旨,甚至被误解与曲解。连锁效应,新闻舆论的不实报道,客观上对南北政争起了一定的推波助澜作用,必然加剧了政治与社会内部裂痕,它所产生的张力对孙中山的北上本意也起了不小的消解作用,使其深陷政争和舆论纷争旋涡,不能不说是历史的遗憾。

 复盘与导读

　　上海大学廖大伟教授拟将拙文《一九二四年孙中山北上的"本事"与"叙述"》收入《中国近现代史研究论文写作:案例与方法》一书,邀我将当时的写作经过和感想写出来,或可供青年学子参考。

　　此文运思当可追溯至近20年前在康乐园从桑兵师读博士学位时结下的学术因缘。桑师治学追随前辈大师而能别开生面,尤为提倡以治中古史之法研治近代历史,把近代史研究提升至与中古史同等的学术高度,引为平生一大志业,故常以长编考异之法示于门下诸生,提示用俱舍宗治俱舍学的办法,将前后左右各种不同的材料相互参证,教以揣摩研治高深学问堂奥的基础门径。作为孙中山手创学府,中山大学历来为孙中山研究重镇之一,求学于此自不免受此学风濡染。在以中华农学会为中枢,排比各方史料史事以成长编过程中,注意到自称"农家子"的孙中山早年志于农,对农业、农民这个中国最大的国计民生问题倾注了极大热忱。放眼读书过后,眼界逐步打开,对相关史料史事的通贯性认识日增。

　　犹记得,2015年初文章草成后便携带赴台参加第十五届海峡两岸孙中山思想之研究与实践学术研讨会。其时着眼点主要集中于南北舆论反响及其异同，尚有紧要处有待解开。在名家云集的阵仗前，未免心中惴惴，不意引起陈三井先生注意，成为为数不多得到大会总结点名评点的文章之一，这对后辈学者是很大鼓舞。自台返回后，文稿又经修订，2017年有幸入选由《历史研究》编辑部与东北师范大学历史文化学院共同主办的第十一届历史学前沿论坛，吸收与会同人以及审稿专家等的意见，于次年在《历史研究》刊出。以上即为此文写作的缘起及大致经过。

孙中山与民国政局研究是名副其实的旧题目，过手者众且高论迭出，后来者要想有所得，难度自不待言。如若转换历史思维，前后左右贯通史事联系，旧题目亦可发覆出新创见。孙中山晚年的这次北上，既牵涉民国法统存废争执等重大关节问题，更关涉中国近代新政治体系开启和新政治文明的艰难推展。以当时主流报纸舆论为中枢，贯通内外各方史事联系，按照历史时空脉络，解读孙中山北上本意以及南北内外政治互动与演化，多方揭示不同政派围绕新政治体系重建各种错综复杂的事实联系和内外影响。在材料极大丰富的条件下，尽量贯通整体，可见长编考异之法在近代史研究领域更可大展身手，其实效出人意表。

傅斯年将历史比较法概括为两层：其一为"近真"，即"历史的事件，虽然一件事只有一次，但一个事件既不尽止有一个记载，所以这个事件在或种情形下，可以比较而得其近真"；其二为"头绪"，即"好几件的事情又每每有相关联的地方，更可以比较而得其头绪"。其又在"本事对旁涉"一节中，突出强调"旁涉"对考证学的独有价值，即所谓"聪明的考证"，"天地间的史事，可以直接证明者较少，而史学家的好事无穷，于是求证不能直接证明的，于是有聪明的考证，笨伯的考证。聪明的考证不必是，而是的考证必不是笨伯的。"（傅斯年撰：《史学方法导论》，上海古籍出版社2011年版）回到历史现场，发现孙中山北上的事实本身及其本意，与南北不同政派和报纸舆论的观察、解读虽有部分吻合，但更多地呈现出来的是背离与错位。本应清晰确定的"本事"，经由不同政派和报纸舆论演绎重塑后，变为众说纷纭、游移不定甚而真假莫辨的罗生门式"叙述"，也就是傅斯年眼中的"旁涉"。

只要不以后出的立场为取舍材料的准的，就会发现本事之外，旁涉往往不止一种，甚至有数种，且多数互有关联，与本事之间亦有千丝万缕的联系。所以，立于历史的比较法，治史者应该重视旁涉，还应深究它们之间及其与本事之间无限曲折的联系。反之,轻信孤证,本事终将难以澄清。此亦与蒙文通论学所谓"事不孤起,必有其邻"规条相合。通过爬梳本事与旁涉史料,竭泽而渔排比各方史事联系,正向寻绎"本事"转换为"叙述"的逻辑,反向回溯"叙述"还原"本事"。透过纷繁复杂的表象,探源历史深处的内在关联,近真可期,不失为解开孙中山北上本意以及南北内外政治互动与演化的有效锁钥,或为深入推进同类型历史事件研究提示有效途辙。

后　　记

从教材立项到最后付梓出版，已过近一年的时间。在这一年时间里，首先感谢上海大学研究生院及上海大学出版社的大力支持与推动，其中研究生院的万小娟、那彦老师对本项目的推进提供了耐心建议，出版社的陈强老师为项目的顺利出版提供了悉心安排。同时感谢上海大学文学院的各位领导及同事的帮助，正是大家的一致鼓励及宝贵经验的介绍，方才使得本书的编纂能够吸取一些过来人的经验，继而一鼓作气完成最后的统筹编纂。

当然，给本书供稿的各位专家学者乃是本书所成的关键所在。记得准备工作开始之际，我们向各位专家学者提出这本教材的出版想法后，便得到了受邀作者的一致认可，并在随后的稿件与导读撰写中贡献出倾心之作，使得整本教材的内容逐步丰富且充实。再次回顾本教材所展现的内容，无不感叹各位专家学者的无私传授，正是他们发挥着诲人不倦的教育精神，才给读者提供了如此宝贵的学术经验，而这笔学术财富也将持久传递下去。书中作者为（按姓氏笔画排序，排名不分先后）王萌、吕佳航、刘增合、孙江、李长莉、李强、杨瑞、肖自力、吴景平、忻平、张智慧、翁有为、陶飞亚、蔡梓、熊月之、戴建兵、戴海斌等，在百忙之中投来稿件并惠赐导读，再次致以谢意。因本书篇幅有限，编者在编排过程中考虑到整本书的调性，故许多质量甚优的学术论文未能收录其中，而收录在教材中的论文也未必是各位作者的顶尖作品。目前读者们阅读到的成书是几经考虑后的编排，编排顺序按照内容相关度排序组合，在最大限度地保留原作者想法及尊重原文的前提下，编者在全书的文字及格式上做了部分调整，统一了全书的整体风格。

值得一提的是，在此次教材编写过程中，编者也感悟良多。其实，学术的养成不止于老师们的言传身教，更不止于一本教材的出现，而只是以此为契机链接

后　记

更多的同学,帮助大家找到正确的学习方向。较之以前,研究生现在拥有的学习资源与学习途径自然甚多,但学习劲头却仍需多向老前辈们学习。此次教材的出版正是凝结众多学者的过往经验,给每一位学子更多找到正确方向的选择。相信未来,"后浪"也会在"前浪"的助力下越发波澜壮阔!

编　者

2024 年 5 月